QUELLEN ZU DEN DEUTSCH-AMERIKANISCHEN BEZIEHUNGEN 1917–1963

QUELLEN ZU DEN BEZIEHUNGEN DEUTSCHLANDS

ZU SEINEN NACHBARN

IM 19. UND 20. JAHRHUNDERT

FREIHERR VOM STEIN-GEDÄCHTNISAUSGABE

Begründet von
Winfried Baumgart

Band 2

QUELLEN ZU DEN DEUTSCH-AMERIKANISCHEN BEZIEHUNGEN 1917–1963

Herausgegeben von

REINER POMMERIN und MICHAEL FRÖHLICH

WISSENSCHAFTLICHE BUCHGESELLSCHAFT

DARMSTADT

Die Deutsche Bibliothek – CIP-Einheitsaufnahme

Quellen zu den Beziehungen Deutschlands zu seinen Nachbarn im 19. und 20. Jahrhundert:
Freiherr vom Stein-Gedächtnisausgabe / begr. von Winfried Baumgart. – Darmstadt: Wiss. Buchges.
NE: Baumgart, Winfried [Hrsg.]

Bd. 2. Quellen zu den deutsch-amerikanischen Beziehungen. 1917–1963. – 1996

Quellen zu den deutsch-amerikanischen Beziehungen / hrsg. von Reiner Pommerin und Michael Fröhlich. – Darmstadt: Wiss. Buchges.
(Quellen zu den Beziehungen Deutschlands zu seinen Nachbarn im 19. und 20. Jahrhundert; ...)
NE: Pommerin, Reiner [Hrsg.]

1917–1963. – 1996
(Quellen zu den Beziehungen Deutschlands zu seinen Nachbarn im 19. und 20. Jahrhundert; Bd. 2)
ISBN 3-534-12471-5

Bestellnummer 12471-5

Gedruckt auf säurefreiem und alterungsbeständigem Offsetpapier
Satz: Fotosatz Janß, Pfungstadt
Druck und Einband: VDD – Darmstadt
Printed in Germany
Schrift: Linotype Garamond, 9.5/11

ISBN 3-534-12471-5

INHALTSVERZEICHNIS

ABKÜRZUNGSVERZEICHNIS

AAPD	Akten zur Auswärtigen Politik der Bundesrepublik Deutschland
ADAP	Akten zur Deutschen Auswärtigen Politik 1918–1945
ADEF	Arbeitskreis Deutsche England-Forschung
Bd.	Band
BGBl.	Bundesgesetzblatt
BGRÖ	Bundesgesetzblatt der Republik Österreich
DDR	Deutsche Demokratische Republik
Dok.	Dokument
DzD	Dokumente zur Deutschlandpolitik
Ed(s).	Herausgeber
EGKS	Europäische Gemeinschaft für Kohle und Stahl
EPU	European Payments Union
ERP	European Recovery Program
EVG	Europäische Verteidigungsgemeinschaft
FAZ	Frankfurter Allgemeine Zeitung
FRUS	Foreign Relations of The United States
GATT	General Agreement on Tariffs and Trade
Hrsg.	Herausgeber
HZ	Historische Zeitschrift
JCS	Joint Chiefs of Staff
LNTS	League of Nations Treaty Series
MLF	Multilateral Force
NATO	North Atlantic Treaty Organization
N.R.A.	National Recovery Administration
Nr./No.	Nummer
OEEC	Organisation for European Economic Cooperation
RGBl.	Reichsgesetzblatt
SHAEF	Supreme Headquarters, Allied Expeditionary Forces
US	United States
USA	United States of America
VfZG	Vierteljahreshefte für Zeitgeschichte

CHRONOLOGISCHES QUELLENVERZEICHNIS

THEMATISCHES QUELLENVERZEICHNIS

I. Erster Weltkrieg und Waffenstillstand

1 (Aufruf Wilsons an das amerikanische Volk) – 2 (Naumann über die amerikanische Kriegserklärung) – 3 (Harnack über Wilsons Wandel) – 4 (Wilsons Vierzehn Punkte) – 5 (Deutsches Ersuchen um Waffenstillstand) – 6 (Wilson als Vermittler) – 7 (Milderung der Bedingungen) – 8 (Deutschland und USA) – 9 (Vierzehn Punkte und Folgen) – 10 (Amerika und Europa)

II. Weimarer Republik – Vereinigte Staaten von Amerika

11 (Herstellung eines Friedenszustandes) – 12 (Kredite) – 13 (Friedensvertrag) – 14 (Amerikanismus und Kapitalismus) – 15 (Amerika und Europa) – 16 (Amerika und der Ruhrkonflikt) – 17 (Amerika und Deutschland) – 18 (Annahme des Dawesplans) – 19 (Deutsches Eigentum in den USA) – 20 (Die amerikanische Gesellschaft) – 21 (Hitlers ›Mein Kampf‹) – 22 (Diplomatisch-politische Beziehungen) – 23 (Konfrontation mit Nordamerika) – 24 (Depression und Arbeitslosigkeit) – 25 (Nordamerikanische Kultur) – 26 (Stahlhelm und Steuben-Gesellschaft) – 27 (Amerika als Schiedsrichter) – 28 (USA und Völkerrecht) – 29 (Die Frau in der amerikanischen Gesellschaft)

III. Drittes Reich – Vereinigte Staaten von Amerika

30 (Deutschland und die USA) – 31 (Deutschland und Europa) – 32 (Ausweisung von Journalisten) – 33 ('Quarantänerede' Roosevelts') – 34 (Amerikanische Berichterstattung über Deutschland) – 35 (Isolation oder Aktion) – 36 (Friedensappell Roosevelts) – 37 (Reichstagsrede Hitlers) – 38 (Schmitt über Monroedoktrin) – 39 (Roosevelts 'Führertum') – 40 (Dieckhoff über amerikanischen Kriegseintritt) – 41 (Hitler und Amerika) – 42 (Vereinigte Staaten und England) – 43 (Amerikanische Bevölkerung gegen Krieg) – 44 (Deutsche Kriegserklärung an Amerika) – 45 (Reichstagsrede Hitlers) – 46 (Amerikanische Kriegserklärung an Deutschland) – 47 (Bedingungslose Kapitulation) – 48 Rückkehr nach Deutschland – 49 (Direktive JCS 1067) – 50 (Krim-Konferenz) – 51 (Hitlers 'Politisches Testament') – 52 (Kapitulationserklärung der Wehrmacht)

IV. Deutschland – Vereinigte Staaten von Amerika seit 1945

QUELLEN- UND LITERATURVERZEICHNIS

I. Bibliographische und archivalische Hilfsmittel

America: History and Life. Santa Barbara 1964 ff.

Angermann, Erich: Challenges of Ambiguity. Doing Comparative History. New York/Oxford 1991 (Publications of the German Historical Institute Washington D. C. Annual Lecture Series. No. 4).

–: Neue Wege zur Intensivierung deutsch-amerikanischer Zusammenarbeit auf dem Gebiet der Geschichte. In: Jahrbuch der Historischen Forschung in der Bundesrepublik Deutschland 1980. Stuttgart 1981, S. 71–76.

Berg, Manfred/Micunek, Janine S. (Eds.): German-American Scholarship Guide: Exchange Opportunities for Historians and Social Scientists 1994/95. Washington 1994 (Publications of the German Historical Institute Washington D. C. Reference Guides. No. 6).

Bibliographie zur Deutschlandpolitik 1941–1974. Bearb. v. Marie-Luise Goldbach u. a. Hrsg. vom Bundesministerium für Innerdeutsche Beziehungen. Frankfurt/M. 1975.

Bibliographie zur Deutschlandpolitik 1975–1982. Bearb. v. Karsten Schröder. Hrsg. vom Bundesministerium für Innerdeutsche Beziehungen. Frankfurt/M. 1983.

Bibliographie zur Zeitgeschichte 1953–1980. Im Auftrag des Instituts für Zeitgeschichte München. Hrsg. v. Thilo Vogelsang und Hellmuth Auerbach unter Mitarbeit von Ursula van Laak. 3 Bde. München/New York/London/Paris 1982/83.

Bibliographie zur Zeitgeschichte. Beilage der VfZG. Stuttgart 1953 ff.

Boemeke, Manfred F./Chickering, Roger (Eds.): Guide to Archives and Historical Collections in the Washington Metropolitan Area. Part I: Overview of General Resources. Part II: Research Resources in Modern German and Austrian History. Washington 1995 (Publications of the German Historical Institute Washington D. C. Reference Guides. No. 7).

Bohanan, Robert D.: Dwight D. Eisenhower. A Selected Bibliography of Periodical and Dissertation Literature, Dwight D. Eisenhower Library. Abilene 1981.

Bundesministerium der Justiz (Hrsg.): Fundstellennachweis B. Völkerrechtliche Vereinbarungen. Verträge zur Vorbereitung und Herstellung der Einheit Deutschlands. Abgeschlossen am 31. Dezember 1993. Bonn 1994 (BGBl. Teil II. Z 1998 A).

Cole, Wayne S.: American Entry into World War II: A Historiographical Appraisal. In: Mississippi Valley Historical Review 43 (1957) pp. 595–617.

Deutschland und die Vereinigten Staaten: Empfehlungen der zweiten amerikanisch-deutschen Historikerkonferenz über die Behandlung der amerikanisch-deutschen Beziehungen vom 18. Jahrhundert bis 1941. Braunschweig 1956.

Die amerikanische Deutschlandpolitik 1945–1955. Amtliche amerikanische Publikationen über Deutschland. Hrsg. vom Forschungsinstitut der Deutschen Gesellschaft für Auswärtige Politik. Frankfurt/M. 1956.

Foreign Affairs Bibliography: A Selected and Annotated List of Books on International Relations. New York 1933 ff.

Förster, Jürgen/French, David/Mann, Chris/Stevenson, David (Eds.): War and Society Newsletter. A Bibliographical Survey. Published by Militärgeschichtliches Forschungsamt Potsdam with financial assistance from Department of War Studies King's College, University of London. München 1995.

Frohn, Axel: Guide to Inventories and Finding Aids of German Archives at the German Historical Institute. Washington 1989 (Publications of the German Historical Institute Washington D.C. Reference Guides. No. 2).

Glaser, Otto u. a.: Deutsche Heimat in Amerika. Bericht über die erste deutsch-amerikanische Heimatkundetagung vom 6. bis 7. März 1937 in Cleveland (Ohio). Berlin 1937.

Greenwood, John: American Defense Policy since 1945. A Preliminary Bibliography. Wichita 1973.

Guggisberg, Hans Rudolf: Literaturbericht über die Vereinigten Staaten von Amerika. Veröffentlichungen 1945 bis 1963. In: Walther Kienast (Hrsg.): Literaturberichte über Neuerscheinungen zur außerdeutschen Geschichte. München 1965 (HZ, Sonderheft 2), S. 428–546.

HZ, Sonderheft 2 (1965) S. 428–546.

Guide to American Foreign Relations since 1700. Ed. by Richard D. Burns. Santa Barbara/Oxford 1983.

Hainebach, Hans: German Publications of the United States. 1933 to 1945. In: Bulletin of the New York Public Library 32 (1948) pp. 435–449, 501–523.

Hanes, Gerald K.: A Reference Guide to the United States Department of State Special Files. Westport/London 1984.

Heideking, Jürgen/Hope, Anne/Stegner, Ralf (Eds.): German-American Scholarship Guide for Historians and Social Scientists – Deutsch-Amerikanischer Stipendienführer für Historiker und Sozialwissenschaftler 1989–1990. Washington 1989 (Publications of the German Historical Institute Washington D.C. Reference Guides. No. 1).

Hennessy, James (Ed.): Britain and Europe since 1945. A Bibliographical Guide. Brighton 1973.

Hersch, Gisela: A Bibliography of German Studies 1945–1971. Germany under allied occupation, Federal Republic of Germany, German Democratic Republic. Bloomington 1972.

Heß, Werner/Pollmann, Werner/Thomas, Harald: Bibliographie zum Studium der Geschichte der Vereinigten Staaten von Amerika. Paderborn 1975.

Hope, Anne/Nagler, Jörg (Eds.): Guide to German Sources in American Archives and Libraries. Washington 1991 (Publications of the German Historical Institute Washington D.C. Reference Guides. No. 4).

Junker, Detlef: „Forschungs- und Literaturberichte". In: Ders.: Kampf um die Weltmacht. Die USA und das Dritte Reich 1933–1945. Düsseldorf 1988, S. 174 f.

Kirkendall, Richard S. (Ed.): The Truman Period as a Research Field. Columbia, Mo. 1974.

Kloß, Heinz: „A Survey of German Americana“. In: The American-German Review 4 (1938) pp. 28–38.
Knapp, Manfred (Hrsg.): Zum Stand der Forschung über die deutsch-amerikanischen Nachkriegsbeziehungen. In: Ders.: Die deutsch-amerikanischen Beziehungen nach 1945. Frankfurt/M./New York 1975, S. 7–85.
Link, Werner: Das nationalsozialistische Deutschland und die USA 1933–1941 (Literaturbericht). In: Neue Politische Literatur 18 (1973) S. 225–233.
Miller, Robert William: Die amerikanische Deutschlandpolitik 1945–1955. Amtliche amerikanische Publikationen über Deutschland. Frankfurt/M. 1956.
Pommerin, Reiner/Fröhlich, Michael (Hrsg.): I. Bibliographische und archivalische Hilfsmittel. In: Dies. (Hrsg.): Quellen zu den deutsch-amerikanischen Beziehungen im 19. und 20. Jahrhundert. Teilband 1: 1776–1917. Darmstadt 1995, S. XVII–XIX.
Schröder, Hans-Jürgen: Deutsch-amerikanische Beziehungen im 20. Jahrhundert. Geschichtsschreibung und Forschungsperspektiven. In: Amerika und die Deutschen. Bestandsaufnahme einer 300jährigen Geschichte. Hrsg. v. Frank Trommler. Opladen 1986, S. 497–500.
Skorsetz, Ulrike/Micunek, Janine S. (Hrsg.): Guide to Inventories and Finding Aids of German Archives at the German Historical Institute. Washington 1995 (Publications of the German Historical Institute Washington D. C. Reference Guides. No. 5).
Stapleton, Margaret L.: The Truman and Eisenhower Years: 1945–1960, a selected Bibliography. Metuchen, N. J. 1973.
The Foreign Affairs Fifty-Years Bibliography: New Evaluations of Significant Books on Internationals Relations, 1920–1970. Ed. by Byron Dexter et al. New York 1972.
Wersich, Rüdiger B. (Hrsg.): USA-Lexikon: Schlüsselbegriffe zu Politik, Wirtschaft, Gesellschaft, Kultur, Geschichte und zu den deutsch-amerikanischen Beziehungen. Berlin 1995.

II. Quellen

AAPD: vgl. unter Akten zur Auswärtigen Politik der Bundesrepublik Deutschland.
Acheson, Dean: Present at the Creation. My Years in the State Department. New York 1969.
Adams, Sherman: First-Hand Report. The Inside Story of the Eisenhower Administration. New York 1961.
ADAP: vgl. unter Akten zur Deutschen Auswärtigen Politik.
Adenauer, Konrad: Briefe 1949–1951. Bearb. von Hans Peter Mensing. Berlin 1985.
–: Briefe 1951–1953. Bearb. von Hans Peter Mensing. Berlin 1987.
–: Erinnerungen. 4 Bde. Stuttgart 1965–1968.
Adler, Selig: The War-Guilt Question and American Disillusionment. In: Journal of Modern History 22 (1951) pp. 1–28.
Ahrens, Georg/Brinkmann, Carl (Hrsg.): Wilson. Das Staatsmännische Werk des Präsidenten in seinen Reden. Berlin 1919 (Zit.: Ahrens/Brinkmann).
Akten der Reichskanzlei Weimarer Republik. Das Kabinett Scheidemann, 13. Februar bis 20. Juni 1919. Hrsg. v. Karl Dietrich Erdmann. Boppard 1971.

Akten zur Auswärtigen Politik der Bundesrepublik Deutschland 1963. Bd. I: 1. Januar bis 31. Mai 1963; Bd. II: 1. Juni bis 30. September 1963; Bd. III: 1. Oktober bis 31. Dezember 1963. Hrsg. im Auftrag des Auswärtigen Amts vom Institut für Zeitgeschichte. Hauptherausgeber: Hans-Peter Schwarz. Mitherausgeber: Helga Haftendorn, Klaus Hildebrand, Werner Link, Rudolf Morsey. München 1994 (Zit.: AAPD 1963).
Akten zur Deutschen Auswärtigen Politik 1918–1945.
Serie A: 1918–1925. Bd. I, Göttingen 1982; Bd. III, Göttingen 1985; Bd. IV, Göttingen 1986; Bd. VII, Göttingen 1989; Bd. X, Göttingen 1992.
Serie B: 1925–1933. Bd. III, Göttingen 1968; Bd. IX, Göttingen 1976; Bd. XV, Göttingen 1980.
Serie D: 1937–1941. Bd. I, Baden-Baden 1950; Bd. XI/2, Bonn 1964; Bd. XII/1, Göttingen 1969; Bd. XIII/2, Göttingen 1970 (Zit.: ADAP).
Albjerg, Victor L.: Isolationism and the Early New Deal, 1932–1937. In: Current History 35 (1958) pp. 204–210.
The American-German Review. Philadelphia 1934–1941.
Armstrong, Anne: Unconditional Surrender: The Impact of the Casablanca Policy upon World War II. New Brunswick, N.J. 1961.
Außenpolitik der Bundesrepublik Deutschland: Dokumente von 1949 bis 1994. Hrsg. aus Anlaß des 125. Jubiläums des Auswärtigen Amts v. Referat für Öffentlichkeitsarbeit. Köln 1995 (Zit.: Außenpolitik der Bundesrepublik Deutschland).
Bachter, B. O.: Deutsch-amerikanische Zeitfragen. Rundbrief Nr. 1. o. O. Pfingsten 1938.
Baden, Prinz Max von: Erinnerungen und Dokumente. Berlin/Leipzig 1927 (Zit.: Baden).
Ball, George W.: The Past has another Pattern: Memoirs. New York 1982.
Baring, Arnulf: Sehr verehrter Herr Bundeskanzler. Heinrich von Brentano im Briefwechsel mit Konrad Adenauer 1949–1964. Hamburg 1974.
Baumgarten, Otto: Das Echo der alldeutschen Gefahr in Amerika. Berlin 1918.
Beal, John R.: John Foster Dulles. A Biography. New York 1959.
Beck, Earl R.: Friedrich Schönemann, German-Americanist. In: Historian 26 (1963/64) S. 381–404.
Becker, Howard: Das Deutschlandbild in Amerika. In: Politische Studien 10 (1959) S. 737–747.
Beloff, Max: The United States and the Unity of Europe. Washington 1963.
Benz, Wolfgang (Hrsg.): Pazifismus in Deutschland. Dokumente zur Friedensbewegung 1890–1939. Frankfurt/M. 1988.
Berber, Fritz: Fünf Jahre nationalsozialistische Außenpolitik. In: Monatshefte für Auswärtige Politik 5 (1938) S. 201–205.
Berg, Peter: Deutschland und Amerika 1918–1929. Über das deutsche Amerikabild der zwanziger Jahre. Lübeck 1963.
Bernstorff, Johann H[einrich] Graf von: Deutschland und Amerika. Erinnerungen aus dem fünfjährigen Kriege. Berlin 1920.
Besson, Waldemar: Franklin D. Roosevelt, der New Deal und die neuen Leitbilder der amerikanischen Politik. Zum politischen Selbstverständnis der Amerikaner im 20. Jahrhundert. In: Jahrbuch für Amerikastudien 5 (1960) S. 121–134.

BGBl.: vgl. unter Bundesgesetzblatt.
BGRÖ: vgl. unter Bundesgesetzblatt der Republik Österreich.
Biegeleben, Mathilde: Die neueste Handelspolitik der Vereinigten Staaten von Nordamerika. Berlin 1927.
Binder, Paul: USA und Wir. Wirtschaft. Außenhandel. Politik. Stuttgart 1956 (Zit.: Binder).
Blankenhorn, Herbert: Verständnis und Verständigung Blätter eines politischen Tagebuchs 1949 bis 1979. Frankfurt/M./Berlin/Wien 1980.
Blücher, Franz: Dienst an Deutschland und Europa. Vier Jahre Bundesministerium für den Marshallplan. Bad Godesberg 1953.
Blum, John Morton (Ed.): From the Morgenthau Diaries. 3 Vols. Boston 1959–1967.
Bödigheimer, Walter: Die Verhandlungen über das Sicherheitsproblem auf der Berliner Konferenz 1954. In: Europa-Archiv 9/1 (1954) S. 6496–6513.
Bohlen, Charles: Witness to History 1929–1969. New York/London 1973.
Bömer, Karl: Das neue Deutschland in der amerikanischen Presse. In: Nationalsozialistische Monatshefte 4 (1933) S. 506–509.
Bonn, Moritz Julius: Die Kultur der Vereinigten Staaten von Amerika. Berlin 1930 (Zit.: Bonn).
Borch, Herbert von: John Foster Dulles – Ein politisches Portrait. In: Außenpolitik 10 (1959) S. 150–160.
Borchard, Edwin M.: Dragging America into War. In: Current History 40 (1934) pp. 392–401.
–/Lange, William L.: Neutrality for the United States. New Haven 1937.
Borg, Dorothy: Notes on Roosevelt's „Quarantine" Speech. In: Political Science Quarterly 72 (1957) pp. 405–433.
Bowles, Chester: The conscience of a Liberal. Selected Writings and Speeches. Ed. by Henry Steele Commager. New York/Evanston 1962.
Brinkley, Douglas/Facey-Crowther, David R. (Eds.): The Atlantic Charter. New York 1994.
Brüning, Heinrich: Die Vereinigten Staaten und Europa. Stuttgart 1954.
–: Reden und Aufsätze eines deutschen Staatsmanns. Hrsg. v. Wilhelm Vernekohl unter Mitwirkung v. Rudolf Morsey. Münster 1968 (Zit.: Brüning).
Bruntz, George D.: Allied Propaganda and the Collapse of the German Empire in 1918. Stanford 1938.
Bulletin: vgl. unter Bulletin des Presse- und Informationsamtes der Bundesregierung.
Bulletin des Presse- und Informationsamtes der Bundesregierung: Nr. 188 vom 6. 10. 1954; Nr. 85 vom 6. 5. 1955; Nr. 45 vom 7. 3. 1957; Nr. 86 vom 10. 5. 1958; Nr. 202 vom 30. 10. 1962; Nr. 9 vom 16. 1. 1963; Nr. 110 vom 27. 6. 1963; Nr. 147 vom 20. 8. 1963; Nr. 1 vom 3. 1. 1964; Nr. 4 vom 8. 1. 1964; Nr. 104 vom 6. 9. 1990 (Zit.: Bulletin).
Bundesgesetzblatt: 1949 (Zit.: BGBl.).
Bundesgesetzblatt der Republik Österreich: 1955 (Zit.: BGRÖ).
Bundy, McGeorge (Ed.): The Pattern of Responsiblity. Boston 1952.
Burnett, Philip Mason: Reparation at the Paris Peace Conference. From the Standpoint of the American Delegation. New York 1965 (Erstauflage 1940).

Burnham, James: Containment and Liberation: An Inquiry into the Aims of United States Foreign Policy. New York 1952.

Butz, Otto: Germany: Dilemma for American Foreign Policy. Garden City, N.Y. 1954.

Carroll, E. Malcolm: Franklin D. Roosevelt and the World Crisis, 1937–1940. In: South Atlantic Quarterly 52 (1953) pp. 111–128.

Chandler, Alfred D. (Ed.): The Papers of Dwight D. Eisenhower. Vols. III–V: The War Years; Vol. VI: Occupation, 1945. Baltimore 1970/78.

Child, Clifton James: The German-Americans in Politics, 1914–1917. Madison, Wisconsin 1953.

Child, Marquis W.: Eisenhower: Captive Hero. A critical study of the General and the President. New York 1958.

Class, Heinrich: Deutsche Geschichte. Leipzig [8]1919 (Zit.: Class).

Clay, Lucius D.: Decision in Germany. Garden City, N.Y. 1950 (deutsch: Entscheidung in Deutschland. Frankfurt/M. o. J.).

Commager, Henry Steele (Ed.): Documents of American History. Vol. II. Englewood Cliffs, New Jersey [9]1973 (Zit.: Commager).

Conant, James Bryant: Germany and Freedom. A Personal Appraisal. Cambridge, Mass. 1958.

–: The Federal Republic of Germany, our new ally. Minneapolis 1957.

Cornides, Wilhelm: Die Entwicklungsstadien des europäischen Sicherheitsproblems, 1943–1953. In: Europa-Archiv 9/1 (1954) S. 6489–6496.

–: Die Weltmächte und Deutschland. Geschichte der jüngsten Vergangenheit 1945–1955. Tübingen/Stuttgart 1957.

Dalton, Hugh: Memoirs. Vol. III: High Tide and After. 1945–1960. London 1962.

Davidson, Eugene: The Death and Life of Germany: An Account of the American Occupation. New York 1959.

Davison, Walter Phillips: The Berlin Blockade. A Study in Cold War Politics. Princeton, N.J. 1958.

De Jong, Louis: The German Fifth Column in The Second World War. Chicago 1956.

The Department of State Bulletin. The Official Weekly Record of United States Foreign Policy: 47 (1962).

Deutsch, Harold C.: A Problem Paper on Present and Future United States Policy toward Germany. Minneapolis 1955.

–: Our changing German Problems. Chicago 1956.

Deutsch, Karl W./Edinger, Lewis J. (Eds.): Germany Rejoins the Powers: Mass Opinion, Interest Groups, and Elites in Contemporary German Foreign Policy. Stanford 1953.

Deutschland und Amerika. Germany and U.S.A. The Steuben Memorial. Hrsg. im Auftrag der Deutschen Steuben-Gesellschaft e. V. Berlin 1932 (Zit.: Deutschland und Amerika).

The Diaries of Edward R. Stettinius, 1943–1946. Ed. by Thomas M. Campell and George Cyril Herring. New York 1975.

Die Bemühungen der Bundesrepublik um Wiederherstellung der Einheit Deutschlands durch gesamtdeutsche Wahlen. Dokumente und Akten. Im Auftrag der Bundesregierung. Hrsg. vom Bundesministerium für gesamtdeutsche Fragen. 3 Bde. Bonn 1953.

Die Kabinettsprotokolle der Bundesregierung. Hrsg. für das Bundesarchiv von Hans Booms. Bd. 1: 1949; Bd. 2: 1950. Bearb. v. Ulrich Enders und Konrad Reiser. Boppard 1982/1984.

Die Ruhrfrage 1945/46 und die Entstehung des Landes Nordrhein-Westfalen. Britische und amerikanische Akten. Eingel. u. bearb. v. Rolf Steininger. Düsseldorf 1988.

Die Steuben-Feier des Stahlhelm in Magdeburg 1930. In: Deutschland und Amerika. Hrsg. i. A. der Deutschen Steuben-Gesellschaft e. V. Berlin 1932.

Die Viererkonferenz in Berlin 1954. Reden und Dokumente. Hrsg. v. Presse- und Informationsamt der Bundesregierung. Berlin o. J. (1954).

Die Welt: Nr. 219 vom 20. 9. 1958 (Zit.: Die Welt).

Dieckhoff, Hans Heinrich: Deutschland und die Vereinigten Staaten. In: Monatshefte für Auswärtige Politik Heft 7 (1941) S. 498–521 (Zit.: Dieckhoff).

Dittmann, Anneliese: Die deutschlandfeindliche Meinungsbildung der Vereinigten Staaten von Nordamerika während des Weltkrieges und 1933/34. Heidelberg 1938.

Documents on Disarmament 1963. Ed. by United States Arms Control and Disarmament Agency. Washington 1964.

Dodd, William E. Jr./Dodd, Martha (Eds.): Ambassador Dodd's Diary, 1933–1938. New York/London 1941 (deutsch 1962).

Dokumentation zur Deutschlandfrage. Von der Atlantik-Charta 1941 bis zur Berlin-Sperre 1961. Hrsg. v. Heinrich von Siegler. Bonn/Wien/Zürich ²1970.

Dokumente zur Deutschlandpolitik. Hrsg. v. Bundesministerium für Gesamtdeutsche Fragen [seit 1971 für Innerdeutsche Beziehungen].

II. Reihe: 1945–1955. Bd. 1, 1 und 1, 3: Die Konferenz von Potsdam. Berlin 1992.

III. Reihe: 1955–1958. Bd. 1; Bd. 2, 1; Bd. 3, 3; Bd. 4, 1 und 4, 2. Berlin 1961–1969.

IV. Reihe: 1958–1966. Bd. 1; Bd. 8, 2; Bd. 9, 1. Berlin 1971–1978 (Zit.: DzD).

Domarus, Max (Hrsg.): Hitler. Reden und Proklamation 1932–1945. Bd. II, 2; III. München 1965 (Zit.: Domarus).

Dorn, Walter L.: Die Debatte über die amerikanische Besatzungspolitik für Deutschland 1944/45. In: VfZG 6 (1958) S. 60–76.

Drummond, Roscoe/Coblentz, Martha: Duel at the Brink. John Foster Dulles' Command of American Power. Garden City, N.Y. 1960.

Dulles, John Foster: Our Policy for Germany. Washington D.C. 1954.

–: The spiritual legacy of John Foster Dulles; selections from his articles and addresses. Ed. with an introduction by Henry P. van Dusen. Philadelphia 1960.

–: War or Peace. New York 1950.

DzD: vgl. unter Dokumente zur Deutschlandpolitik.

Eisenhower, Dwight D.: Selected Speeches of Dwight D. Eisenhower. Washington 1970.

–: The Eisenhower Diaries. Ed. by Robert Hugh Ferrell. New York 1981.

–: The White House Years. 2 Vols. Garden City, N.Y. 1963/1965.

Elbe, Joachim von: Unter Preussenadler und Sternenbanner. Ein Leben für Deutschland und Amerika. München 1983.

Entnazifizierung. Politische Säuberung und Rehabilitierung in den vier Besatzungszonen 1945–1949. Hrsg. v. Clemens Vollnhals in Zusammenarbeit mit Thomas Schlemmer. München 1991.

Erzberger, Matthias: Der Völkerbund. Der Weg zum Weltfrieden. Berlin 1918.
Etzold, Thomas S./Gaddis, John Lewis (Eds.): Containment. Documents on American Policy and Strategy, 1945–1950. New York 1978.
Europa-Archiv 1 (1946)ff. (Zit.: Europa-Archiv).
FAZ: vgl. unter Frankfurter Allgemeine Zeitung.
Fenske, Hans (Hrsg.): Unter Wilhelm II. 1890–1918. Darmstadt 1982 (Quellen zum politischen Denken der Deutschen im 19. und 20. Jahrhundert, Bd. 7).
Ferrell, Robert B. (Ed.): The Diary of James C. Hagerty. Eisenhower in Mid-Course, 1954–1955. Bloomington 1983.
Fischer, Erika J./Fischer, Heinz D.: John J. McCloy und die Frühgeschichte der Bundesrepublik Deutschland. Presseberichte und Dokumente über den Amerikanischen Hochkommissar für Deutschland 1949–1952. Köln 1985.
Foerster, F. W./Tetens, T. H.: Open Letter to the „Loyal Americans Of German Descent". o. O. und o. J.
Folliot, Denise (Ed.): Documentation on International Affairs 1953. London 1957.
Foreign Relations of the United States:
The Conferences of Malta and Yalta 1945. Washington 1955.
The Conference of Berlin (The Potsdam Conference) 1945. Vol. II. Washington 1960.
European Advisory Commission; Austria; Germany. Washington 1968 (Zit.: FRUS 1945, III).
European Security and The German Question. Washington 1981 (Zit.: FRUS 1951, III/2).
Fraenkel, Ernst (Hrsg.): Amerika im Spiegel des deutschen politischen Denkens. Äußerungen deutscher Staatsmänner und Staatsdenker über Staat und Gesellschaft in den Vereinigten Staaten von Amerika. Köln/Opladen 1959 (Zit.: Fraenkel).
Frank, Paul: Entschlüsselte Botschaft. Ein Diplomat macht Inventur. Stuttgart 1981.
Frankfurter Allgemeine Zeitung: Nr. 145 vom 27. 6. 1963; Nr. 727 vom 23. 11. 1963 (Zit.: FAZ).
Fried, Ferdinand: Amerika den Amerikanern! In: Die Tat 28 (1936/37) S. 752–768.
–: Das Experiment Amerika. In: Die Tat 28 (1936/37) S. 96–110.
Friedensburg, Ferdinand: Es ging um Deutschlands Einheit. Rückschau eines Berliners auf die Jahre nach 1945. Berlin 1971.
Fröhlich, Michael (Hrsg.): Von der Besatzung zur Souveränität. Die Vor- und Frühgeschichte der Bundesrepublik Deutschland (1945–1955). Eine Dokumentation. Bonn 1993.
FRUS: vgl. unter Foreign Relations of the United States.
Galantiere, Lewis: America and the Mind of Europe. London 1951.
Gescher, Dieter Bruno: Die Vereinigten Staaten von Nordamerika und die Reparationen 1920–1924. Eine Untersuchung der Reparationsfrage auf der Grundlage amerikanischer Akten. Bonn 1956.
Gottlieb, Manuel: The German Peace Settlement and the Berlin Crisis. New York 1960.
Graebner, Norman A.: Cold War Diplomacy. American Foreign Policy 1945–1960. Princeton 1962.
–: The New Isolationism. A Study in Politics and Foreign Policy since 1950. New York 1956.

Grew, Joseph Clark: Turbulent Era. A Diplomatic Record of Forty Years. 1904–1945. Ed. by Walter Johnson. 2 Vols. London 1952.
Grewe, Wilhelm G.: Deutsche Außenpolitik der Nachkriegszeit. Stuttgart 1960.
–: Rückblenden 1976–1951. Aufzeichnungen eines Augenzeugen deutscher Außenpolitik von Adenauer bis Schmidt. Frankfurt/Berlin/Wien 1979.
–: Zwischen Neutralität und Kollektivsicherheit. Zur Außenpolitik der Vereinigten Staaten. In: Hamburger Monatshefte für Auswärtige Politik 4 (1937) S. 627–638.
Grimm, Hans: Amerikanische Rede. München 1936.
Gross, Herbert: Deutschlands handelspolitische Einkreisung durch USA. In: Wirtschaftsdienst 22 (1937) S. 1411–1413.
Gruchmann, Lothar: Nationalsozialistische Großraumordnung. Die Konstruktion einer „deutschen Monroe-Doktrin". Stuttgart 1962.
Haigth, John McVickar jr.: Roosevelt and the Aftermath of the Quarantine Speech. In: The Review of Politics 24 (1962) pp. 233–259.
Halfeld, Adolf: Amerika künftig neutral? In: Die Tat 29 (1937/38) S. 164–181.
Hammond, Paul Y.: Directives for the Occupation of Germany: The Washington Controversy. In: Stien Harold (Ed.): American Civil-Military Decisions. A Book of Case Studies. Birmingham, Alabama 1963, pp. 311–1460.
Harden, Maximilian: Krieg und Friede. Bd. 2. Berlin 1918.
Harnack, Adolf von: Wilsons Botschaft und die deutsche Freiheit. In: Die deutsche Freiheit. Fünf Vorträge von Harnack, Meinecke, Sering, Troeltsch, Hintze. Gotha 1917, S. 1–13 (Zit.: Harnack).
Hartmann, Waldemar: Deutschland und die U.S.A. Wege zu gegenseitigem Verstehen. In: Nationalsozialistische Monatshefte 4 (1933) S. 481–494 (Zit.: Hartmann).
–: Politische Probleme der U.S.A. In: Nationalsozialistische Monatshefte 4 (1933) S. 494–506.
Haupt, Ulrich: Eindrücke aus USA. In: Zeitschrift für Geopolitik 16 (1939) S. 423–431.
Hawgood, John A.: The Tragedy of German-America. New York/London 1940.
Helbich, Wolfgang J./Kamphoefner, Walter D./Sommer, Ulrike (Hrsg.): Briefe aus Amerika: Deutsche Auswanderer schreiben aus der Neuen Welt 1830–1930. München 1988 (englisch: News from the Land of Freedom. German Immigrants write Home. Ithaca 1991).
Helfferich, Karl: Der Weltkrieg. Bd. III: Vom Eingreifen Amerikas bis zum Zusammenbruch. Berlin 1919.
Heller, Deane Fons: John Foster Dulles, soldier for peace. New York 1960.
Herring, Herbert: Amerika auf dem Weg zum Krieg. Essen 1939.
Herter, Christian A.: Toward an Atlantic Community. New York 1963.
Herz, John H.: German Officialdom Revisited – Political Views and Attitudes of the West German Civil Service. In: World Politics 7/1 (1954) pp. 63–83.
–: The Fiasco of Denazification in Germany. In: Political Science Quarterly LXIII (1948) pp. 569–594.
Hitler, Adolf: Mein Kampf. Bd. 2. München 1927 (Zit.: Hitler, Mein Kampf).
Hitler, Adolf, Monologe im Führerhauptquartier 1941–1944. Die Aufzeichnungen Heinrich Heims. Hrsg. v. Werner Jochmann. Hamburg 1980 (Zit.: Monologe im Führerhauptquartier).
Hitlers politisches Testament. Die Bormann-Diktate vom Februar und April 1945.

Mit einem Essay v. H. R. Trevor-Roper und einem Nachwort v. A. François-Poncet. Hamburg 1981 (Zit.: Hitlers politisches Testament).

Hitlers Zweites Buch. Ein Dokument aus dem Jahre 1928. Eingel. und kommentiert v. Gerhard L. Weinberg. Stuttgart 1961 (Zit.: Hitler, Zweites Buch).

Hitschfeld, Hans: Die Kapital- und Handelsbeziehungen zwischen Deutschland und den Vereinigten Staaten von Amerika, 1924–1927. Leipzig 1930.

Hocking, William E.: Experiment in Education: What we can learn from teaching Germany. Chicago 1954.

Hoetzsch, Otto von: Die Vereinigten Staaten von Amerika im ersten Halbjahr 1933. Versuche einer Erfassung ihrer Problematik. In: Zeitschrift für Politik 23 (1933/34) S. 407–425.

Hohlfeld, Johannes (Hrsg.): Dokumente der deutschen Politik und Geschichte von 1848 bis zur Gegenwart. Ein Quellenwerk für die politische Bildung und staatsbürgerliche Erziehung. Bd. 2: Das Zeitalter Wilhelms II. 1890–1918. Berlin/München 1951 (Zit.: Hohlfeld).

Hoover, Herbert: Addresses upon the American Road 1950–1955. Stanford 1955.

Horne, Alistair: Return to Power: A Report on the New Germany. New York 1956.

Huber, Ernst Rudolf (Hrsg.): Dokumente zur deutschen Verfassungsgeschichte. Bd. 2: Deutsche Verfassungsdokumente 1851–1918. Bd. 3: Dokumente der Novemberrevolution und der Weimarer Republik 1918–1933. Stuttgart/Berlin/Köln/Mainz 1964/1966 (Zit.: Huber).

Huebener, Theodore: The Germans in America. Philadelphia/New York 1962.

Hunt, Irwin L.: American Military Government of Occupied Germany, 1918–1920. Washington 1943.

Jäckel, Eberhard (Hrsg.): Die deutsche Frage 1952–1956. Notenwechsel und Konferenzdokumente der vier Mächte. Frankfurt/Berlin 1957.

–/Kuhn, Axel (Hrsg.): Hitler. Sämtliche Aufzeichnungen 1905–1924. Stuttgart 1980.

Jacobs, Travis Beal: Roosevelt's Quarantine Speech. In: Historian 24 (1961/62) pp. 483–502.

Joesten, Joachim: Germany: What Now? Chicago 1948.

Junker, Detlef: Kampf um die Weltmacht. Die USA und das Dritte Reich 1933–1945. Düsseldorf 1988.

Keesings Archiv der Gegenwart. Bonn 1949 ff.

Kennan, George F.: Amerikas Außenpolitik und ihre Stellung zur Sowjetmacht. Zürich/Stuttgart/Wien 1952 (Zit.: Kennan).

–: Memoiren eines Diplomaten (1925–1940). Stuttgart ²1968.

–: Rußland, der Westen und die Atomwaffe. Frankfurt 1958.

Kloß, Heinz: Das Nationalitätenrecht der Vereinigten Staaten von Amerika. Wien/Stuttgart 1963.

–: Das Volksgruppenrecht in den Vereinigten Staaten von Amerika. 2 Bde. Essen 1940/1942.

–: Um die Einigung des Deutschamerikanertums. Die Geschichte einer unvollendeten Volksgruppe. Berlin 1937.

Knorr, Klaus (Ed.): NATO and American Security. Princeton 1959.

Knox, Robert S.: High Level Planning in the United States Regarding Germany, 1941–1946. Washington D.C. 1949.

Kolko, Gabriel: American Business and Germany, 1930–1941. In: Western Political Quarterly 15 (1962) pp. 713–728.
Kränzlein, Robert: Die Handelsbeziehungen Deutschlands zu den Vereinigten Staaten und ihre Neugestaltung, Hamburg 1937.
Krone, Heinrich: Aufzeichnungen zur Deutschland- und Ostpolitik 1954–1969. In: Rudolf Morsey/Konrad Repgen (Hrsg.): Adenauer-Studien. Bd. 3. Mainz 1974 (Zit.: Krone).
Lansing, [Robert]: The Lansing-Papers 1914–20. 2 Vols. Washington 1939/1940.
League of Nations Treaty Series: Vols. 52/94. Geneva 1926/1929 (Zit.: LNTS).
Lessing, Otto: USA und Deutschland – tragisches Mißverstehen. In: Velhagen und Klasings Monatshefte 49 (1934/35) S. 501–505.
Levy, Peter B. (Ed.): 100 Key Documents in American Democracy. Westport, Conn., 1994.
Lichfeld, Eduard (Ed.): Governing Post-War Germany. Ithaca 1953.
LNTS: vgl. unter League of Nations Treaty Series.
Lochner, Louis Paul: Herbert Hoover and Germany. New York 1960.
Löwenthal, Richard: Die Deutschlandpolitik der USA seit 1945. Berlin/Zürich o. J. [1963].
Lowie, Robert Harry: Toward Understanding Germany. Chicago 1954.
Magers, Helmut: Deutschland und Amerika. In: Die Tat 25 (1933/34) S. 321–328.
–: Roosevelt und Hitler. In: Hochschule und Ausland 12 (1934) S. 4–11.
Mahlin, Sybille: Die Außenhandelspolitik der Vereinigten Staaten von Amerika von 1929–1936. Berlin 1937.
Maier, Klaus A./Thoss, Bruno (Hrsg.): Westintegration, Sicherheit und Deutsche Frage. Quellen zur Außenpolitik in der Ära Adenauer 1949–1963. Darmstadt 1994 (Ausgewählte Quellen zur deutschen Geschichte der Neuzeit, Bd. 42).
Mann, Golo: Vom Geist Amerikas. Stuttgart ²1955.
McCloy, John J.: Assisting Germany to Become a Peaceful Democracy. In: Department of State Bulletin 25 (1951) pp. 63–67.
–: Challenge to Europe. In: Interplay. February 1968, p. 33.
–: Economic and Political Forces in Germany. In: Department of State Bulletin 21 (1949) pp. 270–272.
–: Foreign Economic Policy and Objectives. In: Goals for Americans. Ed. by The American Assembly, Columbia University. Prentice Hall 1969, pp. 331–358.
–: The Atlantic Alliance, its origins and its future. New York 1969.
–: The Challenge to American Foreign Policy. Cambridge 1953.
McClure, Wallace: German-American Commercial Relations. In: American Journal of International Law 19 (1925) pp. 689–701.
McSweeney, Edward: American Voluntary Aid for Germany 1945–1950. Freiburg 1950.
Meier-Benneckenstein, Paul (Hrsg.): Dokumente der Deutschen Politik. 5 Bde. Berlin 1935–1938.
Mel'nikov, Juri: Die Rolle der amerikanisch-deutschen Gegensätze bei der Entstehung des zweiten Weltkrieges. In: Sowjetwissenschaft. Gesellschaftswissenschaftliche Beiträge 1 (1959) S. 617–643.
Michaelis, Herbert/Schraepler, Bruno (Hrsg.): Ursachen und Folgen. Vom deutschen

Zusammenbruch 1918 und 1945 bis zur staatlichen Neuordnung Deutschlands in der Gegenwart. Eine Urkunden- und Dokumentensammlung zur Zeitgeschichte. Bd. II: Der militärische Zusammbruch und das Ende des Kaiserreiches. Berlin 1958 (Zit.: Michaelis/Schraepler).

Middleton, Drew: The Struggle for Germany. Indianapolis 1949.

Moeller van den Bruck, Arthur: Das Recht der jungen Völker. Berlin 1932 (Zit.: Moeller van den Bruck).

Moltmann, Günter: America's Reaction to the November 1938 Pogrom. In: The Wiener Library Bulletin 16 (1962) pp. 70–71.

–: Amerikas Deutschland-Politik im Zweiten Weltkrieg: Kriegs- und Friedensziele. Heidelberg 1958.

–: Die Luftschiff-„Hindenburg"-Katastrophe und das Heliumproblem: Ein Kapitel amerikanisch-deutscher Beziehungen vor dem Zweiten Weltkrieg. In: Wehrwissenschaftliche Rundschau 11 (1961) S. 617–634.

Mönning, Richard: Deutsche Musik und Amerika. In: Nationalsozialistische Monatshefte 4 (1933) S. 514–516.

Morsbach, Adolf: Die kulturellen Beziehungen zwischen den Vereinigten Staaten und Deutschland. In: Nationalsozialistische Monatshefte 4 (1933) S. 510–514.

Muhlen, Norbert: The Return of Germany. Chicago 1953.

Murphy, Robert: Diplomat among Warriors. Garden City, N.Y. 1964.

Naumann, Friedrich: Wilsons Kriegserklärung. In: Die Hilfe 23 (1917) S. 239f. (Zit.: Naumann).

Neal, Fred W.: War and Peace in Germany. New York 1962.

Neumann, Erwin: Die Neutralität der Vereinigten Staaten. Berlin 1939.

Neumann, Sigmund: Germany: Promise and Perils. New York 1962.

Norman, Albert: Our German Policy: Propaganda and Culture. New York 1951.

Northrop, F. S. C.: European Union and United States Foreign Policy. New York 1954.

Osgood, Robert E.: NATO. The Entangling Alliance. Chicago 1962.

Pollock, James K. (Ed.): German Democracy at Work. A selective study. Ann Arbor 1955.

Pollock, James K./Thomas, Homer: Germany in Power and Eclipse. The Background of German Development. New York 1952.

Pommerin, Reiner/Fröhlich, Michael (Hrsg.): Quellen zu den deutsch-amerikanischen Beziehungen im 19. und 20. Jahrhundert. Teilband 1: 1776–1917. Darmstadt 1995 (Zit.: Pommerin/Fröhlich).

Predöhl, Andreas: Die Vereinigten Staaten und die Weltwirtschaft. In: Auslandsstudien 8 (1933) S. 143–168.

Prittwitz und Gaffron, Friedrich Wilhelm von: Deutschland und die Vereinigten Staaten seit dem Weltkrieg. Leipzig/Berlin 1934 (Zit.: Prittwitz und Gaffron, Deutschland).

Prowe, Diethelm: Der Brief Kennedys an Brandt vom 18. August 1961. Eine zentrale Quelle zur Berliner Mauer und der Entstehung der Brandtschen Ostpolitik. In: VfZG 33 (1985) S. 373–383 (Zit.: Prowe).

Public Papers of the Presidents: Dwight D. Eisenhower 1953–1961. 8 Vols. Washington D.C. 1960/61.

Public Papers of the Presidents: Harry S. Truman 1945–1953. 8 Vols. Washington D.C. 1961–1966.
Purlitz, Friedrich (Hrsg.): Deutscher Geschichtskalender. Vom Waffenstillstand zum Frieden von Versailles Oktober 1918–Juni 1919. Leipzig o. J., S. 151–184.
Pusey, Merlo John: Eisenhower, the President. New York 1956.
Reichsgesetzblatt: 1919; 1921; 1922 II; 1925 II; 1926 II (Zit.: RGBl.).
Reiss, Jürgen: George Kennans Politik der Eindämmung. Berlin 1957.
Remak, Joachim: „Friends of the New Germany“: The Bund and German-American Relations. In: Journal of Modern History 29 (1957) pp. 38–41.
–: Hitlers Amerikapolitik. In: Außenpolitik 6 (1955) S. 706–714.
RGBl.: vgl. unter Reichsgesetzblatt.
Richardson, James D. (Ed.): A Compilation of the Messages and Papers of the Presidents, 1789–1897. 10 Vols. Washington D. C. 1896–1899.
Rohrbach, Paul: Wilson und Trotzki, Gebrüder. In: Deutsche Politik. Wochenschrift für deutsche Welt- und Kulturpolitik 3 (1918) S. 227–230.
Rollitz, Horst: Ibero-America – Vereinigte Staaten – Deutschland. Völkerwirtschaftliche Entwicklungsmöglichkeiten. In: Weltwirtschaft 27 (1939) S. 5–7.
Römer, Hans: Das Clarksche Memorandum über die Monroe-Doktrin. Sinn und Auswirkung. In: Zeitschrift für Politik 20 (1930/31) S. 590–606.
Roosevelt, Franklin D.: Amerika und Deutschland 1936–1945. Auszüge aus Reden und Dokumenten. Hrsg. im Auftrag der Regierung der Vereinigten Staaten. Washington 1945.
–: Looking Forward. London 1933 (deutsch: Blick Vorwärts. Berlin 1933).
–: On Our Way. New York 1934 (deutsch: Unser Weg. Berlin 1934).
–: The public papers and addresses of Franklin D. Roosevelt, with a special introduction and explanatory notes by President Roosevelt. Compiled by Samuel I. Rosenman. 13 Vols. New York 1938/50 (Zit.: Roosevelt).
Rosenberg, Alfred: Der Mythus des 20. Jahrhunderts. München [5]1933 (Zit.: Rosenberg).
Ross, Colin: Unser Amerika. Der deutsche Anteil an den Vereinigten Staaten. Leipzig 1941.
Rupieper, Hermann-Josef: Der besetzte Verbündete. Die amerikanische Deutschlandpolitik 1949–1955. Opladen 1991 (Zit.: Rupieper).
Schaum, Friedrich: Nationalsozialistische Außenpolitik. Magdeburg 1934.
Scheller-Steinwartz, Robert Richard von: Amerika und Wir. Ein Weg am Scheideweg. München/Leipzig 1919 (Zit.: Scheller-Steinwartz).
Schmidt, Paul: Statist auf Diplomatischer Bühne 1923–1945. Erlebnisse des Chefdolmetschers im Auswärtigen Amt mit den Staatsmännern Europas. Bonn 1949.
Schmitt, Carl: Großraum gegen Universalismus [1939]. In: Ders.: Positionen und Begriffe im Kampf mit Weimar – Genf – Versailles 1923–1939. Hamburg 1940, S. 302 (Zit.: Schmitt, Großraum).
–: Völkerrechtliche Formen des modernen Imperialismus [1932]. In: Ders.: Positionen und Begriffe im Kampf mit Weimar – Genf – Versailles 1923–1939. Hamburg 1940, S. 178 f. (Zit.: Schmitt, Völkerrechtliche Formen).
Schönemann, Friedrich: Amerika und der Nationalsozialismus. Berlin 1934.
–: Demokratie und Außenpolitik der USA. Berlin 1939.

Schönemann, Friedrich: Die aggressive Wirtschaftspolitik der Vereinigten Staaten in Südamerika und die Stellung Deutschlands. Stuttgart 1939.

–: Die amerikanische Außenpolitik von 1937. In: Jahrbuch für Auswärtige Politik 4 (1938) S. 143–164.

–: Franklin Delano Roosevelt, Präsident der Vereinigten Staaten von Amerika. In: Hochschule für Politik 1939. Hrsg. v. Paul Meier-Benneckenstein in Verbindung mit Fritz Berber. Berlin 1939, S. 385–415 (Zit.: Schönemann).

Schubert, Klaus von (Hrsg.): Sicherheitspolitik der Bundesrepublik Deutschland. Dokumentation 1945–1977. 2 Bde. Köln 1978.

Schumacher, Kurt: Die Staatsgewalt geht von den Besatzungsmächten aus. o. O. o. J.

Sherwood, Robert E.: Roosevelt und Hopkins. Hamburg 1950 (Zit.: Sherwood).

Shirer, William L.: Berliner Tagebuch. Aufzeichnungen 1934–1941. Mit 17 zeitgenössischen Fotos. Übertr. u. hrsg. v. Jürgen Schebera. Leipzig/Weimar 1991 (Erstauflage 1940) (Zit.: Shirer).

–: Berliner Tagebuch. Das Ende. 1944–45. Übertr. u. hrsg. v. Jürgen Schebera. Leipzig 1994 (Erstauflage 1947).

Siegler, Heinrich (Hrsg.): Dokumentation zur Abrüstung und Sicherheit von 1943 bis 1959. Bad Godesberg 1960.

–: Dokumentation zur Deutschlandfrage. Bonn/Wien/Zürich 1961.

Smertenko, Johan J.: Hitlerism Comes to America. In: Harper's Magazine 167 (1933) pp. 660–670.

Smith, Jean Edward (Ed.): The papers of General Lucius D. Clay: Germany 1945–1949. 2 Vols. London 1974.

–: The Defense of Berlin. Baltimore 1963.

Speidel, Hans: Invasion 1944. Ein Beitrag zu Rommels und des Reiches Schicksal. Tübingen/Stuttgart ^{2}1949.

Spengler, Oswald: Der Untergang des Abendlandes. Umrisse einer Morphologie der Weltgeschichte. 2 Bde. München 1919/1922.

Staatsmänner und Diplomaten bei Hitler. 2. Teil. Hrsg. u. erl. v. Andreas Hillgruber. Frankfurt am Main 1970 (Zit.: Staatsmänner und Diplomaten).

Stikker, Dirk: Bausteine für eine neue Welt. Gedanken und Erinnerungen an schicksalhafte Nachkriegsjahre. Wien/Düsseldorf 1966.

Stomer, Gerhart: Roosevelts zweiter „Term". In: Die Tat 28 (1936/37) S. 828–839.

Stresemann, Gustav: Deutschland und Amerika. In: Deutsche Stimmen 39 (1927) S. 261 f. (Zit.: Stresemann).

Strickland, Charles F.: American Aid to Germans, 1919 to 1921. In: Wisconsin Magazine of History 45 (1961/62) pp. 256–270.

Strong, Donald S.: Der Amerikadeutsche Volksbund. Hamburg 1943.

Sulzberger, Cyrus Leo: A Long Row of Candles. Memoirs and Diaries (1934–1954). London 1958.

Taft, Robert A.: A Foreign Policy for Americans. Garden City, N.Y. 1951.

Tägliche Rundschau: Nr. 72 vom 5. 8. 1945 (Zit.: Tägliche Rundschau).

Tetens, Tete Harens: The New Germany and the Old Nazis. London/New York 1961.

Thayer, Charles W.: The Unquiet Germans. New York 1957.

Tirpitz, Alfred von: Erinnerungen. Leipzig 1919.

Tolzmann, Don H. (Ed.): German-Americans in the World Wars. 4 Vols. München/New Providence/London/Paris 1995.
Troeltsch, Ernst: Spektator-Briefe. Tübingen 1924 (Zit.: Troeltsch).
Truman, Harry S.: Memoiren. Bd 1. Das Jahr der Entscheidungen (Erstaufl. 1945). Stuttgart 1955 (Zit.: Truman).
Utermann, Kurt: Deutsche in Nordamerika. Leipzig 1938.
Vagts, Alfred: Deutsch-Amerikanische Rückwanderung. Heidelberg 1960.
Vandenberg, Arthur Hendrick jr. (Ed.): The Private Papers of Senator Vandenberg. Boston 1952.
Wagner, Fritz: Die Monroe-Doktrin und die Weltmachtpolitik der USA. In: Geschichte in Wissenschaft und Unterricht 13 (1962) S. 749–758.
Warburg, James P.: Deutschland – Brücke oder Schlachtfeld. Stuttgart 1949 (Erstaufl. 1947) (Zit.: Warburg).
Weinberg, Gerhard L.: Hitler's Image of the United States. In: American Historical Review 69 (1963/64) pp. 1006–1021.
Westfälische Rundschau: Nr. 9 vom 11.1. 1957 (Zit.: Westfälische Rundschau).
Williams, William Appleman: The Tragedy of American Diplomacy. New York 1962.
Winterscheidt, Severin (Hrsg.): Kämpfendes Deutschtum. Jahrbuch des Amerikadeutschen Volksbundes auf das Jahr 1938. o. O. 1938.
Wirsing, Giselher: Eine amerikanische Bilanz – 6 Jahre Roosevelt. In: Weltwirtschaft 27 (1939) S. 145–148.
Wittke, Carl: German-Americans and the World War. Columbus, Ohio 1936.
Wolfers, Arnold: West Germany – Protectorate or Ally? New Haven 1950.
Zink, Harold: The United States in Germany, 1944–1953. Princeton 1957.

III. Literatur

Abelshauser, Werner: Wirtschaft in Westdeutschland 1945–1948. Rekonstruktion und Wachstumsbedingungen in der amerikanischen und britischen Zone. Stuttgart 1975.
Adamsen, Heiner R.: Investitionshilfe für die Ruhr. Wiederaufbau, Verbände und Soziale Marktwirtschaft 1948–1952. Wuppertal 1981.
Adler, Selig: The Uncertain Giant, 1921–1941: American Foreign Policy between the Wars. New York/London 1965.
Ahrens, Hans D: Demontage. Nachkriegspolitik der Alliierten. München 1982.
Alexander, Charles C.: Holding the Line: The Eisenhower Era 1952–1961. Bloomington 1976.
Aliano, Richard A.: American Defense Policy from Eisenhower to Kennedy: The Politics of Changing Military Requirements, 1957–1961. Athens, Ohio 1975.
Ambrose, Stephen E.: Die Eisenhower-Administration und die europäische Sicherheit 1953–1956. In: Zwischen Kaltem Krieg und Entspannung. Sicherheits- und Deutschlandpolitik der Bundesrepublik im Mächtesystem der Jahre 1953–1956. Hrsg. v. Bruno Thoß/Hans-Erich Volkmann. Boppard a. Rhein 1988, S. 25–34.
–: Eisenhower. Soldier, General of the Army, President – Elect, 1890–1952. 2 Vols. New York 1983.

Ambrose, Stephen E.: Rise to Globalism: American Foreign Policy since 1938. New York [5]1988.
–: The President. New York 1984.
America and Western Europe. Problems and Prospects. Ed. by Karl Kaiser and Hans-Peter Schwarz. Lexington, Mass./Toronto 1978.
Anfänge westdeutscher Sicherheitspolitik 1945–1956. Bd. 1: Von der Kapitulation zum Pleven-Plan. Hrsg. vom Militärgeschichtlichen Forschungsamt. München 1982.
Angermann, Erich: „Entangling Alliances with None". Neutralismus und Bündnispolitik in den Anfängen der amerikanischen Außenpolitik. In: Heinz Dollinger/Horst Gründer/Alwin Hanschmidt (Hrsg.): Weltpolitik – Europagedanke – Regionalismus. Festschrift für Heinz Gollwitzer zum 65. Geburtstag am 30. Januar 1982. Münster 1982, S. 93–107.
–: Die Amerikaner und die Ausweitung der europäischen und asiatischen Kriege zum Zweiten Weltkrieg. In: Kriegsausbruch 1939. Beteiligte, Betroffene, Neutrale. Hrsg. v. Helmut Altrichter u. Josef Becker. München 1989, S. 229–246.
–: Die Vereinigten Staaten von Amerika. München [8]1987.
–: Die weltpolitische Lage 1933–1935: Die Vereinigten Staaten von Amerika. In: Oswald Hauser (Hrsg.): Weltpolitik 1933–1939. Göttingen 1973, S. 110–145.
Arkes, Hadley: Bureaucracy, the Marshall Plan, and National Interest. Princeton 1972.
Aron, Raymond: Die imperiale Republik. Die Vereinigten Staaten von Amerika und die übrige Welt seit 1945. Stuttgart/Zürich 1975.
Ash, Mitchell G./Söllner, Alfons (Eds.): Forced Migration and Scientific Change: Emigré German-speaking Scientists and Scholars after 1933. New York 1995.
Bailey, Thomas A./Ryan, Paul B.: Hitler vs. Roosevelt: The Undeclared Naval War. New York 1979.
–: A Diplomatic History of the American People. Englewood Cliffs [10]1980.
Bandulet, Bruno: Adenauer zwischen West und Ost. Alternativen der deutschen Außenpolitik. München 1970.
Bark, Dennis: Die Berlin-Frage 1949–1955. Verhandlungsgrundlagen und Eindämmungspolitik. Berlin/New York 1972.
Barker, Elizabeth: The Berlin Crisis 1958–1962. In: International Affairs 34 (1963) pp. 59–73.
Barnes, Patience P.: Hitler's „Mein Kampf" in Britain and America. Cambridge 1980.
Barnet, Richard Joseph: Roots of War: The Men and Institutions behind U.S. Foreign Policy. New York 1972.
Baumgart, Winfried: Vom Europäischen Konzert zum Völkerbund. Darmstadt 1974.
Bavendamm, Dirk: Roosevelts Weg zum Krieg: Amerikanische Politik, 1914–1939. Berlin 1989.
Becker, Josef/Hillgruber, Andreas (Hrsg.): Die deutsche Frage im 19. und 20. Jahrhundert. München 1983.
Becker, William H./Wells, Samuel F. (Eds.): Economics and World Power. An Assessment of American Diplomacy since 1789. New York 1984.
Beglinger, Martin: „Containment" im Wandel. Die amerikanische Außen- und Sicherheitspolitik im Übergang von Truman zu Eisenhower. Wiesbaden 1988.
Bender, Peter: Amerikanische Deutschlandpolitik: Ein realistisches Wiederver-

einigungskonzept hat es nie gegeben. In: Deutschland Archiv 17/II (1984) S. 830–833.
Benz, Wolfgang. Die Gründung der Bundesrepublik. Von der Bizone zum souveränen Staat. München 1984.
Berding, Andrew H.: Dulles on Diplomacy. Princeton/New York/Toronto 1965.
Berg, Manfred: Gustav Stresemann und die Vereinigten Staaten von Amerika: Weltwirtschaftliche Verflechtung und Revisionspolitik, 1907–1929. Baden-Baden 1990.
Berg, Peter: Deutschland und Amerika 1918–1929. Über das deutsche Amerikabild der zwanziger Jahre. Lübeck/Hamburg 1963.
Bernstein, Barton J. (Ed.): Politics and the Policies of the Truman Administration: A Documentary History. New York 1968.
Besson, Waldemar: Die Außenpolitik der Bundesrepublik. Erfahrungen und Maßstäbe. München 1970.
–: Von Roosevelt bis Kennedy. Grundzüge der amerikanischen Außenpolitik 1933–1963. Frankfurt/M. 1964.
Beugel, Ernst Hans van der: From Marshall Aid to Atlantic Partnership: European Integration as a Concern of American Foreign Policy. Amsterdam 1966.
Birnbaum, Karl E.: Peace Moves and U-Boat Warfare. A Study of Imperial Germany's Policy towards the United States, April 18, 1916–January 9, 1917. Stockholm 1958.
Blees, Manfred: Die Sicherheitspolitik der Bundesrepublik Deutschland: Grundlagen, Ziele und Entscheidungen des westdeutschen Staates von seiner Gründung bis zu seinem Eintritt in die NATO unter Berücksichtigung der CDU. Lausanne 1981.
Borchers, Hans/Vowe, Klaus W.: Die zarte Pflanze Demokratie. Amerikanische Reeducation in Deutschland im Spiegel ausgewählter politischer und literarischer Zeitschriften 1945–1949. Tübingen 1979.
Borsdorf, Ulrich/Niethammer, Lutz (Hrsg.): Zwischen Befreiung und Besatzung. Analysen des US-Geheimdienstes über Positionen und Strukturen deutscher Politik 1945. Wuppertal 1976.
Brähler, Reiner: Der Marshallplan. Zur Strategie weltmarktorientierter Krisenvermeidung in der amerikanischen Westeuropapolitik 1933–1952. Köln 1983.
Brands, H. W. jr.: Cold Warriors. Eisenhower's Generation in American Foreign Policy. New York 1988.
–: The Specter of Neutralism: The United States and the Emergence of the Third World, 1947–1960. New York 1989.
Bungenstab, Karl-Ernst: Umerziehung zur Demokratie: Re-education – Politik im Bildungswesen der US-Zone 1945–49. Düsseldorf 1970.
Burk, Robert F.: Dwight D. Eisenhower. Hero and Politician. Boston 1986.
Burke, Bernard V.: Ambassador Frederic Sackett and the collapse of the Weimar Republic, 1930–1933. The United States and Hitler's rise to power. Cambridge 1994.
Calhoun, Frederick, S.: Uses of Force and Wilsonian Foreign Policy. Kent, Ohio 1993.
Calleo, David P.: The German Problem Reconsidered. Germany and the World Order. 1870 to the Present. Cambridge/London/New York/Melbourne 1978.

Christof, Horst: Deutsch-amerikanische Entfremdung. Studien zu den deutsch-amerikanischen Beziehungen von 1913 bis zum Mai 1916. Würzburg 1975.

Cioc, Mark: Pax Atomica: The Nuclear Defense Debate in West Germany during the Adenauer Era. New York 1988.

Cohen, I. Bernard: „Science and the Founding Fathers“. Science in the Political Thought of Thomas Jefferson, Benjamin Franklin, John Adams and James Madison. London 1995.

Cohen, Warren I.: America in the Age of Soviet Power, 1945–1991. Cambridge ²1995.

Cole, Wayne S.: Roosevelt and the Isolationists, 1932–1945. Lincoln, NE 1983.

Compton, James V.: The Swastika and the Eagle. Hitler, the United States and the Origins of World War II. Boston 1967 (deutsch: Hitler und die USA. Die Amerikapolitik des Dritten Reiches und die Ursprünge des Zweiten Weltkrieges. Oldenburg 1968).

Conze, Eckart: Die gaullistische Herausforderung. Die deutsch-französischen Beziehungen in der amerikanischen Europapolitik 1958–1963. München 1995.

Cooney, James A./Craig, Gordon A./Schwarz, Hans-Peter/Stern, Fritz (Eds.): The Federal Republic of Germany and the United States. Boulder/London 1984.

Cornides, Wilhelm: Abrüstungsverhandlungen und Deutschlandfrage seit der Genfer Gipfelkonferenz von 1955. In: Europa-Archiv 15 (1960) S. 103–116.

Coser, Lewis A.: Refugee Scholars in America: Their Impact and Their Experiences. New Haven 1984.

Costigliola, Frank: The United States and the Reconstruction of Germany in the 1920s. In: Business History Review 50 (1977) pp. 477–502.

Craig, Gordon A.: Adenauer and the United States. In: Reiner Pommerin (Ed.): The American Impact on Postwar Germany. Provincetown 1995, pp. 1–14.

–: Die starke Hand am Rad der Geschichte. In: Süddeutsche Zeitung, Nr. 101 vom 2./3.5. 1992, S. 169.

–: Germany and NATO: The Rearmament Debate, 1950–1958. In: Klaus Knorr (Ed.): NATO and American Security. Princeton 1959, pp. 236–259.

–: Roosevelt and Hitler: The Problem of Perception. In: Deutsche Frage und europäisches Gleichgewicht. Festschrift für Andreas Hillgruber zum 60. Geburtstag. Hrsg. v. Klaus Hildebrand/Reiner Pommerin. Köln/Wien 1985, S. 169–194.

Crawley, Aidan: The Rise of Western Germany 1945–1972. London 1973.

Czempiel, Ernst-Otto: Das amerikanische Sicherheitssystem 1945–1949. Eine Studie zur Außenpolitik der bürgerlichen Gesellschaft. Berlin 1966.

–: Die Bundesrepublik und Amerika. Von Okkupation zur Kooperation. In: Die zweite Republik. 25 Jahre Bundesrepublik Deutschland – eine Bilanz. Hrsg. v. Richard Löwenthal/Hans-Peter Schwarz. Stuttgart 1974, S. 554–579.

Dallek, Robert: Franklin D. Roosevelt and American Foreign Policy, 1932–1945. New York 1979.

Daniel, Ute: Dollardiplomatie in Europa: Marshallplan, Kalter Krieg und US-Außenwirtschaftspolitik 1945–1952. Düsseldorf 1982.

Davis, Franklin M. jr.: Come as a Conqueror: The United States Army's Occupation of Germany, 1945–1949. New York 1967.

Deibel, Terry L./Gaddis, John Lewis (Eds.): Containment. Concept and Policy. 2 Vols. Washington, D. C. 1986.

Deist, Wilhelm: Die deutsche Aufrüstung in amerikanischer Sicht. Berichte des US-Militärattachés in Berlin aus den Jahren 1933–1939. In: Rußland–Deutschland–Amerika. Festschrift für Fritz T. Epstein. Hrsg. v. Alexander Fischer/Günter Moltmann/Klaus Schwabe. Wiesbaden 1978, S. 279–295.

Diamond, Sander A.: The Bund Movement in the United States. An Overview. In: Germany and America. Essays on Problems of International Relations and Immigration. Ed. by Hans L. Trefousse. New York 1980, pp. 183–198.

–: The Nazi Movement in the United States 1924–1941. Ithaca/New York/London 1974.

Diefendorf, Jeffry M./Frohn, Axel/Rupieper, Hermann-Josef (Hrsg.): American Policy and the Reconstruction of West Germany, 1945–1955. New York 1993.

Dippel, Horst: Die amerikanische Verfassung in Deutschland im 19. Jahrhundert: das Dilemma von Politik und Staatsrecht. Goldbach 1994.

Divine, Robert A.: Eisenhower and the Cold War. New York 1981.

–: Foreign Policy and U. S. Presidential Elections, 1940–1960. New York 1974.

–: The Reluctant Belligerent: American Entry into World War II. New York ^{2}1979.

Doedecke, Justus D.: Germany in Isolationist Ideology, 1939–1941: The Issue of a Negotiated Peace. In: Germany and America. Essays on Problems of International Relations and Immigration. Ed. by Hans L. Trefousse. New York 1980, pp. 215–226.

Doering-Manteuffel, Anselm: Die Bundesrepublik Deutschland in der Ära Adenauer. Darmstadt 1983.

Donovan, Robert J. Conflict and Crisis. The Presidency of Harry S. Truman, 1945–1948. New York 1977.

–: Tumultuous Years. The Presidency of Harry S. Truman, 1949–1953. New York 1982.

Duignan, Peter/Gann, Lewis H.: The rebirth of the West: the Americanization of the democratic world, 1945–1958. Cambridge, Mass. 1992.

–: The USA and the new Europe, 1945–1993. Oxford/Cambridge, Mass. 1994.

Eisenhower, John S. D.: Intervention! The United States and the Mexican Revolution, 1913–1917. New York 1993.

Eisenstadt, G. Michael/Oberndürfer, Dieter (Hrsg.): 200 Jahre deutsch-amerikanische Beziehungen: The Bicentiennial of American-German Relations. Bonn 1976.

Engel, Josef: Pearl Harbor und der Eintritt der Vereinigten Staaten in den Zweiten Weltkrieg. In: Historische Forschungen und Probleme. Peter Rassow zum 70. Geburtstag. Hrsg. v. Karl Erich Born. Wiesbaden 1961, S. 358–373.

Epstein, Catherine: A Past Reviewed: A Catalog of German-Speaking Refugee Historians in the United States after 1933. New York 1993.

Ermarth, Michael (Ed.): America and the shaping of German society, 1945–1955. Providence 1993.

Eubank, Keith: The Summit Conferences, 1919–1960. Norman, Oklahoma 1966.

Felken, Detlef: Dulles und Deutschland. Die amerikanische Deutschlandpolitik 1953–1959. Bonn/Berlin 1993.

Fiebig-von Hase, Ragnhild: Amerikanische Friedensbemühungen in Europa, 1905–1914. In: Liberalitas. Festschrift für Erich Angermann zum 65. Geburtstag. Hrsg. v. Norbert Finzsch u. Hermann Wellenreuther unter Mitwirkung von Manfred F. Boemeke und Marie-Luise Frings. Stuttgart 1992, S. 285–317.

Fink, Carole/Frohn, Axel/Heideking, Jürgen (Eds.): Genoa, Rapallo, and European Reconstruction in 1922. New York 1991.
Finke, Blythe F.: John Foster Dulles. Master of Brinkmanship and Diplomacy. Charlotteville 1971.
Fischer, Alexander (Hrsg.): Die Deutschlandfrage und die Anfänge des Ost-West-Konflikts 1945–1949. Berlin 1984.
–: Wiederbewaffnung in Deutschland nach 1945. Berlin 1986.
Floto, Inga: Colonel House in Paris. A Study of American Policy at the Paris Peace Conference 1919. Aarhus 1973.
Fohlen, Claude: Jefferson à Paris 1784–1789. Paris 1995.
Foschepoth, Josef (Hrsg.): Adenauer und die Deutsche Frage. Göttingen 1988.
–: Deutschland in der Nachkriegspolitik der Alliierten. Stuttgart 1984.
–: Kalter Krieg und Deutsche Frage. Deutschland im Widerstreit der Mächte 1945–1952. Göttingen/Zürich 1985.
Fox, William T.: NATO and the Range of American Choices. New York 1967.
Fraenkel, Ernst: Das deutsche Wilson-Bild. In: Jahrbuch für Amerikastudien 5 (1960) S. 66–120.
Friedländer, Saul: Auftakt zum Untergang. Hitler und die Vereinigten Staaten 1939–1941. Stuttgart 1965.
Friedrich, Wolfgang-Uwe (Hrsg.): Die USA und die deutsche Frage 1945–1990. Frankfurt a. M./New York 1992.
Frisch, Harald: Das Deutsche Rooseveltbild 1933–1941. Berlin 1967.
Frohn, Axel: Der „Rapallo-Mythos" und die deutsch-amerikanischen Beziehungen. In: Jost Dülffer/Bernd Martin/Günther Wollstein (Hrsg.): Deutschland in Europa. Kontinuität und Bruch. Gedenkschrift für Andreas Hillgruber. Frankfurt/M./Berlin 1990, S. 135–153.
–: Neutralisierung als Alternative zur Westintegration. Die Deutschlandpolitik der Vereinigten Staaten von Amerika 1945–1949. Frankfurt/M. 1985.
Frye, Alton: Nazi Germany and the American Hemisphere 1933–1941. New Haven 1967.
Gaddis, John Lewis: The Long Peace. Inquiry into the History of the Cold War. New York/Oxford 1987.
–: The United States and the Origins of the Cold War 1941–1947. New York/London 1972.
–: Was the Truman Doctrine a Real Turning Point? In: Foreign Affairs 52 (1973/74) pp. 386–402.
Galbraith, John S: The Imperial Conference of 1921 and the Washington Conference. In: Canadian Historical Review 29 (1948) pp. 143–152.
Gallup, G. H.: The Gallup Poll: Public Opinion, 1953–1971. New York 1972.
Gardner, Lloyd C.: Architects of Illusion. Men and Ideas in American Foreign Policy, 1941–1949. Chicago 1970.
–: Spheres of Influence: Partition of Europe, from Malta to Yalta. London 1993.
–: America and the German „Problem", 1945–1949. In: Barton J. Bernstein (Ed.): Politics and Policies of the Truman Administration. Chicago 1970, pp. 113–148.
Gatzke, Hans W.: Germany and the United States. A Special Relationship? Cambridge/London 1980.

Gehring, Hansjörg: Amerikanische Literaturpolitik in Deutschland 1945/1953. Ein Aspekt des Re-Education Programms. Stuttgart 1976.

Geitz, Henry/Heideking, Jürgen/Herbst, Jürgen (Hrsg.): German Influences on Education in the United States to 1917. New York 1995.

Gerson, Louis L.: John Foster Dulles. New York 1967.

Gimbel, John: Amerikanische Besatzungspolitik in Deutschland 1945–1949. Frankfurt/M. 1971.

-: Eine deutsche Stadt unter amerikanischer Besatzung. Marburg 1945–1952. Köln/Berlin 1964.

-: The American Occupation of Germany. Politics and the Military, 1945–1949. Stanford 1968 (deutsch: Amerikanische Besatzungspolitik in Deutschland 1945–1949. Frankfurt/M. 1971).

–: The Origins of the Marshall Plan. Stanford 1976.

Glaser-Schmidt, Elisabeth: Von Versailles nach Berlin: Überlegungen zur Neugestaltung der deutsch-amerikanischen Beziehungen in der Ära Harding. In: Liberalitas. Festschrift für Erich Angermann zum 65. Geburtstag. Hrsg. v. Norbert Finzsch u. Hermann Wellenreuther unter Mitwirkung von Manfred F. Boemeke und Marie-Luise Frings. Stuttgart 1992, S. 319–341.

Görtemaker, Manfred: Der gebändigte Kontinent. Verteidigung und Entspannung in Europa. Analysen und Dokumente. Bonn 1979.

Goldstein, Erik (Ed.): The Washington Conference, 1921–22: naval rivalry, East Asian stability and the road to Pearl Harbor. Ilford 1994.

Gottlieb, Moshe R.: American Anti-Nazi Resistance, 1933–1941. New York 1982.

Gottwald, Robert: Die deutsch-amerikanischen Beziehungen in der Ära Stresemann. Berlin 1965.

Grabbe, Hans-Jürgen: Unionsparteien, Sozialdemokratie und Vereinigte Staaten von Amerika 1945–1966. Düsseldorf 1983.

Graessner, Gernot Heinrich Willy: Deutschland und die Nationalsozialisten in den Vereinigten Staaten von Amerika 1933–1939. Ein Beitrag zur Deutschtumspolitik des Dritten Reiches. Bonn 1973.

Graml, Hermann: Die Alliierten und die Teilung Deutschlands. Konflikte und Entscheidungen 1941–1948. Frankfurt/M. 1985.

Greiner, Bernd: Amerikanische Außenpolitik von Truman bis heute. Grundsatzdebatten und Strategiediskussionen. Köln 1980.

–: Die Morgenthau-Legende. Zur Geschichte eines umstrittenen Plans. Hamburg 1995.

Grosser, Alfred: Das Bündnis. Die westeuropäischen Länder und die USA seit dem Krieg. München 1982.

Gruner, Wolf D.: Die deutsche Frage. Ein Problem der europäischen Geschichte seit 1800. München 1985.

Grupp, Peter: Deutsche Außenpolitik im Schatten von Versailles, 1918–1920. Zur Politik des Auswärtigen Amtes vom Ende des Ersten Weltkrieges und der Novemberrevolution bis zum Inkrafttreten des Versailler Vertrages. Paderborn 1988.

Guhin, Michael A.: John Foster Dulles. A Statesman and his Times. New York 1972.

Haas, Wilhelm: Beitrag zur Geschichte der Entstehung des Auswärtigen Dienstes der Bundesrepublik Deutschland. Bonn 1969.

Haftendorn, Helga: Sicherheit und Entspannung. Zur Außenpolititk der Bundesrepublik Deutschland 1955–1982. Baden-Baden 1983.
Halle, Louis Joseph: The Cold War as History. London/New York 1967.
Hammond, Paul Y.: The Cold War Years. American Foreign Policy since 1945. New York/Chicago 1969.
Hammond, Thomas T. (Ed.): Witnesses to the Origins of the Cold War. Seattle/London 1982.
Hanrieder, Wolfram F. (Ed.): West German Foreign Policy, 1949–1979. International pressure and domestic response. Boulder 1980.
-/Rühle, Hans (Hrsg.): Im Spannungsfeld der Weltpolitik: 30 Jahre deutsche Außenpolitik (1949–1979). Stuttgart 1981.
–: Deutschland – Europa – Amerika. Die Außenpolitik der Bundesrepublik Deutschland 1949–1989. Paderborn/München/Wien/Zürich 1991.
Hartmann, Frederick H.: Germany between East and West: The Reunification Problem. Englewood Cliffs, N.J. 1965.
Hass, Gerhard: Von München bis Pearl Harbor. Zur Geschichte der deutsch-amerikanischen Beziehungen. Berlin 1965.
Hauner, Milan: Did Hitler Want a World Dominion? In: Journal of Contemporary History 13 (1978) pp. 15–32.
Hearden, Patrick J.: Roosevelt confronts Hitler. America's entry into World War II. Illinois 1987.
Heideking, Jürgen/Mauch, Christof (Hrsg.): Geheimdienstkrieg gegen Deutschland. Subversion, Propaganda und politische Planungen des amerikanischen Geheimdienstes im Zweiten Weltkrieg. Göttingen 1993.
Heilbut, Anthony: Kultur ohne Heimat. Deutsche Emigranten in den USA nach 1930. Weinheim 1987.
Heindl, Josef Engelbert: Die diplomatischen Beziehungen zwischen Deutschland und den Vereinigten Staaten von Amerika 1933–1939. Diss. Würzburg 1964.
Heinrichs, Waldo: Threshold of War: Franklin D. Roosevelt and American Entry into World War II. New York 1988.
Helbich, Wolfgang J.: Franklin D. Roosevelt. Berlin 1971.
Henke, Klaus-Dietmar: Als die weißen Fahnen wehten. Der freundliche Feind – Amerikaner und Deutsche im letzten Akt des Zweiten Weltkriegs. In: Süddeutsche Zeitung, Nr. 65 vom 18./19.3. 1995, Feuilleton-Beilage.
–: Die amerikanische Besetzung Deutschlands. München 1995.
Herbst, Jürgen: The German Historical School in American Scholarship: A Study in the Transfer of Culture. Ithaca 1965.
Herbst, Ludolf (Hrsg.): Westdeutschland 1945–1955. Unterwerfung, Kontrolle, Integration. München 1986.
–: Option für den Westen. Vom Marshallplan bis zum deutsch-französischen Vertrag. München 1989.
-/Bührer, Werner/Sowade, Hanno (Hrsg.): Vom Marshallplan zur EWG. Die Eingliederung der Bundesrepublik Deutschland in die westliche Welt. München 1990.
Herde, Peter: Japan, Deutschland und die Vereinigten Staaten im Jahre 1941. In: Kriegswende 1941. Hrsg. v. Jürgen Rohwer/Eberhard Jäckel. Koblenz 1984, S. 36–54.

Herzfeld, Hans: Berlin in der Weltpolitik 1945–1970. Berlin/New York 1973.
Hildebrand, Klaus: Das Dritte Reich. München ^{3}1987.
–: Das vergangene Reich. Deutsche Außenpolitik von Bismarck bis Hitler 1871–1945. Stuttgart 1995.
–: Deutsche Außenpolitik 1933–1945. Kalkül oder Dogma? Stuttgart/Berlin u. a. ^{4}1980.
-/Pommerin, Reiner (Hrsg.): Deutsche Frage und europäisches Gleichgewicht. Köln/Wien 1985.
Hillgruber, Andreas: Alliierte Pläne für eine „Neutralisierung“ Deutschlands 1945–1955. Opladen 1987.
–: Der Faktor Amerika in Hitlers Strategie 1938–1941. In: Aus Politik und Zeitgeschichte. Beilage zur Wochenzeitung „Das Parlament“, 11. 5. 1966, S. 3–21.
–: Der Zenit des Zweiten Weltkrieges. Juli 1941. Wiesbaden 1977.
–: Der Zweite Weltkrieg. Kriegsziele und Strategien der großen Mächte. Stuttgart/Berlin u. a. ^{4}1985.
–: Deutsche Großmacht- und Weltpolitik im 19. und 20. Jahrhundert. Düsseldorf 1977.
–: Deutschlands Rolle in der Vorgeschichte der beiden Weltkriege. Göttingen ^{2}1979.
–: Ein Pfad und drei Holzwege. Was Amerika in der deutschen Frage falsch gemacht hat. In: Die Welt, Nr. 6 vom 7. 1. 1984, Geistige Welt.
–: Europa in der Weltpolitik der Nachkriegszeit 1945–1963. München/Wien 1979.
–: Hitlers Strategie, Politik und Kriegsführung 1940–1941. Frankfurt/M. ^{2}1982.
Hoerder, Dirk/Jörg Nagler (Eds.): People in Transit: German Migrations in Comparative Perspective, 1820–1930. New York 1995.
Hoffmann, Stanley/Maier, Charles (Eds.): The Marshall Plan. A Retrospective. Boulder/London 1984.
Hogan, Michael J.: The Search for a „Creative Peace“: The United States, European Unity, and the Origins of the Marshall Plan. In: Diplomatic History 3 (1982) pp. 267–286.
–: The Marshall Plan: America, Britain and the Reconstruction of Western Europe, 1947–1952. Cambridge 1987.
Hubrich, E. W.: Neutralität und Intervention der Vereinigten Staaten von Nordamerika, 1914–1917. Kiel 1956.
Iriye, Akira: The Globalizing of America, 1913–1945. Cambridge ^{2}1995.
Jäckel, Eberhard: Die deutsche Kriegserklärung an die Vereinigten Staaten von 1941. In: Im Dienste Deutschlands und des Rechts. Festschrift für Wilhelm Grewe zum 70. Geburtstag. Hrsg. v. Friedrich H. Kroneck und Thomas Oppermann. Baden-Baden 1981, S. 117–137.
–: Hitlers Herrschaft. Vollzug einer Weltanschauung. Stuttgart 1986.
–: Hitlers Weltanschauung. Entwurf einer Herrschaft. Neu überarb. Stuttgart 1981.
Jacobsen, Hans-Adolf: Nationalsozialistische Außenpolitik 1933–1938. Frankfurt/M./Berlin 1968.
Jaeger, Hans: Geschichte der amerikanischen Wirtschaft im 20. Jahrhundert. Wiesbaden 1973.
James, D. Clayton: The Years of MacArthur. Triumph and Disaster 1945–1964. Boston 1985.

Johannsen, Margret: Amerikanische Nuklearwaffen in Europa: Funktion und Bedeutung im Spiegel der Kongreßdebatten über den INF-Vertrag. Baden-Baden 1994.

Jonas, Manfred: Isolationism in America, 1935–1941. Ithaca, N. Y. 1966.

–: Isolationism. In: Alexander DeConde (Ed.): Encyclopedia of American Foreign Policy. Studies of the Principal Movements and Ideas. Vol. II. New York 1978, pp. 496–506.

–: Prophet without Honor: Hans Heinrich Dieckhoff's Reports from Washington. In: Mid-America 47 (1965) pp. 222–233.

–: The United States and Germany. A Diplomatic History. Ithaca/London 1984.

Junker, Detlef: Der unteilbare Weltmarkt: Das ökonomische Interesse in der Außenpolitik der USA 1933–1941. Stuttgart 1975.

–: Deutschland und die USA 1890–1985. Mit Beiträgen von L. E. Ambrosius, E. O. Czempiel, M. Görtemaker, A. Hillgruber, M. Jonas, D. Junker, M. Knapp, W. Link. Bonn 1986 (Heidelberg American Studies Background Paper, No. 2).

–: Die amerikanisch-deutschen Beziehungen von der Gründung der BRD und DDR bis zum Ende der Präsidentschaft Eisenhowers (1945–1961). In: Die USA und Deutschland seit dem Zweiten Weltkrieg. Hrsg. v. Siegfried Quandt/Gerhard Schult. Paderborn/München/Wien/Zürich 1985, S. 85–92.

–: Franklin D. Roosevelt in deutscher Historiographie. In: Deutschland und Amerika. Perzeption und historische Realität im deutsch-amerikanischen Verhältnis. Hrsg. v. Willi Paul Adams/Knud Krakau. Berlin 1985, S. 97–110.

–: Franklin D. Roosevelt. Macht und Vision: Präsident in Krisenzeiten. Göttingen 1979.

–: Von der Weltmacht zur Supermacht. Amerikanische Außenpolitik im 20. Jahrhundert. Mannheim/Leipzig/Wien/Zürich 1995.

–: Zur Struktur und Organisation der amerikanischen Rüstungswirtschaft 1939–1945. In: Kriegswirtschaft und Rüstung 1939–1945. Hrsg. v. Friedrich Forstmeier/Hans-Erich Volkmann. Düsseldorf 1977, S. 314–332.

Kaiser, Karl: Die europäische Herausforderung und die USA. Das atlantische Verhältnis im Zeitalter weltpolitischer Strukturveränderungen. München 1973.

-/Schwarz, Hans-Peter (Hrsg.): Amerika und Westeuropa. Gegenwarts- und Zukunftsprobleme. Stuttgart/Zürich 21977.

Kaplan, Lawrence S.: N.A.T.O. and the United States: The Enduring Alliance. Boston 1988.

–: The United States and NATO. The Formative Years. Lexington 1984.

Karanowski, Stanley M.: The German Army and NATO Strategy. Washington D.C. 1982.

Katzenstein, Peter J.: Die Stellung der Bundesrepublik Deutschland in der amerikanischen Außenpolitik. Drehscheibe, Anker oder Makler? In: Europa-Archiv 31 (1976) S. 347–356.

Kelleher, Catherine MacArdle: Germany and the Politics of Nuclear Weapons. New York 1975.

Kellermann, Henry J.: Cultural Relations as an Instrument of U.S. Foreign Policy. The Educational Exchange Program Between the United States and Germany 1945–1954. Washington 1978.

Kielmansegg, Peter Graf/Mewes, Horst/Glaser-Schmidt, Elisabeth (Hrsg.): Hannah

Arendt and Leo Strauss: German Emigrés and American Political Thought after World War II. New York 1995.
Kimball, Warren F.: Dieckhoff and America. A German's View of German-American Relations. In: The Historian 27 (1965) pp. 218–243.
–: Swords into Ploughshares? The Morgenthau Plan for Defeated Nazi Germany, 1943–1946. Philadelphia 1976.
Kipphan, Klaus: Deutsche Propaganda in den Vereinigten Staaten 1933–1941. Heidelberg 1971.
Kissinger, Henry A.: Die Vernunft der Nationen. Über das Wesen der Außenpolitik. Berlin 1994.
Knapp, Manfred (Hrsg.): Die deutsch-amerikanischen Beziehungen nach 1945. Frankfurt/New York 1975.
– (Hrsg.): Von der Bizonengründung zur ökonomisch-politischen Westintegration. Studien zum Verhältnis zwischen Außenpolitik und Außenwirtschaftsbeziehungen in der Entstehungsphase der Bundesrepublik Deutschland (1947–1952). Frankfurt/M. 1984.
–: Deutschland und der Marshallplan: Zum Verhältnis zwischen politischer und ökonomischer Stabilisierung in der amerikanischen Deutschlandpolitik nach 1945. In: Politische und ökonomische Stabilisierung Westdeutschlands 1945–1959. Fünf Beiträge zur Deutschlandpolitik der westlichen Alliierten. Hrsg. v. Claus Scharf/Hans-Jürgen Schröder. Wiesbaden 1977, S. 19–43.
–: Die deutsch-amerikanischen Beziehungen nach 1945. Frankfurt/M./New York 1975.
–: Politische und wirtschaftliche Interdependenzen im Verhältnis USA – (Bundesrepublik) Deutschland 1945–1975. München 1978.
-/Link, Werner/Schröder, Hans-Jürgen/Schwabe, Klaus (Hrsg.): Die USA und Deutschland 1918–1975. Deutsch-amerikanische Beziehungen zwischen Rivalität und Partnerschaft. München 1978.
Kreig, Joanis P. (Ed.): Dwight D. Eisenhower. Soldier, President, Statesman. New York 1981.
Kreikamp, Hans-Dieter: Deutsches Vermögen in den Vereinigten Staaten. Die Auseinandersetzung um seine Rückführung als Aspekt der deutsch-amerikanischen Beziehungen, 1952–1962. Stuttgart 1979.
Kremp, Werner: In Deutschland liegt unser Amerika. Das sozialdemokratische Amerikabild von den Anfängen der SPD bis zur Weimarer Republik. Münster/Hamburg 1993.
Kretzschmar, Winfried W.: Auslandshilfe als Mittel der Außenwirtschafts- und Außenpolitik. Eine Studie über die amerikanische Auslandshilfe von 1945–1956 unter Berücksichtigung sowohl wirtschaftlicher als auch praktisch-politischer Gesichtspunkte. München 1964.
Krieger, Wolfgang: General Lucius D. Clay und die amerikanische Deutschlandpolitik 1945–1949. Stuttgart 1987.
Krüger, Peter: Die Außenpolitik der Republik von Weimar. Darmstadt [2]1993.
–: Die Beurteilung der Reichsgründung und der Reichsverfassung von 1871 in den USA. In: Liberalitas. Festschrift für Erich Angermann zum 65. Geburtstag. Hrsg. v. Norbert Finzsch u. Hermann Wellenreuther unter Mitwirkung von Manfred F. Boemeke und Marie-Luise Frings. Stuttgart 1992, S. 263–283.

Krüger, Peter: Friedenssicherung und deutsche Revisionspolitik – Die deutsche Außenpolitik und die Verhandlungen über den Kellogg-Pakt. In: VfZG 22 (1974) S. 227–257.

–: Versailles. Deutsche Außenpolitik zwischen Revisionismus und Friedenssicherung. München 1986.

Kuhn, Axel: Hitlers außenpolitisches Programm. Entstehung und Entwicklung 1919–1939. Stuttgart 1970.

Kuklick, Bruce: A Historian's Perspective: American Appeasement of Germany, 1941–1951. In: Prologue 8 (1976) pp. 237–240.

LaFeber, Walter: America, Russia, and the Cold War, 1945–1984. New York [5]1985.

–: The American Age: United States Foreign Policy at Home and Abroad since 1750. New York 1989.

–: The American Search for Opportunity, 1865–1913. Cambridge [2]1995.

Lammersdorf, Raimund: Anfänge einer Weltmacht. Theodore Roosevelt und die transatlantischen Beziehungen der USA 1901–1909. Berlin 1994.

Large, David Clay (Ed.): Contending with Hitler: Varieties of German Resistance in the Third Reich. New York 1992.

Lee, R. Alton: Dwight D. Eisenhower, Soldier and Statesman. Chicago 1981.

Lehman, Hartmut/Sheehan, James J. (Eds.): An interrupted Past: German Speaking Refugee Historians in the United States after 1933. New York 1991.

Lehmann, Hans-Georg: Der Oder-Neiße-Konflikt. München 1979.

Lehmann, Hartmut: „A Pilgrimage to Wittenberg, the so called Protestant Mecca". Anmerkungen zum amerikanischen Deutschland-Tourismus im 19. Jahrhundert. In: Liberalitas. Festschrift für Erich Angermann zum 65. Geburtstag. Hrsg. v. Norbert Finzsch u. Hermann Wellenreuther unter Mitwirkung von Manfred F. Boemeke und Marie-Luise Frings. Stuttgart 1992, S. 223–237.

–: Alte und Neue Welt in wechselseitiger Sicht: Studien zu den transatlantischen Beziehungen im 19. und 20. Jahrhundert. Göttingen 1995 (Veröffentlichungen des Max-Planck-Instituts für Geschichte. Bd. 119).

Levin, N. Gordon: Woodrow Wilson and World Politics. America's Response to War and Revolution. New York 1968.

Liberalitas. Festschrift für Erich Angermann zum 65. Geburtstag. Hrsg. v. Norbert Finzsch u. Hermann Wellenreuther unter Mitwirkung von Manfred F. Boemeke und Marie-Luise Frings. Stuttgart 1992.

Link, Werner: Das nationalsozialistische Deutschland und die USA 1933–1941. In: Neue Politische Literatur 18 (1973) S. 225–233.

–: Demokratische Staatsordnung und außenpolitische Orientierung. Die Einstellung zu den USA als Problem der deutschen Politik im 20. Jahrhundert. In: Lothar Albertin/Werner Link (Hrsg.): Politische Parteien auf dem Wege zur parlamentarischen Demokratie in Deutschland. Düsseldorf 1981, S. 63–89.

–: Deutsche und amerikanische Gewerkschaften und Geschäftsleute 1945–1975. Eine Studie über transnationale Beziehungen. Düsseldorf 1978.

–: Die amerikanische Stabilisierungspolitik in Deutschland 1921–1932. Düsseldorf 1970.

–: Die Ruhrbesetzung und die wirtschaftspolitischen Interessen der USA. In: VfZG 17 (1969) S. 372–382.

Loth, Wilfried. Die Teilung der Welt. Geschichte des Kalten Krieges 1941–1955. München [2]1982.

Löwenthal, Richard/Schwarz, Hans-Peter (Hrsg.): Die zweite Republik. 25 Jahre Bundesrepublik Deutschland – eine Bilanz. Stuttgart 1974.
Ludz, Peter Christian: Amerikanische Haltungen zur deutschen Frage. In: Deutschland Archiv 5 (1972) S. 563–594.
Madsen, Deborah L. (Ed.): Visions of America since 1492. London 1994.
Mahncke, Dieter: Nukleare Mitwirkung. Die Bundesrepublik Deutschland in der atlantischen Allianz 1954–1970. Berlin/New York 1972.
Mai, Gunther: Westliche Sicherheitspolitik im Kalten Krieg. Der Korea-Krieg und die deutsche Wiederbewaffnung 1950. Boppard 1977.
Maier, Charles S. (Ed.): The Origins of the Cold War and Contemporary Europe. New York 1978.
Maislinger, Andreas (Ed.): European-American Relations. New Orleans 1985.
Mandelbaum, Michael: The Nuclear Question: The United States and Nuclear Weapons, 1946–1976. New York 1979.
Manderson-Jones, R. B.: The Special Relationship: Anglo-American Relations and Western European Unity 1947–1956. London 1972.
Marquardt-Bigman, Petra: Amerikanische Geheimdienstanalysen über Deutschland 1942–1949. München 1995.
Martin, Bernd: Amerikas Durchbruch zur politischen Weltmacht. Die interventionistische Globalstrategie der Regierung Roosevelt 1933–1941. In: Militärgeschichtliche Mitteilungen 35,2 (1981) S. 57–98.
Mathiopoulos, Margarita: The American President Seen Through German Eyes – Continuity and Change from the Adenauer to the Kohl Era. In: Presidential Studies Quarterly XV (1985) pp. 673–706.
May, Ernest R.: The Making of the Monroe Doctrine. Cambridge 1975.
Mayer, Arno J.: Politics and Diplomacy of Peacemaking. Containment and Counterrevolution at Versailles. London 1968.
Mayer, Frank A.: Kennedy und Adenauer. Zur Geschichte der deutsch-amerikanischen Beziehungen in den sechziger Jahren. In: Zeitschrift für Geschichtswissenschaft 40,4 (1992) S. 366–374.
McGeehan, Robert: The German Rearmament Question. American Diplomacy and European Defense after World War II. Urbana/Chicago/London 1971.
Medick, Monika: Zur amerikanischen Außenpolitik der 50er Jahre. In: Jahrbuch für Amerikastudien 26 (1981) S. 11–39.
Mehnert, Ute: Deutschland, Amerika und die „Gelbe Gefahr". Zur Karriere eines Schlagworts in der Großen Politik 1905–1917. Stuttgart 1995.
Michalka, Wolfgang (Hrsg.): Nationalsozialistische Außenpolitik. Darmstadt 1978.
Mierzejewski, Alfred C.: The Collapse of the German War Economy, 1944–1945: Allied Air Power and the German National Railway. Chapel Hill 1988.
Milward, Alan S.: The Reconstruction of Western Europe 1945–1951. London 1984.
Möckelmann, Jürgen: Deutsch-amerikanische Beziehungen in der Krise. Studien zur amerikanischen Politik im Ersten Weltkrieg. Stuttgart 1967.
Moltmann, Günter (Hrsg.): Germans to America: 300 Years of Immigration 1683 to 1983. Stuttgart 1982.
–: Atlantische Blockpolitik im 19. Jahrhundert. Die Vereinigten Staaten und der deutsche Liberalismus während der Revolution von 1848/49. Düsseldorf 1973.

Moltmann, Günter: Ein Botschafter tritt zurück. Friedrich von Prittwitz und Gaffron, Washington, 6. März 1933. In: Liberalitas. Festschrift für Erich Angermann zum 65. Geburtstag. Hrsg. v. Norbert Finzsch u. Hermann Wellenreuther unter Mitwirkung von Manfred F. Boemeke und Marie-Luise Frings. Stuttgart 1992, S. 367–387.

–: Franklin D. Roosevelts Friedensappell vom 14. April 1939. Ein fehlgeschlagener Versuch zur Friedenssicherung. In: Jahrbuch für Amerikastudien 9 (1964) S. 91–109.

–: Zur Formulierung der amerikanischen Besatzungspolitik in Deutschland am Ende des Zweiten Welktrieges. In: VfZG 15 (1967) S. 299–322.

Morgan, Roger: The United States and West Germany 1945–1973. A Study in Alliance Politics. London 1974 (deutsch: Washington und Bonn. Deutsch-amerikanische Beziehungen seit dem Zweiten Weltkrieg. München 1975).

Muhlen, Norbert: German Anti-Americanism: East and West Zones. In: Commentary 15 (1953) pp. 121–130.

Murdock, Eugene C.: Zum Eintritt der Vereinigten Staaten in den Zweiten Weltkrieg. In: VfZG 4 (1956) S. 93–114.

Nelson, Keith L.: Victors Divided: America and the Allies in Germany, 1918–1923. Berkeley 1975.

Nerlich, Uwe: Washington und Bonn: Entwicklungsstrukturen im deutsch-amerikanischen Verhältnis. In: Amerika und Westeuropa. Gegenwarts- und Zukunftsprobleme. Hrsg. v. Karl Kaiser/Hans-Peter Schwarz. Stuttgart/Zürich 1977, S. 330–357.

Newman, William J.: The Balance of Power in the Interwar Years, 1919–1939. New York 1968.

Nicolaisen, Peter: Thomas Jefferson. Reinbek bei Hamburg 1995.

Niedhart, Gottfried (Hrsg.): Kriegsausbruch 1939. Entfesselung oder Ausbruch des Zweiten Weltkrieges? Darmstadt 1976.

Ninkovich, Frank A.: Germany and the United States. The Transformation of the German Question since 1945. Boston 1988.

Nolan, Mary: Visions of Modernity: American Business and the Modernization of Germany. New York 1994.

Nolte, Ernst: Deutschland und der Kalte Krieg. Stuttgart [2]1985.

O'Connor, Richard: The German-Americans. An Informal History. Boston/Toronto 1968.

Offner, Arnold A.: American Appeasement. United States Foreign Policy and Germany, 1933–1938. Cambridge, Mass. 1969.

–: Appeasement Revisited: The United States, Great Britain, and Germany, 1933–1940. In: Journal of American History 64 (1977/78) pp. 373–393.

–: Forschungen zum deutsch-amerikanischen Verhältnis. Eine kritische Stellungnahme. In: Amerika und die Deutschen. Hrsg. v. Frank Trommler. Opladen 1986, S. 518–521.

Oppelland, Torsten: Reichstag und Außenpolitik im Ersten Weltkrieg. Die deutschen Parteien und die Politik der USA 1914–1918. Düsseldorf 1995.

Paterson, Thomas G. (Ed.): Cold War Critics: Alternatives to American Foreign Policy in the Truman Years. Chicago 1971.

– (Ed.): The Origins of the Cold War. Lexington, Mass. 1970.

Pautsch, I[lse] Dorothee: Die territoriale Deutschlandplanung des amerikanischen Außenministeriums 1941–1943. Frankfurt/M. 1990.
Perkins, Bradford: The Creation of a Republican Empire, 1776–1865. Cambridge ²1995.
Peterson, Edward N.: The American Occupation of Germany. Retreat to Victory. Detroit 1978.
Plischke, Elmer: Summit Diplomacy: Personal Diplomacy of the Presidents of the United States. Westport, Conn. 1974.
Pogue, Forrest C.: George C. Marshall. Statesman 1945–1959. New York 1987.
Pollard, Robert A.: Economic Security and the Origins of the Cold War. 1945–1950. New York 1985.
Pommerin, Reiner (Ed.): The American Impact on Postwar Germany. Provincetown 1995.
–: Das Dritte Reich und Lateinamerika. Die deutsche Politik gegenüber Süd- und Mittelamerika 1939–1942. Düsseldorf 1977.
–: Der Kaiser und Amerika. Die USA in der Politik der Reichsleitung 1890–1917. Köln 1986.
–: Die Alliierten und das Rheinland vom Beginn des Zweiten Weltkriegs bis zur Gründung der Bundesrepublik Deutschland. In: Reiner Pommerin (unter Mitarbeit von Frank-Lothar Kroll): Bonn zwischen Kriegsende und Währungsreform. Bonn 1991, S. 12–34.
–: Die Berlin-Krise von 1961 und die Veränderung der Nuklearstrategie. In: Michael Salewski (Hrsg.): Das Zeitalter der Bombe. München 1995, S. 120–140.
–: The United States and the Armament of the Federal Republic of Germany. In: Idem (Ed.): The American Impact on Postwar Germany. Provincetown 1995, pp. 15–34.
–: Von Berlin nach Bonn. Die Alliierten, die Deutschen und die Hauptstadtfrage nach 1945. Köln/Wien 1989.
–: Von der „massive retaliation“ zur „flexible response“. Zum Strategiewechsel der sechziger Jahre. In: Vom Kalten Krieg zur deutschen Einheit. Analysen und Zeitzeugenberichte zur deutschen Militärgeschichte 1945 bis 1995. Im Auftrag des Militärgeschichtlichen Forschungsamtes hrsg. v. Bruno Thoß unter Mitarbeit von Wolfgang Schmidt. München 1995, S. 525–542.
Pöttering, Hans-Gerd: Adenauers Sicherheitspolitik 1955–1963. Ein Beitrag zum deutsch-amerikanischen Verhältnis. Düsseldorf 1976.
Powaski, Ronald E.: The entangling alliance: the United States and European security, 1950–1993. Westport, Conn. 1994.
Pratt, Julius W.: A History of United States Foreign Policy. Englewood Cliffs ⁴1980.
Prowe, Diethelm: Weltstadt in Krisen. Berlin 1949–1958. Berlin 1973.
Pruessen, Ronald W.: John Foster Dulles: The Road to Power. New York 1982.
Quack, Sibylle: Zuflucht Amerika: Zur Sozialgeschichte der Emigration deutsch-jüdischer Frauen in die USA 1933–1945. Bonn 1995 (Politik und Gesellschaftsgeschichte. Bd. 40).
Quandt, Siegfried/Schult, Gerhard (Hrsg.): Die USA und Deutschland seit dem Zweiten Weltkrieg. Paderborn 1985.
Radkau, Joachim: Die deutsche Emigration in den USA: Ihr Einfluß auf die amerikanische Europapolitik 1933–1945. Düsseldorf 1971.

Recker, Marie-Luise: Die Außenpolitik des Dritten Reiches. München 1990.
Reifenberg, Jan: Nicht nur der Mann von Jalta. Der amerikanische Präsident Franklin Roosevelt und die Folgen seiner Politik. In: Frankfurter Allgemeine Zeitung, Nr. 84 vom 8. 4. 1995, Ereignisse und Gestalten.
Remak, Joachim: Hitlers Amerikapolitik. In: Außenpolitik 6 (1955) S. 706–714.
Richardson, Elmo: The Presidency of Dwight D. Eisenhower. Lawrence 1984.
Riklin, Alos: Das Berlin-Problem. Historisch-politische und völkerrechtliche Darstellung des Viermächtestatus. Köln 1964.
Riste, Olav (Ed.): Western Security: The Formative Years. European and Atlantic Defence 1947–1953. Oslo 1985.
Rohe, Karl (Hrsg.): Die Westmächte und das Dritte Reich 1933–1939. Klassische Großmachtrivalität oder Kampf zwischen Demokratie und Diktatur? Paderborn 1982.
Rostow, Walt Whitman: Europe after Stalin. Eisenhower's Three Decisions of March 11, 1953. Austin 1982.
Rupieper, Hermann-Josef: Der besetzte Verbündete. Die amerikanische Deutschlandpolitik 1949–1955. Opladen 1991.
–: Die Berliner Außenministerkonferenz von 1954. Ein Höhepunkt der Ost-West-Propaganda oder die letzte Möglichkeit zur Schaffung der deutschen Einheit? In: VfZG 34 (1986) S. 427–453.
Russell, Greg: John Quincy Adams and the public virtues of diplomacy. Columbia 1995.
Scharf, Claus/Schröder, Hans-Jürgen (Hrsg.): Politische und ökonomische Stabilisierung Westdeutschlands 1945–1949. Fünf Beiträge zur Deutschlandpolitik der westlichen Alliierten. Wiesbaden 1977.
Schertz, Adrian W.: Die Deutschlandpolitik Kennedys und Johnsons. Unterschiedliche Ansätze innerhalb der amerikanischen Regierung. Köln 1992.
Schickel, Alfred: Washington war nicht dagegen. Wie die USA ein neutralisiertes Deutschland sahen. Die Geheimakte 6993. In: Deutschland Archiv 17 (1984) S. 590–593.
Schmidt, Gustav: Faktoren in den Beziehungen zwischen Westeuropa und den Vereinigten Staaten. Bochum 1983.
–: Test of Strength: The United States, Germany, and de Gaulle's ‚No' to Britain in Europe, 1958–1963. In: Ders. (Hrsg.): Zwischen Bündnissicherung und privilegierter Partnerschaft. Die deutsch-britischen Beziehungen und die Vereinigten Staaten von Amerika 1955–1963. Bochum 1995 (ADEF. Bd. 33), S. 281–348.
–: Vom Anglo-Amerikanischen Duopol zum Trilateralismus: Großbritannien-USA-Bundesrepublik, 1955–1967. In: Amerikastudien 39 (1994) S. 73–109.
– (Hrsg.): Zwischen Bündnissicherung und privilegierter Partnerschaft. Die deutsch-britischen Beziehungen und die Vereinigten Staaten von Amerika 1955–1963. Bochum 1995 (ADEF. Bd. 33).
Schmitt, Hans A.: The Path to European Union. From the Marshall Plan to the Common Market. Lawrence, Kansas 1978.
Schöttli, Thomas U.: USA und EVG: Truman, Eisenhower und die Europa-Armee. Bern/Berlin/Frankfurt a. M. 1994.
Schraut, Hans-Jürgen: Vom Besatzer zum Beschützer: der Wandel der Militärstrategie

der USA und die Präsenz amerikanischer Streitkräfte in Deutschland 1945–1953. Neuried 1994 (Politische Wissenschaft und Zeitgeschichte. Bd. 4).
Schreiber, Gerhard: Hitler. Interpretationen 1923–1983. Darmstadt 1984.
Schröder, Hans-Jürgen: Das Dritte Reich und die USA. In: Manfred Knapp/Werner Link/Hans-Jürgen Schröder/Klaus Schwabe (Hrsg.): Die USA und Deutschland 1918–1975. Deutsch-amerikanische Beziehungen zwischen Rivalität und Partnerschaft. München 1978, S. 107–152.
–: Das Dritte Reich, die USA und Lateinamerika 1933–1941. In: Manfred Funke (Hrsg.): Hitler, Deutschland und die Mächte. Düsseldorf 1978 (durchges. Nachdruck der Erstaufl. 1976), S. 339–364.
–: Deutschland und die Vereinigten Staaten 1933–1939. Wirtschaft und Politik in der Entwicklung des deutsch-amerikanischen Ggensatzes. Wiesbaden 1970.
–: Die Anfangsjahre der Bundesrepublik Deutschland. Eine amerikanische Bilanz 1954. In: VfZG 37 (1989) S. 323–351.
–: Die Vereinigten Staaten und die nationalsozialistische Handelspolitk gegenüber Lateinamerika 1937/38. In: Jahrbuch für Geschichte von Staat, Wirtschaft und Gesellschaft Lateinamerikas 7 (1970) S. 309–371.
–: F. D. Roosevelts Außenpolitik 1933–1937. In: Neue Politische Literatur 15 (1970) S. 213–222.
–: Kanzler der Alliierten? Die Bedeutung der USA für die Außenpolitik Adenauers. In: Adenauer und die Deutsche Frage. Hrsg. v. Josef Foschepoth. Göttingen 1988, S. 118–145.
Schroeder, Paul W: The Axis Alliance and Japanese-American Relations, 1941. Ithaca, N.Y. 1968.
Schütz, Wilhelm Wolfgang: Rethinking German Policy. New Approaches to Reunification. New York 1967.
Schwabe, Klaus (Hrsg.): Adenauer und die USA. Bonn 1994 (Rhöndorfer Gespräche. Bd. 14).
–: Anti-Americanism within the German Right 1917–1933. In: Amerikastudien 21 (1976) S. 89–108.
–: Der amerikanische Isolationismus im 20. Jahrhundert. Legende und Wirklichkeit. Wiesbaden 1975.
–: Deutsche Revolution und Wilson-Frieden. Die amerikanische und deutsche Friedensstrategie zwischen Ideologie und Machtpolitik 1918/19. Düsseldorf 1971.
–: Die amerikanische und die deutsche Geheimdiplomatie und das Problem eines Verständigungsfriedens im Jahre 1918. In: VfZG 19 (1971) S. 1–32.
–: Die Regierung Roosevelt und die Expansionspolitik Hitlers vor dem Zweiten Weltkrieg. Appeasement als Folge eines „Primats in der Innenpolitik“? In: Karl Rohe (Hrsg): Die Westmächte und das Dritte Reich 1933–1939. Klassische Großmachtrivalität oder Kampf zwischen Demokratie und Diktatur? Paderborn 1982, S. 103–132.
–: Die USA, Deutschland und der Ausgang des Ersten Weltkrieges. In: Manfred Knapp/Werner Link/Hans-Jürgen Schröder/Klaus Schwabe (Hrsg.): Die USA und Deutschland 1918–1975. Deutsch-amerikanische Beziehungen zwischen Rivalität und Partnerschaft. München 1978, S. 11–61.
–: Weltsicht auf den Weltkrieg. In: Frankfurter Allgemeine Zeitung, Nr. 139 vom 19. 6. 1995, S. 9.

Schwartz, Thomas Alan: America's Germany: John J. McCloy and the Federal Republic of Germany. Cambridge, Mass. 1991.
Schwarz, Hans-Peter: Adenauer und die Kernwaffen. In: VfZG 37 (1989) S. 567–593.
–: Adenauer. Der Aufstieg: 1876–1952. Stuttgart 1986.
–: Adenauer. Der Staatsmann: 1952–1967. Stuttgart 1991.
–: Die Ära Adenauer. Epochenwechsel 1957–1963. Stuttgart/Wiesbaden 1983.
–: Die Ära Adenauer: Gründerjahre der Republik 1949–1957. Stuttgart/Wiesbaden 1981.
–: Die außenpolitschen Grundlagen des westdeutschen Staates. In: Die zweite Republik. 25 Jahre Deutschland – eine Bilanz. Hrsg. v. Hans-Peter Schwarz/Richard Löwenthal. Stuttgart 1974, S. 27–63.
–: Vom Reich zur Bundesrepublik. Deutschland im Widerstreit der außenpolitischen Konzeptionen in den Jahren der Besatzungsherrschaft 1945–1949. Stuttgart [2]1980.
Schweitzer, Carl-Christoph: Weltmacht USA. Kontinuität und Wandel ihrer Außenpolitik nach 1945. München 1983.
Sharp, Tony: The Wartime Alliance and the Zonal Division of Germany. Oxford 1975.
Sherwin, Martin J.: A World Destroyed. The Atomic Bomb and the Grand Alliance. New York 1975.
Shlaim, Avi: The United States and the Berlin Blockade, 1948–1949. A Study in Crisis Decision-making. Berkeley/Los Angeles/London 1983.
Smith, Arthur L. jr.: The Deutschtum of Nazi Germany and the United States. The Hague 1965.
Smith, Gaddis: American Diplomacy during the Second World War, 1941–1945. New York [2]1985.
Smith, Joseph: The Spanish-American War: Conflict in the Caribbean and the Pacific, 1895–1902. London 1995.
Smoke, Richard: National Security and the Nuclear Dilemma. New York 1984.
Snowden, J. K.: The German question 1945–1973. Continuity in Change. New York 1975.
Spanier, John: American Foreign Policy since World War II. New York [12]1991.
Speier, Hans: From the Ashes of Disgrace. A Journal from Germany, 1945–1955. Amherst, Mass. 1981.
Spillmann, Kurt R.: Aggressive USA? Amerikanische Sicherheitspolitik 1945–1985. Stuttgart 1985.
Stang, Alan: The Actor: the True Story of John Foster Dulles, Secretary of State, 1953–1959. Boston 1968.
Steel, Ronald: Pax Americana. New York/London 1967/68.
Steinhoff, Johannes/Pommerin, Reiner: Strategiewechsel. Nuklearstrategie in der Ära Adenauer-Kennedy. Baden-Baden 1992.
Stephanson, Anders: George F. Kennan and the Art of Foreign Policy. Harvard University Press 1989.
Stürmer, Michael: Melancholiker des Gleichgewichts. Der Diplomat und Historiker George F. Kennan wird neunzig. In: Frankfurter Allgemeine Zeitung, Nr. 39 vom 16. 2. 94, S. 31.
Stützle, Walther: Kennedy und Adenauer in der Berlin-Krise 1961–1962. Bonn 1973.

Tent, James F.: Mission on the Rhine: Reeducation and Denazification in American-Occupied Germany. Chicago 1982.
Thies, Jochen: Architekt der Weltherrschaft: Die „Endziele“ Hitlers. Düsseldorf 1976.
Thomas, Hugh: Armed Truce: The Beginnings of the Cold War, 1945–46. New York 1987.
Thoß, Bruno/Volkmann, Hans-Erich (Hrsg.): Zwischen Kaltem Krieg und Entspannung. Sicherheits- und Deutschlandpolitik der Bundesrepublik im Mächtesystem der Jahre 1953–1956. Boppard 1988.
Toulouse, Mark G.: The Transformation of John Foster Dulles. Macon, Ga. 1985.
Trommler, Frank/McVeigh, Joseph (Hrsg.): America and the Germans: An Assessment of a Three-hundred-year History. 2 Vols. Philadelphia 1985.
Ungern-Sternberg, Franziska von: Kulturpolitik zwischen den Kontinenten: Deutschland und Amerika. Das Germanische Museum in Cambridge, Mass. Köln/Weimar/Wien 1994.
Vom Kalten Krieg zur deutschen Einheit. Analysen und Zeitzeugenberichte zur deutschen Militärgeschichte 1945 bis 1995. Im Auftrag des Militärgeschichtlichen Forschungsamtes hrsg. v. Bruno Thoß unter Mitarbeit von Wolfgang Schmidt. München 1995.
Wagner, Fritz: Geschichte und Zeitgeschichte: Pearl Harbor im Kreuzfeuer der Forschung. In: HZ 183 (1957) S. 303–326.
Walworth, Arthur: Wilson and His Peacemakers: The Paris Peace Conference, 1919. New York 1986.
Weinberg, Gerhard L.: Eine Welt in Waffen. Die globale Geschichte des Zweiten Weltkrieges. Aus dem Amerikanischen v. Helmut Dierlamm, Karlheinz Dürr u. Klaus Fritz. Stuttgart 1995.
–: Germany's Declaration of War on the United States. A New Look. In: Germany and America. Essays on Problems of International Relations and Immigration. Ed. by Hans L. Trefousse. New York 1980, pp. 54–70.
–: Hitler's Image of the United States. In: Idem: World in the Balance. Behind the Scenes of World War II. Hannover/London 1981.
–: Von der Konfrontation zur Kooperation. Deutschland und die Vereinigten Staaten 1933–1949. In: Amerika und die Deutschen. Hrsg. v. Frank Trommler. Opladen 1986, S. 379–392, 393–405.
Weisz, Christoph (Hrsg.): OMGUS-Handbuch. Die amerikanische Militärregierung in Deutschland 1945–49. München 1994 (Quellen und Darstellungen zur Zeitgeschichte. Bd. 35).
Weston, Charles: Transatlantische Neuorientierung: amerikanisch-europäische Bündnispolitik nach der Ära des Kalten Krieges. München 1993.
Westphal, Siegrid/Arendt, Joachim: Uncle Sam und die Deutschen. 50 Jahre deutsch-amerikanische Partnerschaft in Politik, Wirtschaft und Alltagsleben. München 1995.
Wetzlaugk, Udo: Berlin und die deutsche Frage. Köln 1985.
–: Die Alliierten in Berlin. Berlin 1988.
Wexler, Immanuel: The Marshall Plan Revisited: The European Recovery Program in Economic Perspective. Westport, Conn. 1983.
Wiesinger, Gerhard: Die deutsche Einwandererkolonie von Holyoke, Massachusetts, 1865–1920. Stuttgart 1994.

Williams, Geoffrey: The Permanent Alliance: The European-American Partnership 1945–1964. Leyden 1977.
Williams, William Appleman: Die Tragödie der amerikanischen Diplomatie. Frankfurt/M. 1973.
Wittke, Carl: The Germans in America. New York 1967.
Wyman, David S.: The Abandonment of the Jews: America and the Holocaust, 1941–1945. New York 1984.
Yergin, Daniel: Der zerbrochene Frieden. Die Ursprünge des Kalten Krieges und die Teilung Europas. Frankfurt/M. 1979.
Ziemke, Earl F.: The U.S. Army in the Occupation of Germany, 1944–1946. Washington 1975.

VORWORT

Für die Dokumentation der deutsch-amerikanischen Beziehungen von 1917 bis 1963 ist das Material selbst für Experten nur schwer überschaubar. Bei der Auswahl der Dokumente haben sich die Herausgeber wieder von dem Prinzip leiten lassen, daß inhaltliche Variatio dem Bemühen um Vollständigkeit vorzuziehen ist. Viele Schwerpunkte diktieren sich von selbst, die Neuordnung Europas nach 1918, das bilaterale Verhältnis während der Weimarer Republik, die Beziehungen während des ‚Dritten Reichs' bis hin zur deutschen Kriegserklärung im Dezember 1941, die noch heute ihre Interpreten herausfordert. Dokumentiert werden der Weg bis zur ‚bedingungslosen Kapitulation', aber auch die Integration in die westeuropäische Allianz bis hin zu Kennedys Konzept einer transatlantischen Partnerschaft. Die Edition endet mit dem Jahr 1963; ein weiterer Band wird zu einem späteren Zeitpunkt folgen. Sie verbindet – ähnlich wie der erste Band – Quellen zum politischen Denken der Deutschen und Amerikaner mit Dokumenten der neueren deutschen Geschichte. Ihr Ziel ist die Einführung in das Thema und die Anregung zur weiteren Lektüre.

Die ausgewählten Texte werden nach Möglichkeit meist ungekürzt präsentiert. Abkürzungen der Vorlagen sind aufgelöst worden. Soweit es sich bei den Quellen um Monographien und Aufsätze handelt, sind ‚Auszüge' nicht eigens als solche gekennzeichnet. Die Quellen werden mit einem kurzen Regest bzw. Zitat eingeleitet. Die Kommentierung beschränkt sich sinnvollerweise auf das Notwendigste. Hervorhebungen im Original sind kursiv gedruckt. Das Auslassungszeichen [...] stammt von den Herausgebern, das Auslassungszeichen (...) aus dem jeweiligen Original. Die Dokumente sind chronologisch geordnet und mit laufenden Nummern versehen. Sind nur ihre Entstehungsjahre bekannt, werden sie am Ende des entsprechenden Jahres eingeordnet.

Für das Korrekturlesen danken die Herausgeber Frau Dr. Dorothee Fröhlich (Antwerpen) sowie Herrn Dr. Manfred Nebelin (Dresden), der seine große Editionserfahrung in den Dienst dieses Bandes gestellt hat. Frau Dana Müller (Dresden) opferte ihre Zeit dem Schreiben von Manuskripten, Frau Verena Artz-Versteeg (Darmstadt) hat im Auftrag der Wissenschaftlichen Buchgesellschaft die deutsch-amerikanischen Beziehungen mit Rat und Tat begleitet, Herr Dr. Martin Senner (Mainz) hat sie redaktionell betreut. Frau OAR Anneliese Eberle, Auswärtiges Amt, hat die Herausgeber wieder von ihren bibliothekarischen Kenntnissen profitieren lassen. Last but not least gilt trotz vielfältiger Unterstützung: Für Fehler und Unrichtigkeiten sind nur die Herausgeber verantwortlich.

Bonn/Dresden, im Dezember 1995

MICHAEL FRÖHLICH/REINER POMMERIN

EINLEITUNG

I.

Das Jahr 1917 ist eine bedeutende Zäsur des 20. Jahrhunderts. Die Entscheidung des amerikanischen Repräsentantenhauses und Senats, am 6. April in den Ersten Weltkrieg einzutreten,[1] prägte maßgeblich den Kriegsverlauf, die Neuordnung Europas und die Unfähigkeit der Sieger, einen dauerhaften Frieden zu schließen. Wilsons Vierzehn Punkte nährten in Deutschland die Hoffnung, trotz der ungünstigen militärischen Konstellation noch einen günstigen Frieden schließen zu können. Am 4. Oktober 1918 richtete die Regierung ein entsprechendes Waffenstillstandsgesuch an das Weiße Haus und hoffte, Wilsons Rechtsfrieden, vor allem das Selbstbestimmungsrecht der Völker, auch für sich reklamieren zu können. Diese Hoffnung schien schon deshalb berechtigt, weil die konstitutionelle Monarchie entsprechend amerikanischen Vorstellungen in eine parlamentarische umgewandelt und am 9. November die Republik ausgerufen wurde. Doch entgegen allen Hoffnungen erwiesen sich die Friedensbedingungen nicht als milde.

Der amerikanische Präsident gewann zudem mehr und mehr den Eindruck, daß das Deutsche Reich für den Ersten Weltkrieg erhebliche Verantwortung trug. Gleichwohl bewog ihn diese Überzeugung nicht, das Rad der Geschichte bis zum 18. Januar 1871 zurückzudrehen und die Einheit des deutschen Nationalstaates in Frage zu stellen. Ebensowenig erlaubte er Frankreich, sich – außer Elsaß-Lothringen – linksrheinische Gebiete auf Dauer anzueignen. Von einem Ziel mußte der Präsident indes Abstand nehmen: Das Gleichgewicht der Mächte erwies sich als zu resistent, um durch ein System kollektiver Sicherheit ersetzt zu werden. Wilson mußte die 'russisch-bolschewistische' und 'deutsche Gefahr' eindämmen sowie gleichzeitig Frankreichs Sicherheitsbedürfnis befriedigen – ohne hegemoniale Entwicklungen zu begünstigen. Die Unzulänglichkeiten der Pariser Vorortverträge wurden auf den ersten Blick durch eine Institution gemildert, die nach dem Ersten Weltkrieg gegründet wurde und ihren Sitz in Genf hatte. Der

[1] Vgl. Pommerin/Fröhlich, Bd. 1, Dok. Nr. 83. Zur deutschen Reaktion auf die amerikanische Kriegserklärung vgl. ebd., Dok. Nr. 84 u. Dok. Nr. 2 u. 3 des vorliegenden Bandes. Für einen Überblick über die neueste Literatur wird auf das entsprechende Verzeichnis verwiesen.

Völkerbund schien neue Perspektiven des staatlichen Miteinander zu eröffnen. Ihm dachte Wilson die Aufgabe zu, die Gebrechen bilateraler Verträge langfristig zu heilen und den Weltfrieden zu sichern.

Doch die Realität hielt ihre Lehren bereit, und sie verscheuchte fast alle Hoffnungen. Die europäische Politik vollzog sich nicht nach amerikanischen Regieanweisungen: Kein Staat war de facto bereit, staatliche Souveränität an den Völkerbund abzutreten. Daher vermochte der Präsident keines seiner Ziele vollständig zu realisieren: weder die Vierzehn Punkte noch die Völkerbundsidee, die sich in der Praxis bald als stumpfes Instrument erwies. Darüber hinaus war Wilsons Rückkehr in die USA keine via triumphalis, sein Werk blieb bestenfalls Fragment. Die Senatoren mochten sich seinem revolutionären Gedankengut nicht anschließen, sie setzten wieder auf Isolation und Zurückhaltung. Der europäische Friedensvertrag fand keineswegs ihre Zustimmung. Die Kritik richtete sich vor allem gegen die Sanktionsbestimmung der Völkerbundsatzung. Mit 53 gegen 38 Stimmen wurde er am 19. März 1920 im Senat abgelehnt. Und es war daher kein Zufall, daß der republikanische Präsidentschaftskandidat Warren G. Harding 1920 den Wahlkampf erfolgreich mit dem Slogan „Back to normalcy" bestritt. In den Augen amerikanischer Durchschnittsbürger war die Bilanz des Krieges alles in allem bedrückend: Trotz Kriegseintritt war es zum einen nicht gelungen, das Gleichgewichtssystem der europäischen Mächte, das 1914 versagt hatte, durch ein neues System kollektiver Sicherheit zu ersetzen. Zum anderen war ein augenscheinlich ineffizienter Völkerbund ins Leben gerufen worden, in dem – wenn auch aus unterschiedlichen Gründen – die USA, die Sowjetunion und Deutschland nicht vertreten waren.

Angesichts der bevorstehenden deutschen Niederlage wurde im Spätsommer und Herbst 1918 im deutschen Auswärtigen Amt eine Politik konzipiert, in deren Zentrum der amerikanische Präsident stand.[2] Es lag auf der Hand, daß die Verantwortlichen zu diesem Zeitpunkt mit amerikanischer Hilfe in der Nachkriegszeit rechneten. Ferner ging man in Berlin davon aus, daß die Amerikaner größtes Interesse am Export ihrer Überschüsse haben und aus diesem Grund an einer schnellen politischen und wirtschaftlichen Stabilisierung Europas interessiert sein würden. Außerdem ließ sich bald nach Kriegsende feststellen, daß politische Gegensätze zwischen Deutschland und den USA im Prinzip nicht mehr bestanden. Weitgehend herrschte jedoch Einigkeit darüber, daß so lange nicht mit Hilfe zu rechnen sein würde, wie in Deutschland chaotische Zustände herrschten. Taumelte das Reich dem politischen und sozialen Kollaps entgegen, dann würden amerikanische Importe ausbleiben. Unbeantwortet blieb allerdings die Frage, welcher Einfluß den Amerikanern in politischen Angelegenheiten Europas

[2] Vgl. Krüger, Versailles, passim.

eingeräumt werden sollte. Über grundsätzliche wirtschaftliche Maximen herrschte Konsens: Amerikaner wie Deutsche votierten für eine liberale Weltwirtschaft.

Die Vorbereitung des Waffenstillstands konnte mit der Lansing-Note vom 5. November 1918 abgeschlossen werden. Wilson sah sich als Sprachrohr der Entente. Seine Vierzehn Punkte richteten sich weniger an die deutsche Regierung als an die europäische Linke, sie entstanden als Programm für einen 'Frieden ohne Sieg'. Auf verschiedenen Ebenen waren zwischen der amerikanischen und deutschen Seite Verbindungen geknüpft worden. Der amerikanische Geheimdienst verfügte über Kontakte zur USPD. Für den Präsidenten war entscheidend, daß ihn das Reich um Anbahnung des Friedens ersuchte und ihm damit eine Vermittlerrolle zuwies. Denn bis zu diesem Zeitpunkt hatten die Alliierten noch keinen vollständigen Sieg errungen, sie blieben nach wie vor von amerikanischer Hilfe abhängig. Da Wilson anfänglich nicht klar war, wer in Berlin hinter der deutschen Note stand – Militärs oder Mehrheitsparteien –, reagierte er im Dickicht der Verantwortlichkeiten zunächst abwartend. Bestimmend für seine Politik wurde allmählich die Haltung der europäischen Verbündeten. Sie waren nicht gewillt, sich den 'milden' Ansichten des Präsidenten bedingungslos unterzuordnen; ihr Vokabular gab allmählich den Ton an. Hatte Wilson in seiner ersten Note lediglich die Räumung der von den Deutschen besetzten Gebiete verlangt, so bestand er in seiner zweiten Note vom 14. Oktober[3] – entsprechend alliierten Vorstellungen – auf Garantien, die die Fortdauer der militärischen Überlegenheit zementierten. Sowohl wahl- wie bündnistaktische Überlegungen bewogen den Präsidenten, seine Bedingungen für die Annahme des deutschen Ersuchens jetzt schärfer zu formulieren. Die entscheidende Note der amerikanischen Regierung war die Lansing-Note vom 5. November 1918. Im Namen der Verbündeten sagte die amerikanische Regierung die Aufnahme von Waffenstillstandsverhandlungen zu und stellte darüber hinaus einen Friedensschluß auf der Basis der Vierzehn Punkte in Aussicht. Am 11. November wurde der Waffenstillstand in Compiègne unterzeichnet. In der ersten Woche nach dem Waffenstillstand erreichte die Wilson-Begeisterung in Deutschland ihren Höhepunkt. Sie schuf ein Klima, in dem die Möglichkeit eines Systemwechsels von der Monarchie zur Republik immer mehr in der Luft lag. Bürgerlich-liberale Politiker wie Solf, aber auch hohe Militärs wie General Groener gehörten zu den Befürwortern dieser neuen Entwicklung. Ihre Anlehnung an Amerika hatte zwei Funktionen. Zum einen sollten die USA das Deutsche Reich gegen überzogene Waffenstillstandsbedingungen in Schutz nehmen. Zum anderen wurde Amerika als einziger Garant eines liberalen Friedens gesehen – und als einziger

[3] Vgl. Michaelis/Schraepler, Nr. 413.

Staat, der wirksam kommunistischen Einfluß mit materieller Hilfe zurückdrängen konnte.

Doch was bedeuteten die Vierzehn Punkte für Deutschland? Ihr grundlegender Gedanke war nach deutscher Interpretation das Selbstbestimmungsrecht der Völker: In strittigen Grenzbereichen wie im Elsaß und in Lothringen oder den preußischen Ostprovinzen sollten die Grenzen durch Volksabstimmung festgelegt werden. Erwartet wurde, daß Deutschland als gleichberechtigte – und auch als koloniale – Macht in den Völkerbund aufgenommen würde. Wilsons Wunsch, einen 'Frieden ohne Sieg' zu bewerkstelligen, schien diese Hoffnung zu begünstigen. Seine Absicht, die Demoralisierung Europas zu bannen und den Bolschewismus abzuwehren, traf sich mit deutschen Vorstellungen. Auch für ihn war das Selbstbestimmungsrecht der Leitgedanke, selbst wenn die deutschen Kolonien neutralen Mandatsmächten übertragen wurden. Hinsichtlich des Reichsgebiets dachte Wilson allenfalls an eine Abtretung Elsaß-Lothringens und der Provinz Posen.

Mit der Reparationsregelung der Entente-Mächte akzeptierten die Amerikaner allerdings eine Politik, die den Prinzipien der 'offenen Tür' und eines vor Diskriminierung geschützten Freihandels ins Gesicht schlug. Es war abzusehen, daß die fehlende Kreditfähigkeit den Außenhandel auf Kosten des amerikanischen Exports lahmlegte. Den Deutschen gelang es nach 1918 weder, eine Interessen- und Ideengemeinschaft mit Amerika herzustellen, noch die USA gegen die Entente auszuspielen. Wilson mußte hingegen zulassen, daß der Geist der Vierzehn Punkte durch die Friedenskonferenz in sein Gegenteil verkehrt wurde. Freund und Feind sollten nach seiner Vorstellung in *eine* neue Welt integriert werden; das Ergebnis der Pariser Friedenskonferenz – am 28. Juni 1919 wurde der Friedensvertrag zwischen dem Deutschen Reich und den Alliierten in Versailles unterzeichnet – war jedoch von dem Wunsch gekennzeichnet, den Gegner zu bestrafen. Es zeigte sich aber bald, daß die Entente zu schwach war, um den Strafstoß zu verwandeln.

Wilson fügte sich innen- wie außenpolitischen Zwängen. In Amerika mußte er den Friedenszielen der republikanischen Opposition Rechnung tragen, in Europa vermochte er den Widerstand gegen das Prinzip kollektiver Sicherheit nicht zu überwinden. Der deutsch-amerikanische Dialog dauerte ungefähr zehn Monate und endete mit einem Mißklang. Zwar war die Wiederannäherung nicht grundsätzlich verhindert worden, ein Silberstreifen zeichnete sich am Horizont aber noch nicht ab.

II.

Für die amerikanische Bewertung deutscher Verhältnisse war bedeutsam, daß die Weimarer Republik nach der Abdankung Wilhelms II. republikanisch-parlamentarisch organisiert war. Außerdem stellte das Deutsche Reich für Europa keine unmittelbare hegemoniale Gefahr mehr dar. Die republikanische Regierung in Washington erstrebte eine Konstellation, die Deutschland als Aufnahmeland für amerikanische Exporte und Investitionen offenhielt. Der Separatfrieden mit Deutschland, am 25. August 1921 geschlossen, goß diese Politik in Paragraphen und begründete ein Sonderverhältnis, das seine wirtschafts- und handelspolitische Entsprechung in dem Handelsvertrag von 1923 fand. Die USA betrieben mehr oder weniger Weltpolitik als Weltwirtschaftspolitik, Deutschland wiederum suchte via Weltwirtschaft in die Weltpolitik zurückzukehren. Allerdings waren sich die Verantwortlichen in Berlin darüber einig, daß das primäre Ziel nicht eine politische Allianz mit Amerika sein konnte, sondern nur eine amerikanische Vermittlung im europäischen Konflikt. Bis in die zwanziger Jahre stand die Reparationsfrage im Zentrum der Auseinandersetzungen. Der Abschluß eines Separatfriedens mit Deutschland war für seine europäischen Gegner, allen voran Frankreich, ein deutliches Signal, daß Amerika sich für einen 'unabhängigen' Kurs entschlossen hatte. Die USA lehnten eine Verbindung von deutschen Reparationszahlungen mit einer Begleichung westalliierter Schulden strikt ab, um sich auf diese Weise dem permanenten Reparationskonflikt zu entziehen. Die Washingtoner Konferenz, primär der Marineabrüstung gewidmet, erneuerte das Bekenntnis zum Prinzip der 'offenen Tür'. Bis Ende 1922 beschränkte sich die US-Regierung darauf, Deutschland die Notwendigkeit der Erfüllungspolitik vor Augen zu führen, und sie betonte, daß nur ein wirtschaftlich gesundes Deutschland die erwünschten Wiedergutmachungen würde leisten können. Bis 1931 erhielt die Weimarer Republik ungefähr 2,5 Milliarden Dollar Anleihen aus Amerika.

Ein wichtiger Zwischenschritt war der Dawesplan. Er unterstellte Deutschland währungs- und finanzpolitisch ausländischer Kontrolle, gewährte aber zugleich Schutz gegen militärische Sanktionen und stabilitätsgefährdende Reparationsforderungen, indem er Reparationszahlungen auf der Grundlage deutscher Leistungsfähigkeit vorsah. Die amerikanische Vermittlung war kein Selbstzweck, sondern diente fast ausschließlich dem Ziel, der eigenen wirtschafts- und handelspolitischen Expansion den Weg zu ebnen. Nach dem Locarno-Vertrag brachten die USA erneut zum Ausdruck, daß sie sich eine politische und wirtschaftliche Stabilisierung in Europa und einen friedlichen Ausgleich der nationalen Antagonismen wünschten; andererseits beharrten sie auf einer separaten Regelung ihrer Beziehungen zu jedem einzelnen europäischen Staat. Dank der deutsch-amerikanischen Zusammenarbeit nahm Berlins internationales Gewicht in kurzer Zeit erstaunlich zu. Die 'Kehrseite' dieser Entwicklung bestand darin, daß die USA mehr und mehr ihre 'Neutralität' einbüßten. Der Young-Plan brachte dann nur einen kleinen Fortschritt. Er minderte die Zahlungsverpflichtungen und verknüpfte sie mit der alliierten Schuldenrückzahlung. Mittlerweile waren die Vereinigten Staaten an das deutsche Schicksal gebunden. Während ihrer Vermittlungstätigkeit rückten sie immer näher an den früheren Kriegsgegner heran. Die Zusammenarbeit beider Länder hatte über das Materielle hinaus jetzt auch eine ideelle Begründung, die sich an dem Ziel gemeinsamer Friedenssicherung orientierte. Washington und Paris hingegen lagen über Kreuz. Unter amerikanischem Einfluß wurde das französische Konzept kollektiver Sicherheit im Völkerbundsrahmen schrittweise durch das Konzept des friedlichen Wandels ersetzt. Ausdruck dieser Entwicklung waren der Dawesplan, seine politische Ergänzung durch den Locarno-Vertrag vom 16. Oktober 1925 sowie durch den Kellogg-Briand-Pakt vom 27. August 1928. Soviel war gewiß: Die USA hatten sich zum wichtigsten Partner der Deutschen entwickelt, sie blieben es, solange Berlin den Weg friedlicher Reform beschritt. Die Rückgewinnung militärischer Macht, eine deutsche Wiederaufrüstung, war unter diesen Maximen nicht denkbar. Deutschland wurde mit Hilfe der USA wieder Großmacht, nämlich ständiges Mitglied im Völkerbundsrat, die deutsch-amerikanische Zusammenarbeit hatte in der zweiten Hälfte der zwanziger Jahre eine friedliche Änderung begünstigt.

Ein Charakteristikum des Ersten Weltkriegs und der unmittelbaren Nachkriegszeit war, daß die USA die Entwicklung zwar maßgeblich bestimmten, sich aber weiterhin weigerten, das internationale System durch Bündnisse aktiv mitzugestalten. Die USA waren in Asien wie Europa wirtschaftlich präsent, militärisch und politisch indes abstinent. Die amerikanische Bevölkerung begann, sich von Wilsons missionarischen Ideen zu distanzieren, und wandte sich wieder jenen politischen Grundüberzeugungen zu, die ihr erster Präsident – George Washington – empfohlen und Thomas Jefferson als dritter Präsident in die griffige Formel „peace, commerce, and honest friendship with all nations, entangling alliances with none" gegossen hatte. Handelsbeziehungen waren erwünscht, „entangling alliances" nicht. Die Amerikaner stellten den Status quo der Nachkriegszeit keineswegs in Frage, aber sie leisteten zunächst keinen Beitrag, ihn politisch und militärisch aktiv zu stützen. Selbst ihre wirtschaftliche Präsenz war mit Fragezeichen versehen, von einem Triumph des Freihandels keine Rede. Diese Einseitigkeit hatte Folgen.

Die Weltwirtschaftskrise, ausgelöst im Oktober 1929, bewirkte unter anderem, daß den USA die wirtschaftlichen Möglichkeiten genommen wurden, Einfluß auszuüben. Damit war ihnen langfristig auch das Heft aus der Hand geschlagen, um dem kommenden 'Dritten Reich', dem faschistischen Italien und dem aggressiven Japan wirksam entgegenzutreten. Zu Beginn der dreißiger Jahre hatten sich die USA von Europa fast vollkommen verabschiedet. Nicht weniger bedeutsam war die Tatsache, daß sich Amerika von einem Schuldner- zu einem Gläubigerland entwickelte. Die Verschuldung des Auslands nahm in den zwanziger Jahren rapide zu, 1929 schuldete es den Vereinigten Staaten zwanzig Milliarden Dollar. Die 20er Jahre waren also wirtschaftlich durch eine weltweite amerikanische Kreditgewährung gekennzeichnet. Gleichwohl waren die USA nicht bereit, das Prinzip der 'offenen Tür', das sie im Verkehr mit anderen Staaten, zuletzt während der Washingtoner Konferenz, reklamierten, auch in ihrem eigenen Land zu praktizieren. Zu Beginn der zwanziger Jahre herrschte in Amerika das Prinzip „less government in business, more business in government"[4]. Meistbegünstigung, Kreditgewährung, Währungsstabilisierung und Gleichbehandlung auf Auslandsmärkten blieben die Maximen, die amerikanisches Interesse definierten. Spätestens das Jahr 1923 mit der Besetzung des Ruhrgebiets durch französische und belgische Truppen führte den Verantwortlichen in Washington vor Augen, daß die Europäer nicht in der Lage waren, das Reparationsproblem selbständig zu lösen. Konsequenterweise wurden Lösungen für ihre Probleme nicht von amerikanischen Politikern, sondern von Geschäftsleuten und Bankiers wie Charles D. Owen und Owen D. Young entwickelt.

Der Dawesplan des Jahres 1924 half, das Reparationsproblem für eine Übergangszeit zu entschärfen. Zwar unterwarf er Deutschland der Kontrolle, schützte es aber andererseits vor französischen Sanktionen. In Gustav Stresemann, der 1923 nach Aufkündigung der Großen Koalition durch die SPD Außenminister blieb, fanden die Amerikaner einen Politiker, der die Bedeutung wirtschaftlicher Fragen erkannte, sie würdigte und zu Maximen seiner Politik erhob. Stresemann versuchte zu verdeutlichen, daß die wirtschaftliche Genesung Deutschlands in allseitigem Interesse lag. Aber auch er konnte seine amerikanischen Gesprächspartner nicht davon überzeugen, daß wirtschaftliches Engagement einer zusätzlichen politischen Absicherung bedurfte. Amerika übte sich weiter im Spagat zwischen wirtschaftlicher Aktivität und politischer Enthaltsamkeit. Dem Abschluß der Locarno-Verträge sahen die USA unbeteiligt zu; der Kellogg-Briand-Pakt, der den Krieg als Instrument der Politik ächten sollte, trug nur deshalb ihre Unterschrift, weil er jeglicher Sanktionsklauseln entbehrte.

Amerikas überragende Stellung in der Weltwirtschaft brach in der Großen Depression, ausgelöst durch den Schwarzen Freitag, zusammen. Die Krise vernichtete die Fundamente amerikanischer Außenwirtschaftspolitik. Der Zusammenbruch der Kurse an der New Yorker Börse Ende Oktober 1929 zeitigte weltweite Wirkungen. Die Kettenreaktionen schlugen auf Amerika zurück, sie reduzierten den Welthandel, torpedierten das Weltwährungssystem, minimierten die Produktion, senkten das Nationaleinkommen, ließen die Massenarbeitslosigkeit ansteigen und legten das Welthandelssystem

[4] Zit. nach: Junker, Von der Weltmacht zur Supermacht, S. 45.

in Trümmer. Bis zum Frühjahr 1933 wuchs die Arbeitslosigkeit in den USA auf fast 15 Millionen an. Der neue Präsident – der Demokrat Franklin D. Roosevelt – stand vor gewaltigen Aufgaben, als er am 4. März 1933 – nur kurz nach Hitlers Ernennung zum Reichskanzler am 30. Januar – sein Amt übernahm. Er setzte Prioritäten und vertraute zunächst auf amerikanische Kräfte. Roosevelt aktivierte nationale und binnenwirtschaftliche Instrumente und initiierte eine Reform, die im Mittelpunkt seiner Wahlversprechen stand und in dem Schlagwort ‚New Deal' Ausdruck fand.

III.

Die dreißiger Jahre boten ein so turbulentes weltpolitisches Szenario, daß die Vereinigten Staaten weder die Absicht noch die Fähigkeit besaßen, dem internationalen Chaos Einhalt zu gebieten, weder in Asien, Afrika noch Europa.[5] 1931 marschierten japanische Soldaten in die Mandschurei ein. Am 16. März 1935 schüttelte der deutsche Diktator die Rüstungsbeschränkungen des Versailler Vertrages ab und verkündete die Wiedereinführung der allgemeinen Wehrpflicht. Im selben Jahr griff Mussolini nach Äthiopien, nur wenige Monate später zogen sich die Japaner aus der Londoner Flottenkonferenz zurück. Am 7. März 1936 schickte Hitler – unter Verletzung des Locarno-Vertrages – Militär in das Rheinland. In Spanien brach der Bürgerkrieg aus. Im Oktober 1936 wurde die ‘Achse Berlin-Rom' ins Leben gerufen, wenig später folgte die Unterzeichnung des Anti-Kominternpaktes zwischen Japan und Deutschland. Fast nahtlos schloß sich der japanisch-chinesische Krieg an. Im November 1937 unterzeichnete Italien den Anti-Kominternpakt. Im März 1938 überraschte Hitler die Welt mit dem Einmarsch deutscher Truppen in Österreich. Das Münchener Abkommen vom 29. September 1938 führte zur Abtretung der sudetendeutschen Gebiete an das Deutsche Reich. Im Mai 1939 schlossen Deutschland und Italien ein Militärbündnis, den sogenannten Stahl-Pakt, am 23. August 1939 rieben sich die Menschen erneut die Augen, als sie von dem deutsch-sowjetischen Nichtangriffsabkommen, dem ‘Hitler-Stalin-Pakt', erfuhren. Der 1. September 1939 veränderte die Welt.

Die Errichtung der Diktatur in Deutschland und die mit ihr verbundene Aufrüstung forderten die amerikanische Politik heraus. Es zeigte sich, daß der schnelle Aufbau einer deutschen Hegemonialstellung in Europa, vor allem die aggressive Wirtschaftspolitik des ‘Dritten Reichs', für die amerikanische Wirtschaft mehr und mehr unangenehme Konturen annahm. Die öffentlichen amerikanischen Stellungnahmen sparten zwar nicht mit starken

[5] Zum Folgenden vgl. Junker, Von der Weltmacht zur Supermacht, S. 52 f.

Worten über die nationalsozialistische Judenpolitik, die Aufhebung liberaler Freiheiten, die Gleichschaltung sowie den Terror der SA und die Mißhandlung amerikanischer Staatsbürger. Für den Präsidenten stand allerdings zunächst die Beantwortung wirtschaftlicher Fragen im Vordergrund, weil die Weltwirtschaftskrise die Amerikaner am stärksten getroffen hatte. Daher stellte sich für Roosevelt vordringlich die Frage, ob mit dem Deutschen Reich die Möglichkeit wirtschaftlicher Zusammenarbeit bestand. Bereits zwischen 1934 und 1935 entwickelten sich zwischen Washington und Berlin Interessengegensätze. Denn für die USA ergab sich primär das Problem, Exportmärkte für die Absorbierung der Produktionsüberschüsse zu erschließen.

Der Wert Deutschlands als Abnehmer amerikanischer Waren war im Verlauf der Weltwirtschaftskrise zunächst noch angewachsen. Bereits Ende 1934 waren jedoch erste Anzeichen eines neuen Kurses zu erkennen. Eine Bewertung der deutsch-amerikanischen Handelsbeziehungen durch das Auswärtige Amt zog im März 1938 folgende Bilanz: „Mit der Kündigung des Handels- und Freundschaftsvertrages von 1923 im Oktober 1934, kurz nach der großen Wende der amerikanischen Handelspolitik, verloren wir die Meistbegünstigung in Amerika, die für uns je länger, desto wichtiger wurde. Amerika hat seither nacheinander mit 16 Staaten bedeutende Zollermäßigungen vereinbart, und noch weitere Ermäßigungen mit der Tschechoslowakei, mit Großbritannien und den Dominions stehen bevor. Die Deutsche Botschaft in Washington hat seinerzeit dringend vor dieser Kündigung gewarnt und schon damals mit Nachdruck auf die Gefahr aufmerksam gemacht, daß sie schwer verstimmen, uns wichtiger und nahe bevorstehender Zollermäßigungen berauben, die Gefahr der Diskriminierung des deutschen Handels und wahrscheinlich auch die Erhebung von Zuschlagzöllen auf die deutsche Einfuhr nach den verschiedenen Dumpingbestimmungen heraufbeschwören würde. Die Aussichten, mit der Amerikanischen Regierung nachher wieder ins Gespräch zu kommen, wurden für absehbare Zeit als sehr unwahrscheinlich bezeichnet.“[6] Mit dem englisch-amerikanischen Handelsvertrag reagierte Washington offensiv auf diese ökonomische Rivalität. Ideologische Divergenzen fielen ihr gegenüber zunächst weniger ins Gewicht.

Natürlich blieben trotz der großen Entfernung die repressiven Maßnahmen des NS-Regimes nicht unbeobachtet. Roosevelt fand deutliche Worte für die nationalsozialistische Rassenpolitik und die Judenpogrome. Im November 1938, als es in der sogenannten 'Reichskristallnacht' zu einem ersten Höhepunkt der Ausschreitungen kam, wurde der amerikanische Missionschef in Berlin, Wilson, nach Washington gerufen. Umgekehrt wurde Dieck-

[6] Zit. nach: Schröder, Das Dritte Reich und die USA, S. 124.

hoff, der deutsche Botschafter in Washington, gleichfalls zur Berichterstattung nach Berlin bestellt. An einem tatsächlichen Abbruch der Beziehungen, gar der diplomatischen Kontakte, war zum damaligen Zeitpunkt allerdings keiner Seite gelegen. Hitlers aggressive Außenpolitik, beispielsweise der Einmarsch in Prag, wurde in Washington stets negativ kommentiert, aber es folgten keine politischen Sanktionen. In der Regel wurden, so etwa nach dem Einmarsch in Prag, Zuschlagszölle auf deutsche Waren erhoben. Die Friedensappelle, die Roosevelt an Hitler und Mussolini richtete, blieben ohne Wirkung. Im Gegenteil: Hitler nutzte sie, um sich über den amerikanischen Präsidenten lustig zu machen, so in einer Reichstagsrede vom 28. April 1939. In der Regel griff Hitler die Monroe-Doktrin auf und interpretierte sie als Musterbeispiel amerikanischer Interventionspolitik. Bei den deutschen Kriegsvorbereitungen blieben die USA unberücksichtigt. Der 'Blitzsieg' sollte ihnen jede Möglichkeit der Einmischung nehmen. Die englische und französische Kriegserklärung vom 3. September 1939 führte allerdings zu einer konzeptionellen Änderung. Auch wenn mit einer amerikanischen Intervention nicht unmittelbar zu rechnen war, so sah sich Hitler nun doch genötigt, bis 1941 „alle kontinentaleuropäischen Probleme“ zu lösen, da er ab 1942 mit einem Eingreifen der USA rechnete. Doch zunächst einmal mußte dem Diktator daran liegen, einen schnellen Kriegseintritt der USA zu verhindern. Daher lag es nahe, bei den Auseinandersetzungen zwischen Internationalisten und Isolationisten indirekt Partei zu ergreifen. Die deutsche Propaganda erhielt die Direktive, die Isolationisten zu stärken. Vorsicht war darüber hinaus im Seekrieg geboten, aber natürlich auch in der Diplomatie. Selbst wenn Friedenssondierungen kaum Erfolgsaussichten beschieden waren, wurden sie von keiner Seite, weder der amerikanischen noch der deutschen, abgelehnt.

Der deutsch-amerikanische Zielkonflikt blieb bestehen, er ließ kaum die Chance für einen tatsächlichen Ausgleich aufkommen. Hitlers Programm schien sich aber in dem Augenblick festzulaufen, als er Japan zum Kriegseintritt gegen die USA drängte. Allerdings, darauf weisen Experten immer wieder hin, ist es unwahrscheinlich, daß Roosevelt eine deutsche Beherrschung des Kontinents abgewartet hätte. Die ökonomische Rivalität der dreißiger Jahre hatte *einen*, wenn auch nicht den *entscheidenden* Grund für den deutsch-amerikanischen Konfrontationskurs gelegt. Die wirtschaftliche Rivalität wurde insbesondere auf dem lateinamerikanischen Kontinent sichtbar und in Washington mit großem Mißtrauen verfolgt.[7] Die deutsche Konkurrenz wurde nicht zuletzt deshalb als besonders unangenehm empfunden, weil Roosevelts primäres Ziel die Überwindung der Depression in Amerika war. Die deutsche Wirtschaftsdiplomatie in Lateinamerika aber war

[7] Vgl. Pommerin, Das Dritte Reich und Lateinamerika, passim.

erfolgreich und damit eine ernstzunehmende Konkurrenz. Seit 1938 waren die lateinamerikanischen Staaten mit knapp 15 Prozent an der deutschen Gesamteinfuhr beteiligt. Als Gegenlieferungen für den deutschen Rohstoffbedarf kamen auch deutsche Rüstungslieferungen in Frage. Doch der Kriegsverlauf begünstigte mehr und mehr die amerikanische Wirtschaft. Das Deutsche Reich verlor in Südamerika langfristig Kredit. Spätestens der amerikanische Kriegseintritt führte lateinamerikanischen Politikern die Notwendigkeit vor Augen, sich mit dem Nachbarn gut zu stellen. Die Wirtschaftsrivalität trat auch noch in einer anderen Region zutage, in Südosteuropa. Die deutsche Präferenzpolitik kollidierte – aus amerikanischer Sicht – mit der Interpretation der amerikanischen Meistbegünstigung. Die deutsche Vormachtstellung in Südosteuropa war allerdings Mitte der dreißiger Jahre so weit abgesichert, daß die amerikanische Außenwirtschaftskonzeption nicht mehr zum Zuge kommen konnte.

Die weitgehend wirtschaftliche amerikanische Eindämmungsstrategie gegenüber dem Nationalsozialismus erwies sich langfristig als erfolglos. Zum einen mußte auch Amerika 1937/38 einen Konjunktureinbruch verzeichnen, der die Anziehungskraft der amerikanischen Handelsvertragspolitik für zahlreiche Staaten minderte. Zum anderen reichten die indirekten ökonomischen Instrumente nicht aus, um der deutschen Wirtschaftspolitik Paroli zu bieten. Eine wirksame Alternative existierte zunächst nicht. Die isolationistischen Tendenzen, vor allem die Neutralitätsgesetzgebung des Kongresses, verhinderten direkte politische Maßnahmen. Die deutsche Hegemonialstellung in Europa, so läßt sich resümieren, wurde von den USA mehr und mehr als wirtschaftliche Bedrohung empfunden. Mit der deutschen wirtschaftlichen Präsenz in Lateinamerika und Südosteuropa provozierte Hitler auch auf wirtschaftlichem Gebiet Konstellationen, die schließlich zu seinem Scheitern beitrugen. Der amerikanische Kriegseintritt ließ sich nicht so lange verschieben, bis die deutsche Herrschaft in Europa gesichert war; diesem Prozeß hätte der Sicherheitspolitiker Roosevelt wohl kaum tatenlos zugesehen.

Welche Bedeutung auch immer dem „economic appeasement“ in der Theorie beizumessen ist, in der Praxis ist es mit den Worten Klaus Schwabes „niemals zu einem amerikanischen ‘economic appeasement’ gegenüber Hitlerdeutschland gekommen. Im Gegenteil! Nicht nur weil Deutschland zeitweilig die Rückzahlung seiner Schulden an amerikanische Gläubiger verlangsamte und sich ganz auf den Ausbau seiner Handelsbeziehungen auf bilateraler Ebene verlegte, verfielen seine Wirtschaftsbeziehungen zu den USA nach Hitlers Machtübernahme sehr rasch in einem Maße, daß man zeitweilig nur noch von einem deutsch-amerikanischen Handelskrieg sprechen konnte. Die handelspolitische Waffe diente Roosevelt darüber hinaus als Mittel, um dem Hitlerregime gegenüber sein Mißfallen an dessen Expansionspolitik zu unterstreichen. So lieferte der Anschluß Österreichs der amerikanischen Regierung den Anlaß, Deutschland endgültig den Bezug von Helium aus den USA zu verweigern. Auf die Besetzung Prags antwortete Washington mit der Verhängung von Strafzöllen [...] auf von Deutschland subventionierte und für die USA bestimmte Exportgüter. Die Gefahren und Probleme, die das Deutschland Hitlers aufwarf, waren, von Roosevelt her gesehen, primär sicherheitspolitischer, in letzter Instanz militärischer Art. Für den stellvertretenden US-Marine-Minister, der Roosevelt im Ersten Weltkrieg gewesen war, gab es hier überhaupt keinen Zweifel. In diesem Bereich war er denn auch unter der Hand – zunächst vorsichtig, seit dem Münchener Abkommen immer massiver – bemüht, eine gemeinsame Abwehrfront der Demokratien gegen Hitler zu schaffen."[8]

Die Internationalisten mit Roosevelt an der Spitze boten nach besten Kräften Paroli. Für ihn und seine Anhänger endete die amerikanische Interessenzone nicht mit der westlichen Hemisphäre, sondern besaß eine globale Ausrichtung, die nicht nur wirtschaftlich, sondern auch militärisch fundiert war. Roosevelt verwies nicht ohne Logik und Erfahrung auf den Umstand, daß politische Abstinenz keineswegs zwangsläufig Schaden abwehren würde. Denn, diese Lehre ließ sich aus der Vergangenheit ziehen, den von Hitler besetzten Staaten wurde eine autarke Planwirtschaft oktroyiert, die ihr Handelsvolumen mit den USA drastisch reduzierte. Mithin wurden zunehmend die amerikanischen Import- und Export-Industrien in Mitleidenschaft gezogen, und damit waren in den Augen der Internationalisten amerikanische Interessen berührt. Natürlich spielten auch strategische Gesichtspunkte eine Rolle. Manche Amerikaner hatten nicht zu Unrecht die Überzeugung gewonnen, daß Hitlers Ziel letztlich in einer Eroberung der Welt bestand – die USA eingeschlossen. Und sie wollten nicht ausschließen, daß Hitler unter gewissen Umständen – etwa im Falle der Vernichtung der englischen Flotte – eine Invasion Amerikas ins Auge fassen mochte. Die Eckpfeiler der Argumentation der Internationalisten bestanden aber in der Überzeugung, daß eine Interessenbeschränkung auf die westliche Hemisphäre Selbstmord sei. Ideelle Gesichtspunkte, wie das Recht auf Selbstbestimmung, die Anerkennung des Völkerrechts, die Verurteilung der Aggression, die Aufrechterhaltung der Stimson-Doktrin, flankierten ihr Credo. Wie Wilson, so interpretierte auch Roosevelt den bevorstehenden (unvermeidlichen) Konflikt als Auseinandersetzung zwischen aggressiven und friedlichen Nationen, als Kampf zwischen menschenwürdigen Demokratien und faschistischen Staaten, als Ringen christlicher Zivilisation mit unmenschlicher Barbarei. Sein Programm speiste sich aus mehreren Quellen: ideellen, wirtschaftlichen, glo-

[8] Schwabe, Die Regierung Roosevelt und die Expansionspolitik Hitlers vor dem Zweiten Weltkrieg, S. 122 f.

balen und sicherheitspolitischen, die eine Weltherrschaft Hitlers nicht zuließen. Deswegen müßten, so die Internationalisten, die USA auch in diesen Krieg eintreten. In Roosevelt und seinen Anhängern reifte mehr und mehr die Überzeugung, daß nicht der Kriegseintritt, sondern lediglich sein Zeitpunkt unklar war. Und natürlich stand die Frage im Raum, wie und wo es zu ersten Kriegshandlungen kommen würde. Am 11. Dezember 1941 gaben Hitler und Mussolini mit ihren Kriegserklärungen die Antwort.

Für Hitlers neue deutsche Außenpolitik war die Verschränkung außen- und rassenpolitischer Zielsetzungen kennzeichnend. Da er 'Lebensraum' auf seine Fahnen geschrieben hatte, war die Sowjetunion das erste Ziel. Hitlers „Zweites Buch", 1928 geschrieben, läßt aber auch erkennen, daß Amerika in seinem Denken gleichfalls einen zentralen Stellenwert einnahm. Zwar verlegte er die Auseinandersetzungen mit Amerika erst in eine spätere Generation, doch der Weg der Aggression war programmiert. Wichtigen Aufschluß gibt ein Gespräch des Diktators mit dem japanischen Botschafter Oshima vom 14. Juli 1941, mit dem der 'Führer' den Dreimächtepakt-Partner für ein umfassendes Offensivbündnis gegen die Sowjetunion und die USA gewinnen wollte. Angesichts der Bedeutung der deutschen Kriegserklärung an die USA für den Zweiten Weltkrieg und die globale Nachkriegsordnung hat die Suche nach ihrem Motiv die zeitgeschichtliche Forschung kontinuierlich in Atem gehalten. Dies um so mehr, als Berlin durch den Dreimächtepakt mit Japan keineswegs dazu verpflichtet war, diesen Beistand zu gewähren. Wollte Hitler in einer Haltung des 'Alles oder nichts' den Fehlschlag seines Programms besiegeln? Hatte sich der Diktator angesichts der stagnierenden Ostoperationen und des zu erwartenden Kriegsausbruchs im Pazifik mit der Unvermeidbarkeit des Kriegseintritts der USA auf dem Weg über Japan abgefunden? 'Vorteile' der Kriegserklärung bestanden ohne Zweifel darin, die USA zu einem Zwei-Ozean-Krieg zu zwingen und damit ihre Kräfte an den Fronten zu dislozieren. Dennoch entsprach dieser Schritt wohl nicht einer zielbewußten außenpolitischen Entscheidung, er war – so Klaus Hildebrand – kein frei gefaßter großer Entschluß, der mit Hitlers programmatischer Entscheidung zum Ostkrieg verglichen werden könnte.[9]

Weiter machen Historiker geltend, daß nicht erst der japanische Angriff auf Pearl Harbor Hitler bewog, den Vereinigten Staaten den Krieg zu erklären. Sein Entschluß, so ihre Argumentation, stand bereits vorher fest. Das entscheidende Motiv sehen sie in dem Versuch, eine Neuauflage des Zweifrontenkriegs aus der Zeit 1914–1918 zu verhindern. Eberhard Jäckel: „Japan konnte Amerika an einem vollen Eingreifen in Europa hindern. Es konnte den Teil der amerikanischen und britischen Streitkräfte binden, die 1918 so knapp den Ausschlag gegeben hatten. Dazu jedoch mußte es in den

[9] Vgl. Hildebrand, Das Dritte Reich, S. 69.

Krieg eintreten und durfte nicht vorzeitig aus ihm austreten. [...] Das Geschäft bestand darin, daß Japan sich gegen den Preis des deutschen Kriegseintritts verpflichtete, keinen Sonderfrieden zu schließen."[10] Die eigentliche Gefahr für sein Vorhaben, ein europäisches Kontinentalreich unter deutscher Führung zu errichten, sah Hitler in den Flügelmächten USA und UdSSR. Beide waren in der Lage, Deutschlands Expansion zum Stillstand zu bringen. Im Gespräch mit Oshima erklärte der Diktator: „Amerika drükke in seinem neuen imperialistischen Geist mal auf den europäischen, mal auf den asiatischen Lebensraum. Von uns aus gesehen drohe im Osten Rußland, im Westen Amerika. Daher sei er der Meinung, daß wir sie gemeinsam vernichten müßten. Es gebe im Völkerleben Aufgaben, die hart seien. Man könne diese Aufgaben nicht dadurch lösen, daß man sich ihnen verschließt oder daß man sich auf einen späteren Zeitpunkt verläßt."[11] Und dennoch wiederholte Hitler vor der 'Tafelrunde' im Führerhauptquartier die Prognose aus den zwanziger Jahren, die den Kampf gegen Amerika in die Verantwortlichkeit späterer Generationen legte: „Ich werde es nicht mehr erleben, aber ich freue mich für das deutsche Volk, daß es eines Tages mitansehen wird, wie England und Deutschland vereint gegen Amerika antreten. Deutschland und England werden wissen, was eines vom anderen zu erwarten hat. Wir haben dann den rechten Bundesgenossen gefunden."[12]

Bereits einen Monat später wurde dem Diktator allerdings bewußt, daß sich der russische Krieg deutschen Regieanweisungen entzog. Das Scheitern des Unternehmens 'Barbarossa', Rommels Niederlage in der Winterschlacht um die Cyrenaica, der japanische Überfall auf Pearl Harbor und die deutsche Kriegserklärung an die USA nahmen dem Krieg endgültig den europäischen Charakter und verliehen ihm eine globale Dimension. Hitlers Kriegserklärung vom 11. Dezember 1941 scheint alles in allem ein Spagat zwischen Reaktion und Programm gewesen zu sein. Wenige Tage zuvor, am 7. Dezember, hatten japanische Flugzeuge die amerikanische Pazifikflotte in Pearl Harbor angegriffen und größtenteils zerstört. Die USA waren nunmehr direkt auf dem fernöstlichen Kriegsschauplatz engagiert. Bereits im Vorfeld hatte Hitler Japan wissen lassen, daß es im Falle eines Konfliktes mit den USA mit deutscher Unterstützung rechnen könne. Seine Beweggründe für die Kriegserklärung sind nicht mit letzter Sicherheit zu bestimmen. Immerhin konfrontierte Hitlers Kriegserklärung die USA jetzt mit der Gefahr eines Zwei-Fronten-Krieges. Aber auch diese militärische Konstellation konnte nicht verhindern, daß am 6. Juni 1944 die Anglo-Amerikaner

[10] Jäckel, Kriegserklärung, S. 137; Hillgruber, Großmacht- und Weltpolitik, S. 220; gute Übersicht bei Recker, S. 93–96.

[11] Vgl. Dok. Nr. 42.

[12] Monologe im Führerhauptquartier, S. 56.

in der Normandie landeten. Ihre Invasion war seit langem erwartet worden, dennoch stellte sich die Frage, ob die Wehrmacht in der Lage sein würde, den alliierten Truppen Paroli zu bieten. Im September 1944 erreichten sie die Westgrenze am Rhein, im Oktober drangen sowjetische Truppen in Ostpreußen ein.

Die amerikanische Bevölkerung fühlte sich in den dreißiger Jahren keineswegs verpflichtet, den Aggressoren entgegenzutreten. Im Gegenteil: Nach wie vor beherzigten die Amerikaner die Mahnung ihrer ersten Präsidenten und setzten auf Distanz zu Europa und Asien. Diese Haltung bildete ihr außenpolitisches Fundament. Ein 6. Juni 1944 war unvorstellbar! Roosevelt und die sogenannten Internationalisten allerdings versuchten ab 1937, das Prinzip des Isolationismus mehr und mehr zu verdrängen. Sie bekämpften seine Repräsentanten und stritten mit ihnen über die richtige Einschätzung des Bedrohungspotentials, das von dem nationalsozialistischen Deutschland ausging. Noch profitierte Amerika von der Tatsache, daß vitale Interessen nicht gefährdet waren oder schienen. Die außenpolitische Grundeinstellung war zudem durch Neutralitätsgesetze des Kongresses zementiert, die unter anderem ein Ausfuhrverbot für Waffen und Kriegsgeräte vorsahen. Eine aktive Deutschland- und Europapolitik war nur möglich, wenn es Roosevelt und seinen politischen Freunden ohne hohle Rhetorik gelang, die amerikanische Bevölkerung von einer Bedrohung durch das Deutsche Reich zu überzeugen. Natürlich gewannen die Argumente des Präsidenten mit jedem Land an Gewicht, das vom Deutschen Reich und Japan bedroht und annektiert wurde. Und diese Zahl nahm stetig zu! Aber auch den Isolationisten drängten sich Argumente auf. In ihren Augen drohte sich die Entwicklung eben nicht zu einem Knoten zu schürzen. Sie verwiesen mit Nachdruck auf den Ausgang des Ersten Weltkriegs, vor allem auf die 'Sinnlosigkeit' des amerikanischen Kriegseintritts. Und sie wurden nicht müde zu betonen, daß die amerikanische Nation von 'Kaufleuten des Todes' in den Ersten Weltkrieg hineingetrieben worden sei. George Washington stand ihrer Politik Pate, er stützte sie in der Öffentlichkeit und sorgte für eine weite Akzeptanz ihrer Argumente. Darüber hinaus wollten die Isolationisten nicht erkennen, daß Hitler auch die amerikanische Sicherheit gefährdete. Sie waren vielmehr überzeugt, daß die zahlreichen, auch von Roosevelt gehaltenen Reden lediglich die allgemeine Hysterie schürten. Warnungen vor dem Reich empfanden sie als Kriegstreiberei. Summa summarum kamen 'Washingtons Erben' zu der conclusio, daß nirgendwo ein zwingender Grund für eine Intervention zu entdecken sei.

Der Kriegseintritt eröffnete neue Perspektiven zur Lösung alter Probleme. Die amerikanische Wirtschaft sah wieder eine Chance, Wege zur Prosperität zu beschreiten. Arbeitslosigkeit und brachliegende Produktionskapazitäten konnten endlich und wirksam abgebaut werden. Die wichtigste

Aufgabe bestand jedoch darin, die Koalition mit England und der UdSSR, also die Beziehungen zwischen den Drillingen der Macht – Roosevelt, Churchill und Stalin – aufrechtzuerhalten. Zwar hatte Roosevelt in den dreißiger Jahren den amerikanischen Kriegseintritt vorbereitet, doch seine Überlegungen gingen mit der Entschlossenheit einher, Menschenleben zu schonen. Zu beispiellosem Materialeinsatz war Roosevelt hingegen bereit. Der Präsident maß dem russischen Verbündeten eine solche Bedeutung bei, daß der deutsche Amerika-Experte Detlef Junker rückblickend zu dem Schluß kommt: „[D]ie amerikanische Deutschlandplanung im Zweiten Weltkrieg [ist] eine abhängige Variable der amerikanischen Rußlandpolitik gewesen [...].“[13] Die Sowjetunion hatte indes nicht nur für die Zeit des Krieges ihre Funktion, sondern sie blieb in Roosevelts Augen auch für die globale Neuordnung unverzichtbar.

Die allgemeinen amerikanischen Kriegsziele blieben kein Geheimnis, sie wurden frühzeitig in der Atlantik-Charta publiziert. Konkret forderte das Dokument: unteilbare Sicherheit, unteilbare Freiheit und unteilbaren Weltmarkt. Diese amerikanische Definition entsprach nationalen Interessen und beanspruchte allgemeine Gültigkeit. In ihnen kamen alte amerikanische Ideale zum Vorschein, die sich prinzipiell nur wenig von Wilsons Vorstellungen unterschieden. Selbstverständlich gingen die Erfahrungen der Zwischenkriegszeit in die Atlantik-Charta ein. Denn allmählich war die Erkenntnis Allgemeingut, daß nur dann ein neuer Krieg verhindert würde, wenn Amerika aktiv einem internationalen System kollektiver Sicherheit beitreten würde. Die Passivität, die das Land in den zwanziger und dreißiger Jahren geübt hatte, stand für viele in einem gewissen Zusammenhang mit der Entwicklung zum Zweiten Weltkrieg. Natürlich war dem Staatsmann Roosevelt klar, daß der zukünftige Frieden nicht nur auf Recht, sondern auch auf Macht gebaut sein würde. Im Licht dieser allgemeinen Zielsetzungen gewinnt die Interpretation an Konturen, daß die amerikanische Deutschlandpolitik letztlich auch ein Instrument amerikanischer Rußlandpolitik gewesen ist. Ausdruck dafür sind die Hinnahme der russischen Einverleibung der baltischen Staaten, der Westverschiebung Polens, der Pläne zur Zerstückelung Deutschlands und last but not least Roosevelts zeitweilige Zustimmung zum Morgenthau-Plan, also zur Entindustrialisierung Deutschlands, der Macht in der Mitte Europas. Die Passivität gegenüber russischen Machtansprüchen war nicht zuletzt ein Ausdruck des Verständnisses, das Roosevelt für Stalins Sicherheitsbedürfnis an den Tag legte. Daß Roosevelt wie Wilson das revolutionäre Potential der UdSSR verkannten, daß sich die realistischen Züge amerikanischer Außenpolitik schlecht mit ihren idealistischen vertrugen, macht ihr Entgegenkommen deutlich. Als

[13] Von der Weltmacht zur Supermacht, S. 64.

Roosevelt am 12. April 1945 – wenige Tage vor Hitlers Selbstmord am 30. April – starb, hatte er den Krieg zwar gewonnen, das Schicksal Deutschlands aber in die Hände seines Vizepräsidenten gelegt. Am 7. Mai 1945 setzte Generaloberst Alfred Jodl, ab 1939 Chef des Wehrmachtführungsstabes im OKW und Hitlers strategischer Berater, in Reims seine Unterschrift unter die Gesamtkapitulation der Deutschen Wehrmacht. Am 9. Mai besiegelten Generalfeldmarschall Wilhelm Keitel, Generaloberst Hans-Jürgen Stumpff und Admiral Hans-Georg von Friedeburg die deutsche Niederlage im sowjetischen Hauptquartier in Berlin-Karlshorst.

IV.

Bei seinem Amtsantritt am 12. April 1945 war dem Demokraten Harry S. Truman noch nicht klar, was nach der Zerschlagung Nazi-Deutschlands in der Mitte Europas entstehen sollte. Unstrittig war die Forderung nach bedingungsloser Kapitulation, die Verhandlungen ausschloß. Unstrittig waren auch Entwaffnung und Entmilitarisierung, Entnazifizierung und Demokratisierung Deutschlands. Die Verurteilung der Kriegsverbrecher und die Verhinderung neuer deutscher Aggression bildeten weitere Ziele, die sozusagen Allgemeingut darstellten. Unklar dagegen blieb lange Zeit, welche konkreten Ziele diese Absichten mit Inhalt füllten. Was sollte mit Deutschland 1945 geschehen? Bot eine Teilung Sicherheit für die Zukunft? Welche Grenzen verhinderten Konflikte? Welche Grundlagen sollte die Besatzungspolitik haben? Diese und andere Fragen verlangten dringende Antworten. Schon innerhalb der amerikanischen Regierung war es über diese Fragen nicht zu einem Konsens gekommen, Konflikte mit den Alliierten waren folglich programmiert. Die Direktive JCS 1067, später durch die Direktive JCS 1779 modifiziert, war alles andere als eine langfristige Konzeption für den deutschen Wiederaufbau. Das ‚Potsdamer Abkommen' vertagte lediglich die Konflikte.

Doch diese Diskussionen täuschten nicht darüber hinweg, daß die USA mit dem 14. August 1945, dem V-J Day (Victory Japan Day), als unumstrittene Sieger aus dem Zweiten Weltkrieg hervorgingen. England und Frankreich hatten nunmehr endgültig ihren politischen Machtstatus der Vorkriegszeit verloren, lediglich die Sowjetunion gewann Gewicht. Doch der schnelle Zerfall der Kriegskoalition gab der amerikanischen Selbstbesinnung das Wort. Ausdruck der neuen Standortbestimmung waren unter anderem das 'lange Telegramm' des amerikanischen Geschäftsträgers in Moskau, George F. Kennan, vom 22. Februar 1946, und die Rede des Außenminister James F. Byrnes in Stuttgart am 6. September 1946. In den USA setzte sich allmählich die Erkenntnis durch, daß Stalin nicht Sicherheit vor Deutschland, sondern die Expansion der UdSSR auf seine Fahnen geschrieben hatte. Welche Forderung mußte aus dieser Erkenntnis abgeleitet werden?

Die Antwort lautete entsprechend der Strategie des 'Kalten Krieges' zunächst 'containment', Eindämmung des Kommunismus. Neuer Imperativ war die wirtschaftliche Stärkung Westeuropas, um der sowjetischen Ausdehnung Paroli zu bieten. Diesem Zweck diente auch der Marshall-Plan. In einer Rede an der Harvard University kündigte Außenminister George C. Marshall am 5. Juni 1947 ein Hilfsprogramm für das in Trümmern liegende Europa an. Die Gründung der NATO am 4. April 1949 stellte eine Revolution der amerikanischen Außenpolitik dar. Denn sie bedeutete den Abschied von der tradierten Maxime, außerhalb der westlichen Hemisphäre kein Bündnis einzugehen. Das Scheitern der Außenministerkonferenzen der Siegermächte nach 1945 bot zunächst nur die Möglichkeit der Gründung eines deutschen Weststaates, also die Bildung eines Staates, der in das westliche Bündnis integriert wurde. Den Westdeutschen war die Funktion des Bollwerks gegen die Sowjetunion zugedacht, ihre Integration in ein westliches Bündnis hatte den Zweck, die deutsche Gefahr zu bannen oder – anders formuliert: „to keep the Soviets out, the Americans in, the Germans down and the Europeans happy"[14]. Aus sowjetischer Sicht wäre die deutsche Wiedervereinigung einer „bedingungslose[n] Kapitulation Moskaus in der deutschen Frage"[15] gleichgekommen.

Nach 1945 dachte die amerikanische Supermacht in globalen Dimensionen. Im Ost-West-Konflikt konzipierte Amerika eine 'Politik der Stärke', vertreten vor allem von Außenminister John Foster Dulles, der die eigene Politik gegenüber der Sowjetunion als „brinkmanship" charakterisierte, als Bereitschaft, „bis an den Rand des Abgrundes zu gehen". Das amerikanische Engagement für Berlin und die umfassende verbale Stützung des deutschen Anspruchs auf Wiedervereinigung blieben diesem umfassenden Konzept untergeordnet.

Kurz nach Kriegsende traten in der ehemaligen Anti-Hitler-Koalition Differenzen offen zutage, die das labile Zweckbündnis von Anfang an begleitet hatten. Über die Behandlung Deutschlands nach dessen Niederlage war nur ein begrenztes Einvernehmen erzielt worden. Am 5. Juni übernahmen die Alliierten die oberste Regierungsgewalt durch einseitige Willenserklärung (Berliner Deklaration). Die Regierung der USA schwankte zwischen dem vorübergehend von Roosevelt akzeptierten Morgenthau-Plan, wonach das erheblich verkleinerte Deutsche Reich geteilt und das internationalisierte Ruhrgebiet Agrarland werden sollte, und Vorschlägen, die darauf abzielten, ein nicht geteiltes Deutschland möglichst rasch wirtschaftlich

[14] Junker, Von der Weltmacht zur Supermacht, S. 77.
[15] Kennan.

wiederaufzubauen. Nur so konnte es seine lebensnotwendigen Importe selbst bezahlen und Reparationen aufbringen, die in den zwanziger Jahren von den USA finanziert worden waren. Die erste Besatzungsdirektive der amerikanischen Stabschefs an den Oberbefehlshaber der US-Besatzungstruppen – die JCS 1067 vom 26. April 1945 – war noch ganz an Strafvorstellungen orientiert. Seit den Pariser Außenministerkonferenzen im Frühjahr 1946 wurde die Deutschlandpolitik der Alliierten allerdings von wachsenden Spannungen zwischen den Mächten bestimmt. Anfang Mai 1946 stellte die amerikanische Militärregierung die Reparationslieferungen aus ihrer Zone an die Sowjetunion ein.

Den Kurswechsel der amerikanischen Außenpolitik erläuterte Außenminister Byrnes am 6. September 1946 in Stuttgart. Er verband seine Kritik an der immer noch nicht erreichten Wirtschaftseinheit mit dem Vorschlag, zu ihrer Realisierung zentrale Verwaltungsstellen zu schaffen und die politische Neugestaltung eines föderalistischen Deutschland durch einen Nationalrat vorzubereiten. Byrnes unterstrich den provisorischen Charakter der Oder-Neiße-Linie und lehnte eine Abtrennung des Rheinlands und des Ruhrgebiets ab. Als auch die folgende Außenministerkonferenz im April 1947 in Moskau scheiterte, erhielt die neue amerikanische Eindämmungspolitik gegenüber dem sowjetischen Expansionismus eine zusätzliche ökonomische Ausprägung durch das European Recovery Program (ERP), vorgestellt von Außenminister George C. Marshall am 5. Juni 1947. Nahezu gleichzeitig wurden am 11. Juli eine neue, nunmehr konstruktive US-Besatzungsdirektive (JCS 1779) erlassen und ein erweiterter Industrieplan für die Bizone verabschiedet. Im Dezember 1947 besiegelte das Scheitern der fünften Deutschlandkonferenz den Bruch zwischen den Mächten. Die Antwort der sowjetischen Regierung bestand in der Blockade der Berliner Westsektoren, auf welche die USA und Großbritannien sofort reagierten. Allen Verantwortlichen war klar: „The principal focus of Soviet-American tensions was Europe. The Soviets considered control of Eastern Europe vital to their security. The Americans considered a non-Communist Western Europe vital to theirs. Neither was ready to risk a united Germany that might align itself with the other. The only serious crisis of the postwar era had come when the United States, Britain, and France confronted the Soviet Union with their plans to create a strong German state out of their occupation zones and to integrate that state politically and economically with the West. Stalin had responded with the blockade of Berlin."[16] Mit Hilfe einer Luftbrücke gelang es, die Versorgung der Amerikaner und der 2,2 Millionen Westberliner, selbst im Winter 1948/49, sicherzustellen. Die Folge: Das deutsche Vertrauen zur amerikanischen Schutzmacht wuchs.

[16] Warren I. Cohen, p. 58.

Das maßgeblich vom ersten Bundeskanzler Konrad Adenauer bestimmte Ziel der ersten Bundesregierung war, die 1949 gegründete machtlose und provisorische Bundesrepublik möglichst rasch in die westeuropäische Welt zu integrieren. Solange die Bundesrepublik kein Außenministerium und keine Auslandsvertretungen besaß (bis 1951), verschaffte sich der Bundeskanzler durch gezielte Interviewpolitik internationales Gehör. Nach dem Beitritt der Bundesrepublik zum Marshall-Plan konnte sie aufgrund eines deutsch-amerikanischen Abkommens vom 15. Dezember 1949 ihre ersten internationalen Vereinbarungen eingehen, ein ERP-Sondervermögen bilden und es zur Finanzierung des industriellen Wiederaufbaus einsetzen. Die Pariser Verträge, von den USA gemeinsam mit Frankreich und Großbritannien am 23. Oktober 1954 unterzeichnet, traten am 5. Mai 1955 in Kraft. Mit ihnen wurde das amerikanische Besatzungsstatut aufgehoben, die Hohe Kommission aufgelöst und ihre Mitglieder zu Botschaftern ernannt. Die Bundesrepublik wurde – fast – souverän und künftig ein mitbestimmender Faktor in der internationalen Politik. Am 7. Juni übertrug Bundeskanzler Konrad Adenauer dem CDU-Abgeordneten Heinrich von Brentano die Leitung des Außenministeriums.

Die Bundesrepublik Deutschland – und die DDR – gingen aus dem Kalten Krieg hervor. Sogar in seiner Niederlage war Deutschland mit den Worten Wolfgang Hanrieders im „Epizentrum der europäischen Politik“[17]. In den folgenden vierzig Jahren variierten die außenpolitischen Ziele des jungen Staates nur wenig. An der Spitze standen Sicherheit und Souveränität, Wiederaufbau und Wiedervereinigung. Die politische Zukunft der Bundesrepublik war also durch äußere Umstände weitgehend vorgezeichnet: „Man war sich darüber im klaren, daß mächtige und wahrscheinlich unwiderstehliche Kräfte von außen auf das noch unbewährte innenpolitische System einwirken würden und daß die Möglichkeit wirklicher Selbstbestimmung und Entscheidungsfreiheit im innen- und außenpolitischen Bereich äußerst begrenzt war. Die Deutschen wußten, daß die Eindämmungspolitik der Westmächte gegenüber der Sowjetunion sie selbst mit einschloß.“[18] Unübersehbar ist nicht nur der Einfluß der Siegermächte auf die Außen- und Innenpolitik des neu gegründeten Staates, deutlich wird vor allem, daß die Kindheit der Bundesrepublik Deutschland durch eine unauflösliche Verzahnung innen- wie außenpolitischer Fragen geprägt wurde. Dieser Tatsache waren sich alle politischen Parteien bewußt. Die auswärtigen Beziehungen bestimmten maßgeblich die wirtschaftliche und gesellschaftliche Entwicklung. Der SPD-Vorsitzende Kurt Schumacher beschrieb diese Interdependenz in einer Wahlbroschüre: „Die Auseinandersetzung über die Außen-

[17] Deutschland – Europa – Amerika, S. 2.
[18] Hanrieder, Deutschland – Europa – Amerika, S. 391.

politik ist im Grunde die Auseinandersetzung über die Innenpolitik und über die sozialen Inhalte der politischen Ordnung. [...] Die Außenpolitik bestimmt die Grenzen für die Möglichkeiten unserer Wirtschafts- und Sozialpolitik."[19] Damit benannte Schumacher ein wesentliches Merkmal des jungen Staates.

Die Hauptziele der Bonner Politik waren nicht umstritten: Letztlich sprachen sich alle Parteien für Sicherheit und Souveränität, für Wiederaufbau und Wiedervereinigung aus. Umstritten war jedoch die Rangfolge ihrer Realisierung, da die von Adenauer eingeschlagene Sicherheitspolitik aus der Sicht ihrer Kritiker dem Streben nach Einheit entgegengesetzt zu sein schien. Die gleichzeitige Verwirklichung der (außen)politischen Ziele in Ost und West, also von deutscher Einheit und westlicher Integration, erwies sich als nicht möglich. Dieser Zielkonflikt prägte die formativen Jahre der Bundesrepublik Deutschland bis hin zum NATO-Beitritt am 9. Mai 1955.

Die Innen- wie Außenpolitik der Bundesrepublik Deutschland wurde fast im gesamten ersten Jahrzehnt im wesentlichen von Konrad Adenauer und wenigen Ratgebern festgelegt. Für die Jahre bis 1961 hat sich daher angesichts seiner dominierenden Regierungsführung der Begriff 'Kanzlerdemokratie' eingebürgert. Von seiner Richtlinienkompetenz machte Adenauer ausgiebigen Gebrauch, für Teamarbeit und Kooperation im Kabinett war er kaum zu gewinnen. Vor allem auf dem Gebiet der Außenpolitik verfügte der Kanzler über einen Kenntnisstand, den er häufig bewußt nicht mit dem Kabinett teilte. Erst als Gerhard Schröder Außenminister wurde, war dieses Terrain kein Feld mehr, das Adenauer allein bestellen konnte. Einen entscheidenden Anteil an (innen)politischen Entwicklungsabläufen besaß hingegen von Anfang an Hans Globke, der als Staatssekretär das Kanzleramt zu einem effektiven Regierungsinstrument Adenauers ausbaute. Das Hauptaugenmerk des Kanzlers galt der Außenpolitik und hier insbesondere einem „neuen Europa, einer freien Gemeinschaft, die den Westen des Kontinents zu einer Einheit verschmelzen und im Laufe der Zeit auch die befreiten Völker des Ostens an sich heranziehen würde (...). Vielleicht war es diese Vision, die ihn, mehr noch als seine anderen großen diplomatischen Gaben, zu einer einzigartigen Figur unter den bedeutenden Staatsmännern des 20. Jahrhunderts macht." So urteilte jedenfalls am 27. April 1992 der amerikanische Historiker Gordon A. Craig.[20]

Nach der zweiten Bundestagswahl am 6. September 1953 blickte der Kanzler auf eine stabile innenpolitische Basis und verwirklichte endgültig die Eingliederung der Bundesrepublik in das westliche Bündnis. Er initiierte in der Öffentlichkeit Überlegungen zur Bewaffnung der Bundesrepublik

[19] Die Staatsgewalt geht von den Besatzungsmächten aus.

[20] Die starke Hand am Rad der Geschichte, S. 169.

und lehnte kategorisch den Status der Neutralität ab. Diesen Prioritäten mochte sich die Opposition nicht anschließen. Die SPD favorisierte die Wiedervereinigung gegenüber einer westlichen Integration. Nach sozialdemokratischen Vorstellungen mußte verhindert werden, daß die Bundesrepublik sich einem 'kapitalistischen' westeuropäischen Bündnis anschloß. Es herrschte die Überzeugung, daß die Chancen der Wiedervereinigung nicht durch die Westintegration geschmälert werden dürften.

In der ersten Phase – von 1949 bis zur „Stunde der großen Desillusion"[21] – war die Bundesrepublik ein Opfer des europäischen Dualismus. Ihre gleichsam erzwungene außenpolitische Passivität provozierte heftige Richtungskämpfe, die immer wieder über die Ziele ihrer internationalen Stellung geführt wurden. Der Bevölkerung in Ost wie West war klar, daß die Westintegration zwar ihren Zweck erfüllt hatte – Sicherheit und Wiederaufbau waren realisiert –, ihre Konsequenzen indes den Spalt zwischen Ost und West erweitert hatten. Nur schwer war die Tatsache mit einem Mäntelchen zu umhüllen, daß die Teilung Deutschlands immer mehr zementiert wurde und sich in die europäische, ja globale Konfrontation fast nahtlos einfügte.

In den ersten Jahren nach ihrer Gründung blieben die Möglichkeiten der Bundesrepublik, selbständig außenpolitische Prioritäten zu setzen, mehr als eingeschränkt. Ihr war keine Souveränität verliehen worden, Kontrollinstanz und Koordinator blieb zunächst die Alliierte Hohe Kommission, die internationale Fragen – politischer oder wirtschaftlicher Natur – beantwortete. Diese Tatsache diktierte das erste außenpolitische Ziel, die Rückgewinnung staatlicher Autorität und den Anspruch auf völlige außenpolitische Handlungsfreiheit. Allerdings war keiner der ehemaligen Kriegsgegner, auch nicht die USA, bereit, dieses Recht ohne Auflagen zuzugestehen. Zwar waren für die Amerikaner Grundrechte und Verfassungsgarantien unverzichtbare Bestandteile des neuen Staates, die autonome Gestaltung außenpolitischer Beziehungen war in diesem Programm aber nicht vorgesehen. Langfristig ließ sich der Ruf nach Unabhängigkeit jedoch nicht überhören, und nicht zuletzt vor dem Hintergrund des Korea-Krieges wurde ein Modus vivendi gefunden, der sowohl dem Wunsch der Bundesrepublik wie den Vorstellungen der Westmächte entsprach: Die Bundesrepublik erkaufte ihre Souveränität durch die Bereitschaft zur Bewaffnung, während die Westmächte ihre Kontrolle durch Integration des jungen Staates in das westliche Bündnissystem zementierten.[22] Der Deutschlandvertrag von 1952 bzw. die Pariser Verträge von 1954 gossen diesen Tausch in Paragraphen: Bonn versprach Bewaffnung gegen „Souveränität" und gewann im Gegenzug die

[21] So Heinrich Krone über den Bau der Mauer und die Reaktion der Verbündeten.
[22] Vgl. Pommerin, The United States and the Armament of the Federal Republic of Germany, p. 23.

westliche Zusage, die Wiedervereinigung Deutschlands diplomatisch zu unterstützen und die Bonner Regierung als einzige legitime Vertretung Gesamtdeutschlands anzuerkennen. Würden sich die Amerikaner also in der Zukunft stärker für die Wiedervereinigung interessieren, so fragte ein Zeitgenosse, wenn sie von den Deutschen öfter Vorschläge zu ihrer Realisierung hörten?

Der Nukleus der amerikanischen Nachkriegspolitik bestand jedoch in der Strategie des Doppel-Containment, der Eindämmung gegenüber 'Ost' wie 'West'. Moskau mußte in seinem Expansionsbedürfnis durch ein Bollwerk gebremst, Bonn durch umfassende Integration von eigenmächtigen außenpolitischen Schritten abgehalten werden. Die wechselseitige Ergänzung und Stärkung beider Komponenten erklären den Erfolg der amerikanischen Deutschland- und Europapolitik. 1955 hatte sich Amerikas Politik der Doppeleindämmung sowohl hinsichtlich ihres sowjetischen als auch ihres deutschen Aspekts als erfolgreich erwiesen – trotz bestehender Probleme. Die Sowjetunion war innerhalb der politischen und geographischen Einflußgrenzen, die sie am Ende des Zweiten Weltkrieges gewonnen hatte, eingedämmt, und die Bundesrepublik war sicher im westlichen Bündnissystem eingebettet. Die Teilung Deutschlands – und damit Europas – bildete gleichsam den Ruhepol in der globalen amerikanischen und sowjetischen Auseinandersetzung. Ihn mit einem Fragezeichen zu versehen, bedeutete, die internationale Waagschale einseitig zu verändern. Umgekehrt galt freilich auch Heuss' Diktum vom 5. Juni 1958: „Die staatliche Wiedervereinigung der Deutschen bleibt nicht nur das Ziel der deutschen Sehnsucht, sondern die Voraussetzung, daß Europa wieder gesunden kann."[23]

In der zweiten Phase – bis zum Ende der sechziger Jahre – hatte sich die deutsche Politik anderen Herausforderungen zu stellen. In dieser Zeit war dem Kreml daran gelegen, die deutsche und europäische Teilung rechtlich festzuschreiben und zu festigen. Aber gerade gegen eine juristische Anerkennung der DDR hatten sich die Verantwortlichen in Bonn immer gesträubt. Ihre Opposition gegen eine Zementierung des Status quo wurde allerdings dadurch erschwert, daß sich zwischen der UdSSR und den USA allmählich ein nuklearstrategisches Gleichgewichtsverhältnis entwickelte und das westliche Bündnis mehr und mehr an Geschlossenheit verlor.[24] Paris und Washington zogen schon lange nicht mehr an demselben Tau, ihre außenpolitischen Programme waren nicht zur Deckung zu bringen – mit der Folge, daß Bonns Europa- und Amerikapolitik trotz aller „Solidarität mit der freien Welt"[25] nur noch schwer in Einklang zu bringen waren.

[23] Vgl. Dok. Nr. 72.
[24] Vgl. Steinhoff/Pommerin, passim.
[25] Außenminister Brentano.

Ende der fünfziger Jahre standen Bonns Außenpolitiker daher vor einer fast unlösbaren Aufgabe: Der anfängliche westliche Schulterschluß war pluralistischen Konzeptionen gewichen. Im westlichen Bündnis hatten sich Bruchlinien aufgetan, die Bonn vor die schwierige Entscheidung stellten, entweder Paris oder Washington zu folgen. John F. Kennedy stellte seinen transatlantischen 'Grand Design' vor, Charles de Gaulle hingegen warb für ein 'Europa vom Atlantik zum Ural'. Die Entscheidung war deswegen besonders kompliziert, weil beide Staaten unterschiedliche außenpolitische Programme vertraten und keines Bonns Interessen vollständig entsprach. Während die Vereinigten Staaten als Partner deutscher Sicherheitspolitik unverzichtbar blieben, war Frankreichs Kooperation die Conditio sine qua non deutscher Europapolitik. Die Situation wurde schließlich dadurch verschärft, daß Bonn nicht für ein einheitliches außenpolitisches Konzept stand, auch wenn Adenauer in der Kuba-Krise die Solidarität mit dem Verbündeten bekräftigte. In Europa mündete Adenauers Politik allerdings in den deutsch-französischen Vertrag von 1963, eine stärkere Anlehnung an die Vereinigten Staaten wünschten sich dagegen Wirtschaftsminister Ludwig Erhard und Außenminister Gerhard Schröder. 'Gaullisten' und 'Atlantiker', letztere nicht ohne starke Unterstützung aus den USA, prägten die Diskussion in Bonn; es war nicht abzusehen, welche der beiden Richtungen schließlich die Oberhand gewinnen würde. Darüber hinaus forderten (transatlantische) Diskussionen über die MLF und das Teststopp-Abkommen die Toleranz innerhalb des westlichen Bündnisses immer wieder heraus.

Divergierende Bekenntnisse kamen besonders in der Ostpolitik zum Tragen. Die amerikanische Diplomatie zeigte sich gegenüber ostpolitischen Veränderungen wenig aufgeschlossen. Sie legte mehr Wert auf Bewahrung des Status quo. Denn die Verständigung zwischen den Supermächten trug eher bilateralen Charakter, sie ging zum Teil in großen Schritten über europäische Interessen hinweg und festigte damit – zumindest aus Bonner Sicht – den unbefriedigenden europäischen Zustand. Sowohl die Suche nach einer Antwort auf die 'deutsche Frage' wie die Reaktion auf die Krisen in und um Berlin machten deutlich, daß der amerikanischen Regierung an einer Aufhebung oder Veränderung bestehender Verhältnisse wenig gelegen war. Die französische Politik hingegen stellte die rechtliche Seite der deutschen Ostpolitik in Frage, indem sie die Bereitschaft signalisierte, die Ostblockstaaten als diplomatische Partner anzuerkennen. Diese Absicht war mit der Hallstein-Doktrin[26] kaum in Einklang zu bringen.

Am 16. September 1963 – die Bundesbürger hatten noch Kennedys Aus-

[26] Am 17. November 1975 erläuterte Hallstein in einem Interview rückblickend die nach ihm benannte Doktrin. Für den Wortlaut des Gesprächs vgl. Fröhlich, Von der Besatzung zur Souveränität, S. 154 f.

spruch „Ich bin ein Berliner" im Ohr – richtete Bundeskanzler Adenauer an den Präsidenten folgenden Appell: „Falls Sie in der UNO-Versammlung eine Rede halten werden, würde ich Ihnen sehr dankbar sein, wenn Sie mit einigen Sätzen auf die Wiedervereinigung Deutschlands, vielleicht im Zusammenhang mit dem Grundsatze des Selbstbestimmungsrechtes der Völker, eingehen würden. Sie würden dadurch ganz sicher in Deutschland, aber auch in Europa und in Teilen der Welt einen großen Eindruck machen und mich zu großem Dank verpflichten."[27] Kennedy entsprach der Bitte und erklärte vier Tage später: „We believe that the people of Germany and Berlin must be free to reunite their capital and their country."[28] Doch tatsächliche Antworten auf die 'deutsche Frage', die mehr als Lippenbekenntnisse darstellten, rückten selbst nach dem Tod Kennedys immer weiter in die Ferne. Auch die „Friedensnote" vom 25. März 1966, mit der die Bundesregierung ihren Beitrag zur internationalen Entspannung leisten wollte, vermochte die 'deutsche Frage' und damit *das* zentrale Anliegen deutscher (Außen-)Politik nach 1949 nicht mehr in den Mittelpunkt des öffentlichen und internationalen Bewußtseins zu rücken. Die Zeit der „aktiven Wiedervereinigungspolitik", so glaubte Karl Carstens, damals Staatssekretär des Auswärtigen Amtes, am 14. Oktober 1966, gehöre der Vergangenheit an.[29] Niemand – weder auf deutscher noch auf amerikanischer Seite – hätte voraussehen können, daß kaum mehr als zwanzig Jahre später die Teilung Deutschlands der Vergangenheit angehören würde.

[27] AAPD 1963, Bd. II, Nr. 337.
[28] Ebd., Nr. 348, Anm. 19.
[29] Zit. nach: Krone, S. 190.

ABSTRACT

The year 1917 is an important turning point in the 20th century. The decision by the American House of Representatives and the Senate on the 6th April to enter the First World War had a considerable influence on the course of the First World War and the reorganisation of Europe. The inadequacies of the Treaty of Versailles and the treaties subordinate to it were on first glance mitigated by an institution which was founded after the First World War. The League of Nations appeared to offer new perspectives on coexistence. The American President intended that it should have the task of healing the defects of the bilateral treaties in the long term and to secure world peace.

However, European politics did not develop according to the directions of the American government, and the Treaty of Versailles did not find the approval of the American Senators, who rejected it on the 19th March 1920 by 53 votes to 38. Despite this, those responsible in Berlin expected American help in the post-war period. In addition it soon transpired that there were no longer any major political differences between Germany and the USA. There was consensus about basic economic maxims: Both Americans and Germans voted for a liberal world economy. Wilson however had to comply with internal and foreign political pressures. In America he had to take the peace aims of the Republican opposition into account, in Europe he was unable to withstand the opposition to the principle of collective security.

In the following years, the USA pursued international politics as international economic politics, whereas Germany attempted to return to international politics via international economics. The question of reparation was central to disputes continuing into the 1920s. However, the USA adamantly refused to relate German reparation payments to the payment of Western Allies' debts, in order to withdraw from the permanent conflict about reparation. They sought a political and economic stabilisation of Europe and a peaceful balance of national antagonisms. On the other hand, she persisted with a separate settlement of her relationship with each individual European country. Thanks to German-American co-operation, the international standing of Berlin increased remarkably within a short period of time. The disadvantage of this development was that the USA increasingly lost her "neutrality". The USA became the most important partner of the Germans, and remained in this position as long as Berlin continued along the road of peaceful reform. Under American influence, the concept of collective security as understood by the League of Nations was progressively replaced by the concept of peaceful change.

One effect of the world economic crisis, precipitated in October 1929, was that the USA was no longer capable of exercising an economic influence, and in the long term this removed from her the ability to counter effectively the influence of the "Dritte Reich", a fascist Italy and an aggressive Japan. At the beginning of the 1930s the USA had almost completely distanced itself from Europe. By the spring of 1933, unemployment in the USA had risen to almost 15 million. The new President, the Democrat Franklin D. Roosevelt, was faced with enormous challenges when he took over office on March 4th 1933, shortly after Hitler was declared 'Reichskanzler' on January 30th of the same year.

The 1930s presented such a turbulent scenario in world politics, that the United States had neither the intention nor the ability to put a stop to the international chaos, in Asia, Africa or Europe. The installation of a dictatorship in Germany and the associated military rearmament presented a challenge to American politics. It transpired that the fast development of Germany to a position of predominance within Europe, and in particular the aggressive economic policy of the "Dritte Reich" had unpleasant consequences for the American economy. The most immediate question facing Roosevelt was whether the possibility existed of economic co-operation with the German "Reich". Germany's importance as a consumer of American goods had initially grown during the world economic crisis. However, the termination of the 1923 trade treaty in October 1934, shortly after the great turn in American commercial politics, gave the first indications of a new policy. An actual breaking off of relations, even of diplomatic relations, was however at the time not convenient for either side. Hitler's aggressive foreign policy, for example the invasion of Czechoslovakia, was always criticised but never resulted in the severing of relations.

Even though Hitler did not anticipate immediate American intervention after 1939, he nevertheless felt it necessary to "solve all problems of the European continent" by 1941 because he reckoned with an involvement of the USA from 1942 onwards. German predominance in Europe was seen by the USA as an economic threat. With a German economic presence in Latin America and South East Europe, Hitler provoked economic circumstances which in the end contributed to his downfall. The American internationalists, led by Roosevelt, defied him as best as they could. For Roosevelt and his supporters, the American sphere of influence did not end with the Western Hemisphere, but had a global dimension which was of a military nature as well as economic. They became convinced that it was not a question of whether the USA would join the war, but simply of when. And of course the question was how and where it would come to the first act of war. On December 11th 1941 Hitler and Mussolini provided the answer with their declaration of war. Hitler's decision was not the outcome of a purposeful foreign policy, it was – according to Klaus Hildebrand – not a freely conceived great decision which could be compared with his programmed decision for an "Ostkrieg".

When Roosevelt died on April 12th 1945, a few days before Hitler's suicide on April 30th, he had won the war but had placed the fate of Germany in the hands of his Vice President. In Reims on May 7th 1945 Generaloberst Alfred Jodl, from 1939 head of the Wehrmacht command and Hitler's stratecic adviser, put his signature to the total surrender of German armed forces. On May 9th at the Soviet Headquarters in Berlin-Karlshorst, the German surrender was made final by Generalfeldmarschall Wilhelm Keitel, Generaloberst Hans-Jürgen Stumpff and Admiral Hans-Georg von Friedeburg.

When taking up office on April 12th 1945, the Democrat Harry S. Truman did not have a clear idea of what was to be created in the middle of Europe after the defeat of Nazi Germany. The demand for an unconditional surrender which excluded negotiations was indisputable, as were also decommissioning of arms, demilitarisation, denazification and democratisation of Germany. It remained however unclear for a long time what concrete results these intentions were aiming at. What was to happen with Germany in 1945?

Shortly after the end of the war, differences became apparent between the former anti-Hitler coalition which had accompanied the unstable and expedient alliance from the very beginning. Only partial agreement had been reached about the treatment of Germany after its defeat. The change in direction of American foreign policy was elucidated by the Secretary of State Byrnes on September 6th 1946 in Stuttgart. Criticising the fact that an economic unity had still not been achieved, he proposed to this end to create centres of administration and to prepare the political re-organisation of a federal Germany with a National Council. The Federal Republic of Germany – and the German Democratic Republic – resulted from the Cold War. During the following 40 years, Bonn's foreign policy aims altered only slightly. Top priorities were Security, Sovereignty, Recovery and Re-unification.

The main political aims were not a subject of debate: in the end all political parties advocated Security Sovereignty, Recovery and Re-unification. There was however disagreement about the order of their realisation, since opponents of the defence policy followed by Adenauer saw a direct conflict with aspirations of the re-unification. A simultaneous achievement of internal and foreign political aims in the East and West, i.e. German unity and western integration, proved to be impossible. This conflict of aims shaped the formative years of the Federal Republic of Germany up until entry into NATO on May 9th. 1955.

During the first phase – from 1949 to the "Day of the Great Disillusionment" – the German Federal Republic was a victim of European dualism. Her forced passivity, so to speak, of her foreign policy provoked fierce conflicts of direction which were continually waged about the aims of her international standing. It was evident to the population both in the East and West that the integration of the West had fulfilled its 'function' – security and recovery had been achieved – but that the consequences had led to a widening of the gulf between East and West. Only with difficulty could the fact be glossed over that the division of Germany was becoming increasingly consolidated and fitted almost seamlessly into the European or even global confrontation.

In the second phase – until the end of the 1960s – German politics had to face other challenges. During this period the Kremlin found it convenient to consolidate the German and European division. But leaders in Bonn had always specifically resisted a legal recognition of the German Democratic Republic. Their opposition to a consolidation of the status quo was however made more difficult by the development of a balance of nuclear power between the USA and the USSR and a loss of unity amongst the Western Allies. Paris and Washington were no longer singing to the same tune and their foreign policies could not be brought into unison, having the consequence that Bonn's foreign policies towards Europe and America, despite all "solidarity with the Free World" could only be brought into agreement with great difficulty.

On September 16th 1963 – Germans still had Kennedy's declaration "Ich bin ein Berliner" ringing in their ears – Bundeskanzler Adenauer made the following appeal to President Kennedy. "When you make a speech in the UN General Assembly, I would be very grateful if you could say a few words about the reunification of Germany, perhaps in connection with the fundamental principle of self-determination of nations. By doing so, you would most certainly make a great impression not only in Germany but also in the rest of Europe and in other parts of the world, making me greatly indebted to you." Kennedy obliged and declared four days later: "We believe that the people of Germany and Berlin must be free to reunite their capital and their country". But actual answers, rather than lip service, to the "German question" receded further into the distance after the death of Kennedy. Even the "Peace Message" of March 25th 1966, which the Bundesregierung issued as their contribution to the easing of international tension, was not able to move the "German question", and hence the central concern of German politics and foreign policy, into the forefront of public and international awareness. Karl Carstens, then State Secretary of the Foreign Office in Bonn, said on October 14th 1966 that he believed the period of "active reunification politics" belonged to the past. Nobody – neither Germany nor America – could have anticipated that hardly more than twenty years later the division of Germany would be a thing of the past.

QUELLEN

1. Aufruf Wilsons an das amerikanische Volk

Appell zur Solidarität: „Die höchste Prüfung der Nation ist gekommen, alle müssen wir gemeinsam sprechen, handeln und dienen!“

Ahrens/Brinkmann, S. 176–179.

15. April 1917

Landsleute!

Der Eintritt unseres geliebten Landes in den grimmigen und schrecklichen Krieg für die Demokratie und die Menschenrechte, der die Welt erschüttert, wirft so viele Fragen des nationalen Lebens und Handelns auf, die die sofortige Erwägung und Lösung erfordern, daß Sie mir hoffentlich gestatten werden, darüber einige Worte ernsten Rates und ernster Mahnung an Sie zu richten.

Wir sind dabei, schleunigst unsere Flotte in Kriegsbereitschaft zu setzen und ein großes Heer zu schaffen. Aber das sind nur die einfachsten Teile der großen Aufgabe, an die wir gegangen sind. Soweit ich sehe, ist nicht ein einziger selbstsüchtiger Zug in der Sache, für die wir kämpfen. Wir kämpfen für das, was nach unserm Glauben und Willen die Rechte der Menschheit sind, für den Frieden und die Sicherheit der Welt in der Zukunft. Um diese große Sache würdig und erfolgreich durchzuführen, müssen wir uns, ohne Rücksicht auf Gewinn oder materiellen Vorteil und mit einer Energie und Klugheit, die hinter ihrer Größe nicht zurückbleiben, in ihren Dienst stellen. Wir müssen uns ganz klar darüber werden, wie groß die Aufgabe ist und wieviele Anforderungen sie an unsere Fähigkeiten, unsere Dienst- und Opferbereitschaft stellt.

Dies also sind die Dinge, die wir außer dem Kampfe tun und zwar gehörig tun müssen, – die Dinge, ohne die bloßer Kampf fruchtlos wäre:

Wir müssen nicht nur für uns, unsere Heere und unsere Seeleute, sondern auch für einen großen Teil der Nationen, mit denen wir jetzt gemeinsame Sache gemacht haben, und zu deren Unterstützung und an deren Seite wir kämpfen werden, für reichliche Ernährung sorgen. Wir müssen zu Hunderten aus unseren Werften Schiffe, seien es Unterseeboote oder nicht, über den Ozean senden, die täglich dort gebraucht werden, von unsern Feldern aber, unsern Bergwerken und Fabriken reichliche Rohstoffe, mit denen wir nicht allein unsere eigenen Streitkräfte zu Lande und zur See, sondern auch den Teil unserer Bevölkerung, für den die tapferen Männer unter den Waffen nicht länger arbeiten, und die Heere, mit denen wir in Europa zusammen kämpfen, kleiden und ausrüsten helfen und die Webereien und Fabriken dort versorgen können; Kohle, um auf den Schiffen und in Öfen Hunderter von Fabriken über See die Feuer zu unterhalten; Stahl, um daraus hier und drüben Waffen und Munition zu machen; Schienen für abgenützte Eisenbahnen hinter der Kampffront; Lokomotiven und rollendes Material zum Ersatz des täglichen Abganges; Maultiere, Pferde und Vieh zur Arbeit und für den Heeresdienst; kurz alles, womit die Völker Englands, Frankreichs, Italiens und Rußlands sich selbst zu versorgen pflegten, zu dessen Herstellung ihnen aber jetzt Arbeiter, Rohstoff und Maschinen fehlen. Für jeden Denkenden ist es klar, daß unser Gewerbfleiß auf den Farmen, in den Werften, in den Bergwerken und in den Fabriken ergiebiger und wirksamer als je, wirtschaftlicher gehandhabt und besser an die besonderen Erfordernisse unserer Aufgabe angepaßt werden muß als je zuvor. Und was ich sagen will, ist, daß die Männer und Frauen, die ihr Denken und ihre Kraft diesen Dingen widmen, dem Lande dienen und den Kampf für den Frieden und die Freiheit ebenso treu und tätig führen werden, wie die Männer auf dem Schlachtfelde oder in den Schützengräben. Die gewerblichen Kräfte des Landes, Männer wie Frauen, werden ein großes nationales, ja internationales Dienstheer bilden, ein ausgezeichnetes und ehrenvolles Heer im Dienste der Nation und der Welt, die hilfreichen Freunde und Retter aller freien Menschen. Tausende, ja Hunderttausende von sonst Kriegsdienstpflichtigen werden rechtmäßig und notwendig von diesem Dienst zurückgestellt und der grundlegenden, erhaltenden Arbeit auf den Feldern, in den Fabriken und Bergwerken zugewiesen werden, und sie werden ebenso sehr einen Teil der großen vaterländischen Kräfte der Nation bilden wie die Soldaten im Feuer.

Ich erlaube mir deshalb, an die Farmer des Landes und alle, die auf den Farmen arbeiten, diese Worte zu richten: Das höchste Bedürfnis unseres eigenen Volks und der Völker, mit denen wir zusammen arbeiten, sind reichliche Vorräte, besonders an Lebensmitteln. Die Bedeutung eines angemessenen Lebensmittelvorrats namentlich für das gegenwärtige Jahr ist unermeßlich. Ohne reichlich Nahrung für die Heere, wie für die jetzt kriegführenden Völker, würde das ganze große Unternehmen, das wir begonnen haben, zusammenbrechen und zunichte werden. Die Lebensmittelvorräte der Welt sind unbeträchtlich. Nicht nur während der jetzigen Notlage, sondern auch für einige Zeit nach dem Frieden sind unser eigenes Volk und ein großer Teil der Bevölkerung Europas auf die Ernten Amerikas angewiesen. Auf den Farmern unseres Landes beruht daher in großem Maße das Schicksal des Krieges und das Schicksal der Völker. Soll die Nation nicht darauf zählen dürfen, daß sie nichts unterlassen, was den Ertrag ihres Landes vermehrt oder die wirksamste Zusammenarbeit bei Verkauf und Verteilung ihrer Erzeugnisse sichert? Die Zeit ist kurz. Es ist gebieterisch notwendig, daß alles, was möglich ist, geschieht, um große Ernten zu sichern. Ich rufe jung und alt in gleicher Weise und alle Arbeitsfähigen des Landes dazu auf, diese Pflicht zu übernehmen und nach ihr zu handeln, nämlich in Massen auf die Farmen zu strömen und dafür zu sorgen, daß dort keine Mühe und Arbeit gespart wird.

Ich wende mich besonders an die Farmer des Südens mit der Bitte, ebenso wie Lebensmittel viel Baumwolle zu bauen. Nicht besser und überzeugender können sie ihre Vaterlandsliebe zeigen, als indem sie der großen Versuchung widerstehen, die in dem gegenwärtigen Baumwollpreise liegt, und in großem Maßstabe die Nation und alle Völker, die für ihre und unsere Freiheit kämpfen, ernähren helfen. Die Mannigfaltigkeit ihrer Ernten wird das sichtbare Maß ihres Verständnisses für ihre nationale Pflicht sein.

Die Regierung der Vereinigten Staaten und die Regierungen der anderen Staaten sind bereit zusammenzuarbeiten. Sie werden alles, was in ihren Kräften liegt, tun, um einen ausreichenden Vorrat von Saatgut, eine ausreichende Zahl von Arbeitern zu den Zeiten, zu denen sie am meisten gebraucht werden, nämlich zur Ernte, und die Mittel zu beschaffen, um Düngestoffe und landwirtschaftliche Maschinen sowohl als die eingebrachten Ernten selbst zu verfrachten. Der Weg des Handels soll so ungehindert wie möglich sein, und keine unerlaubten Machenschaften von Zwischenhändlern mit dem Nahrungsmittelvorrat der Nation sollen stattfinden dürfen. Das ist unsere Gelegenheit, um das Wirken einer großen Demokratie zu zeigen, und wir werden nicht dahinter zurückbleiben.

Lassen Sie mich zu den Händlern aller Art sagen, sei es, daß sie Lebensmittel, Industrierohstoffe oder Fabrikate handeln: Die Augen des Landes ruhen ganz besonders auf Ihnen. Dies ist für Sie die Gelegenheit zu hervorragenden tatkräftigen und uneigennützigen Dienstleistungen. Das Land erwartet von Ihnen wie von allen anderen, daß Sie auf ungewöhnliche Gewinne verzichten, Frachten von Vorräten aller Art, besonders von Lebensmitteln, zusammenstellen und befördern, im Hinblick auf den Dienst, den Sie leisten, und im Geiste derer, die sich um ihres Volks, nicht um ihrer selbst willen in die Reihen stellen. Ich erwarte zuversichtlich von Ihnen, daß Sie das Vertrauen der Bevölkerung jeder Art und jedes Standes verdienen und gewinnen.

Den Männern, die die Eisenbahnen des Landes bedienen, sei es als Unternehmer oder Angestellte, lassen Sie mich sagen, daß die Eisenbahnen die Schlagadern des nationalen Lebens sind und auf ihnen die ungeheure Verantwortung ruht, dafür zu sorgen, daß diese Adern durch nichts verstopft werden und ihre Kraft nicht gestört oder geschwächt wird. Den Kaufmann lassen Sie mich auf das Motto hinweisen „Kleiner Nutzen und schneller Umsatz“ und den Schiffbauer auf den Gedanken, daß das Leben des Krieges von ihm abhängt. Lebensmittel und Kriegsgerät müssen über See geschafft werden, ohne Rücksicht darauf, wieviel Schiffe darüber zugrunde gehen. An die Stelle derer, die untergehen, müssen sogleich neue treten. Dem Bergarbeiter lassen Sie mich sagen, daß er eben da steht, wo der Farmer steht: die Arbeit der Welt wartet auf ihn. Läßt er nach oder fällt er aus, so sind Heere und Staatsmänner hilflos. Auch er gehört zu dem großen Dienstheer. Den Fabrikanten, hoffe ich, brauche ich nicht zu sagen, daß die Nation die Beschleunigung und Vervollkommnung jedes Arbeitsprozesses von Ihnen erwartet. Seine Angestellten brauche ich nur zu erinnern, daß ihr Dienst schlechthin unentbehrlich ist und daß jeder, der unser Land und seine Freiheit liebt, darauf zählt. Lassen Sie mich auch sagen, daß jeder, der einen Garten anlegt oder bebaut, in hohem Maße zur Lösung des Ernährungsproblems beiträgt und daß jede Hausfrau, die strenge Sparsamkeit beobachtet, sich in die Reihen derer stellt, die der Nation dienen. Jetzt ist es Zeit für Amerika, den unverzeihlichen Fehler seiner Verschwendungssucht und Prachtliebe wieder gut zu machen. Jeder Mann und jede Frau kann die Pflicht sorgsamer und vorausschauender Wirtschaft und Ausgabe als öffentliche Pflicht betrachten, als ein Gebot der Vaterlandsliebe, dessen Nichtachtung niemals zu entschuldigen noch zu vergeben ist.

In der Hoffnung, daß diese Übersicht über die Bedürfnisse der Nation und der ganzen Welt in dieser Stunde höchster Entscheidung alle anspornen wird, die sie erreicht, und alle, die dessen bedürfen, an die heiligen Pflichten einer nie vorher erlebten Zeit erinnern soll, bitte ich alle Schriftleiter und Verleger darum, meinem Aufruf eine möglichst weite Veröffentlichung und Verbreitung zu geben. Ich erlaube mir auch, alle Anzeigenvermittlungen darauf aufmerksam zu machen, daß sie dem Lande einen sehr wesentlichen und zeitgemäßen Dienst leisten, wenn sie meinen Aufruf in möglichst weiten Kreisen wiederholen. Und ich hoffe auch, daß die Geistlichkeit auf Ihren Kanzeln seinen Inhalt nicht für unwürdig oder unangemessen der Erörterung und der Predigt halten wird.

Die höchste Prüfung der Nation ist gekommen, alle müssen wir gemeinschaftlich sprechen, handeln und dienen!

2. Abhandlung Naumanns über die amerikanische Kriegserklärung (Auszug)

Gegenmaßnahmen: „Zusammenschluß der mitteleuropäischen Mächte und eine Erklärung der bürgerlichen Gleichberechtigung in Preußen.“

Naumann, S. 239f.

1917

Wir haben bisher noch jedem neuen Feinde widerstehen können und wollen darum auch der nordamerikanischen Kriegserklärung[1] gegenüber

[1] Vgl. Pommerin/Fröhlich, Bd. 1, Dok. Nr. 83.

den Mut nicht verlieren. Ob es dem ewigen Gott, der im Verborgenen der Geschichte waltet, gefällt, gerade Herrn Wilson zum Erzengel seiner Gerichte und zu seinem Stellvertreter auf Erden zu erwählen, das steht noch lange nicht fest. Es gibt noch viel Unbekanntes, was geschehen kann. Uns bleibt auch unter den neuen Verhältnissen nichts übrig, als weiterhin tapfer und treu unsere Pflicht zu tun, an den Fronten, auf den Wassern und in der Heimat.

Dabei würde es allerdings gut sein, wenn alle deutschen Zeitungen den amerikanischen Krieg so ernst auffassen wollten, wie er tatsächlich ist und sein wird. Vorläufig findet man viele leichtsinnige Oberflächlichkeit, als ob man sich mit Worten beruhigen wollte. Auch Leute, die in Amerika gewesen sind, halten sich von solcher verfehlten Betrachtungsweise nicht frei, ja es kommt vor, daß gerade sie die Träger der Sorglosigkeiten sind, weil sie behaupten, die Amerikaner als unmilitärisch, kriegsfeindlich und undiszipliniert zu kennen. Sie höhnen über die Idee eines nordamerikanischen Krieges, so wie man bei uns im August 1914 über die Engländer gelacht hat. Damals hieß es, die Engländer könnten gar keine kontinentale Armee aufstellen, und was dergleichen mehr war. Wir haben inzwischen gesehen, wie sehr sich die Engländer in jeder Hinsicht im Kriege verändert haben, und genau dasselbe erwarten wir von den Amerikanern. Für sie bedeuten die gegenwärtigen Tage etwas Ungeheures, nämlich die Geburt des weltpolitischen Staatssinnes. Während Rußland demokratisch wird, werden die Vereinigten Staaten imperialistisch. Und hat diese neue Richtung, die seit langem vorbereitet wurde, jetzt den Sieg in den Vereinigten Staaten erlangt, so treibt dieses Ereignis die Menschen weiter zu großen Veränderungen und Opfern. Daraus, daß die Amerikaner den Krieg mit Mexiko schlecht und fast würdelos geführt haben, ergibt sich nicht, daß sie es nicht anders können, wenn sie in der Tiefe erfaßt sind. Und ich fürchte, daß sie in der Tat eine tiefe Umgestaltung durchmachen.

Wie man in einer ferneren Zukunft den unbeschränkten U-Boot-Krieg[2] beurteilen wird, ist heute uns allen unbekannt. Möglich ist, daß die in diesem Kriege von der deutschen Marine gewählte Methode später einmal von denselben Nationen nachgeahmt wird, die uns jetzt deswegen mit den schwersten Bannflüchen belegen. Aber selbst dann bleibt übrig, daß es in unserer gegenwärtigen Zeit den Engländern gelang, für jetzt diese Methode als die Weltsünde hinzustellen und dadurch auch den größten und reichsten neutralen Staat gegen uns aufzuregen. Daß ihnen das wahrscheinlich gelingen würde, war vorauszusehen und ist eingerechnet worden. Ob aber die volle moralische Wirkung richtig in Rechnung gesetzt wurde, das eben wird erst die Zukunft beurteilen. Was wir heute schon bemerken, ist die großartige

[2] Vgl. ebd., Dok. Nr. 73.

Handbewegung, mit der Wilson einen selbstlosen Krieg für das Menschenrecht einleitet. Nichts ist leichter, als diese Bewegung von Deutschland aus als eine schäbige Heuchelei zu erklären, aber damit hindern wir nicht, daß sie von sehr vielen Millionen in allen Staaten geglaubt wird. Es wird ein Weltglaube gegen uns fertiggemacht, wie er noch kaum gegen irgendein Volk aufgehäuft worden ist. Diesem uns nun von allen Seiten umgebenden Weltglauben müssen und wollen wir trotzen, aber um das zu können, müssen wir ihn in seiner unglaublichen Wucht und Zähigkeit ahnen und erkennen. Wir richten uns auf und machen Kopf und Rücken steif und stemmen uns mit allen Kräften dagegen, daß wir um unserer notwendigen Verteidigung willen als Übeltäter geächtet werden. Mag ein Welturteil vorhanden sein, so protestieren wir und appellieren von der Mehrheit der Nationen an die Vernunft und von der Tradition der Angelsachsen an die sachliche Gerechtigkeit.

Es werden unsere Waffen und unsere Seelen zugleich geprüft, ob wir das deutsche Selbstbewußtsein auch in dieser Lage aufrechterhalten können. Wir werden durch diese Tage noch mehr als bisher ein Fremdling unter den Völkern. Wir und unsere Bundesgenossen stehen wie auf einer Insel: auf Tod und Leben! Es gibt Klänge in den Kampfespsalmen des alten Testaments, die für uns passen: es ist, als ob die Berge mitten ins Meere sinken, aber – noch ist Herr Wilson nicht Weltregent!

Ob und welche Wege die Vorsehung hat, uns und unseren Bundesgenossen zu helfen, bleibt ihr überlassen, denn ihr dienen ebenso die Stürme des Ostens wie die Wogen des Westens, wir nur müssen alle auf unserem Posten bleiben, damit es nicht an uns liegt, wenn Versäumnisse gemacht werden. Die Treue und Hingabe unseres Volkes ist so groß, daß ihm das Unmöglich möglich wird.

Als Antwort auf die nordamerikanische Kriegserklärung[3] sollte sofort erfolgen der feste beiderseits befriedigende Zusammenschluß der mitteleuropäischen Mächte und eine Erklärung der bürgerlichen Gleichberechtigung in Preußen. Das würde uns stark machen gegenüber einer Welt von Feinden.

[3] Vgl. ebd., Dok. Nr. 83.

3. Vortrag Harnacks (Auszüge)

Wilsons Wandel: „Vom echten demokratischen Republikaner zum heuchlerisch verbrämten Imperialisten!“

Harnack, S. 7–13.

1917

Was hat nun aber der demokratische Pazifismus Amerikas, den Wilson als die Heilandskraft der Welt anpreist, in Wahrheit seit Beginn des Krieges getan?

Erstens: er hat das größte Verbrechen der Weltgeschichte begangen, wie man mit Recht gesagt hat; denn er hat sowohl den Feldzug der Lüge als auch den Hungerkrieg Englands gegen uns erst möglich gemacht. Denn als England am Anfang des Krieges seine telegraphische Weltlügenmission begann, schnitt uns Amerika den Draht ab, und als England das Völker- und Seerecht aufhob und ganz Deutschland für die Neutralen blockierte,[1] protestierte Amerika nicht – ein entscheidendes Wort hätte genügt –, sondern der demokratische Pazifismus ließ dem Verbrechen seinen Lauf, Frauen, Kinder und Greise mit dem Hunger zu bekämpfen.

Zweitens: sobald unseren Feinden die Munition und alles das, was zum Kriege gehört, knapp wurde, ja schon vorher, lieferte der demokratische Pazifismus alles im Überfluß. Wahrscheinlich haben mehr amerikanische als englische, französische oder russische Kugeln unsere Helden durchbohrt. Gleichzeitig ordnete Wilson einen Bettag für den Frieden an.

Drittens: als wir so weit waren, auf See England in bezug auf den Hunger Gleiches mit Gleichem vergelten zu müssen und vergelten zu können und deshalb der Friede nahe war, da fiel uns der demokratische Pazifismus in den Arm und stellte sich auf Englands Seite; denn „fair play“ heißt nach der Meinung der Plutokraten Amerikas und leider auch, wie Herr Wilson gezeigt hat, nach seiner Meinung, daß England die Fackel in die Hand bekommt und wir das Strohdach haben sollen. So sehen die Taten des demokratischen Pazifismus in diesem Kriege aus, wenn man ihm die Maske abreißt, und dies ist der wahre Text zu der Melodie von Humanität, Selbstlosigkeit, Freiheit und Frieden – wenigstens der Text, den wir allein spüren. [...]

Vom echten demokratischen Republikaner zum heuchlerisch verbrämten Imperialisten! – diesen Gang der Entwicklung hat Wilson durchgemacht, und

[1] Anstelle der in Deutschland erwarteten und erhofften sogenannten engeren Blockade verhängte Großbritannien sofort die weitere Blockade: Die überlegene britische Home Fleet sperrte Kanal und Nordsee zwischen Norwegen und Schottland für die deutsche Schiffahrt.

leider so mancher Amerikaner mit ihm hat dadurch sein einstiges besseres Wissen preisgegeben, ja seine früheren Ideale verleugnet. Ich habe in den letzten Wochen Wilsons zahlreiche Werke und Reden studiert und bin mit befremdetem Staunen erfüllt worden in bezug auf seine Entwicklung. [...]

Einst lobte er Burke, eignete sich seine Worte an und schrieb: „Die revolutionäre Philosophie der Franzosen ist in der Tat radikal, schlecht und korrumpierend. Kein Staat kann je nach diesen Grundsätzen geleitet werden; denn sie haben zur Voraussetzung, daß die Regierung eine Angelegenheit von Kontrakten und durchdachten Vereinbarungen sei, während sie in Wirklichkeit eine Institution der Sitten und Gebräuche ist, die durch unzählige Fäden miteinander verbunden sind. Als das Ziel der Regierung wird von der französischen politischen Philosophie die Freiheit bezeichnet, während das wirkliche Ziel jeder Regierung die Gerechtigkeit sein muß." Und weiter: „Von einer Regel darf man unter keinen Umständen abweichen; das ist die der historischen Kontinuität. Ein jedes Volk, eine jede Nation muß sich streng an die Richtlinien seiner eigenen Erfahrung halten. Nationen können sich ebensowenig wie Individuen Erfahrungen anderer leihen. Die Geschichte anderer Völker kann uns belehren, aber sie kann uns keine Bedingungen, keine neuen Bedingungen für unsere Betätigung schaffen. Ein jedes Volk muß in steter Fühlung mit seiner Vergangenheit bleiben; es kann seiner Bestimmung nicht sprungweise und in scharfen Kurven entgegengehen." Dies hat Wilson einmal geschrieben, und das hat er gewußt – oder er hat es wenigstens bei einem anderen gelesen und gebilligt. Er wußte, daß die Gerechtigkeit der Freiheit vorangehen muß. Er wußte, daß man in der Geschichte und Politik kein fremdes Reis auf einen beliebigen Wurzelstock aufpfropfen kann. Er wußte, daß die großen Menschheitsideale von jedem Volk in eigentümlicher Ausprägung besessen werden. Und jetzt scheut er sich nicht, eine demokratisch-pazifistische Allerweltsuniform zu empfehlen, schmäht unseren Staat und hat die Dreistigkeit, uns aus unserer Knechtschaft erlösen und uns die Freiheit bringen zu wollen!

4. Botschaft Wilsons an den Kongreß (Auszüge)

Vierzehn Punkte: „Vielmehr soll die Diplomatie stets frei und vor aller Öffentlichkeit sich abspielen."

Hohlfeld, Nr. 165.

8. Januar 1918

I. Öffentliche Friedensverträge, öffentlich beschlossen, nach denen es keine privaten internationalen Abmachungen irgendwelcher Art geben darf. Vielmehr soll die Diplomatie stets frei und vor aller Öffentlichkeit sich abspielen.

II. Absolute Freiheit der Schiffahrt auf der See außerhalb der territorialen Gewässer sowohl im Frieden wie im Kriege, außer wenn die See ganz oder teilweise auf Grund internationalen Vorgehens zur Erzwingung internationaler Verträge gesperrt wird.

III. Soweit als möglich die Aufhebung sämtlicher wirtschaftlicher Schranken und die Fortsetzung gleichmäßiger Handelsbeziehungen zwischen sämtlichen Nationen, die dem Frieden zustimmen und sich zu seiner Aufrechterhaltung vereinigen.

IV. Angemessene Garantien, gegeben und genommen, daß die nationalen Rüstungen auf den niedrigsten Grad, der mit der inneren Sicherheit vereinbar ist, herabgesetzt werden.

V. Eine freie, offenherzige und absolut unparteiische Ordnung aller kolonialen Ansprüche, gegründet auf strenge Beachtung des Prinzips, daß bei Bestimmungen aller derartigen Fragen der Souveränität das Interesse der betreffenden Bevölkerung gleiches Gewicht haben muß wie die billigen Ansprüche der Regierung, deren Rechtstitel festgesetzt werden soll.

VI. Die Räumung des gesamten russischen Gebietes und eine derartige Erledigung aller Rußland berührenden Fragen, um die beste und freieste Zusammenarbeit der übrigen Nationen der Welt zu sichern zur Erlangung einer ungehemmten und ungeschmälerten Möglichkeit zur unabhängigen Bestimmung ihrer eigenen politischen Entwicklung und nationalen Politik, um in ihnen eine aufrichtige Aufnahme innerhalb der Gesellschaft freier Nationen zu gewährleisten unter Gesetzen ihrer eigenen Wahl, ja über eine freundschaftliche Aufnahme hinaus auch jede Art von Beistand, den sie benötigen und selbst wünschen mögen [...].

VII. Belgien, dem wird die ganze Welt zustimmen, muß, ohne jeden Versuch, die Souveränität, deren es sich gleich allen anderen freien Nationen erfreut, zu beschränken, geräumt und wiederhergestellt werden. Keine andere Einzelhandlung wird so wie diese dazu dienen, das Vertrauen unter den Nationen in die Gesetze wieder zu beleben, die sie selbst aufgestellt und als maßgebend für ihre Beziehungen zueinander festgesetzt haben. Ohne eine solche heilsame Handlung bleibt die gesamte Struktur und die Gültigkeit internationaler Gesetze für immer geschädigt.

VIII. Das gesamte französische Gebiet muß befreit und die verwüsteten Teile wiederhergestellt werden. Ebenso müßte das Frankreich durch Preußen 1871 in Sachen Elsaß-Lothringen angetane Unrecht, das den Weltfrieden nahezu fünfzig Jahre bedroht hat, berichtigt werden, um dem Frieden im Interesse aller wieder Sicherheit zu verleihen.

IX. Eine Berichtigung der Grenzen Italiens sollte gemäß den klar erkennbaren Nationalitätenlinien bewirkt werden.

X. Den Völkern Österreich-Ungarns, deren Platz unter den Nationen wir gefestigt und gesichert zu sehen wünschen, sollte die freieste Möglichkeit autonomer Entwicklung gewährt werden.

XI. Rumänien, Serbien und Montenegro sollten geräumt werden, besetzte Gebiete wieder hergestellt, Serbien freier und gesicherter Zugang zum Meere gewährt und die Beziehungen der verschiedenen Balkanstaaten zueinander auf Grund freundschaftlicher Verabredung gemäß den historisch festgesetzten Grenzen, der Untertanenpflicht und der Nationalität festgelegt werden. [...]

XII. Dem türkischen Teil des gegenwärtigen ottomanischen Reiches sollte eine gesicherte Souveränität gewährleistet werden, aber den anderen Nationalitäten, die sich jetzt unter türkischer Herrschaft befinden, sollte eine unzweifelhafte Sicherung des Lebens und eine absolute und ungestörte Möglichkeit der autonomen Entwicklung verbürgt und die Dardanellen sollten dauernd als freier Durchgang für die Schiffe und den Handel aller Nationen unter internationalen Garantien geöffnet werden.

XIII. Ein unabhängiger polnischer Staat sollte errichtet werden, der die von unbestreitbar polnischer Bevölkerung bewohnten Gebiete umfassen soll, denen ein freier und sicherer Zugang zum Meere gewährleistet und dessen politische und ökonomische Unabhängigkeit sowie dessen territoriale Integrität durch internationalen Vertrag garantiert werden sollen.

XIV. Eine allgemeine Gesellschaft der Nationen muß auf Grund eines besonderen Bundesvertrages gebildet werden zum Zweck der Gewährung gegenseitiger Garantien für politische Unabhängigkeit und territoriale Integrität in gleicher Weise für die großen und kleinen Staaten. In bezug auf diese notwendige Berichtigung von Unrecht und Sicherung des Rechtes betrachten wir uns als intime Genossen sämtlicher Regierungen und Völker, die sich gegen die Imperialisten zusammengeschlossen haben. Es gibt für uns keine Sonderinteressen oder andersartige Ziele. Bis zum Ende stehen wir zusammen.

5. Note der deutschen Regierung an Wilson

Ersuchen um Waffenstillstand: „zu Lande, zu Wasser und in der Luft".

Baden, S. 352.

Berlin, 3. Oktober 1918

Die deutsche Regierung ersucht den Präsidenten der Vereinigten Staaten von Amerika, die Herstellung des Friedens in die Hand zu nehmen, alle kriegführenden Staaten von diesem Ersuchen in Kenntnis zu setzen und sie zur Entsendung von Bevollmächtigten zwecks Aufnahme der Verhandlungen einzuladen. Sie nimmt das von dem Präsidenten der Vereinigten Staaten von Amerika in der Kongreßbotschaft vom 8. Januar 1918[1] und in seinen späteren Kundgebungen, namentlich der Rede vom 27. September[2] aufgestellte Programm als Grundlage für die Friedensverhandlungen an.

Um weiteres Blutvergießen zu vermeiden, ersucht die deutsche Regierung den sofortigen Abschluß eines allgemeinen Waffenstillstandes zu Lande, zu Wasser und in der Luft herbeizuführen.

6. Note Lansings an die deutsche Regierung

Bereit zum Frieden: „mit [...] folgenden Einschränkungen".

Michaelis/Schraepler, Nr. 446.

5. November 1918

In meiner Note vom 23. Oktober 1918[3] habe ich Ihnen mitgeteilt, daß der Präsident seinen Notenwechsel den mit den Vereinigten Staaten verbundenen Regierungen übermittelt hat mit dem Anheimstellen, falls diese Regierungen geneigt sind, den Frieden zu den angegebenen Bedingungen und Grundsätzen herbeizuführen, ihre militärischen Ratgeber und die der Vereinigten Staaten zu ersuchen, den gegen Deutschland verbundenen Regierungen die nötigen Bedingungen eines Waffenstillstandes zu unterbreiten, der die Interessen der beteiligten Völker in vollem Maße wahrt und den verbundenen Regierungen die unbeschränkte Macht sichert, die Einzelheiten des von der deutschen Regierung angenommenen Friedens zu gewährleisten und zu erzwingen, sofern sie einen solchen Waffenstillstand vom militärischen Standpunkt für möglich halten.

Der Präsident hat jetzt ein Memorandum der alliierten Regierungen mit Bemerkungen über diesen Notenwechsel erhalten, das folgendermaßen lautet:

„Die alliierten Regierungen haben den Notenwechsel zwischen dem Präsidenten der Vereinigten Staaten und der deutschen Regierung sorgfältig in Erwägung gezogen. Mit den folgenden Einschränkungen erklären sie ihre Bereitschaft zum Friedensschlusse mit der deutschen Regierung auf Grund der Friedensbedingungen, die in der Ansprache des Präsidenten an den Kongreß vom 8. Januar 1918[4], sowie der Grundsätze, die in seinen späteren Ansprachen niedergelegt sind. Sie müssen jedoch darauf hinweisen, daß der gewöhnlich sogenannte Begriff der Freiheit der Meere verschiedene Ausle-

[1] Vgl. Dok. Nr. 4.
[2] Vgl. Michaelis-Schraepler, Nr. 399d.
[3] Für ihren Wortlaut vgl. Michaelis-Schraepler, Dok. Nr. 425.
[4] Vgl. Dok. Nr. 4.

gungen einschließt, von denen sie einige nicht annehmen können. Sie müssen sich deshalb über diesen Gegenstand bei Eintritt in die Friedenskonferenz volle Freiheit vorbehalten.

Ferner hat der Präsident in den in seiner Ansprache an den Kongreß vom 8. Januar 1918 niedergelegten Friedensbedingungen erklärt, daß die besetzten Gebiete nicht nur geräumt, sondern auch wiederhergestellt werden müßten. Die alliierten Regierungen sind der Ansicht, daß über den Sinn dieser Bedingungen kein Zweifel bestehen darf. Sie verstehen darunter, daß Deutschland für allen durch seine Angriffe zu Wasser und zu Lande und in der Luft der Zivilbevölkerung der Alliierten und ihrem Eigentum zugefügten Schaden Ersatz leisten soll."

Der Präsident hat mich mit der Mitteilung beauftragt, daß er mit der im letzten Teil des Memorandums enthaltenen Auslegung einverstanden ist. Der Präsident hat mich ferner beauftragt, Sie zu ersuchen, der deutschen Regierung mitzuteilen, daß Marschall Foch von der Regierung der Vereinigten Staaten und den alliierten Regierungen ermächtigt worden ist, gehörig beglaubigte Vertreter der deutschen Regierung zu empfangen und sie von den Waffenstillstandsbedingungen in Kenntnis zu setzen.[5]

7. Funkspruch Solfs an Lansing

Versöhnung der Völker: „Bitte, auf eine Milderung der vernichtenden Bedingungen bei den alliierten Mächten hinzuwirken."

ADAP, Serie A, Bd. I, Nr. 5.

11. November 1918

Herr Staatssekretär!

Überzeugt von der Gemeinsamkeit der demokratischen Ziele und Ideale hat sich die deutsche Regierung an den Herrn Präsidenten der Vereinigten Staaten mit der Bitte gewandt, den Frieden wiederherzustellen. Dieser Frieden sollte den Grundsätzen entsprechen, zu denen Präsident Wilson sich stets bekannt hat. Er sollte eine gerechte Lösung aller streitigen Fragen und eine dauernde Versöhnung der Völker zum Zweck haben. Der Präsident hat ferner erklärt, daß er nicht mit dem deutschen Volke Krieg führe und es in seiner friedlichen Entwicklung nicht behindern wolle.

Die deutsche Regierung hat die Bedingungen für den Waffenstillstand erhalten.

Nach einer Blockade von fünfzig Monaten würden diese Bedingungen, insbesondere die Abgabe der Verkehrsmittel und die Unterhaltung der Be-

[5] Purlitz, S. 151–184.

satzungstruppen bei gleichzeitiger Fortdauer der Blockade[,] die Ernährungslage Deutschlands zu einer verzweifelten gestalten und den Hungertod von Millionen Männern, Frauen und Kindern bedeuten.

Wir machen aber den Präsidenten Wilson feierlich und ernst darauf aufmerksam, daß die Durchführung der Bedingungen im deutschen Volke das Gegenteil der Gesinnung erzeugen muß, die eine Voraussetzung für den Neuaufbau der Völkergemeinschaft bildet und einen dauerhaften Rechtsfrieden verbürgt.

Das deutsche Volk wendet sich daher in letzter Stunde nochmals an den Präsidenten mit der Bitte, auf eine Milderung der vernichtenden Bedingungen bei den alliierten Mächten hinzuwirken.

8. Essay Scheller-Steinwartz' (Auszug)

Politische Symbiose: „Deutschland gehört mit Amerika zusammen."

Scheller-Steinwartz, S. 79–81, 90f.

Frankfurt a. M., 16. März 1919

Amerika hat das unbestreitbare und dauernde Verdienst, durch seinen Präsidenten den Versuch gemacht zu haben, dem Plan zu einer Friedensvereinigung der Nationen feste Form zu geben und die Grundmauern dazu in den Seelen der Völker zu verankern. Der Völkerbund[1], wie er in großen Zügen von Präsident Wilson entworfen worden ist, stellt unbestreitbar die Grundgedanken dar, auf denen eine Völkervereinigung zur Sicherung des Weltfriedens geschaffen werden kann; nie wird das vom Präsidenten Wilson in den Seelen der Völker entzündete Feuer wieder verlöschen, so viel und häufig auch die Versuche sein mögen, es in Rauch und Qualm zu ersticken.

So sehr man von Amerika überzeugt sein kann und muß, daß es vollständig selbstlos und im Interesse der ganzen Menschheit sich zum Führer und Vorkämpfer der großen Friedensbewegung gemacht hat, so eifrig haben sofort die europäischen Ententestaaten versucht, den ganzen Gedanken, den sie nicht ersticken konnten, wenigstens für ihre Zwecke umzugestalten und zu mißbrauchen. Schon die Versuche, Deutschland von vornherein auszuschließen[2] oder erst nach langer Wartezeit unter besonderen Bedingungen als Mitglied dritter Klasse zuzulassen, widersprechen dem Wesen des ganzen Gedankens von Grund aus und würden seine Ausführung zu einem Hohn auf seinen wirklichen Zweck machen. Es scheint in neuester Zeit, daß gerade

[1] 1920 gegründet. Vgl. auch Dok. Nr. 4, Punkt XIV.

[2] Das Deutsche Reich wurde erst 1926 Mitglied. Am 8. September gab die Völkerbundversammlung dem Antrag statt.

die Versuche des Mißbrauchs mit den neuen großen Gedanken, die von seiten der europäischen Ententestaaten ausgegangen sind, nunmehr auch weite und bedeutende Kreise in Amerika scheu gemacht haben. Bei der Verhandlung über den Plan eines Völkerbundes sind im Senate zu Washington seitens der Senatoren Borah und Reed so schwere Bedenken dagegen geäußert worden, daß die Annahme des Planes nur mit geringer Mehrheit erfolgte. Die Bedenken gründeten sich hauptsächlich auf die Befürchtung, daß England allein der Nutznießer des Völkerbundes sein würde, d. h. daß England und Frankreich zusammen eine derartige Gestaltung und Leitung des Bundes durchsetzen möchten, daß er allerdings ganz zu Nutz und Frommen des welt – und seebeherrschenden Englands wirksam werden könnte. Die einfache Schlußfolgerung hieraus ist die, daß Amerika nur dann derartigen Machenschaften begegnen und den wahren Geist des Völkerbundes aufrechterhalten könnte, wenn es nicht allein stünde, sondern unter den europäischen großen Nationen einen unbedingt sicheren Rückhalt und eine feste Stütze fände. Nur dann wäre es sicher, jedem Versuche der Majorisierung oder der Verdrängung der Grundgedanken der neuen Weltpolitik begegnen und seine eignen großen Ziele im Interesse der Menschheit durchsetzen zu können. [...]

Deutschlands nationale Selbständigkeit bleibt sicherer begründet, wenn es die politische Symbiose eingeht mit Amerika, als wenn es der Feindseligkeit seiner heutigen Gegner im Völkerbunde dauernd ausgesetzt ist oder ihre Gnade erwerben muß. Daß es seine geistige Selbständigkeit nicht aufgibt, dafür sorgt die Kraft, die auch in der Zeit tiefsten Elendes ungebrochen in seinem Volkskörper lebendig bleiben wird. Ein 70-Millionen-Volk, das solches geleistet und solche Geister hervorgebracht hat wie Deutschland, kann nicht untergehen. Es niederzuhalten, hieße die Welt ärmer machen.

Aber vor allem: Deutschland gehört mit Amerika zusammen, denn trotz aller Erschütterung ist es, wie dieses, das Land der Zukunft, hat es, wie dieses, eine nationale Mission in der künftigen Welt, die ihm heilige Pflichten der Selbsterhaltung auferlegt. Nicht das war der Zweck seines jetzigen tragischen Geschickes, daß es, wie einst das begabteste Volk der alten Kulturwelt, zertrümmert werde und verstreut über alle Völker des Erdballs; bei ihm würde auch sein Geist damit erlöschen, der nur aus heimischer Erde Kraft gewinnt und in der Zusammenfassung aller geistigen Kräfte sein Höchstes leistet. 'Die Menschen gedeihen nur an der geheimnisvollen Wärme eines nie gesehenen Sternes,' so hat Paul de Lagarde gesagt; der Stern ist für den Deutschen die Deutschheit seines nationalen Idealismus. Diesen zu läutern, war der Zweck unserer Erniedrigung; ihm die reale Unterlage zu neuem, reinem Erheben wieder zu schaffen, ist die Aufgabe des Tages und die Pflicht für das große Morgen, das ein innerlich freies und innerlich starkes Deutschland finden soll.

9. Abhandlung Class'

Die Vierzehn Punkte: „Ende des deutschen Reiches und Österreich-Ungarns".

Class, S. 683–685.

1919[1]

Wer die „14 Punkte" Wilsons so verstand, wie sie nach Wortlaut und Sinn gemeint waren, erkannte sofort, daß ein Friede auf dieser Grundlage das Ende des deutschen Reiches und Österreich-Ungarns bedeuten werde: darin wurden dem annoch [sic] sieghaften deutschen Reiche nicht nur die Wiederherstellung Belgiens und die Herausgabe aller in Ost und West besetzten Gebiete angesonnen, sondern auch die Wiedergutmachung des an Frankreich im Jahre 1871 angeblich verübten Unrechtes[2] und die Wiederherstellung eines freien selbständigen polnischen Staates mit gesichertem Zugang zur Ostsee. [...]

Die Kundgebung so ungeheuerlicher Bedingungen durch das Oberhaupt eines der feindlichen Staaten hätte eigentlich allein schon genügen sollen, die Geister im Reiche über die Absichten der Feinde aufzuklären und den Willen zum Durchhalten aufs Äußerste zu stärken. Aber die Leute des Geschäfts- und Verständigungsfriedens waren ganz anderer Meinung: sie sahen in Wilson den großen Demokraten, den Propheten einer neuen Staatskunst, den wahrhaft 'modernen' Staatsmann; die von ihm verkündeten Hochziele des Völkerbundes, der Abrüstung, des Freihandels, der Freiheit der Meere, der 'offenen Diplomatie' waren ihre eigenen und auch die Räumung Belgiens, Frankreichs und Rußlands entsprach ihrer Meinung; so dachte man sich die 'Verständigung', die das deutsche Volk freilich politisch und wirtschaftlich erdrücken mußte, und rechnete nach Händlerart damit, daß Wilson in bezug auf Elsaß-Lothringen und Polen 'vorgefordert' habe und darüber mit sich reden lassen würde. Und die Vertreter so unpolitischer Anschauungen konnten die öffentliche Meinung des im Kampfe um das Dasein stehenden deutschen Volkes beherrschen, weil sie die Parteien der Massen und die Massenpresse für sich hatten – diese auch wirtschaftlich nur ganz klein denkenden, die machtpolitischen Grundlagen jeder Volkswirtschaft außer acht lassenden Krämerseelen wurden die schicksal-bestimmenden Wortführer eines Volkes, dessen Blüte im Waffenkampfe mit fast der ganzen bewohnten Erde höchstes Heldentum bewies. Diese für die Ehre des deutschen Volkes Gefühllosen durften ungehindert Meinungen vertreten, die das

[1] 8. Auflage.

[2] 1870/71 Deutsch-Französischer Krieg. Die deutsche Annexion Elsaß-Lothringens wurde zur dauernden Belastung.

Ehrgefühl der zu Hause Gebliebenen abstumpften und schließlich töteten. Um die Gegensätze der Weltanschauung in ihren Helden zu spiegeln: dieselben, die Hindenburg und Ludendorff mit ihrem Hasse verfolgten, waren die Verehrer des Präsidenten Wilson. Er wurde ihr Götze und blieb es, bis er selbst vor ihnen in Versailles ihr Götzenbild zerschlug. Von allen Beweisen, die das deutsche Volk seit Bismarcks Entlassung[3] in bezug auf seine politische Instinktlosigkeit gegeben hatte, ist dies der allerbeschämendste, daß Menschen, die auf politisches Urteil Anspruch erhoben, dem widerwärtigsten und verlogensten Feinde ins Garn gingen, daß sie als gotteslästerliche Salbung eines Herz- und Gemütlosen für Menschenliebe und als Ausfluß neuester Staatsweisheit nahmen. Daß dies mit Hilfe der jüdischen und jüdisch-bestimmten Zeitungen geschah, nimmt dem Vorgang nichts vom Beschämenden, läßt im Gegenteil die Urteilslosen in ihrer ganzen geistigen Abhängigkeit von einer zwar deutsch-geschriebenen, aber deutschfeindlichen Presse erscheinen.

10. Aufzeichnung über Deutschland und die Vereinigten Staaten von Amerika

Ein Teufelskreis: „Amerika wartet, daß Europa sich aufrafft, und Europa wartet, daß Amerika ihm hilft."

ADAP, Serie A, Bd. III, Nr. 301.

Berlin, 25. September 1920

Deutschland und die Vereinigten Staaten von Amerika[1]

Die Tatsache, daß die Vereinigten Staaten, an die Deutschland Anfang Oktober 1918 sein Friedensangebot[2] richtete, den Frieden bis heute noch nicht geschlossen haben, wirkt mehr als andere lähmend auf jeden Versuch ein, die wirtschaftliche Ordnung in Deutschland und damit in ganz Europa wiederherzustellen. Nachdem die amerikanische Hilfe an Geld und Material die Gegner Deutschlands im Anfang des Krieges vor der Niederlage bewahrte, nachdem der Eintritt Amerikas in den Krieg schließlich der Entente den Sieg gab, verhindern jetzt die Vereinigten Staaten durch Fortsetzung des Kriegszustandes bis in das dritte Jahr nach dem Waffenstillstand hinein jeden planmäßigen Wiederaufbau. Es wäre falsch, diese beklagenswerte Folge der amerikanischen Politik auf bösen Willen gegenüber Deutschland oder gegenüber Europa zurückzuführen; es sind Fragen der

[3] 20. März 1890.
[1] Aufzeichnung ohne Unterschrift.
[2] Vgl. Dok. Nr. 5.

inneren Politik, die sich einer sachgemäßen Lösung der Probleme entgegenstellen.

Aber die Vereinigten Staaten haben zu tief in das Leben Deutschlands und Europas eingegriffen, um sich nun an ihrem Schicksal zu desinteressieren. Ihr Präsident hat durch seine Botschaften die Grundsätze aufgestellt, auf deren Annahme hin Deutschland die Waffen streckte, auf deren Durchführung Deutschland deshalb ein unverjährbares Recht hat. Keine amerikanische Regierung wird hindern können, daß die europäischen Völker, die infolge der Nichtachtung jener Grundsätze leiden, das amerikanische Volk zu ihrer Hilfe anrufen.

Augenblicklich bietet der Zwitterzustand zwischen Krieg und Frieden, in dem sich die Vereinigten Staaten gegenüber Deutschland befinden, noch besonderen Anlaß zu internationalen Schwierigkeiten. Amerika beruft sich vielfach auf die Bestimmungen eines Friedensvertrages, den es nicht ratifiziert hat[3] und vielleicht niemals ratifizieren wird; gleichzeitig aber macht es gegenüber dem Deutschen Reich und seinen Angehörigen immer noch die Rechte geltend, die aus dem Kriegszustande oder aus den Bestimmungen des Waffenstillstandes herzuleiten sind. Auf die einzelnen Fälle, die nach dieser Richtung hin in der letzten Zeit in Erscheinung getreten sind, soll hier nicht weiter eingegangen werden, da ihnen keine dauernde Bedeutung beizumessen ist. Von größter Wichtigkeit dagegen ist die Frage, wie die Konferenzen in Brüssel und Genf die schweren Probleme der Herstellung des finanziellen Gleichgewichts in Europa und der finanziellen Durchführung der deutschen Friedensverpflichtungen lösen können, solange die Vereinigten Staaten verhindert sind, in gleicher Eigenschaft wie die anderen Staaten an diesen Konferenzen teilzunehmen? Ohne Beteiligung Amerikas ist der Wiederaufbau der europäischen Finanzen schon deswegen unmöglich, weil Amerika durch den Krieg der große Gläubiger Gesamteuropas geworden ist. Es wäre ein törichtes Unterfangen, wenn die Schuldner untereinander ihre Sanierung ohne den Gläubiger vornehmen wollten.

Selbstverständlich ist die Herstellung des Friedenszustandes zwischen den Vereinigten Staaten einerseits, Deutschland und seinen ehemaligen Bundesgenossen andererseits nicht die einzige Voraussetzung, um aus dem jetzigen wirtschaftlichen und Finanziellen Wirrsal Europas herauszukommen. Es ist bekannt, daß der amerikanische Geschäftsmann stets eine besonders offene Hand gehabt hat, wenn es galt, einen armen Anfänger vorwärts zu bringen, ihn zu 'starten'. Immer aber war es Voraussetzung für die generös gebotene Hilfe, daß der Anfänger den Willen und die Kraft zeigte, sich

[3] Vgl. Dok. Nr. 13. Am 19. März 1920 lehnte der amerikanische Senat den Beitritt zum Völkerbund und die Ratifizierung des Versailler Vertrages ab.

nötigenfalls selbst zu helfen. Deshalb wäre es eine falsche Politik, wenn man sich in Brüssel oder Genf auf die amerikanische Hilfe verlassen wollte, ohne Beweise dafür zu geben, daß man gesonnen ist, soweit als irgend möglich aus eigener Kraft wieder in die Höhe zu kommen. Das gilt nicht nur für Deutschland, sondern auch für solche Staaten, die sich bisher allzusehr darauf verlassen haben, daß „Deutschland alles bezahlen wird". Erst wenn die amerikanischen Staatsmänner und Geschäftsleute sehen, daß Europa festen Willen und einen verständigen Plan für seine ökonomische Retablierung bereithält, werden sie geneigt sein, bei der Lösung der gemeinsamen großen Aufgabe mitzuwirken.

Es scheint hier ein fehlerhafter Zirkel vorzuliegen. Amerika wartet, daß Europa sich aufrafft, und Europa wartet, daß Amerika ihm hilft. Weil Amerika noch keinen Frieden geschlossen hat, kann Europa sich nicht aufraffen und kann Amerika nicht helfen. Sollte der Frühling herankommen, bis der Frieden mit Amerika eintritt, so könnte es für die Hilfe zu spät werden, denn der Winter, der vor uns liegt, birgt Gefahren in sich, die das Lebensmark des alten Erdteils bedrohen. Es wäre dringend zu wünschen, daß die bevorstehende Präsidentenwahl[4] in Amerika dazu führe, den Kriegszustand noch im Laufe des Herbstes in aller Form zu enden.

11. Aufzeichnung Grunows

Deutschland und Amerika: „Die Aussichten [werden] für uns günstiger liegen, wenn die Herstellung des Friedenszustandes erst nach dem Amtsantritt Hardings erfolgt."

ADAP, Serie A, Bd. IV, Nr. 35.

Berlin, 6. November 1920

Eine Beantwortung der Frage, wie sich nach der Wahl Hardings zum Präsidenten die außenpolitischen Verhältnisse der Vereinigten Staaten von Amerika im allgemeinen und zu Deutschland im besonderen gestalten werden, ist heute noch nicht möglich. Während des Wahlkampfes sind alle brennenden Tagesfragen der inneren Politik der Union, von denen nur die stetig wachsende Teuerung, der Kampf zwischen Kapital und Arbeit, die Wohnungsnot, der Kohlenmangel, der Zusammenbruch des Transportwesen erwähnt zu werden brauchen, sowohl von den demokratischen als auch von den republikanischen Campagneleitern und Rednern zurückgestellt worden. In den Wahlprogrammen beider Parteien spielte im wesentlichen nur die äußere Politik und dabei wieder die Frage des Beitritts der Vereinigten Staaten zum Versailler Vertrage und ihres Eintritts in den Völkerbund eine

[4] Neuer Präsident wurde 1920 der Republikaner Warren G. Harding.

Rolle.[1] Bindende Erklärungen Hardings über seine Stellung zu diesen Fragen liegen nicht vor.

Eine Zeitlang schien es, als würde er dem Drucke der republikanischen Radikalen unter Führung Johnsons und Borahs nachgeben und den ganzen Völkerbundgedanken fallen lassen. Aber der Einfluß Elihu Roots und seines langjährigen Freundes William Taft hielten ihn von einem solchen Schritte ab.

Zwischen diese auseinanderstrebenden Kräfte seiner eigenen Partei gestellt, ist Hardings Position zur Völkerbundfrage unklar geblieben. Nur soviel wird als feststehend angenommen werden können, daß er, was in seinen Kräften steht, tun wird, um einen Beitritt der Vereinigten Staaten zu dem Völkerbunde in seiner jetzigen Form zu verhindern.

Es ist behauptet worden, daß Harding auch gegen einen revidierten Völkerbund sei, nachdem dieser Organisation der Charakter als Angriffs- und Verteidigungsmittel der Großmächte mit den Vereinigten Staaten als Geldgeber und Menschenreservoir für die von diesen Mächten verfolgten Ziele des Weltimperialismus genommen ist, und daß er nur einem ganz neuen Abkommen zustimmen werden, das lediglich moralische Garantien anstatt der Artikel 10 und 11 der Völkerbundakte für die Schlüsse einer zu schaffenden freien Vereinigung der Völker vorsieht.

Unklar ist auch Hardings Stellung zur Frage des Friedensschlusses mit Deutschland. Es läßt sich zur Zeit nicht übersehen, ob er zu diesem mit Hülfe eines revidierten Versailler Vertrags oder auf Grund eines Sondervertrags mit Deutschland gelangen will. In beiden Fällen werden dem formalen Abschlusse des Friedens längere Verhandlung der Vereinigten Staaten-Regierung mit den Alliierten vorausgehen. Diese Verhandlungen werden jedoch die Beseitigung des jetzt bestehenden unhaltbaren Zustandes nicht verzögern. Aus Hardings Reden während des Wahlfeldzuges muß entnommen werden, daß es seine Absicht ist, den Friedenszustand bald nach seinem Amtsantritt zu proklamieren: „I promise you formal and effective peace so quickly as a Republican Congress can pass its declaration for a Republican Executive to sign“. Selbst wenn sich wider Erwarten das Stimmenverhältnis im Senat jetzt zu Ungunsten der Republikaner verschieben sollte oder wenn die Zahl der Anhänger der Völkerbundidee unter den republikanischen Senatoren inzwischen gewachsen wäre, werden mehr noch als bei der letzten Abstimmung über den Frieden mit Deutschland demokratische Senatoren dem Wunsche ihrer Wähler auf schleunige Wiederherstellung geordneter Verhältnisse zu Deutschland Rechnung tragen, so daß Harding auf eine Majorität wird zählen können. Es würde also, wenn nicht Zwischenfälle ein-

[1] Am 19. März 1920 lehnte der amerikanische Senat den Beitritt zum Völkerbund und die Ratifizierung des Versailler Vertrages ab.

treten, mit einer Beendigung des formellen Kriegszustandes und mit der Wiederherstellung der direkten Beziehungen zwischen Deutschland und den Vereinigten Staaten im März oder spätestens April künftigen Jahres gerechnet werden können.

Dabei bleibe allerdings die Frage offen, ob Harding sich mit diesem Schritte begnügen oder noch außerdem einen Friedensvertrag[2] abschließen wird. Es ist nicht ausgeschlossen, vielleicht nicht einmal unwahrscheinlich, daß es dabei sein Bewenden haben wird. Die Vereinigten Staaten haben nie eine besondere Vorliebe für den Abschluß von Verträgen an den Tag gelegt; auch hat der Krieg zwischen ihnen und uns keine Fragen geschaffen, die sie nicht im Wege der Gesetzgebung oder durch einfachen Notenaustausch mit uns regeln könnten.

Auf Überraschungen, und zwar von der Seite Wilsons, muß man indessen gefaßt sein. Herr Wilson ist, wenn man trotz der von Anfang an unneutralen Haltung[3] seiner Regierung seinen eigenen Worten Glauben schenken will, in den Krieg eingetreten, um einen Frieden ohne Sieg, die Freiheit der Meere und die Schaffung eines Völkerbundes zu erzwingen, worin nach allgemeiner Abrüstung alle internationalen Streitigkeiten durch Verhandlungen unter Ausschluß der Anwendung von Gewalt entschieden werden sollten. Sein Ehrgeiz war, als Schiedsrichter der Welt dieser den ewigen Frieden zu geben. Er überschätzte seine Fähigkeiten und rechnete zu sehr mit der Macht seiner Persönlichkeit selbst dann noch, als ihm die Kongreßverhandlung und das Votum im Lusitania Fall[4] die Augen hätten öffnen sollen. Immerhin wäre er vielleicht zum Ziele gelangt, wenn er nicht den Fehler begangen hätte, sich in eigener Person an den Verhandlungen in Paris zu beteiligen. Damit verlor er den Zusammenhang mit der öffentlichen Meinung in den Vereinigten Staaten und damit dem Kongreß. Seine Inferiorität als Staatsmann Lloyd George und Clemenceau gegenüber trat voll in Erscheinung, sobald er mit ihnen persönlich in Berührung kam.

Als er, nach den Vereinigten Staaten zurückgekehrt, aus seinem Schiffbruch das Wenige zu bergen suchte, was er von seinen 14 Punkten gerettet hatte, den zum Vorteile Englands und Frankreichs umgemodelten Völkerbund mit den Vereinigten Staaten als Vasallen, versagte ihm der Kongreß die Gefolgschaft. Im Kampfe mit ihm unterlag er.

Das Gebäude seines Ehrgeizes ist unvollendet; es fehlt ihm der Schlußstein. Wird Wilson, um diesen einfügen zu können, sich dem Willen des Senats fügen und die von diesem bisher verlangten Vorbehalte zum Vertrage von Versailles und zum Völkerbundpakt annehmen, um sein Werk nicht

[2] Vgl. Dok. Nr. 13.
[3] Am 4. August 1914 hatte Wilson die amerikanische Neutralität verkündet.
[4] Am 7. Mai 1915 wurde die „Lusitania" versenkt.

unvollendet zu lassen, wenn er von der politischen Schaubühne abtritt? Nach einer Äußerung von Cox scheint es fast so. Wird der Senat dann nicht mit weiteren Vorbehalten kommen? Wird sich schließlich die allgemeine merkantile Krise, die schon jetzt an die Tore der Länder pocht, die aus dem Weltkriege unerhörte Reichtümer geschöpft haben, von den Vereinigten Staaten solange abwenden lassen, als die demokratische Partei am Ruder ist, auch ohne daß diese geordnete Handelsbeziehungen wiederhergestellt hat? Und endlich, wird der Sieg der Republikaner zu Wilsons Rücktritt führen, und wird in diesem Falle Harding die Leitung des Staatsdepartements übernehmen?

In den Vereinigten Staaten lagern vom Krieg her gewaltige Vorräte an Rohmaterialien. Ihre Belastung mit den Kriegsgestehungskosten, spekulative Preistreiberei, die Finanznot und Valutaentwertung derjenigen Länder, die für ihre Abnahme in Betracht kommen, vor allem Deutschlands, haben sie bisher unverkäuflich gemacht. Ähnlich steht es in den anderen Ländern der westlichen Halbkugel. Über kurz oder lang muß ein allgemeiner Preissturz in diesen Artikeln erfolgen, der in den Vereinigten Staaten nach Ansicht von Fachleuten eine Panik hervorrufen wird, welche die von 1907 in den Schatten stellt. Wilson hat allen Grund, darauf hinzuarbeiten, daß diese unvermeidliche Kalamität über die Vereinigten Staaten erst hereinbricht, nachdem die Republikaner die Regierung übernommen haben. Vielleicht wird er bei dem Versuch, das Unglück aufzuhalten und eine Administration vor dem Vorwurfe zu wahren, das Land durch seine Politik ruiniert zu haben, zu einem Frieden mit uns gedrängt werden.

Das alles sind Imponderabilien, zu denen man umsoweniger Stellung nehmen kann, als Wilson in seinen Beschlüssen unberechenbar ist und sich den Einflüssen seiner Freunde und Ratgeber häufig unzugänglich gezeigt hat.

Ob es hier nach, so wünschenswert es für uns auch sein muß, Klarheit in unserem Verhältnis zu den Vereinigten Staaten zu schaffen erstrebenswert ist, mit Amerika noch während der Wilsonschen Präsidentschaft zu einer Verständigung zu gelangen, wird davon abhängen, welche Forderungen der Senat Herrn Wilson stellt und welche Konzessionen letztere ihm zu machen gewillt ist, oder aber bis zu welchem Grade von Nachgiebigkeit Wilson durch die Wirtschaftslage und die innerpolitischen Verhältnisse in den Vereinigten Staaten gezwungen werden wird.

Voraussichtlich aber werden die Aussichten für uns günstiger liegen, wenn die Herstellung des Friedenszustandes erst nach dem Amtsantritt Hardings erfolgt.

12. Aufzeichnung Büchers

Amerikanischer Rohstoffkredit: „Wir glauben, daß das Zustandekommen eines solchen Abkommens uns allein die Möglichkeit bietet, Vertrauen zur Zukunft zu gewinnen."

ADAP, Serie A, Bd. IV, Nr. 88.

[27. Dezember 1920]

Bemerkungen zur Frage eines amerikanischen Rohstoffkredits für Deutschland

Es ist uns bekannt, daß infolge der Gestaltung der Weltmarktlage zur Zeit die Frage der Erteilung eines Kredites an Deutschland in den Vereinigten Staaten von Nordamerika lebhaft erörtert wird. Andererseits sehen weite Kreise des deutschen Volkes die Rettung aus der wirtschaftlichen Bedrängnis, in der wir uns befinden, nach den Erfahrungen von Versailles und Spa einzig und allein bei dem großen amerikanischen Volke. Es ist daher begreiflich, daß von beiden Seiten die mannigfachsten Versuche unternommen werden, um zu einem auf Kreditabkommen fußenden Güteraustausch zu gelangen. Hüben und drüben sind mannigfache Vorschläge gemacht worden. Wir glauben, daß keiner derselben verwirklicht werden wird, und bedauern die Entwicklung, die die Frage in den letzten Monaten genommen hat, weil nach unserer Meinung eine Klärung der Frage nur von Regierung zu Regierung herbeigeführt werden kann. Jede Zersplitterung und vorzeitige Erörterung in der Öffentlichkeit kann nur Unheil und Verwirrung anrichten. Uns ist aus naheliegenden Gründen an einer baldigen Klärung dieser Frage gelegen.

Alle Erwägungen, die von unserer Seite in dieser Richtung angestellt werden können, setzten bei beiden Völkern die Erkenntnis voraus, daß Handel und Wandel in der Welt auf die Dauer nur dann gedeihen kann, wenn es jedem Volke möglich wird, sich seinen natürlichen Vorbedingungen entsprechend zu entwickeln und jeder seiner Arbeit Lohn erhält. Die wirtschaftliche Vernichtung eines Volkes schädigt die ganze Weltwirtschaft. Man kann mit einem sich wirtschaftlich auf absteigender Linie bewegenden Volke kein dauerndes und solides Geschäft machen. Wir nehmen an, daß Amerika ein Interesse an dem Wiederaufbau Deutschlands hat und daß eine amerikanische Hilfe für Deutschland im Interesse beider Länder liegt.

Wir setzen ferner voraus, daß in Amerika der Wunsch besteht, mit uns auf der Basis gleichberechtigter Kontrahenten und nicht auf Grund des Versailler Diktates, das uns aktionsunfähig macht und unsere Entwicklung verhindert, zu verhandeln.

Unter diesen Voraussetzungen hat man grundsätzlich geprüft, welche dringenden Kreditbedürfnisse vorliegen und in welcher Weise ein eventueller amerikanischer Kredit für uns nutzbar gemacht werden könne.

Hierbei ist man zu folgender Auffassung gelangt:

Wir haben zwischen Privat- und Staatskrediten zu unterscheiden.

Für die Inanspruchnahme der ersteren kommt hauptsächlich die Industrie in Frage. Wir stehen auf dem Standpunkte, das Zustandekommen solcher nach Möglichkeit zu fördern. Tatsächlich ist auch, wie dort bekannt, bereits ein reger Rohstoffverkehr zwischen beiden Ländern zustande gekommen; dessen Ausdehnung ist bisher an dem immer noch nicht aufgehobenen Kriegszustande zwischen Deutschland und Amerika und des dadurch erschwerten Verkehrs der Privaten untereinander (Paß-Schwierigkeiten, Zensur usw.) gescheitert. Auf der anderen Seite wirkt dem die unsichere innere Wirtschaftslage Deutschlands entgegen. Infolge der durch das bekannte Spa-Abkommen[1] geschmälerten Kohlenbelieferung der Industrie sowie der Arbeiterschwierigkeiten, deren wesentlichste Ursache die Unterernährung der Bevölkerung ist, der außerordentlichen Valutaschwankungen u. a. m., kann sich die Industrie nur mit den allernotwendigsten Rohstoffen eindecken. Eine Materialversorgung auf weite Sicht, wie sie zu einem soliden Geschäfte notwendig ist, wird daher außerordentlich erschwert. Hinzu kommen die Restriktionsbestimmungen des Versailler Friedensvertrages, die uns für Jahre hinaus in früheren wichtigen Absatzgebieten nicht zulassen, ist die Ausfuhr von Waren großenteils in die Hände von mehr oder weniger unzuverlässigen neutralen Firmen gelangt, die uns selbst durch Preisunterbietungen hart bedrängen, andererseits aber auch auf dem Weltmarkte eine unfaire Konkurrenz betreiben. Da wir aber unbedingt auf den Absatz von Industriefabrikaten im Auslande angewiesen sind, um uns überhaupt über Wasser zu halten, kann von uns aus an diesen ungesunden Zuständen nur wenig geändert werden.

Unsere Industriellen sind der Ansicht, daß, wenn die hauptsächlichsten Schwierigkeiten, nämlich die Unterbindung des direkten Verkehrs mit Amerika sowie die Restriktionsparagraphen des Friedensvertrages, beseitigt sind, sie einer staatlichen Hilfe nicht mehr bedürfen und aus eigener Kraft in der Lage sind, mit ihren amerikanischen Geschäftsfreunden den Warenaustausch, d. h. den Bezug von Rohstoffen, wieder in Fluß zu bringen.

Da Rohstoffkredite kurzfristig abgedeckt und durch die Ausfuhr von Waren bezahlt werden müssen, da ferner die Regierung daher nicht in der Lage ist, das Risiko industrieller Konjunkturen zu tragen, erscheint es uns zweckmäßig, uns hier auf die möglichen Erleichterungen zur Erlangung privater Kredite zu beschränken.

Sie glaubt, diesen Interessen der Industrie und des Handels beider Länder auf indirektem Wege am besten dienen zu können, wenn die nachfolgenden Gedanken zur Verwirklichung gelangen.

[1] Die Konferenz von Spa vom 5. bis 16. Juli 1920 erbrachte für die deutsche Reparationshöhe kein Ergebnis.

Es ist in Amerika bekannt und von uns an anderer Stelle näher ausgeführt worden, daß Deutschland sich aus seiner landwirtschaftlichen Produktion niemals selbst ernähren konnte. Infolge des Krieges ist die Produktion an Brotgetreide, Milch und sämtlichen anderen landwirtschaftlichen Produktionen in Deutschland derart zurückgegangen, daß die letztjährige Brotgetreideernte nur noch 47 % einer normalen Vorkriegsernte beträgt. Selbst bei der ungeheuren Beschränkung, die der Bevölkerung in der Ernährung auferlegt ist, reicht die eigne Ernte bei weitem nicht zur Deckung des dringendsten Bedarfes aus. Wir sind zur Zeit gezwungen, alle Devisen, die wir aus dem Warenabsatz im Auslande erzielen, für die Beschaffung von Brotgetreide, Milch, Fleisch und sonstigen Nahrungsmitteln auszugeben. Trotzdem reicht dies alles nicht aus zu einer vollen Ernährung der Bevölkerung, und auch die Verhältnisse in der Landwirtschaft verschlechtern sich von Jahr zu Jahr, weil dem Boden die genügenden Düngemittel, vor allem Phosphate, nicht zugeführt werden können und weil der Milchertrag des Viehes infolge der schlechten Ernährung, d. h. des Mangels an Kraftfuttermitteln, ständig zurückgeht. Die Verarmung der Landwirtschaft schreitet also dauernd fort. Wir würden also, wenn keine Änderung in diesen Verhältnissen eintritt, große Teile der Bevölkerung der zunehmenden Unterernährung und dadurch dem dauernden Siechtum preisgeben müssen und auch in der industriellen Entwicklung niemals auf einen gesunden Wirtschaftsstand kommen.

Würde uns daher die Möglichkeit gegeben, den notwendigen Brotgetreidebedarf auf Grund eines langfristigen Kredites zu beziehen, und würden uns gleichzeitig die Mittel an die Hand gegeben, Kraftfuttermittel und Phosphate in ausreichendem Maße einzuführen, so ist anzunehmen, daß einerseits die landwirtschaftliche Produktion in absehbarer Zeit wieder auf die frühere Höhe gebracht werden kann. Durch die ausreichende Versorgung der Bevölkerung mit Brotgetreide würde die Volksgesundheit gehoben und dadurch die Arbeitsfähigkeit der Bevölkerung gesteigert, mithin die industrielle Leistung erhöht werden.

Wird uns diese Möglichkeit gegeben, ohne daß der Devisenmarkt, wenigstens für 2–3 oder 4 Jahre, für die Eindeckung dieser gewaltigen Bezüge aus dem Auslande beansprucht wird, so ist ohne weiteres ersichtlich, daß unsere Handelsbilanz eine positive würde. Kann aber der Kaufmann und Industrielle wieder selbst über seine Devisen verfügen (heute werden sie ihm bekanntlich zur Eindeckung der vom Staate bewirtschafteten Brot- und Lebensmittelversorgung entzogen), so ist er in der Lage, als Käufer für Rohstoffe aufzutreten.

Dies würde für den amerikanischen Markt bedeuten, daß das früher mit Deutschland betriebene Rohstoffgeschäft sich schnell hebt und dann die Stockungen auf dem amerikanischen Markte beseitigt werden. Deutschland würde sich auf diese Weise in absehbarer Zeit wieder zu dem Großabnehmer emporarbeiten, der es vor dem Kriege gewesen ist.

Unsere Gedanken bewegen sich daher in der Richtung, von Amerika einen staatlichen, langfristigen Brotgetreide –, Futtermittel – und Phosphatkredit zu erlangen. Diese Kredite beabsichtigen wir durch die aus dem Privatgeschäft überschüssigen Devisen abzudecken.

Wir glauben, daß ein Kredit von 500–600 Millionen $ ausreichend sein würde. Wir würden auch über zu leistende Sicherheiten in Verhandlungen einzutreten bereit sein, sobald die endgültige Summe für die an die Entente zu leistende Wiedergutmachung festgelegt ist. Je schneller wir aber zu einem solchen Einvernehmen mit Amerika kommen, desto eher wird sich, da eins mit dem anderen zusammenhängt, auch der private Geschäftsverkehr heben.

Wir appellieren an die Großzügigkeit des amerikanischen Volkes, und wir sind dankbar für alle Hilfsaktionen, die zur Besserung der Ernährungsverhältnisse von privater Seite in Amerika ausgegangen sind, wissen aber, daß sie einerseits für ein arbeitendes Volk beschämend sind und daß andererseits der wirklichen Not dadurch nicht gesteuert werden kann. Wir glauben, daß das Zustandekommen eines solchen Abkommens uns allein die Möglichkeit bietet, Vertrauen zur Zukunft zu gewinnen.

13. Vertrag zwischen Deutschland und den Vereinigten Staaten von Amerika

Zweck: „In dem Wunsche, die freundschaftlichen Beziehungen, die vor Ausbruch des Krieges zwischen den beiden Nationen bestanden haben, wiederherzustellen [...].“

RGBl. 1921, Nr. 103.

25. August 1921

Deutschland und die Vereinigten Staaten von Amerika

In der Erwägung, daß die Vereinigten Staaten gemeinschaftlich mit ihren Mitkriegführenden am 11. November 1918 einen Waffenstillstand[1] mit Deutschland vereinbart haben, damit ein Friedensvertrag abgeschlossen werden könne;

In der Erwägung, daß der Vertrag von Versailles am 28. Juni 1919 unterzeichnet wurde[2] und gemäß den Bestimmungen des Artikel 440 in Kraft getreten, aber von den Vereinigten Staaten nicht ratifiziert worden ist;

[1] Für den Wortlaut des Waffenstillstandsabkommens zu Compiègne vgl. Purlitz, S. 151–184.

[2] Die Nationalversammlung erklärte in dem Gesetz vom 16. Juli 1919 die Zustimmung. Für den Wortlaut des Zustimmungsgesetzes und des Versailler Friedensvertrages vgl. RGBl., Nr. 140 vom 12. August 1919, S. 687–1349.

In der Erwägung, daß der Kongreß der Vereinigten Staaten einen gemeinsamen Beschluß gefaßt hat, der von dem Präsidenten am 2. Juli 1921 genehmigt worden ist und im Auszug wie folgt lautet:

Beschlossen vom Senat und dem Repräsentantenhaus der Vereinigten Staaten von Amerika, die zum Kongreß versammelt sind, daß der durch den am 6. April 1917[3] genehmigten gemeinsamen Beschluß des Kongresses erklärte Kriegszustand zwischen der Kaiserlich Deutschen Regierung und den Vereinigten Staaten von Amerika hiermit für beendet erklärt wird.

Sektion 2. Daß durch Abgabe dieser Erklärung und als ein Teil davon den Vereinigten Staaten von Amerika und ihren Staatsangehörigen jedwede und alle Rechte, Privilegien, Entschädigungen, Reparationen oder Vorteile einschließlich des Rechts, sie zwangsweise durchzuführen, ausdrücklich vorbehalten werden, auf welche die Vereinigten Staaten von Amerika oder ihre Staatsangehörigen nach den am 11. November 1918 unterzeichneten Waffenstillstandsbedingungen sowie irgendwelchen Erweiterungen oder Abänderungen derselben einen Anspruch erworben haben; oder die von den Vereinigten Staaten von Amerika infolge ihrer Beteiligung am Kriege erworben worden sind oder sich in ihrem Besitz befinden; oder auf die ihre Staatsangehörigen dadurch rechtmäßig einen Anspruch erworben haben oder die in dem Vertrage von Versailles zu ihren oder ihren Staatsangehörigen Gunsten festgesetzt worden sind; oder auf die sie als eine der alliierten und assoziierten Hauptmächte oder kraft irgendeines vom Kongreß beschlossenen Gesetzes oder sonstwie einen Anspruch haben.

Sektion 5. Alles Eigentum der Kaiserlich Deutschen Regierung oder ihres Nachfolgers oder ihrer Nachfolger und das Eigentum aller deutschen Staatsangehörigen, das sich am 6. April 1917 im Besitz oder in der Gewalt der Vereinigten Staaten von Amerika oder eines ihrer Beamten, Vertreter oder Angestellten befand oder seit diesem Tage in deren Besitz oder Gewalt gelangt oder Gegenstand einer Forderung seitens derselben gewesen ist, gleichviel aus welchem Ursprung oder aus welcher Tätigkeit, und alles Eigentum der K. u. K. Österreichisch-Ungarischen Regierung oder ihres Nachfolgers oder ihrer Nachfolger und aller österreichisch-ungarischen Staatsangehörigen, das sich am 7. Dezember 1917 im Besitz oder in der Gewalt der Vereinigten Staaten von Amerika oder eines ihrer Beamten, Vertreter oder Angestellten befand oder seit diesem Tage in deren Besitz oder Gewalt gelangt oder Gegenstand einer Forderung seitens derselben gewesen ist, gleichviel aus welchem Ursprung oder aus welcher Tätigkeit, soll von den Vereinigten Staaten von Amerika zurückbehalten und darüber keine Verfügung getroffen werden, soweit nicht gesetzlich darüber bereits verfügt ist oder im einzelnen künftig darüber verfügt wird. Dies gilt bis zu dem

[3] Vgl. Pommerin/Fröhlich, Bd. 1, Dok. Nr. 83.

Zeitpunkt, wo die Kaiserlich Deutsche Regierung beziehungsweise die K. u. K. Österreichisch-Ungarische Regierung oder ihr Nachfolger oder ihre Nachfolger angemessene Vorkehrungen zur Befriedigung aller Forderungen gegen eine der genannten Regierungen seitens aller Personen ohne Rücksicht auf ihren Wohnsitz getroffen haben, die zu den Vereinigten Staaten von Amerika in einem dauernden Treuverhältnis stehen und die durch Handlungen der Kaiserlich Deutschen Regierung oder ihrer Vertreter oder der K. u. K. Österreichisch-Ungarischen Regierung oder deren Vertreter seit dem 31. Juli 1914 Verlust, Nachteil oder Schaden an ihrer Person oder ihrem Eigentum unmittelbar oder mittelbar, sei es durch den Besitz von Anteilen deutscher, österreichisch-ungarischer, amerikanischer oder anderer Körperschaften oder infolge von Feindseligkeiten oder irgendwelchen Kriegshandlungen oder auf andere Weise erlitten haben, ferner solchen Personen, die zu den Vereinigten Staaten von Amerika in einem dauernden Treuverhältnis stehen, das Meistbegünstigungsrecht in allen Angelegenheiten, betreffend Niederlassung, Geschäftsbetrieb, Berufsausübung, Verkehr, Schiffahrt, Handel und gewerbliche Schutzrechte, zugestanden haben, einerlei, ob dieses Recht auf die Nationalität abgestellt oder sonstwie bestimmt ist; endlich bis die Kaiserlich Deutsche Regierung beziehungsweise die K. u. K. Österreichisch-Ungarische Regierung oder ihr Nachfolger oder ihre Nachfolger den Vereinigten Staaten von Amerika gegenüber alle von diesen während des Krieges auferlegten oder verfügten Strafgelder, Verwirkungen, Bußen und Beschlagnahmen bestätigt haben, gleichviel ob diese Eigentum der Kaiserlich Deutschen Regierung oder deutscher Staatsangehöriger oder der K. u. K. Österreichisch-Ungarischen Regierung oder österreichisch-ungarischer Staatsangehöriger betreffen, und bis sie auf allen und jeden Geldanspruch gegen die Vereinigten Staaten von Amerika verzichtet haben.

In dem Wunsche, die freundschaftlichen Beziehungen, die vor Ausbruch des Krieges zwischen den beiden Nationen bestanden haben, wiederherzustellen,

Haben zu diesem Zwecke zu ihren Bevollmächtigten bestellt:

der Präsident des Deutschen Reichs

den Reichsminister des Auswärtigen, Herrn Dr. Friedrich Rosen[,]

und

der Präsident der Vereinigten Staaten von Amerika

den Commissioner der Vereinigten Staaten von Amerika in Deutschland, Herrn Ellis Loring Dresel.

Diese haben nach Austausch ihrer für gut und richtig befundenen Vollmachten folgendes vereinbart:

Artikel I: Deutschland verpflichtet sich, den Vereinigten Staaten zu gewähren und die Vereinigten Staaten sollen besitzen und genießen alle Rechte, Privilegien, Entschädigungen, Reparationen oder Vorteile, die in dem vorgenannten gemeinschaftlichen Beschlusse des Kongresses der Vereinigten Staaten vom 2. Juli 1921 näher bezeichnet sind, mit Einschluß aller Rechte und Vorteile, die zugunsten der Vereinigten Staaten in dem Vertrag von Versailles festgesetzt sind und die die Vereinigten Staaten in vollem Umfang genießen sollen, ungeachtet der Tatsache, daß dieser Vertrag von den Vereinigten Staaten nicht ratifiziert worden ist.

Artikel II: In der Absicht, die Verpflichtungen Deutschlands gemäß dem vorhergehenden Artikel mit Beziehung auf gewisse Bestimmungen des Vertrags von Versailles näher zu bestimmen, besteht Einverständnis und Einigung zwischen den Hohen Vertragschließenden Teilen darüber:

1. daß die Rechte und Vorteile, die in jenem Vertrage zugunsten der Vereinigten Staaten festgesetzt sind und die die Vereinigten Staaten besitzen und genießen sollen, diejenigen sind, die in Abschnitt 1 des Teiles IV und in den Teilen V, VI, VIII, IX, X, XI, XII, XIV und XV aufgeführt sind.

Wenn die Vereinigten Staaten die in den Bestimmungen jenes Vertrags festgesetzten und in diesem Paragraphen erwähnten Rechte und Vorteile für sich in Anspruch nehmen, werden sie dies in einer Weise tun, die mit den Deutschland nach diesen Bestimmungen zustehenden Rechten im Einklang steht;

2. daß die Vereinigten Staaten nicht an die Bestimmungen des Teiles I jenes Vertrags noch an irgendwelche Bestimmungen jenes Vertrags, mit Einschluß der in Nr. 1 dieses Artikels erwähnten, gebunden sein sollen, die sich auf die Völkerbundssatzung beziehen, daß auch die Vereinigten Staaten durch keine Maßnahmen des Völkerbundes, des Völkerbundsrates oder der Völkerbundsversammlung gebunden sein sollen, es sei denn, daß die Vereinigten Staaten ausdrücklich ihre Zustimmung zu einer solchen Maßnahme geben;

3. daß die Vereinigten Staaten keine Verpflichtungen aus den Bestimmungen des Teiles II, Teiles III, der Abschnitte 2 bis einschließlich 8 des Teiles IV und des Teiles XIII des bezeichneten Vertrags oder mit Beziehung auf diese Bestimmungen übernehmen;

4. daß, während die Vereinigten Staaten berechtigt sind, an der Reparationskommission gemäß den Bestimmungen des Teiles VIII jenes Vertrags und an irgendeiner anderen auf Grund des Vertrags oder eines ergänzenden Übereinkommens eingesetzten Kommission teilzunehmen, die Vereinigten Staaten nicht verpflichtet sind, sich an irgendeiner solchen Kommission zu beteiligen, es sei denn, daß sie dies wollen;

5. daß die im Artikel 440 des Vertrags von Versailles erwähnten Fristen, soweit sie sich auf eine Maßnahme oder Entschließung der Vereinigten Staaten beziehen, mit dem Inkrafttreten des gegenwärtigen Vertrags zu laufen beginnen sollen.

Artikel III: Der gegenwärtige Vertrag soll gemäß den verfassungsrechtlichen Formen der Hohen Vertragschließenden Teile ratifiziert werden und soll sofort mit Austausch der Ratifikationsurkunden, der so bald als möglich in Berlin stattfinden wird, in Kraft treten.

Zu Urkund dessen haben die beiderseitigen Bevollmächtigten diesen Vertrag unterzeichnet und ihre Siegel beigefügt.

Ausgefertigt in doppelter Urschrift in Berlin am 25. August 1921

Rosen

Ellis Loring Dresel[4]

[4] Das Reichs-Gesetzblatt erläutert: „Der Reichstag hat das folgende Gesetz beschlossen, das mit Zustimmung des Reichsrats hiermit verkündet wird:
Artikel 1: Dem am 25. August 1921 unterzeichneten Vertrage zwischen Deutschland und den Vereinigten Staaten von Amerika wird zugestimmt. Der Vertrag wird nachstehend veröffentlicht.
Artikel 2: Dieses Gesetz tritt mit dem Tage der Verkündung in Kraft.
Berlin, den 20. Oktober 1921.
Der Reichspräsident Ebert.
Der Reichsminister des Auswärtigen Dr. Rosen."
Diesem Vertrag folgten bis 1963 u. a. nachstehende – *zweiseitige* – Verträge, Abkommen und Notenwechsel: am 8. Dezember 1923 ein ‚Freundschafts-, Handels- und Konsularvertrag'; am 15. Dezember 1949 ein 'Abkommen über wirtschaftliche Zusammenarbeit'; am 11. Juni 1952 ein 'Abkommen über den Betrieb gewisser Rundfunkanlagen innerhalb der Bundesrepublik'; am 27. Februar 1953 ein 'Abkommen über die Regelung der Verbindlichkeiten der Bundesrepublik Deutschland gegenüber den Vereinigten Staaten von Amerika aus der Lieferung von Überschußgütern an Deutschland'; am 27. Februar 1953 ein 'Abkommen über die Bereinigung von Dollarbonds deutscher Aussteller'; am 1. April 1953 ein 'Abkommen über gewisse Angelegenheiten, die sich aus der Bereinigung deutscher Dollarbonds ergeben'; am 15. Oktober 1954 ein 'Abkommen über die von der Bundesrepublik zu gewährenden Abgabevergünstigungen für die von den Vereinigten Staaten im Interesse der gemeinsamen Verteidigung geleisteten Ausgaben'; am 27. Oktober 1954 ein 'Notenwechsel über den Austausch amtlicher Veröffentlichungen'; am 29. Oktober 1954 ein ‚Freundschafts-, Handels- und Schiffahrtsvertrag'; am 4. April 1955 ein 'Abkommen über Offshore-Beschaffungen'; am 30. Juni 1955 ein 'Abkommen über gegenseitige Verteidigungshilfe'; am 7. Juli 1955 ein 'Abkommen über den Luftverkehr'; am 4. Januar 1956 ein 'Abkommen zur Erleichterung des Austausches von Patenten und technischen Erfahrungen für Verteidigungszwecke'; am 17. Januar/24. August 1955/7. März 1956 ein 'Notenwechsel über die Bekämpfung des ungesetzlichen Verkehrs mit Betäubungsmitteln'; am 26. April 1956 ein 'Abkommen über Filmfragen'; am 7. Juni 1957 ein 'Notenwechsel über gegenseitige Hilfe' (Artikel 3 des Nordatlantik-Vertrages); am 3. August 1959 ein 'Abkommen über die Beilegung von Streitigkeiten bei Direktbeschaffungen'; am 3. August 1959 ein 'Abkommen über die Rechtsstellung von Urlaubern'; am 3. August 1959 ein 'Notenwechsel über Unterhaltsansprüche'; am 27. Mai 1960 ein 'Notenwechsel über ein gemeinsames Waffenproduktionsprogramm'; am 16. August 1960 ein ‚Zweites Abkommen über gewisse Angelegenheiten,

14. Artikel Troeltschs

Konflikte und Lösungen: „Dieser selbe Sieg des Kapitalismus und Amerikanismus beginnt nun aber gleichzeitig in der inneren Lage Deutschlands selbst sichtbar zu werden.“

Troeltsch, S. 235 f., 240 f.

12. Dezember 1921

Die augenblickliche Lage ist beherrscht durch die Washingtoner Konferenz[1]. Mit ihr ist Amerika wieder öffentlich in die große Weltpolitik eingetreten, nachdem es in Versailles mit Wilsons persönlicher Völkerbundspolitik eine seinem eigenen und wirklichen Willen nicht entsprechende Figur gemacht hatte. Der Wilsonsche Völkerbund war ein professorales, ideologisches Gebilde, das ohne genügende Kenntnis Europas, ohne Rückhalt an den entscheidenden Faktoren der amerikanischen Politik und ohne Charakterstärke Wilsons selbst erdacht worden war, das sein Urheber daher selbst sachlich in Paris verriet, um den Schein zu retten. Der so übrig bleibende Schein wurde dann ganz einfach ein Werkzeug der französischen Hegemoniepolitik und arbeitete in Genf vor den Toren Frankreichs im Interesse der französischen Realität, d. h. einer kolossalen kontinentalen Militärmacht, die finanzielle und politische Ziele unter dem Titel der Sicherung der Kriegsergebnisse betrieb und betreibt.

Inzwischen ist in Amerika Wilson von dem Senat und den Wählern rücksichtslos desavouiert worden.[2] Die Truppen sind von einem glorreichen Kreuzzug im Interesse der Tugend und Freiheit mit verschwindend geringen Verlusten – was bedeuten 75 000 Mann Tote für Amerika? – und mit dem Skalp des erlegten Menschheitsfeindes am Gürtel zurückgekehrt. Ein neues Regiment trat ins Amt und bereitete langsam und sorgfältig eine große politische Aktion vor, die das für amerikanischen Geschmack Gesunde und Menschenfreundliche an Wilsons Plan behaupten und zugleich das amerikanische reelle Interesse verwirklichen sollte. Die Angelsachsen sind Meister darin, Tugend und Profit, Sentimentalität und nüchternste Berechnung zu

die sich aus der Bereinigung deutscher Dollarbonds ergeben'; am 7. Januar/28. Dezember 1960/3. Januar 1961 ein 'Notenwechsel über den Rechtshilfeverkehr in Strafsachen und über die Erteilung von Auskünften aus dem Strafregister'; am 20. November 1962 ein 'Abkommen über die Durchführung von Austauschvorhaben zum Zwecke der Aus- und Weiterbildung'. Für eine Übersicht der *mehrseitigen* Verträge vgl. Bundesministerium der Justiz (Hrsg.), Fundstellennachweis B. Nr. 9a, S. 155–537.

[1] 12. November 1921 – 6. Februar 1922.

[2] Am 19. März 1920 lehnte der amerikanische Senat den Beitritt zum Völkerbund und die Ratifizierung des Versailler Vertrages ab.

vereinigen und dabei obendrein ganz ehrlich an ihre Tugend zu glauben. Und so tritt jetzt ein Plan hervor, der den Wahnsinn des Wettrüstens, die beständige Kriegsgefahr und tödliche Konkurrenz der große Wirtschaftsimperialismen beseitigt oder mildert und zugleich die amerikanische Weltstellung gegenüber England und Japan für die Zukunft sichert. [...]

Alles in allem: es ist eine angelsächsische Dyarchie, die sich vorbereitet, und in ihr ist Amerika die stärkere Macht. Politisch wird es bei der Unangreifbarkeit seiner geographischen Lage die Welt wesentlich beherrschen und kulturell wird es sie durch den davon ausgehenden Einfluß zunehmend amerikanisieren. Der eigentlicher Sieger des Krieges ist der amerikanische Kapitalismus, eingehüllt in die demokratische Tugendideologie und in jene sittlichen Vorzüge, die der Besitzende stets für sich zu reklamieren pflegt und die die Welt dem Erfolgreichen zuzugestehen geneigt ist. Die sozialistischen Experimente in Europa dürfen heute schon als gescheitert angesehen werden und auch der pazifistischen Ideologie hat die amerikanische Vereinigung von Tugend und Profit den Wind aus den Segeln genommen. Die Welt ist anders geworden als sie war, aber nicht pazifistisch, sozialistisch, brüderlich, zukunfts-enthusiastisch, sondern angelsächsisch, völlig kapitalistisch und gefaßt auf neue imperialistische Weltkämpfe, für welche die moralische Grundlage vor unseren Augen in der den Wilsonschen Völkerbund erledigenden 'Konföderation der Nationen' von Washington aus gelegt worden ist. Auf zehn Jahre wird es Frieden in der Welt auf dieser Grundlage geben. Das Weitere muß die Zukunft zeigen.

Dieser selbe Sieg des Kapitalismus und Amerikanismus beginnt nun aber gleichzeitig in der inneren Lage Deutschlands selbst sichtbar zu werden. Die Inflations- und Reparationskrise, die stets als dunkelste Gefahr über uns schwebte, beginnt eine Lösung zu erzwingen, die man nicht anders denn als die Amerikanisierung Deutschlands bezeichnen kann.

15. Vorlage Wiedfeldts für das Auswärtige Amt

Amerika und Europa: „Europa mag und muß seine verwirrten Angelegenheiten allein in Ordnung bringen."

ADAP, Serie A, Bd. VII, Nr. 14.

Washington, 7. Januar 1923

Inhalt: Politische Lage.

Nach den Kabelnachrichten aus Europa sind die Blicke vieler hülfesuchender Deutscher und der Politiker aller Länder während der gegenwärtigen Spannung auf die Vereinigten Staaten gerichtet. Um mir selbst über die hiesige verwickelte Lage sowie über die Möglichkeiten und Wahrscheinlichkeiten weiterer amerikanischer Schritte Rechenschaft zu geben, schreibe ich diesen Bericht, obschon er im Amt voraussichtlich erst nach den Entscheidungstagen eintrifft.

I. Entwicklung und Stand der amerikanischen Auffassung zu den europäischen Wirren.

Die Regierung der Vereinigten Staaten stand noch im Mai 1922, wie mir Herr Hughes in den ersten Besprechungen eröffnete, auf dem Standpunkt, Europa mag und muß seine verwirrten Angelegenheiten allein in Ordnung bringen; amerikanische Beteiligung ist gegen die hergebrachte amerikanische Politik, gegen den Willen der Mehrheit des amerikanischen Volkes wie gegen das wirtschaftliche Interesse der Vereinigten Staaten, die, wie Herr Hoover öffentlich berechnete, nur mit 5 % (7 %) seiner Produktion auf den wirtschaftlichen Verkehr mit Europa angewiesen seien.

Bis Juli hatte sich dann unter dem Eindruck der fruchtlosen Verhandlungen in Genua[1] und der beginnenden Erkenntnis über den französischen Imperialismus die amerikanische Auffassung dahin gewandelt, daß, sobald die europäischen Staaten ihre Wirren geordnet hätten, die Vereinigten Staaten zur Hülfe bereit seien. Hierbei dachte man an finanzielle Hülfe durch eine damals vielbesprochene internationale Anleihe, zu welchem Behufe J. P. Morgan auf englischen Wunsch und mit Zustimmung des hiesigen Kabinetts nach Paris ging. Immerhin erklärte Herr Hoover, das Sprachrohr verzweigter amerikanischer Wirtschaftskräfte, damals noch, wirtschaftlich sei es viel rentabler, amerikanische Kapitalien in den Vereinigten Staaten selbst oder in Süd- und Mittelamerika anzulegen, als sie nach Europa mit seinen ungesicherten Verhältnissen zu geben. Herr Hughes fragte, wie die Presse und die Geschäftsleute, in persönlichen Besprechungen stets nach einem Plan, wie die europäischen Verhältnisse in Ordnung zu bringen seien. Herr Harding legte in seiner Marion-Rede dar, daß der alte Standpunkt 'no foreign entanglements'[2], der 1776 richtig gewesen sei, 1922 unter den veränderten Verhältnissen für die amerikanische Politik nicht mehr leitend sein dürfe, fand aber gar keinen Anklang in der Öffentlichkeit. Die Verwaltung entschloß sich nach längerem Schwanken, nicht ihre ganzen Truppen aus dem besetzten Gebiet zu entfernen, und erklärte auf unseren Wunsch in Paris und London, daß es militärischen Einmarsch in das Ruhrgebiet nicht für zweckmäßig halte, sondern ihn mit dem deutschen Einmarsch in Belgien gleichsetze.

Im Verfolg der Septemberbesprechungen ging Herr Hughes zum ersten

[1] 10. April – 19. Mai 1922.

[2] Am 4. März 1801 erklärte Thomas Jefferson, vierter Präsident der USA: „Peace, commerce, and honest friendship with all nations, entangling alliances with none.“ Vgl. James D. Richardson, Bd. I, S. 323.

Male über diese zurückhaltende Auffassung hinaus, gab zu, daß anscheinend die europäischen Staaten die verwickelten Wirren nicht aus eigenem Willen und aus eigener Kraft würden ordnen können und daß die amerikanische Verwaltung, um die europäische und die deutsche Kultur nicht zu Grunde gehen zu lassen, sich eingehend überlege, was zu tun möglich sei. Sie sei bereit, einen Plan zur Lösung der Wirren zu prüfen. Der Fehlschlag der Bankierkonferenz in Paris hatte gezeigt, daß mit dem Standpunkt des Abwartens nicht weiterzukommen war. Die Geschäftswelt im Osten der Staaten begann auf ein Eingreifen Amerikas zu drängen, ihre Presse forderte konkrete Pläne. Die zahlreichen aus Europa zurückkehrenden Amerikaner berichteten übereinstimmend, daß ohne amerikanische Mitwirkung weder Europa noch der internationale Geschäftsverkehr wieder in Stand gebracht werden könnten. Das schnelle Fallen der Mark lenkte die Aufmerksamkeit auf die bevorstehende Katastrophe und verbreitete die Einsicht, daß mit wenigen Ausnahmen sämtliche europäischen Staaten ihr Budget und ihre Wirtschaftsbilanz nicht ausgleichen können und daher schneller oder langsamer Deutschlands Geschick werden folgen müssen. Die fruchtlosen Verhandlungen auf sonstigen Konferenzen und in der Reparationskommission brachten keine Lösung oder verschärften nur die Verhältnisse.

Unter Zustimmung des Auswärtigen Amtes habe ich dann mit Herrn Hughes den Plan einer internationalen Konferenz und die im Amt bekannte persönlich entworfene Skizze einer Tagesordnung für solche Konferenz durchgesprochen. Mit Zustimmung des Präsidenten und des Kabinetts hat Herr Hughes dann, da die amerikanische Regierung selbst keine konkreten Pläne hatte und auch keinen autoritativen Plan erhielt und daher keine Ziele für eine Lösung angeben konnte, als Weg zu diesem Ziele die Zusammenberufung einer Konferenz von angesehenen internationalen Geschäftsleuten durch seine Missionen bei den europäischen Staaten seit Mitte Oktober sehr vorsichtig betrieben. Schon bei seinen ersten Fühlern stieß er in Paris auf Widerstand, den er zu überwinden suchte, indem er den Franzosen darlegte, sie würden auf diesem Wege gewisse Reparationssummen erhalten, auf ihrem Wege der Zwangsmaßregeln dagegen nicht, und indem er mit anderen nicht genannten Mitteln drückte.

Die Bankierkonferenz in New York forderte auf englisches Betreiben hauptsächlich Ausgleichung und Streichung der alliierten Schulden, wogegen die Verwaltung, die dies Druckmittel nicht aus der Hand geben wollte und namentlich vor den Wahlen auf die Stimmung im Lande Rücksicht nehmen mußte, durch Herrn Hoover in seiner bekannten Toledo-Rede scharf Stellung nahm, während in wissenschaftlichen Aufsätzen das State Department durch Herrn Symons und das Schatzministerium durch Herrn Garrett gegen diese Pläne und die damit zusammenhängende Balfour-Note mobil machte. Für den Plan einer internationalen Konferenz wurde, vermutlich im Einverständnis mit der Verwaltung, von verschiedenen Geschäftsleuten auf Zweckessen oder in Broschüren, wie sie z. B. der New Yorker Bankier Bashe herausgab, nachdem er mit dem Präsidenten Golf gespielt hatte, in der Öffentlichkeit geworben, zunächst ohne Widerhall zu finden. Fast die gesamte Presse der Oststaaten hat seit jener Zeit tagtäglich lebhaft gegen die Untätigkeit der Harding-Verwaltung und für ein Eingreifen der amerikanischen Verwaltung in die europäischen Verhältnisse sich eingesetzt, ohne indessen über die Art und die Ziele einen Gedanken zu äußern. Von New Yorker Kreisen wurden Bestrebungen eingeleitet, den Farmern klarzulegen, daß ihre Absatzschwierigkeiten nur durch Wiederherstellung kaufkräftiger Märkte in Mitteleuropa zu beheben seien, wozu amerikanische Hülfe die Voraussetzung bilde, doch blieb das Wie ebenfalls im Dunkeln.

War die Regierung vor den Wahlen ängstlich, jede Möglichkeit des Abrückens von ihrer alten Wahlplattform aus dem Herbst 1919, des Herausbleibens aus den europäischen Wirren, erkennbar zu machen, so war sie nach den Wahlen, die wohl eine republikanische Mehrheit in beiden Häusern auf zwei Jahre sicherten, aber den freilich untereinander uneinigen Progressivs eine starke, fast ausschlaggebende Stellung gaben, freier in ihrer Bewegung und gleichzeitig aus Selbsterhaltungstrieb geneigter, aktivere Politik zu treiben, da die Wählermassen, besonders diejenigen mit europäischen wirtschaftlichen und gefühlsmäßigen Verbindungen, sich hierfür ausgesprochen hatten. Herr Hoover, der im Kabinett das ehrgeizigste und gleichzeitig das Mitglied mit dem feinsten Gefühl für beginnenden Stimmungsumschwung ist, hat sich letzthin lebhafter für Eingreifen in europäische Verhältnisse erklärt und den Gedanken einer anderthalb Milliarden Anleihe Pressevertretern gegenüber in die Öffentlichkeit geworfen. Inzwischen hatte die Erklärung Morgans über meine vom Amt geforderte Besprechung mit ihm, wonach keine internationale Anleihe an Deutschland vor vernünftiger Regelung der Reparationsfrage möglich sei, die allgemeine Aufmerksamkeit auf diese Kernangelegenheit gezogen.

Der bedeutendste Kopf unter den Progressivs, Senator Borah, der seit Wochen von uns mit Unterlagen über die europäischen Verhältnisse reichlich versehen war, hat dann durch seinen Zusatzantrag zur Erhöhung des Marine-Etats einen weiteren Anstoß gegeben. Er legte dar, daß Amerika schon mit den europäischen Wirren verquickt sei und an der Lösung wirtschaftlich, namentlich wegen der Farmer, interessiert sei, und forderte, daß die Verwaltung die beteiligten Staaten zu einer internationalen Konferenz einlüde, um die Reparationssumme festzusetzen und eine Rüstungseinschränkung in den Landheeren durchzusetzen. Da dieser Antrag im ganzen Lande großes Aufsehen und Zustimmung fand und nach viertägiger Debatte nicht ohne Aussicht auf Annahme im Senat war, hat Herr Hughes, nachdem der Präsident bereits in Pressekonferenzen ähnliche Äußerungen getan hatte, in der überreichten Rede in New Haven seinen Plan einer internationalen Geschäftsmännerkonferenz öffentlich bekannt gegeben und gleichzeitig die Abneigung der amerikanischen Verwaltung gegen irgendwelche Zwangsmaßnahmen wiederholt.

Letzteres war mit hervorgerufen durch den von der deutschen Regierung vorgeschlagenen Vier- oder Fünf-Mächte-Doppelvertrag über die Friedenssicherung am Rhein für ein Menschenalter, der von Hughes und Harding sehr gebilligt und den Franzosen warm empfohlen war. Er lenkte die Aufmerksamkeit mit Recht darauf, daß neben und über den wirtschaftlichen Reparationen die europäischen Wirren erhebliche politische Fragen einschlössen, die in erster Linie Antwort heischten. Die Öffentlichkeit hat ihn mit Überraschung und Zustimmung aufgenommen, daß Interesse an ihm aber nach Ablehnung durch die Franzosen, deren wortreiche und wechselnde Begründungen ohne Eindruck blieben, freilich schnell verloren, da sein Zusammenhang mit der Reparationslösung nicht genug erkannt wurde und er in Vereinzelung nicht so nachdrücklich und durchgreifend wirken konnte, wie es im Zusammenhang eines Gesamtplanes vielleicht möglich gewesen wäre.

Letzthin hat der Senat den Antrag Reeds auf Zurückziehung der amerikanischen Truppen aus dem besetzten Gebiet mit stillschweigender Zustimmung der Verwaltung angenommen, teilweise um Konflikte zu vermeiden, die bei militärischem Vorgehen Frankreichs möglich seien. Was Hughes zunächst durch vorsichtiges Fühlen seiner Botschafter, dann durch Entsendung von Abteilungsleiter Castle und anderen Männern wie Senator McCormick nach Europa, weiter durch Versammlung seiner europäischen Botschafter in London gelegentlich der dortigen Konferenz[3] nicht durchsetzen konnte, den französischen Widerstand gegen seinen Plan zu überkommen, ist ihm bisher auch durch die Veröffentlichung nicht gelungen, obschon er seine Rede den Botschaftern aller beteiligten Staaten vorher geschickt und, nach seiner Angabe, über den Plan selbst die französische Regierung eingehend unterrichtet hat. Immerhin betonte er, es seien bis zum 15. Januar noch acht Tage Zwischenzeit.

II. Die Stellung der Öffentlichkeit.

Die öffentliche Meinung, soweit sie aus Zeitungen und Einzelgesprächen entgegentritt, ist zunächst sichtlich befriedigt über die gezeigte Aktivität der amerikanischen Regierung. Aber mit der Genugtuung, daß Amerika nun etwas getan hat, verbindet sich die Besorgnis, was wohl weiter werden mag, und die Überlegung, welche Folgen fernere Schritte haben können. Im übrigen beschäftigen die französischen Absichten im linken Rheinufer und be-

[3] 7.–14. August 1922.

sonders gegenüber dem Ruhrgebiet vollauf die gesamte öffentliche Meinung. Selbst in manchen sonst französisch eingestellten Zeitungen wird dies Vorgehen als unzweckmäßig und schädlich verurteilt, aber eine eigentliche Entrüstung über solch Angreifen im Frieden ist in keinem Blatte zu finden. Umgekehrt bringt man den französischen Bemühungen, Deutschland absichtliche Nichterfüllung bei Holz- und Kohlenlieferungen durch Beschluß der Reparationskommission festzustellen, weder Verständnis noch Interesse entgegen. Solche Anwaltskniffe ist man hier von Politikern gewöhnt und wertet sie entsprechend.

Diese französischen Pläne, die man geflissentlich ihres militärischen Charakters zu entkleiden sucht, bewirken übrigens, daß letzthin stärker als sonst die Note herausklingt, daß Amerika für Deutschland etwas tun müsse, wobei die Versorgung mit Nahrungsmitteln im Vordergrund steht. Auch im Kongreß sind verschiedene Pläne nach dieser Richtung in Gesetzesform eingebracht; sie werden sämtlich von der Verwaltung mißbilligt, sind unklar und meist in ihrer gegenwärtigen Form undurchführbar, haben aber als Vorbereitung für später notwendig werdende Hülfsaktionen ihren Wert. Die jüngere Stimmung, Deutschland zu helfen, wird beeinträchtigt durch mündlich geäußerte Bedenken, ob die Deutschen noch widerstandsfähig genug seien, so daß sich die Hülfe lohne. Die jahrelang fortgesetzte Nachgiebigkeit der deutschen Regierung bis zu den letzten Fällen von Passau und Ingolstadt wie die Fügsamkeit der Beamten und der Bevölkerung auch gegenüber argen französischen Forderungen – daß z. B. kein Bürgermeister sich lieber hat absetzen lassen, als für Farbige ein Bordell in seiner Stadt einzurichten – haben starke Zweifel ausgelöst, ob die Deutschen überhaupt noch Mannhaftigkeit und Widerstandswillen besitzen. Vom Staatssekretär, von Geschäftsleuten und Journalisten werden wir immer wieder gefragt, „werden die Ruhrbergleute für die Franzosen Kohlen fördern oder werden sie streiken, und werden die deutschen Werksbesitzer und -leiter für die Franzosen und unter ihrer Oberleitung tätig bleiben?“ Und wir müssen allerhand Gründe über die Wirkung der Kohlenknappheit in den übrigen Landesteilen anführen, um Amerikanern die Wahrscheinlichkeit der Weiterarbeit leidlich verständlich zu machen. Weiter wird das Interesse an Deutschland durch die sehr mangelhafte Kenntnis europäischer Verhältnisse stark gehemmt. Der Leitartikelschreiber der offiziösen Washingtoner Post hat neulich gefragt, ob das Saargebiet eigentlich in Europa liege, Senator McCormick zeigte mir in seinem Amtszimmer an einer europäischen Wandkarte als neuestes, wie viele neue europäische Staaten es jetzt gäbe. Die Bedeutung des Ruhrgebietes ist schon geographisch den meisten Leuten nicht klarzumachen, da selbst die Vergleichung mit Pennsylvania ihnen nicht anschaulich ist. Im Senat haben die Senatoren nach längerer Debatte vorgestern sich darüber geeinigt, daß das Ruhrgebiet wahrscheinlich zwischen Belgien und Lothringen läge.

Die französische Propaganda hat von neuem lebhaft eingesetzt. Sie arbeitet mit Artikeln und Darstellungen aus dem verwüsteten Gebiet, mit unrichtigen Steuervergleichungen und ähnlichem. Die Hinweise auf die Nichterfüllung deutscher Verpflichtung bei Holz- und Kohlenlieferungen oder juristische Darlegungen, daß Frankreich nach dem von Deutschland unterschriebenen Vertrag zu diesen Zwangsmaßnahmen berechtigt sei, finden wenig Beachtung, obschon es natürlich immer wieder gegen uns einnimmt, daß wir in Versailles, in Spa und London unterschrieben und nachher die Zusagen nicht gehalten haben. Gerade ernste Geschäftsleute, die mangels wirklicher Kenntnis sich über europäische Dinge sachlich kein Urteil erlauben, stoßen sich formell an dem Nichteinhalten übernommener Leistungen. Der ungeheuere Umfang des Notendruckes wird immer wieder als absichtliche Verschlechterung unserer Währung hingestellt, um unsere Verpflichtungen nicht erfüllen zu können. Trotz allem hat die französische Propaganda keinen rechten Widerhall gefunden. Clemenceaus Versuch, die amerikanische Stimmung von neuem vor Frankreichs Wagen zu spannen, ist erfolglos geblieben und hat eher das Gegenteil bewirkt. Morgans Erklärung zu Gunsten einer französischen Anleihe hat nicht verfangen. Die französische Ablehnung unseres Rheinmächte-Vorschlages hat in Verbindung mit der Tatsache, daß Frankreich noch immer nicht die Marineabrüstung unterschrieben hat, die Auffassung von französischem Militarismus verstärkt.

Der große englische Einfluß in der Presse ist zur Hauptsache nicht gegen uns eingestellt, zumal England hofft, bei irgendwelchen europäischen Schritten Amerikas für sich eine Schuldenerleichterung durchzusetzen. Umgekehrt liegt der amerikanischen Presse viel daran, daß die Vereinigten Staaten sich mit England, von der Schuldenstreichung abgesehen, hier in gleichen Richtungen bewegen. Im ganzen ist die Presse und die öffentliche Meinung trotz des Willens, in Europa einzugreifen, und trotz mancher Erklärungen, Deutschland zu helfen, eigentlich ratlos. Sie fürchtet, wenn Amerika in die europäischen Wirren hineingeht, ohne klar umrissene Ziele zu haben, werde ein zweites Versailles herauskommen, indem die gerissenen europäischen Diplomaten den Amerikanern den leeren Rahmen mit anderen Dingen ausfüllen, als Amerika eigentlich wolle. Die vereinigten Handelskammern, die ihren Plan einer amerikanischen Kommission zur Feststellung der Reparationssumme trotz der Ablehnung durch die Verwaltung angeblich weiterbetreiben und zunächst Mr. Thomas, den französischen Munitionsminister, hierüber sprechen lassen, haben ebensowenig wie die National Civic Federation, die für Mitte Januar eine Konferenz mit großem Namen vorbereitet, bestimmte Pläne für die geforderte Zusammenarbeit zwischen Amerika und Europa.

Mit der Reparationsfrage beschäftigt man sich sachlich wenig. Man teilt die englische Auffassung, ohne ein eigentliches Urteil zu haben, hat aber ebenso ohne Widerspruch zu finden eine von Deutschland kommende Meldung über 20 Milliarden Goldmark abgedruckt. Die Höhe hat hier eben kein Interesse und kann es nicht haben, weil man über die Angemessenheit kein Urteil hat. Man wünscht, daß die Sache endlich erledigt wird – gleichgültig wie. Auch ist dies immer nur eine Einzelfrage, an der kein großes Interesse dauernd haften kann. Eher wäre dies schon bei dem Rheinmächte-Vorschlag möglich gewesen, wenn ihn nicht sofort die französische Ablehnung erstickt hätte und wenn er im Rahmen einer Gesamtlösung hätte vorgeführt werden können. Denn schließlich ist Deutschlands Schicksal für die meisten Amerikaner ohne besonderes Interesse. Für Deutschland läßt sich wohl zeitweilig Sympathie erwecken, wie letzthin für die Armenier, vielleicht auch eine Hülfsaktion zur Hungerlinderung durchsetzen, aber kein anderer leidenschaftlicher Wille zur Rettung des Landes wachhalten. Nur wenn für den Wiederaufbau Europas und des Weltverkehrs eine Gesamtskizze gegeben werden kann, die auch die großen politischen Fragen, die ungleich mehr interessieren und wichtiger sind, berührt, würde vielleicht die Erörterung in Fluß und das Interesse der Öffentlichkeit lebendig erhalten bleiben können. Dann würde es vielleicht möglich sein, durch Fortführung der Erörterung über die einzelnen bestimmten Aufgaben weiter zu gelangen. Diese großen, von verschiedenartigen Gefühlen und Anschauungen beherrschte, unter verschiedenen Klimaten lebenden und beruflich weit zersplitterten nordamerikanischen Menschenmengen werden nur sehr langsam, durch geschickte und eindringliche Bearbeitung zu irgendwelchen politischen Bewegungen gebracht; in England und Deutschland erledigen sich Parlamentswahlen in sechs Wochen, in Amerika ziehen sie sich über sechs Monate oder mehr hin. Solche Bearbeitung kann aber ohne umrissene Ziele nicht wirksam sein. Auch denkt der Amerikaner bestimmt und praktisch, wenn er auch sentimentale Verbrämungen liebt. An letzterem ist Europa gegenüber heute genug vorhanden, ersteres fehlt aber. Ich bitte, es mir nicht als Idiosynkrasie auszulegen, daß ich aus meiner amerikanischen Erfahrung heraus auf diese große Gesamtskizze immer wieder zurückkomme. Jetzt liegt die öffentliche Meinung dieses Landes wie ein Segelschiff ohne Ruder und ohne Wind. Was man bisher gefordert hat, eine Erklärung der Verwaltung für amerikanische Mitarbeit an den europäischen Aufgaben, ist erreicht. Was soll nun werden, wenn Frankreich nicht zustimmt, und was soll werden, wenn Frankreich zustimmt – auf beide Möglichkeiten fehlt die Antwort, und so zögert man und liegt still.

III. Die Lage der amerikanischen Verwaltung.

Die Stellung der Hardingschen Verwaltung zu den europäischen Dingen läßt sich durch die beiden Worte „Vorsicht" und „Fehlen bestimmter Ziele" ausdrücken. Herr Harding ist gerade, weil er kein starker Mann ist, gegenüber aussichtsreicheren Kandidaten von den dahinter stehenden Interessenten und Politikern seinerzeit zum Präsidenten gekürt worden, weil unter Wilson, wie schon früher unter Roosevelt, die verfassungsmäßig sehr große Macht des Präsidenten bei einem energischen Mann übermäßig zu werden drohte. Herr Harding wird Deutschlands Lage gutherzig bedauern, aber nicht mehr tun, als was die öffentliche Meinung Amerikas in ihrer Mehrheit fordert oder billigt. Er wird aber auch nichts tun, was nicht seine Berater vorschlagen oder billigen. Die drei Köpfe in seinem Kabinett sind sämtlich englisch gerichtet. Der Schatzminister Mellon, vielleicht am wenigsten englisch gesinnt, beschränkt sich auf glänzende Verwaltung der Finanzen und beteiligt sich anscheinend nur an der Regelung der Schuldenfrage. Herr Hoover, über den ich eingehend berichtet habe, ist anscheinend am aktivsten tätig für eine Beteiligung Amerikas an der Schlichtung der europäischen Wirren. Er hat auch, soweit ich sehe, zwei Ziele: eine internationale Anleihe, womit er die Reparation erledigen will, und eine große Hülfsaktion, um die Ernährungslage zu bessern. Für die Feststellung der ersteren hat er sich als Leiter eines von den vereinigten amerikanischen Handelskammern vorgeschlagenen Ausschusses, für die Durchführung der letzteren als bewährter Organisator bereits der Öffentlichkeit vorschlagen lassen. Herr Hughes ist hierin sein Gegner. Er ist englisch in seinem Fühlen, sehr vorsichtig, denkt mehr juristisch als politisch, so daß ihm kein Konferenzvorschlag besonders liegt, weil diese Art Tribunal die Verantwortung übernimmt. Außenpolitische Ziele verfolgen die Vereinigten Staaten nur gegenüber Zentral- und Südamerika, und auf diesen Feldern ist Herr Hughes eifrig und mit Erfolg tätig. Im übrigen wird die amerikanische Außenpolitik durch innerpolitische Erwägungen beherrscht. Die Republikaner sind gewählt mit dem Schlagwort 'gegen Völkerbund' und 'gegen Einmischung in Europa'. Sie wagen nur zögernd und mit allerlei Bemäntelung zu einem positiven Wege umzubiegen, immer in Sorge, daß die Demokraten triumphieren: „Jetzt seid ihr gezwungen, das zu tun, was wir bereits 1919 wollten!" Die Erfahrungen der Washingtoner Konferenz[4], die man so laut als Glanzleistung amerikanischer Politik preist, haben in Wirklichkeit wenig befriedigt, sowohl im Laufe der Konferenz wie nachwirkend im Ausbleiben der französischen Unterschrift. Gerade aus diesen Erfahrungen heraus ist die Verwaltung gegen eine internationale Konferenz von Staatsvertretern, bei welcher überdies infolge der Beteiligung der zahlreichen gegen Deutschland interessierten europäischen Staaten voraussichtlich günstigstenfalls England, Amerika, Deutschland, Österreich und vielleicht der eine oder andere neutrale Staat eine hoffnungslose Minderheit gegenüber allen übrigen Staaten darstellen würde. Starke wirtschaftliche Verknüpfungen, wie sie England mit Amerika auf den verschiedenen wirtschaftlichen Gebieten verbinden und daher mächtige Inter-

[4] 12. November 1921 – 6. Februar 1922.

essen aufrufen, fehlen zwischen Deutschland und Amerika fast ganz. Nur in der Handelsschiffahrt sind nennenswerte Verbindungen vorhanden. Auf anderen Gebieten, wie in der chemischen Industrie, bestehen im Gegenteil scharfe Gegensätze zwischen beiden Ländern. Überhaupt treten nach Lage der Verhältnisse deutsche Interessen jetzt in Amerika auf vielen Gebieten nur fordernd auf: bei der Rückgabe des Eigentums, bei der Beschlagnahme der Schiffe und Werften, bei Patenten, bei Geschäftskrediten in Baumwolle, Fleisch und Getreide u. a. Wo Deutschland etwas zu bieten hatte, wie z. B. beim Kali, ist es, soweit ich sehe, leider nicht gelungen, die starken amerikanischen Interessen der Farmer durch deren Organisation irgendwie mit den deutschen Kaliproduzenten unmittelbar in Berührung zu bringen, sondern es ist eine geschäftlich vielleicht recht einträgliche, politisch aber wirkungslose Verbindung mit einem rein amerikanischen Verkaufssyndikat zustande gekommen. Das drängende Interesse der mit eigenen Kapitalien an Deutschlands Gedeihen unmittelbar verknüpften amerikanischen Geschäftsleute kann also für uns nicht in die Waagschale fallen, noch die vorsichtige Verwaltung zum Handeln nach bestimmten Zielen antreiben, wie es z. B. in Lausanne die mächtige wirtschaftliche Gruppe der Ölinteressenten getan hat. Die amerikanische Verwaltung selbst hat aber keine bestimmten Ziele für Europapolitik. Von Europa selbst hat sie, wenn man von dem zur Zeit völlig aussichtslosen Wunsch auf Eintritt in den Völkerbund und der wenig versprechenden offiziellen Teilnahme an der Reparationskommission absieht, als Aufgabe nur genannt erhalten: Übernahme eines Schiedsrichteramts, Erlaß der Schulden, Gewährung einer Anleihe. Gegen das erste sträubt sich die Verwaltung heute ebenso wie zur Zeit des Simons'schen Hülferufes mit Recht; letztere beiden muten aber, solange sie nicht Glieder eines Gesamtplanes für die Wiederherstellung Europas und des Weltverkehrs sind, Amerika das Aufgeben von Vorteilen und die Übernahme von Lasten zu, ohne daß die Amerikaner dafür die Wahrscheinlichkeit eintauschen, daß jene Ziele nun erreicht werden. Nur England und Frankreich aus gegenwärtigen Verlegenheiten helfen, aber nichts Dauerndes schaffen, will und kann die Verwaltung nicht tun, und so steht sie zur Zeit abwartend da, sie weiß nicht, was sie tun soll.

Natürlich ist mit der Aufstellung bestimmter Ziele ihre Erreichung keineswegs gesichert. Es fragt sich dann, inwiefern sich die Amerikaner sie zu eigen machen, wieweit die anderen Staaten ihnen beistimmen werden, welche Mittel Amerika und andere Staaten für ihre Durchführung einzusetzen bereit sind, usw. Aber die Aufstellung bestimmter Ziele muß, m. E., der erste Schritt sein. Solange er nicht getan ist, führt es zu nichts, die folgenden zu erörtern. Auch der amerikanische Konferenzvorschlag kann, wenn man sich auf einen vernünftigen französischen Standpunkt stellt, von Frankreich gar nicht ohne weiteres angenommen werden. Die französische Regierung muß, bevor sie zustimmt, erst sorgsam ausfindig machen und festlegen, welche Gegenstände auf die Tagesordnung dieser Konferenz gesetzt werden sollen und zu welchen Ergebnissen man etwa gelangen will. Und selbst wenn man der pessimistischen Auffassung ist, die Franzosen wollten sich mit Absicht auf nichts einlassen, England werde ebenfalls nichts für die Gesundung Europas tun und auch Amerika rede nur und tue nichts, so bleibt es doch zu bedauern, daß diesen Regierungen nicht ein bestimmter Plan vorgelegt werden konnte, der sie gezwungen hätte, wenigstens Farbe zu bekennen.

IV. Möglichkeit weiterer Schritte in Amerika.

Da indessen Verwaltung und öffentliche Meinung in Amerika m. E. den Wunsch haben, für Europa etwas zu tun, so ist es möglich, daß der bevorstehende Einmarsch der Franzosen in das Ruhrtal und die Durchführung weiterer Zwangsmaßnahmen den Anstoß zu weiteren Schritten gibt. Daß Kabinett und Präsident, die Herrn Botschafter Harvey zu dieser Winterszeit haben herüberkommen lassen, in langstündigen Sitzungen diese Angelegenheit erörtert haben, ist ebenso bekannt geworden wie, daß sie bisher keine Ziele und Möglichkeiten gefunden haben, über die sie sich einig sind. Ich bezweifele, ob Herr Hughes die französische Einmarschdrohung für einen Bluff oder nur für ein grobes Mittel hält, um gemäß den bisherigen Erfahrungen aus Deutschland neue Opfer herauszupressen. Nach Äußerungen von Senatoren, die im Ausschuß für auswärtige Angelegenheiten für die Verwaltung das Wort führen, ist man vielmehr der Auffassung, daß Poincaré nach reiflicher Überlegung und sorgfältiger, rechtlicher und politischer sowie tatsächlicher Vorbereitung vorgeht und daß er die Gefährdung der Entente mit England nicht gewagt hätte, wenn Frankreichs Regierung und Parlament nicht fest entschlossen wären, sich selbst finanzielle Befriedigung und zum mindesten politische Genugtuung durch Schädigung Deutschlands zu verschaffen. Aus diesen Gründen ist auch diese seit Jahren drohende Zwangsmaßnahme keineswegs aufzuhalten.

Von manchen Seiten, besonders aus Deutschland, klingt immer wieder der Wunsch herüber, die amerikanische Verwaltung solle eine offizielle Erklärung öffentlich abgeben. Ich persönlich halte von Worten, hinter denen keine Taten oder wenigsten Entschlüsse stehen, recht wenig. Etwas anders ist es, wenn z. B. im Senat, wie gelegentlich der Clemenceau-Angriffe so jetzt anläßlich des Poincaréschen Einmarsches ins Ruhrgebiet[5], einige deutliche Reden gehalten würden. Sie würden das Interesse der amerikanischen Bevölkerung, die jetzt diesem französischen Versuch verhältnismäßig kühl gegenübersteht, aufrufen und zu einer allgemeineren Verurteilung solchen französischen Militarismus beitragen, so daß, falls die Verwaltung irgend etwas unternehmen will, sie die öffentliche Meinung hinter sich hat. Ich

[5] 10. Januar 1923.

werde sehen, ob sich nach dieser Richtung einer öffentlichen Brandmarkung etwas erreichen läßt. Leicht wird es nicht sein.

Aber jene Wünsche gehen auf öffentliche Erklärungen mit bestimmter politischer Wirkung. Da fragt es sich, welchen Inhalt soll solche Erklärung haben und auf wen soll sie wirken. Daß der ganze Vertrag von Versailles ungerecht ist und beseitigt werden muß, wenn Europa gesunden soll, hat in dieser Schärfe, soweit ich mich erinnere, noch keine deutsche Regierung offiziell erklärt. Daß die Verwaltung eines Landes, das diesen Vertrag mit aufgestellt hat, dieses Werk so verurteilt, ist sehr unwahrscheinlich. Die amerikanische Verwaltung und die weitaus größte Mehrheit der Amerikaner halten an der Auffassung von der Schuld Deutschlands am Kriege und der Notwendigkeit gerechter Bestrafung noch durchaus fest; vielleicht teilweise gegen besseres Wissen, aber auch dann schon aus dem Grund, daß sie sonst erklären müßten, sie seien getäuscht in den Krieg gegangen und die politischen Ergebnisse des letzten Jahrzehntes seien eigentlich hinfällig. Aber würde solche Erklärung auf die leitenden Kreise anderer Länder wirken, und würde sie jetzt günstige Erfolge für uns zeitigen? Die Fragen stellen, heißt sie verneinen. Ich glaube nicht, daß die geistige und moralische Umstellung der Völker schon so weit ist.

Erklärungen, daß die bis jetzt geforderten Reparationssummen phantastisch seien, sind insofern überholt, als durch den amerikanischen Plan einer Geschäftskonferenz diese Erklärung mittelbar eingeschlossen ist. Eine Wirkung auf die französischen Kreise ist hierdurch indessen ebensowenig wie durch die offiziellen englischen Vorschläge und Erklärungen erzielt worden.

Was offizielle Erklärungen angeht, daß Zwangsmaßnahmen unzweckmäßig und ungerechtfertigt seien, so ist ersteres mehrfach und erst jüngst von der amerikanischen Regierung durch ihre Vertreter in den europäischen Hauptstädten und durch Hughes in der Öffentlichkeit erklärt worden. Hinsichtlich der letzteren Bezeichnung liegt es teils wie bei der Schuldfrage, teils handelt es sich um juristische Auslegungen der Versailler Auflegung. Es ist möglich, daß, wenn die deutsche Regierung diesen Punkt selbst stark behandelt, vielleicht auch andere Regierungen sich zur deutschen Auffassung bekehren. Bei Herrn Hughes und seiner formaljuristischen Denkart wird dies nicht leicht sein. Etwas anderes ist es, wenn sich aus der Durchführung der französischen Zwangsmaßnahme große Mißstände, Verletzungen u. a. ergeben.

Ob die amerikanische Verwaltung dazu zu bringen wäre, noch eine formelle Einladung zu solcher internationalen Konferenz von Geschäftsmännern zu erlassen, ist fraglich. Auch diese würde aus den dargelegten Gründen ebensowenig sofort Zustimmung finden können, wie die informelle. Ehe Frankreich nicht die Tagesordnung kennt, kann es gar nicht zustimmen. Aber die amerikanische Regierung hat keine Tagesordnung. Hierin, und nicht in informellem Vorgehen, das allein zu Erfolgen führen kann, da es unverbindliche Aussprachen ermöglicht, liegt die Schwäche der amerikanischen Aktion, und diese Schwäche ist nicht durch eine öffentliche formelle Einladung zu beheben. Könnten sie Ziele für den Wiederaufbau Europas angeben, so würde sie möglicherweise auch bei der französischen Regierung einen gewissen Erfolg haben können. Ich überschätze die Wirkung solcher begründeter Tagesordnung gewiß nicht. Denn Frankreich wird sich schwerlich ganz aus freien Stücken auf solche Konferenz einlassen, weil bei Herabsetzung der deutschen Reparationssumme der ganze französische Haushalt zusammenbricht. Auf diesem Trugbild, das die französischen Politiker sicherlich durchschauen, ist aber der Bestand der gegenwärtigen französischen Regierung ebenso aufgebaut wie der gesamte französische Kredit und damit die französische Wirtschaft. Gleichzeitig mit der Festsetzung einer für Deutschland zahlbaren Reparationssumme muß die Gewährung einer internationalen Anleihe und müssen zugehörige andere Maßnahmen beschlossen werden, damit die französische Regierung die nötigen Mittel erhält, um ihren Haushalt wenigstens für einige Zeit auszugleichen. Daß diese Gleichzeitigkeit im Bradburyschen Plan fehlte, machte ihn hauptsächlich für die Franzosen unannehmbar.

Ob neben solchem positiven Anreiz und solchen Sicherungen Frankreichs noch besondere Druckmittel nötig sein werden, um die Franzosen zur Annahme des Konferenzvorschlages zu bringen, scheint mir immerhin wahrscheinlich. Eine gemeinschaftliche, öffentliche Einladung von England und Amerika zu einer Konferenz würde voraussichtlich größere Wirkung haben. Aber solche gemeinschaftliche Einladung setzt wieder ein vorhandenes Einverständnis zwischen diesen beiden Ländern über die Hauptfragen der Tagesordnung voraus, die vielleicht bei den gegenwärtigen Besprechungen der Schuldenregulierung zwischen dem englischen und dem amerikanischen Schatzkanzler in Washington mitbehandelt werden. aber auch damit ist noch nicht gesichert, daß Frankreich sich auf diese Konferenz einläßt.

Daß in Amerika jemand daran dächte, solcher amerikanischen oder gemeinschaftlichen Einladung durch Hinweis auf Waffengewalt Nachdruck zu verleihen, ist natürlich völlig ausgeschlossen. Amerika wird im Gegenteil voraussichtlich seine Truppen aus dem besetzten Gebiet sehr bald herausziehen. Vielleicht wird England folgen. So unangenehm und vielleicht gefährlich dies für die betroffene Bevölkerung ist, so läßt auf längere Sicht sich hieraus für uns, meines Erachtens, nur Erfolg erwarten. Denn beide Staaten können sich dann viel stärker für schnelle Aufhebung der ganzen Besatzung und bis dahin für deren Bezahlung aus den eigenen Mitteln der besetzenden Staaten einsetzen als heute, wo sie selbst daran teilnehmen.

Ein anderes Druckmittel ist zweifellos die französische Verschuldung an Amerika. Aber sie drückt nicht sehr, solange Frankreich, wie bisher, weder

Zinsen noch Tilgungsbeträge zu zahlen gedrängt wird. Und bisher wenigstens war die amerikanische Verwaltung viel eher geneigt, Frankreich die Schuld ganz oder großenteils zu schenken als England. Aber selbst wenn Amerika den Franzosen völlige Schuldenstreichung zusagte, so ist bei der großen inneren französischen Verschuldung, die nach dem heutigen Kurse etwa 14 Milliarden Dollar beträgt, Frankreich damit nicht wirklich, so selbstverständlich es natürlich diese Erleichterung annehmen wird, geholfen. Gleichzeitig muß vielmehr die Reparationsfrage gelöst und Frankreich durch eine internationale Anleihe zu Lasten Deutschlands Mittel zugeführt werden.

Ein stärkeres Druckmittel wäre eine Mitteilung an die französische Regierung, daß Frankreich auf keine Anleihe, weder für sein Land, noch für seine Kommunen, noch für seine industriellen Werke, in amerikanischem und englischem Markt rechnen kann, solange es hartnäckig darauf besteht, sich jeder vernünftigen Regelung der deutschen Reparation und damit dem wirtschaftlichen Wiederaufbau Europas zu widersetzen. Ich vermute und hoffe, daß schon jetzt Kredite an französische Firmen hier eingeschränkt oder zurückgezogen werden. Noch stärker wird das bereits im Herbst einsetzende, dann durch starke Tätigkeit der französischen Regierung und der ihr befreundeten Banken aufgehaltene und seit zwei Wochen wieder erkennbare Sinken der französischen Währung wirken, das in fortgehender und größerer Auswirkung Frankreich in ähnliches Geldelend und gleiche Kapitalsnot bringen wird, in der sich Deutschland jetzt befindet. Aber diese beiden Mittel liegen in den Händen der großen Geschäftsleute in London und New York, auf welche die beteiligten Regierungen nur gewisse mittelbare Einflüsse ausüben können. Die Berliner Großbanken werden zu beurteilen vermögen, was auf diesem Gebiet noch zu tun möglich ist, das ich hier seit dem Sommer in gelegentlichen Gesprächen mit den Banken meist in vorsichtig scherzhafter Form immer wieder behandle.

Welche anderen Schritte die amerikanische Regierung tun könnte, vermag ich nicht zu sagen. Auch vom Amt sind bisher keine bestimmten Aufträge nach dieser Richtung hin gekommen. Der Konferenzvorschlag der amerikanischen Regierung ist, soweit ich von hier aus sehe – und ich gebe selbstverständlich zu und hoffe dringend, daß man von der Berliner Zentrale aus noch andere Wege sieht –, der einzige z. Z. vorhandene Vorschlag, der von den größten Staaten gebilligt wird, der für uns gewisse günstige Möglichkeiten eröffnet und wenigstens den Weg zu einer wirklichen Lösung beschreitet. Persönlich muß ich allerdings gestehen, daß ich auf die Ergebnisse solcher Konferenz keine großen Hoffnungen setze; ich kann mir keine Lösung erdenken, die für Deutschland noch rechtzeitig eine wirkliche Rettung bringt. Aber das enthebt nicht von der Pflicht, alles irgend mögliche zu versuchen und zu fördern, was zu einer Lösung nötig und möglich, für die dann die hiesige öffentliche Meinung und die amerikanische Verwaltung zu gewinnen wäre, wie sie seinerzeit für das Teilziel des Rheinmächte-Vorschlages sofort zu haben war. Die Druckmittel ins Spiel zu setzen, werden wir den anderen Staaten und den großen Geschäftsleuten überlassen müssen, sowie der sich selbst schädigenden Wirkung der französischen Zwangsmaßnahmen. Je weniger es den Franzosen gelingt, mit ihren gegenwärtigen Zwangseingriffen den erhofften finanziellen Erfolg zu erzielen, je mehr und je schneller ihre Maßnahmen zu Schwierigkeiten, zu wirtschaftlichen Stokkungen, zu Verletzungen aller Art, zu Unruhen und großen Störungen führen, je mehr alles dies schnell in allen Ländern bekanntgegeben wird und die allgemeine Stimmung gegen Frankreich aufbringt, desto stärker werden jene anderen Mittel auf Währung und Kredit Frankreichs drücken und desto eher werden gewisse zögernde Schritte der Staaten unter dem Druck ihrer öffentlichen Meinung möglich werden.

16. Bericht Dieckhoffs

Die öffentliche Meinung Amerikas und der Ruhrkonflikt: „In den letzten Tagen haben sich die deutschfreundlichen Stimmen noch dadurch vermehrt, daß die letzten amerikanischen Soldaten aus Koblenz eingetroffen sind, die sich durchweg – soweit es die Presse überhaupt veröffentlicht hat – für Deutschland ausgesprochen haben.“

ADAP, Serie A, Bd. VII, Nr. 97.

Washington, 19. Februar 1923

Die Besetzung des Ruhrgebiets hat in ihrem ersten Stadium in den Vereinigten Staaten große Sensation verursacht und lebhaftes Interesse hervorgerufen. Dies war einmal darauf zurückzuführen, daß jeder wichtige neue Vorgang von der nach ‘news’ durstigen Presse stets nach Möglichkeit ausgeschlachtet wird, ferner darauf, daß allgemein das Empfinden herrschte, daß das Vorgehen der Franzosen Rückwirkungen auf die hiesige wirtschaftliche Lage haben würde, und endlich vor allem darauf, daß unmittelbar vorher Herr Hughes durch seine Rede in New Haven in weiten Kreisen den Eindruck erweckt hatte, als ob Amerika aus seiner Passivität heraustreten und demnächst aktiv eingreifen würde. Das Interesse hat nicht lange vorgehalten. Schon die am 11. Januar bekannt werdende Tatsache der Zurückziehung der amerikanischen Rheintruppen war geeignet, die Anteilnahme an den europäischen Dingen herabzumindern. Als dann der französische Einmarsch[1] in wenigen Tagen vollzogen war und keine neuen sensationellen Ereignisse mehr gemeldet wurden, als die erwartete Rückwirkung auf das

[1] Besetzung des Ruhrgebiets am 10. Januar 1923.

amerikanische Wirtschaftsleben ausblieb und als sich immer mehr herausstellte, daß die Administration in ihrer neutralen und passiven Haltung verharren würde, da ließ das Interesse an den Ruhrvorgängen sichtbar nach. Das kam in der Presse zum Ausdruck, machte sich im Gespräch bemerkbar und wurde auch durch die Haltung des Kongresses deutlich, der geflissentlich jeder größeren Aussprache über die auswärtige Politik auswich und nur gelegentlich in spontanen Reden einzelner Repräsentantenhausmitglieder und Senatoren zur Reparations- und Ruhrfrage Stellung nahm. Erst in den allerletzten Tagen scheint sich das allgemeine Interesse an der Ruhr wieder etwas zu beleben. Das liegt wohl daran, daß allgemein erwartet wird, daß der gegenwärtige Zustand im Ruhrgebiet nicht mehr lange andauern könne und entweder in blutigen Zusammenstößen seine Entladung finden oder durch baldige Verhandlungen beendet werden müsse. Ferner aber ist das Neuerwachen des Interesses wohl hauptsächlich auf die Nachrichten aus England zurückzuführen, wo Parlament und Regierung neuerdings zur Ruhrfrage Stellung nehmen. Auch bei dieser Gelegenheit zeigt sich die oft beobachtete Tatsache, daß in Fragen der auswärtigen Politik die öffentliche Meinung der Vereinigten Staaten sehr wesentlich von der öffentlichen Meinung Großbritanniens beeinflußt wird.

So hat das Interesse an den Ruhrvorgängen während der letzten Wochen erhebliche Schwankungen durchgemacht. Die Frage ist, ob auch die öffentliche Meinung selbst geschwankt hat. Ist sie vom ersten Tage an einheitlich gewesen oder war sie von Anfang an gespalten? Ist sie einheitlich geblieben oder ist die eine oder die andere Richtung stärker bzw. schwächer geworden?

Mit Bestimmtheit läßt sich nur folgendes sagen: Eine einheitliche öffentliche Meinung zur Ruhrfrage hat in den Vereinigten Staaten von Anfang an nicht existiert und existiert auch heute nicht. Im Gegenteil, das Land ist in zwei Lager gespalten, deren Stärke zwar schwer abzuschätzen ist, die sich aber im wesentlichen die Waage halten dürften.

Die Grundeinstellung der meisten Amerikaner zum Reparationsproblem geht noch immer dahin, daß Deutschland durch den Versailler Vertrag zum Zahlen verpflichtet sei, daß es nicht genügend Anstrengungen gemacht habe, seinen Verpflichtungen nachzukommen (immer wieder stößt man auf die Ansicht von der gewaltigen Kapitalflucht aus Deutschland und von den ungenügenden Leistungen für den Wiederaufbau Frankreichs), und daß Frankreich daher ein Recht habe, die geschuldeten Zahlungen zu erzwingen. Von dieser Basis aus betrachtet zweifellos die überwiegende Mehrheit des amerikanischen Volkes die Reparationsfrage. Infolgedessen finden auch die meisten Amerikaner rechtlich an dem Vorgehen der Franzosen wenig auszusetzen. Das hat ihnen aber nicht die Augen verschließen können vor der Unzweckmäßigkeit einer militärischen Okkupation zur Erzielung von Zahlungen, und so hat in der Tat ein großer Teil der öffentlichen Meinung von vornherein gegen das gewaltsame Mittel einer militärischen Besetzung ernste Bedenken geäußert. Ich bin aber überzeugt, daß, wenn der französisch-belgische Einmarsch rasch zum Ziel geführt und wirklich nennenswerte Reparationsleistungen zur Folge gehabt hätte, er von der öffentlichen Meinung Amerikas fast ausnahmslos gebilligt und von vielen sogar gepriesen worden wäre. Für die Amerikaner kam alles darauf an, ob die Maßnahme Erfolg brachte; wäre dies geschehen, so wäre sicher kein sonderlicher Widerspruch laut geworden. Die moralische Seite der Sache, die brutale Vergewaltigung eines ganzen Volkes und die unerhörte Besetzung von fremdem Gebiet mitten im Frieden, ist ein Gesichtspunkt, der fast nie geäußert wird. Nur ganz selten habe ich – außer bei Amerikanern deutscher oder irischer Abstammung – eine moralische Empörung über das französische Vorgehen festzustellen vermocht. Vielleicht liegt dies daran, daß der Amerikaner sich die Konsequenz einer feindlichen Okkupation nicht richtig vorstellen kann; soweit er es vermag, beruhigt er sein aufwallendes Rechtsgefühl damit, daß er sich sagt, die Deutschen haben es in Belgien und Frankreich auch nicht anders gemacht. Bezeichnend ist der Cartoon in der letzten Nummer des Life, wo ein Deutscher zum anderen sagt: „These verfluchten Franzosen behave as if this country were Belgium."

Nachdem sich nun aber sehr bald herausgestellt hatte, daß die Bedenken gegen die Zweckmäßigkeit des französischen Vorgehens berechtigt waren, daß der Erfolg infolge des Widerstandes der Ruhrbevölkerung ausblieb und daß das Unternehmen nur Kosten verursachte ohne Geld einzubringen, haben diejenigen, die von Anfang an auf die Untauglichkeit des französischen Mittels hingewiesen hatten, in allen Teilen des Landes Zuwachs erfahren. Heute hält die große Menge der praktisch denkenden Amerikaner das Unternehmen mindestens für 'unwise', viele erklären es offen für 'foolish'. Einige wenige von ihnen gehen noch weiter und sagen: Das Unsinnige der Aktion liegt so offen zutage, daß die Franzosen bei ihrem Beharren auf dieser Politik andere Gründe haben müssen als die Erzielung von Reparationszahlungen. Offenbar verfolgen sie politische Ziele, entweder die Zertrümmerung Deutschlands oder die Annektion des Rhein- und Ruhrgebiets an Frankreich. Beides wird unzweifelhaft vom ganzen amerikanischen Volk verworfen. – Die heutige Gruppierung der öffentlichen Meinung in den Vereinigten Staaten zur Ruhrfrage ist daher folgende:

Das eine Lager billigt das französische Vorgehen „sans phrase". Hier findet man hauptsächlich diejenigen, die sich vom Sentiment beeinflussen lassen. Sie stehen noch unter dem Eindruck der Greuelpropaganda des Krieges und halten jedes entsprechende Vorgehen der Franzosen und Belgier gegen Deutschland für gerechte Strafe. Das kommt in zahlreichen Zuschriften an die Zeitungen und in Reden, in Versammlungen, im Kongreß immer wieder zum Ausdruck. Ich verweise besonders auf die Rede des Senators Reed (Pennsylvania) im Senat und des Abgeordneten Lineberger im Repräsentantenhaus. Charakteristischerweise sind es besonders die Frauen, die sich in diesem Lager zusammenfinden; auch gewisse kirchliche Kreise, besonders die Kreise der Episcopal[ian] High Church, äußern sich oft in diesem Sinn. Ganz besonders tätig sind die Mitglieder der American Legion, die an Gehässigkeit und Verhetzung gegen Deutschland das Menschenmögliche leisten.

Im anderen Lager stehen alle diejenigen, welche mit Besorgnis die Entwicklung der Dinge in Europa betrachten und auch klar genug sehen, um zu erkennen, daß Amerika auf die Dauer von dem europäischen Chaos nicht unberührt bleiben wird. Aus Sentimentalitätsgründen kämpfen auf dieser Seite selbstverständlich die Deutschamerikaner und daneben auch die Iren. Die Arbeiterschaft hat neuerdings ebenfalls energisch gegen die Ruhrbesetzung Stellung genommen, und selbst Gompers hat aus Anlaß des Appells der deutschen Gewerkschaften an den Kongreß seine Mißbilligung des französischen Vorgehens ausgesprochen. In den letzten Tagen haben sich die deutschfreundlichen Stimmen noch dadurch vermehrt, daß die letzten amerikanischen Soldaten aus Koblenz eingetroffen sind, die sich durchweg – soweit es die Presse überhaupt veröffentlicht hat – für Deutschland ausgesprochen haben. Die Presse vermeidet im allgemeinen Partei zu nehmen. Es ist auffallend, wie wenig Leitartikel in den Zeitungen über diese Frage erscheinen. Nur die Hearstpresse spricht sich in prononcierter Weise gegen die Invasion aus.

17. Entlassungsgesuch Wiedfeldts an Ebert (Auszug)

Amerika und Deutschland: „Denn dieses Land ist keineswegs deutschfreundlich eingestellt, und selbst ein kleines Zugeständnis zu Deutschlands Gunsten muß mühsam errungen werden.“

ADAP, Serie A, Bd. X, Nr. 30.

Washington, 20. April 1924

Hochgeehrter Herr Präsident!

Hierdurch beehre ich mich um Enthebung von dem Posten des deutschen Botschafters in Washington zum 1. oder 15. September d. J. zu bitten und mir das Abberufungsschreiben übersenden zu lassen. In den zwei Jahren meiner hiesigen Tätigkeit habe ich mit den leitenden Männern hier persönlich in solchen Beziehungen gestanden, daß ich für richtig halte, mich auch persönlich von ihnen zu verabschieden.

Als ich auf Ihr und Herrn Dr. Rathenaus Drängen im März 1922 den hiesigen Posten übernahm, erhielt ich von Ihnen beiden als Doppelauftrag: anzustreben, daß die allgemeine Stimmung in den Vereinigten Staaten Deutschland gegenüber sich bessere und daß Amerika an der Wiederaufrichtung Deutschlands sich beteilige. Das erste ist eingetreten, das zweite ist erreicht.

Um die ganz überwiegend deutschfeindliche Einstellung von 110 Millionen jahrelang verhetzter siegesstolzer Amerikaner zu beeinflussen, bot nur der Weg Aussichten, daß ich von der zentralen Stelle des Botschafters aus mit möglichst vielen maßgebenden Einzelnen aus den verschiedenen Landesteilen, Schichten und Berufen solche Fühlung aufzunehmen suchte, daß mittelbar durch deren Einfluß die allgemeine Stimmung auf Auffassungen sich einstellte, die für Deutschland günstiger und gerechter laufen.

Die Stellung der deutschen Botschaft besonders zum State Department, aber auch zu allen Ressorts, ist gut, amtlich wie persönlich. Zu beiden Präsidenten habe ich stets gute Beziehungen gehabt. Zu den meisten leitenden Politikern stehe ich seit längerem in guten Verbindungen, mitunter über Dritte, weil manche Senatoren durch völlige Zurückhaltung ihre amerikanische Unabhängigkeit zeigen wollen. Für die Vertretung deutscher Belange, sei es in Abwehr feindlicher Angriffe wie des Clemenceauschen, sei es zur Förderung bestimmter Ziele, haben wir stets angesehene amerikanische Politiker im Haus oder Senat gefunden. Zu den ersten Geschäftsleuten und Bankleitern, von den Schwab, Gary, Bedford und Ford bis zu den Krech pp., habe ich persönlich gute Verbindungen und kenne auch die französisch eingestellten Herren wie Morgan oder Kent oder schwankende wie O. H. Kahn persönlich. Mit der katholischen Kirche und den Lutheranern unterhalten wir freundliche Beziehungen, zu den anderen Sekten sind wenigstens einige Brücken geschlagen, wie dies auch zu den wissenschaftlichen Kreisen begonnen ist. Manche Deutschblütige sind wieder für die deutsche Sache gefestigt. Im Einvernehmen mit ihnen hat den großen Sammlungen zu Gunsten Deutschlands hier mancherlei Hilfe erwiesen werden können.

Gesellschaftlich ist die Botschaft mit Bedacht noch immer viel zurückhaltender als vor dem Kriege, was als mit dem Kriegsverlust und den Hilfssammlungen für bedürftige Deutsche im Einklang hier durchaus gebilligt wird. Außer dem Schritt der belgischen Botschafterin ist in diesem Jahre überhaupt keine gesellschaftliche Unfreundlichkeit vorgekommen. Selbst der Flaggenvorfall[1] hat meiner Frau besonders zahlreiche Besucher zuge-

[1] Zum allgemeinen Flaggenstreit vgl. den Flaggenerlaß des Reichswehrministers Geßler vom 17. August 1927, in dem es u. a. heißt: „Es hat in der Öffentlichkeit zu unliebsamen Erörterungen geführt, daß Reichswehrangehörige ihre Privatwohnung lediglich Schwarz-Weiß-Rot beflaggt haben und daß von Reichswehrangehörigen Kränze, die nur eine schwarz-weiß-rote Schleife hatten, niedergelegt worden sind.

führt, die ihr teilweise durch Überreichung von Schecks für deutsche Kinder eine besondere Freude gemacht haben. Presse und Film sind wesentlich neutraler geworden, obschon natürlich in beiden gelegentlich immer wieder feindliche Stimmungen hochflackern. Denn dieses Land ist keineswegs deutschfreundlich eingestellt, und selbst ein kleines Zugeständnis zu Deutschlands Gunsten muß mühsam errungen werden.

Da die Republikanische Partei nach ihrem Wahlprogramm von 1920 die Vereinigten Staaten nicht als Staat an den europäischen Verhandlungen beteiligen konnte, habe ich gemäß persönlicher Besprechung mit dem Reichskanzler und Außenminister Wirth seit Herbst 1922 mich bemüht, den Staatssekretär Hughes für eine Lösung der Reparationswirren durch Eingreifen amerikan[isch]er Bürger auf dem Wege einer Konferenz internationaler Geschäftsmänner zu Gunsten Europas und des gesamten Wirtschaftslebens der Erde unter Vorlegung bestimmter Richtpunkte zu gewinnen. Er hat dann die New-Haven-Rede vom Dezember 1922 nach dieser Richtung gehalten, deren Absicht zunächst an dem französischen Widerstand scheiterte und die auch der Verwirklichung nicht näher gebracht wurde, weder als die Cuno-Regierung den Plan aufnahm noch als ihn Lord Curzon erneut vorlegte, weil in diesem Falle Herr Hughes auf diesen Plan zurückkommen mußte, weil die Vereinigten Staaten sonst zu keiner Hilfe bereit waren, und Herr Hughes wieder dieselben Bedenken hegte, habe ich entsprechend der Berliner Weisung, die Beteiligung Amerikas durchzusetzen, in persönlicher Aussprache mit Präsident Coolidge und anschließend mit Hughes die Teilnahme der Vereinigten Staaten grundsätzlich erreicht. Dies deckt sich mit den gegenwärtigen Zielen der englischen Politik. Die hierüber gewechselten Noten einschließlich der zwischen Herrn Hughes und mir in der vom Amt genehmigten Form sind veröffentlicht, ohne den von Hughes befürchteten Widerspruch hierzulande auszulösen. Darauf haben, teilweise sogar unter amerikanischer Führung, die Kommissionen getagt. Die Ergebnisse und Vorschläge sind veröffentlicht. Die deutsche Regierung hält diese für an-

Dazu habe ich folgendes zu bemerken: Wie die Rechtsverhältnisse in Deutschland liegen, bedeutet die Verwendung der schwarz-weiß-roten Farben ohne gleichzeitige Berücksichtung der Nationalfarben Schwarz-Rot-Gold eine politische Stellungnahme und Betätigung und ist daher gemäß § 36 des Wehrgesetzes verboten. Darüber hinaus ist ein solcher Vorfall aber geeignet, meinen Kampf um die überparteiliche, nur dem Staatswohl dienende Stellung der Reichswehr zu erschweren und den Gegnern der Wehrmacht Waffen in die Hand zu geben. Mit allen Mitteln suchen diese Kreise den Nachweis zu führen, daß die Wehrmacht ganz einseitig eingestellt sei, und ihre 'unpolitische' Einstellung in Wahrheit nur ein Deckmantel für ihre Rechtsorientierung darstelle. Gerade in der Flaggenfrage, die im Vordergrunde des politischen Kampfes steht, ist deshalb äußerste Zurückhaltung am Platze." Huber, Bd. 3, S. 183 f.

nehmbar. Was ich für ihre Verwirklichung hier noch an Hilfestellung leisten kann, wird sich in den nächsten Monaten erledigen, falls überhaupt z. B. bei den Anleiheverhandlungen meine Mitarbeit gewünscht wird. Es wird gelingen, die Amerikaner so fest mit der Lösung der europäischen Wirren zu verstricken, daß sie schwerlich wieder heraus können, zumal wenn wir uns nicht für den Völkerbund einfangen lassen; denn sonst verlieren wir fast die einzige uns jetzt gegebene Möglichkeit, der amerikanischen Regierung einen politischen Gegendienst zu leisten, indem sie ihre Weigerung zum Eintritt u. a. damit begründen kann, daß er große und volkreiche Gebiete wie Rußland und Deutschland nicht umschließe.

Der Entwurf eines deutsch-amerikanischen Handelsvertrages[2] ist unterzeichnet und liegt zur Zustimmung im Senat, wo er ohne den Ölskandal nebst seinen Ausläufern gegen den Widerstand einzelner Schiffahrtsfreunde voraussichtlich schon angenommen wäre. Er bietet uns mehr Vorteile, als wir vor dem Kriege zu erreichen gehofft hätten, er reißt in den französischen Plan handelspolitischer Einklammerung und Erstickung Deutschlands ein großes Loch und öffnet uns wie andern Völkern den Weg ins Freie, indem die Vereinigten Staaten durch ihn entschlossen auf die Seite wirtschaftlicher Freiheit treten. Wie lange die hohe Zollmauer hier noch unabgebaut unter den veränderten Verhältnissen bleiben wird, steht dahin; auch in der langsichtigen Arbeit nach diesem Ziele sind englische und deutsche Handelspolitik gleichläufig eingestellt.

Die Befreiung der letzten deutschen Kriegsgefangenen ist mit vielfältigen Mühen jetzt erreicht, auch für diejenigen, die in törichter Verblendung sich Straftaten hatten zuschulden kommen lassen. Ebenso sind zahlreiche unangenehme Sachen aus der Vorkriegszeit abgewickelt worden; einige schweben noch. Auf die Beschaffung von Nahrungsmittelkrediten für Deutschland hat die Botschaft viel Arbeit aufgewendet, die vorerst vermutlich in Form eines auf lange Jahre zinsfreien Darlehens von 10 Millionen Dollar ihr Ergebnis zeitigen wird. Leider hat die Botschaft seit Monaten hierin nicht mehr tun können.

Von dem beschlagnahmten deutschen Eigentum sind 28 000 kleine Vermögen ganz und von den 4 000 großen je 10 000 Dollar durch das Winslow-Gesetz vom März 1923 freigegeben, das durch unsere Freunde und unsere eifrige Mitarbeit durchgesetzt ist. Auch die Zinszahlung für das noch beschlagnahmte Vermögen kommt nun in Gang. Die Gesamtfreigabe findet immer mehr Anhänger; die meisten führenden Geschäftsleute und viele Politiker sind hier jetzt dafür. Sobald für die Befriedigung der amerikanischen Ansprüche gegen Deutschland geeignete Vorkehrung getroffen ist – was

[2] Für den Wortlaut des Vertrages vom 8. Dezember 1923 vgl. LNTS, Vol. 52, pp. 133–170.

leider der Friedensvertrag von 1921[3] so festgelegt hat –, wird die Gesamtfreigabe erreichbar sein. Sollte jene Befriedigung in die Gesamtsumme des Dawesplan einzubeziehen sein, so würde ich versuchen, falls möglich, die Freigabe noch in dieser Session des Kongresses durchzusetzen.

Die Gemischte Kommission zur Entscheidung der amerikanischen Ansprüche gegen Deutschland hat, abgesehen von der Vorbereitung und der Auswahl der Persönlichkeiten des häufigeren meine beratende Mitarbeit, meine aktive Beteiligung nur gelegentlich grundsätzlicher Entscheidungen gefordert. Bisher sind die eingereichten Forderungen der Amerikaner um 800 Millionen Dollar heruntergesetzt und die politisch gefährlichen Lusitania-Entscheidungen hüben wie drüben gut aufgenommen worden. Wegen der Bezahlung der zugesprochenen Entschädigungen würde noch Vorsorge zu treffen sein, wenn es nicht gelingt, sie auf den Gesamtbetrag des Dawesplanes zu verweisen.

In Sachen der angeblichen deutschen Schuld, den Krieg mit Vorbedacht herbeigeführt zu haben, sind in den Vereinigten Staaten bereits manche Leuchtfeuer großenteils mit unserem Holz angezündet, die mit der großen Rede des Senators Owen letzthin sogar in den Senat stark hineingeleuchtet haben. In der nicht minder wichtigen Angelegenheit der deutschen Friedensschuld, indem uns böswillige Nichterfüllung der leider unterschriebenen Versailler Auflegung nebst Folgen vorgeworfen wird, ist ebenfalls hier wesentlich mit unserer Beihilfe sowohl in den Moulton-McGuire'schen Untersuchungen über die Zahlungsfähigkeit Deutschlands wie in manchen anderen Veröffentlichungen für Aufklärung gesorgt.

Bei allen diesen Aufgaben und zahlreichen laufenden Geschäften ist die hiesige Botschaft mit sehr wenigen Arbeitskräften ausgekommen, obschon es sich nicht nur um schwierige, vielseitige Arbeiten, sondern um die Tätigkeit in einem schwer übersehbaren, nach Klima, Bevölkerung, Erwerbsart stark zerspaltenen Kontinent handelt. Alle an der hiesigen Botschaft tätigen Beamten, die bei knapper Besoldung unausgesetzt angestrengte Arbeit leisten, haben an den Ergebnissen dieser zweijährigen Tätigkeit ihren gebührenden Anteil.

Nicht um mich zu rühmen, ziehe ich die Bilanz zweijähriger Auslandsarbeit, sondern weil im Geschäft wie in der praktischen Politik nur Erfolge zählen und allein den Beweis für richtige Einstellung und Verwendung der Arbeit geben. Da viele Deutsche infolge unrichtiger Verlautbarungen in der Flaggenangelegenheit meine hiesige Tätigkeit und meinen guten Namen mit Schmutz beworfen haben, muß ich diese Tatsachen reden lassen. Sie werden verstehen, wenn jener Eintagsspuk längst verweht ist, und bezeugen, wie ich die mir übertragenen Aufgaben betreut und, soweit es Kraft und Umstände

[3] Vgl. Dok. Nr. 13.

zuließen, erfüllt habe. Jene Arbeit habe ich leisten wollen in der Überzeugung, meinem Lande helfen zu müssen und zu können. Auf diesem Posten in Washington zu sitzen, war nie mein Ehrgeiz, wenn ich auch, um jene Ergebnisse heimzubringen, länger als beabsichtigt hiergeblieben bin. Zum Herbst aber, wenn der Kongreß beendet ist und die ersten Arbeiten aus dem Dawesplan abgewickelt sind, kann hier der Botschafterwechsel, soweit ich sehe, ohne Schädigung deutscher Belange durchgeführt werden.

Meine Stellung zu den leitenden Herren des Auswärtigen Amtes in Berlin ist seit Monaten nicht mehr auf Vertrauen begründet, wie denn auch seit Jahr und Tag mit sechs Wochen Abstand Berliner Kabel meinen Weggang, häufig unter namentlicher Nennung des Nachfolgers zu melden wissen, welch eigenartiges Geschehen meine Wirksamkeit hier wahrlich nicht erleichtert hat. In Personalangelegenheiten habe ich schwere Kämpfe durchfechten müssen, weil mir das Amt, entgegen Ihrer Zusage, gegen meinen Willen Arbeitskräfte weggenommen und andere ohne Vorliegen sachlicher Notwendigkeit hat aufzwingen wollen. In der Flaggensache hat mir das Amt bitteres Unrecht in der Öffentlichkeit angetan, wie Ihnen aus den vorgelegten Telegrammen erinnerlich sein wird.

Schwer ist es für deutsche Belange, hier etwas durchzusetzen, wenn Dinge wie die Freilassung von Griffis durch anscheinendes Zusammenspiel des Auswärtigen Amtes mit der Hearstpresse oder die Hannoversche Rede vorkommen, über welche sich selbst nach Wochen gerade ernsthafte Kreise in diesem Lande noch immer erregen, das nun einmal die Republik für die einzig menschenwürdige Staatsform hält und in seiner moralischen Betrachtungsweise einen für die Monarchie eintretenden Außenminister einer Republik nicht begreift. Bei dieser Gespanntheit meiner Beziehungen zum Auswärtigen Amt wäre von einer Weiterführung der hiesigen Geschäfte durch mich nichts Ersprießliches zu erwarten. Ich will in das Privatleben zurückkehren.

Hinsichtlich der künftigen Besetzung der Botschaft in Washington darf ich hinzufügen, was ich mehrfach dem Auswärtigen Amt geschrieben habe, daß niemand hierhergesandt werden sollte, der unter der kaiserlichen Regierung einen wichtigen, nach außen sichtbaren Posten bekleidet hat, niemand, der eine Amerikanerin zur Frau hat, niemand mit sehr großem Titel; die Engländer, die hier den größten Einfluß ausüben, vermeiden letzteres beides sorgsam. Sonst kann mein Nachfolger ebensogut der Diplomatie wie einem anderen Berufe entstammen. Bis zur Besetzung kann der sehr tüchtige Botschaftsrat Dr. Dieckhoff die Geschäfte hier gut wahrnehmen.

Ihnen, Herr Reichspräsident, darf ich zum Schluß herzlichst und ergebenst für das Vertrauen danken, das Sie von Anfang an meiner Arbeit und, wenn ich mich über den Eindruck aus den persönlichen Besprechungen mit Ihnen nicht getäuscht habe, bisher unverändert mir geschenkt haben. Dadurch habe ich in diesen zwei Jahren außer sachlicher Befriedigung, der Heimat etwas leisten zu können, noch die persönliche Freude gehabt, von dem gesetzlichen Vertreter des deutschen Volkes dauernd mit dem Vertrauen beehrt worden zu sein. [...]

18. Bericht Wiedfeldts an das Auswärtige Amt (Auszug)

Annahme des Dawesplans: „unausweichliche Notwendigkeit".

ADAP, Serie A, Bd. X, Nr. 134.

Washington, 12. Juni 1924

I. Einstellung der Amerikaner zum Plan.

1) Hiesige Auffassung über die Annahme des Planes durch die deutsche Regierung.

Daß die deutsche Regierung den Dawesplan angenommen hat, nachdem sie in fünfjährigen Bemühungen keinen anderen Ausweg gefunden hatte und der Ruhrkampf, auf passiven Widerstand und finanzielle Reichsunterstützung gestellt, verloren war, ist in den meisten Kreisen der Vereinigten Staaten als unausweichliche Notwendigkeit empfunden worden. Die etwas überschwänglichen Ausdrücke, unter denen die Annahme in Deutschland teilweise geschehen ist, haben dagegen hier kein Verständnis noch gar Zustimmung gefunden und gerade bei unseren besten Freunden Verstimmungen, ja Zweifel, hervorgerufen, ob es sich denn noch lohnt, für Deutschlands Zukunft weiter sich zu mühen, wenn seine Leiter dies Joch, wie es noch keinem großen Volke je auferlegt ist, mit Lobpreisungen als Rettung aufnehmen. Besonders irischblütige Männer, deren Vorfahren seit Cromwells Zeiten und die selbst von hier aus für Irlands Freiheit sich eingesetzt haben, sind erstaunt über jene Wendungen, während die Deutschstämmigen meistens viel weiter gehen und sich ganz überwiegend scharf gegen die Annahme dieses Planes von Politikern und Finanzlern aussprechen. Ich habe mich darauf beschränkt zu erklären, die deutsche Regierung habe den Dawesplan angenommen und werde ihn selbstverständlich loyal mit allen Mitteln durchzuführen sich bemühen. Ob und inwieweit er durchführbar sei, werde sich dann in der Praxis zeigen. Einzelnen Männern habe ich meine großen persönlichen Zweifel nicht verhehlt; denn mein Ansehen hier beruht zum Teil darauf, daß ich nie übertriebene Erklärungen abgegeben und nirgends Behauptungen vertreten habe, die ich nicht auch persönlich für zutreffend gehalten habe.

2) Hiesige Auffassung über den Plan und dessen künftige Gestaltung.

Die allgemein vorherrschende Auffassung im Osten des Landes und bei den meisten Politikern und in der Presse sieht in dem Dawesplan eine amerikanische Hauptleistung, auf die man als Amerikaner stolz ist. Die gegenwärtige Regierung hat nachträglich diese Leistung als durch die Republikanische Partei vollbracht auf ihr sonst recht kurzes Haben-Konto bei der Wahlbewegung gebucht. Geschäftsleute – und wer ist hier nicht business man? – haben noch die besondere Genugtuung, daß die Lösung, an der erste Staatsmänner in fünf Jahren sich vergeblich versucht haben, amerikanischen Geschäftsleuten in dreimonatiger Arbeit gelungen ist. Selbstüberlegende Bankiers und Industrielle, die mit dem internationalen Geschäft vertraut sind, denken freilich gar anders und fühlen oder wissen, daß der Plan nicht durchgeführt werden kann. Aber sie halten öffentlich mit ihrem Urteil zurück, vermeiden aber auch jegliches Lobpreisen dieses Planes. Auch vorsichtiger urteilende Politiker denken anders als die politischen Landsknechte. Senator Borah hat von dem damned plan, loaded with dynamite, gesprochen. Senator La Follette und seine Freunde erblicken in ihm gar eine Täuschung und ein Mittel, um Deutschland völlig unter die Finanzherrschaft der Kapitalmagnaten zu bringen. Einzelne Kreise, angeblich auch Henry Ford, glauben, das Zusammenspiel der sogenannten jüdischen internationalen Hochfinanz in diesem Plan zu erkennen, und sehen daher den deutschnationalen Widerstand in einem ganz anderen Licht. Nicht wenige der amerikanischen Sachverständigen, die den Herren Dawes, Young und Robinson beigegeben waren, halten den Plan für undurchführbar und geben dies unter vier Augen offen zu; manche erklären, die Amerikaner seien den Franzosen zu weit entgegengekommen, und deuten an, die Engländer hätten nur eine Jahresleistung von 1,2 Goldmilliarden für möglich gehalten, und es sei verkehrt gewesen, daß die Amerikaner zwar die französische Forderung von 4 Milliarden herabgedrückt, aber über den englischen Satz hinausgegangen seien. Andere berichten, wie leichtherzig die Kommissionsmitglieder mit den Unterlagen verfahren seien, wie Angaben dem Bedarf angepaßt oder sonst nach Willkür geändert seien, wie in dem McKennanschen Gutachten den Franzosen zu Lieb die Zahl um eine Milliarde Goldmark erhöht sei und was der erbaulichen Dinge mehr sind, mit deren fernerer Geheimhaltung sich General Dawes jetzt große Mühe gibt. Je nach Temperament beklagen sie, daß die Amerikaner sich auf diese unvertretbare Sache eingelassen haben, oder erklären, wie auch Herr Owen Young selbst, den Plan nur als das experimentelle Mittel, um die Undurchführbarkeit der Forderungen handgreiflich zu machen, wie sie die Versailler Auflegung und die sonstigen Bedrückungen enthalten. Wissenschaftlich denkende Köpfe, wie McGuire und Moulton, halten den Plan selbstverständlich für undurchführbar, und je länger sie sich damit beschäftigen desto mehr. Dr. Moulton wird demnächst ein Büchlein veröffentlichen, das diesen Nachweis erbringt. Herr McGuire wird in einigen Wochen mit schärferen Waffen angreifen. Herr Hughes, wie die anderen Herren im State Department, die mich sonst immer über wirtschaftliche und finanzielle Möglichkeiten Deutschlands befragen, haben in allen Gesprächen die naheliegende Frage der Durchführungsmöglichkeit des Dawesplanes sorgsam vermieden. Soweit sich ein Urteil abgeben läßt, wird sich die naive nationale Freude über den 'amerikanischen' Plan immer mehr verflüchtigen, wird die Kritik an ihm immer schärfer werden und steigend weitere Kreise beeinflussen. Diese Entwicklung, deren Wirkung sich vorerst nur langsam zeigen wird, kann uns nur recht sein. Wir müssen uns schon jetzt vorsichtig darauf einstellen und sie durch Materiallieferung und vorsichtige Aufklärung geeigneter Köpfe nach Kräften fördern. Denn wenn der Plan in der Praxis auf übergroße Schwierigkeiten stößt, was meines Erachtens verhältnismäßig bald der Fall sein wird, so muß hier in Amerika bereits der Boden wohl vorbereitet sein, damit nicht die überraschte öffentliche Meinung einhellig flucht: „Wenn diese verdammten törichten Europäer mit unserer schönen amerikanischen Maschine nichts anfangen können, so ist ihnen überhaupt nicht zu helfen, und sie mögen zur Hölle gehen; was wir schon hineingesteckt haben, mag dahin fahren, wir sind mit dem alten Lande fertig", sondern damit dann eine möglichst große Zahl angesehener amerikanischer Geschäftsleute und Politiker offen erklären kann: „Wir haben ja immer gesagt, daß dieser Plan zwar ein guter Anfang war, daß er aber nicht radikal genug war und daß diese Sache so noch nicht gehen konnte; wir müssen auf der Bahn weitergehen, mit frischen Kräften dahintergreifen und reine Bahn schaffen." Diese Einstellung wird nur schwer rechtzeitig in genügend weiten und einflußreichen Kreisen zu erreichen sein, aber die Entwicklung wird stark gehemmt, wenn von maßgebenden deutschen Stellen der Plan über die Zustimmung und Zusage irgendeines Durchführungsversuches hinaus als eine wunderbare oder fast gotthafte Lösung gepriesen wird. Wenn beim Eintritt ernster Schwierigkeiten die geistige Umstellung hier noch nicht so weit vorgeschritten ist, so kann sie durch Erklärungen angesehener Männer und besonders darunter vom Agent for Reparation Payments und vom Trustee hoffentlich schnell dahin auf amerikanische Art gebracht werden. Andernfalls sind dann die Aussichten sehr trübe.

II. Anforderungen an die leitenden Männer in den Kommissionen des Planes und besonders an den Agent.

1) Hinblick darauf, daß bei Planschwierigkeiten nicht Personen gewechselt, sondern Bestimmungen geändert werden.

Neben dieser günstigen Vorbereitung hierzulande und wichtiger als sie ist die Auswahl des Agent, des Trustee, der fünf Commissioners und der anderen in den Kommissionen des Planes tätigen Herren. Sie und besonders der Agent müssen starke, mutvolle Persönlichkeiten sein, von unzweifelhaftem internationalen Ansehen. Wenn der Agent allein oder als Vorsitzender des general coordinating board erklären muß, jetzt können aus der Konversionskasse keine Franken oder Pfunde durch Markverkäufe geleistet werden, denn sonst fällt die Mark, wenn die 2 Milliarden Goldmark Eisenbahnvorzugsaktien nicht oder nicht zu pari unterzubringen sind, wenn die Überschüsse der Bahngesellschaft, der Zölle oder Monopole nicht in der erforderlichen Höhe eingehen, von künftigen Fragen der Herabsetzung der deutschen Leistungen und dergleichen ganz abgesehen, und wenn der Agent dann hinzufügen muß, die Durchführung dieser Planbedingungen ist unmöglich, die Bedingungen müssen geändert werden: so gehört dazu auf seiner Seite nicht nur große Einsicht und ungewöhnlicher Mut, sondern gleichzeitig muß auch sein Ansehen so unbestreitbar sein, daß er den Trustee und die fünf Commissioners hinter sich hat und daß in der Öffentlichkeit niemand wagen kann, für das Scheitern ihnen oder dem gerade zuständigen Commissioner die Schuld aufzuladen. Dies würde für uns die Gefahr zeitigen, da nun ein anderer Mann an seine Stelle gesetzt wird, der nach dem alttestamentarischen Verfahren uns mit Skorpionen zu züchtigen sucht, um mehr Geld zu erpressen und uns mehr zu vernichten.

2) Rücksicht auf Bedeutung dieser Personen für Deutschland.

Die Stellung des Agent ist von der Kommission planmäßig gerade von den amerikanischen Mitgliedern mit großer Machtfülle ausgestattet. Ich brauche dem Amte selbstverständlich nicht darzulegen, wie die wirtschaftlich und finanzielle Selbständigkeit des Deutschen Reiches und seiner Verwaltung durch die commissioners und ihre Stäbe, die subcommissioners, die verschiedenen boards und besonders durch den Agent beeinträchtigt wird oder werden kann. Sie und letzten Endes er bestimmt die Zoll-, die Beförderungs-, die Notenbankpolitik, oder kann dies doch tun, und ist tatsächlich Herr der deutschen Finanz- und Wirtschaftspolitik, er mit seinem general coordination board setzt den Lebensfluß für sechzig Millionen lebender Deutschen, er bestimmt den Lebensspielraum für die vielen Millionen künftig Geborener in Deutschland. Die allzu kurze Atempause, die der Plan bringt, kann uns wirtschaftlich wenig helfen. Dagegen tastet der Plan zum ersten Mal die selbst in der Versailler Auflegung noch geschonte Verwaltungsselbständigkeit des Reiches empfindlich an. Die Kommissionen des Planes werden im Lauf der Entwicklung einen Teil der deutschen Hoheitsrechte übernehmen. Hängen wir aber so in erster Linie von ihrem Leiter, dem Agent, ab, so kommt es auf seine Persönlichkeit entscheidend an. Die richtige Auswahl diese Mannes und des gesamten coordinating board ist wichtiger als die Bildung des Reichskabinetts.

3) Rücksicht auf künftiges Verhältnis von Amerika zu Europa.

Nicht minder wird eine starke Persönlichkeit mit Rücksicht auf das weitere Verhältnis Amerikas zu Europa erforderlich. Die gegenwärtige Verwaltung, gewählt mit dem Schlagwort Fernhaltung von Europa und dauernd geschüchtert mit der politischen Überlieferung seit dem Testament Washingtons, ist nach langen Bemühungen, vielfältigen Verhandlungen, manchem inneren und äußeren Druck zu dem Ausweg der Konferenz unabhängiger Geschäftsleute gekommen, wobei die amerikanischen Vertreter angeblich keinen Auftrag ihrer Regierung hatten, wenn sie selbstverständlich auch mit dem State Department in enger Fühlung gestanden haben. Auf diese Schwierigkeiten der amerikanischen Innenpolitik werden wir dauernd Rücksicht nehmen und die amerikanischen Kommissionsmitglieder stets als freie und von ihrer Regierung unabhängige Männer behandeln müssen. Sonst werden sie gelegentlich durch Ablehnung von Wünschen, auch wenn sie ihnen berechtigt scheinen, uns und der Welt ihre Unabhängigkeit beweisen. Wenn es nun, wie zu hoffen, gelingt, Amerika weiter in die europäischen Angelegenheiten zu verstricken und, von der ersten Anleihe angefangen, besonders auch finanzielle, so werden eines Tages doch die meisten Amerikaner merken und die wenigen, die es schon heute sehen, werden erklären: Nun sind wir doch in die europäischen Dinge hineingeraten, unsere Regierung hat uns hineingebracht. Dann besteht die Gefahr, daß ein Stimmungsumschlag erfolgt, der bei der Plötzlichkeit und Wildheit solcher Bewegungen hier für die ganze deutsche Zukunft gefährlich werden kann. Dies kann nur abgewendet werden, wenn der Agent eine so große, überragende Persönlichkeit ist, daß er dann mutig in die Bresche tritt und die übrigen in den commissions and boards tätigen Amerikaner mitreißt, ja daß er schon für diesen Fall langfristig vorgearbeitet hat und daher die Stimmung anders leiten kann. Dazu muß er aber nicht nur die große sachliche Autorität in Finanz- und Wirtschaftsfragen haben, sondern muß vor allem auch mit den politischen Kreisen in den Vereinigten Staaten Fühlung wie Einfluß haben und muß verstehen, das amerikanische Volk hinter sich zu bringen. Wie weit Wilson, Roosevelt und selbst der Halbgott Lincoln politische Ideale verfolgten, mag strittig sein, daß sie alle ausnahmslos höchst gerissene, bedenkenfreie, in allen Listen erfahrene Innenpolitiker waren, unterliegt hier keinem Zweifel. Diese Kunst, kräftig, ohne Anstand und Scham geübt, ist auch dem Agent vonnöten.

4) Rücksicht schon auf die Unterbringung der ersten deutschen Anleihe in Amerika.

Die Notwendigkeit solch starker populärer Persönlichkeit wird möglicherweise schon bei der ersten Anleihe hier ersichtlich werden. Der amerikanische Geldmarkt ist noch ungewöhnlich flüssig. Tägliches Geld kostet heute 2, Sechsmonategeld $3^1/_2$%. Die Federal Reserve Banken haben ihren Diskontsatz auf 4 %, Boston, St. Louis, Philadelphia und New York gar auf $3^1/_2$% heruntergesetzt, ohne daß sich ihr Wechselbestand vermehrte. Der Goldeinstrom geht weiter und wird im ersten Halbjahr 1923 etwa 200 Millionen Dollar hereinführen. Aufgelegte amerikanische Anleihen sind sehr gut vom Markte aufgenommen, Anleihen fremder oder gar europäischer Staaten dagegen letzthin nur unwillig und mangelhaft, ihr Kursstand ist wenig befriedigend; das amerikanische Publikum steht ihnen wieder mißtrauischer gegenüber. Umso erfreulicher war die allgemeine öffentliche Stimmung, die noch vor zwei Monaten für die kommende erste deutsche Anleihe sich zeigte. Inzwischen scheint sie mir bedenklich abzuflauen, auf seiten der Banken wie auf seiten des Publikums. Manche New Yorker Großbanken sind anscheinend wenig erfreut darüber, daß inzwischen wieder eine Goldsendung der Reichsbank an die International Acceptance Bank gegangen ist, wovor ich mehrfach gewarnt habe. Auch daß dieser jungen Bank mit geringem Kapital bei dem Kredit der Golddiskontbank durch die Deutsche Reichsbank die Führung übertragen wurde, hat hier mehr verstimmt, als die New Yorker Großbanken öffentlich zeigen, die sich an der Erhöhung beteiligt haben. Ich habe mehrfach auf die Gegensätze unter den New Yorker Banken hingewiesen und betont, daß nur, wenn Morgan und die Leiter rein amerikanischer Großbanken die Führung übernehmen, der Erfolg einer deutschen Anleihe gesichert ist. Mit der International Acceptance Bank haben wir nicht einmal Häuser wie Speyer für uns, wenn sie nach hiesigen Wall-Street-Gepflogenheiten auch äußerlich mitmachen. Hinsichtlich der Stellung des Hauses Warburg in New York befinde ich mich in voller Übereinstimmung mit Herrn Ludwig Bendix, der selbst Jude ist, aber selten objektiv und rein sachlich urteilt; auch kann ich mich übrigens sogar auf des Grafen Bernstorff bittere Erfahrungen beziehen hinsichtlich des ganz geringen Einflusses dieser Bankfirma und ihrer Freunde im Ernstfalle. Ich schreibe dies nur ungern, weil ich besonders mit den Inhabern des Hamburger Hauses M. M. Warburg seit Jahren befreundet bin, aber magis amico veritas et salus publica. Auch die Silberkäufe, so geringfügig sie waren, haben eine gewisse Verstimmung in Wall Street zurückgelassen.

Beim Publikum hat die politische Ungeschicklichkeit der Deutschnationalen mit der Forderung einer Kanzlerschaft v. Tirpitz befremdend und abkühlend gewirkt, wenn auch nicht so stark wie seinerzeit der Vorschlag einer Kanzlerschaft Albert. Ich habe mich bemüht, der Sache den Stachel zu nehmen, indem ich erklärte, die Deutschnationalen wären eine so starke Partei, daß sie eigentlich in die Koalitionsregierung gehen müßten. Da sie dies aber zur Zeit nicht wollten, stellten sie anscheinend eine unannehmbare Forderung. Das leuchtet hier jedermann sofort ein, weil es den politischen Auffassungen des hiesigen political game entspricht. Ernster war schon die Nachwirkung der verhältnismäßig langen Zwischenzeit, bis das neue deutsche Kabinett fast in alter Zusammensetzung zustande kam. Recht verstimmt haben im State Department wie in Wall Street der herüber gekabelte Artikel von Bernhard, daß die Vereinigten Staaten bei der deutschen Regierungskrise gegen die Deutschnationalen und zur Rettung des alten Kabinetts politisch eingegriffen hätten. Gerade ähnliche Schritte gegenüber Negerstaaten wie Haiti oder auch Staaten wie Mexico werfen die Gegner hier dem State Department immer vor. Herr Hughes hat daher sofort scharf dementiert. Herr Bernhard hat uns mit solchen Aufschneidereien einen Bärendienst geleistet. Der deutsche wie auch der geringe französische Jubel über die Verlegenheitskandidatur von Dawes als Vicepräsident hat hier viel Lächeln hervorgerufen; es müßte ein sehr dickes Buch werden, wollte man zusammenstellen, was die Europäer über Amerika nicht wissen, hieß es in der Presse. Die Erklärungen des Herrn Reichsbankpräsidenten Schacht, für die in der New York Times ein anscheinend von Paul Warburg aufgesungener Schreiber eine Lanze nutzlos zerbricht, greift das Journal of Commerce als comment of a quite naive thought [sic] auf und führt dann aus: „Only violent distortion of facts can find in the fourtuitous nomination of General Dawes a warrant for believing that it will hasten by an instant or in any way facilitate acceptance of the proposal embodied in the latest reparations plan (...) [.] It may, of course, be possible to delude the 'poor foreigner' because of his ignorance of American political methods into hailing General Dawes as a harbinger of international peace."

Schlimmer wirkt, daß die Demokraten, bei denen der eng mit J. P. Morgan zusammenhängende John William Davis, früherer amerikanischer Botschafter in London, als aussichtsreicher Kandidat für ihre Nominierung gilt, naturgemäß über die Bejubelung eines republikanischen Herrn in der deutschen Presse und Regierung nicht erbaut sind, von den La-Follette-Anhängern ganz zu schweigen. Man hat mich mehrfach darauf aufmerksam gemacht, was ich natürlich schon wußte, daß ein Vizepräsident in diesem Lande überhaupt nichts zu bedeuten hat, falls nicht zufällig der Präsident stirbt, daß aber der Kandidat Dawes ja noch nicht einmal gewählt sei. Die Arbeiter, die Farmer, die Deutschblütigen stehen Dawes ablehnend gegenüber. Diese Gruppen, auf die wir sonst rechnen, stoßen wir mit dem vorzeitigen Jubel vor den Kopf. Es liegt mir fern, gegen Herrn Präsident Schacht einen Vorwurf erheben zu wollen, da er die Wirkung seiner Ausführungen hier nicht übersehen konnte. Aber die bedauerliche Wirkung dieses Fehlgreifens liegt hier vor, und ich kann nur wiederholt bitten, daß die deutschen leitenden Herren einmal herüberkommen und sich die Verhältnisse selbst ansehen oder daß sie sonst durch Kabel anfragen, ehe sie sich äußern. Alles zusammengenommen ist die Stimmung für eine deutsche Anleihe viel ungünstiger geworden im Publikum, das die Anleihe aufnehmen soll, und bei den leitenden Banken, die sie zunächst übernehmen sollen. Ist aber diese erste 800 Millionen Goldmark Anleihe kein voller Erfolg, so ist der Plan schon von vornherein nahezu erledigt, aber zu früh für uns. Um so wichtiger ist es, daß große, angesehene Persönlichkeiten als Agent, als Trustee und Commissioner an die Spitze kommen, und mit Namen, die in Amerika klingen, sich für die Anleihe und den Plan einsetzen.

5) Gründe für einen Amerikaner als Agent.

Bei den Überlegungen, welcher Nationalität der Agent sein soll, scheint von Amerika aus betrachtet, wenn ich den französischen Ehrgeiz als für uns unerfüllbar beiseite lasse, uns nur die Wahl zwischen einem englischen und einem amerikanischen Leiter offen zu stehen; denn einem Angehörigen eines kleinen, neutralen Staates würde der unbedingt nötige große Einfluß fehlen. Da Amerika finanziell die Hauptleistung zu vollbringen haben wird, zumal wenn man die internationale Regelung der Schulden mit ins Auge faßt, da die Regelung der amerikanischen claims und die Freigabe des deutschen Eigentums auch ihre erhebliche, über die materielle Bedeutung hinausgehende grundsätzliche Wirkung hat, da die englische Leitung im Grunde, wenn man nach dem Vorgang der Washingtoner Konferenz[1] urteilen darf, darauf hinauslaufen wird, die Amerikaner zu veranlassen, englische Kastanien aus dem Feuer zu holen, so scheint mir amerikanische Leitung für deutsche Belange besser. Auch würde es hier schwer halten, bei englischem Agent die ganze Angelegenheit als wesentlich amerikanische Sache hier darzustellen, bei der die amerikanische Ehre at stake ist und das amerikanische Volk nötigenfalls daher Opfer zu bringen hat. Der amerikanische Agent muß den Leuten hier sagen können, wir haben den Krieg finanziert und entscheiden, jetzt werden wir den Frieden entscheiden und finanzieren. Würde der Trustee dann Engländer sein, wofür auch in Amerika sehr vieles spricht, denn der Engländer gilt hier eben doch als der Verläßlichste in Geldsachen, so wäre ein gutes Zusammenarbeiten der Amerikaner mit den Engländern von vornherein gesichert und die beiden maßgebenden Stellen in für uns nicht gerade feindlichen Händen. Auch daß Amerikaner wirtschaftlich an der Niederhaltung der deutschen Industrie und Geschäftstätigkeit jedenfalls ein viel geringeres Interesse als Engländer oder gar Franzosen haben, ist mir nicht zweifelhaft. So werden sich Amerikaner bei richtiger Behandlung mehr von Schikanen und zu starken Bedrückungen zurückhalten und eher geneigt sein, die mitunter zweifelhaften Bestimmungen des Planes fair oder gar zu unseren Gunsten auszulegen; denn sonst geht ihr Plan zu Bruch. Aber ich will mich nicht auf weitere Einzelheiten bei der Besetzung der Kommission und der Zusammensetzung der boards einlassen. Das zu überlegen und zu versuchen, dementsprechend Einfluß zu erreichen, ist Sache der Zentrale, der ich nur die mit Rücksicht auf Amerika maßgebenden Gesichtspunkte darzulegen habe.

III. Bemerkungen über bisher genannte Amerikaner.

1) Als Agent minder geeignete Personen.

Die Zahl der Personen, die hiernach für den Agent in Frage kommen, ist in den Vereinigten Staaten nicht sehr groß, weil hier nur wenige Geschäftsleute internationales Ansehen besonders in Finanzfragen haben, diese dann aber häufig innerpolitisch weder Fühlung noch Einfluß besitzen, und weil

[1] 12. November 1921 – 6. Februar 1922.

schließlich Mut auch hier keine allzu häufige menschliche Eigenschaft ist. Die tatsächlichen Angaben im Who's Who in America halte ich dort für bekannt. Auf meine anderweiten hierfür einschlägigen Berichte aus diesen Tagen darf ich mich beziehen. Ich brauche also nur einige ergänzende Bemerkungen hinzuzufügen.

Herr Logan ist zu klein für den Agent: er wird hier nicht als wirkliche Autorität in großen internationalen Wirtschaftsfragen angesehen. Ob er Mut hat, seine Meinung gegenüber anderen zu vertreten, weiß ich nicht, ebensowenig ob er Einfluß auf die anderen Herren der Kommission haben würde. Hier wird das stark bezweifelt. Ich kenne ihn nicht, aber man schildert ihn mir als einen guten Mann, der allen Leuten gut für ein Geschäft zureden könne und jedem sage, „ich vertrete ganz deine Ansicht, aber [...]". Also der gute Typ eines Promoters. Er ist auch als Commissioner einer der Kommissionen zu klein.

Herr Boyden ist natürlich eine andere Persönlichkeit. Er ist bekannter; aber ob er wirklich als maßgebende Autorität in wirtschaftlichen und finanziellen Fragen internationaler Art angesprochen werden kann, ist mir nicht sicher. Jedenfalls hat er hierzulande nicht die unentbehrliche politische Stimmung hinter sich. Auf Druck des Ausschusses für auswärtige Angelegenheiten hat ihn, wie früher berichtet, Herr Hughes seinerzeit als amerikanischen Observer fallen lassen müssen. Schon dies allein ist für künftige Schwierigkeiten, wo politische Hülfe nötig ist, recht mißlich. Dieser Ausschuß des Senats ist, wie wir mehrfach selbst erfahren haben, sehr mächtig und setzt seinen Willen, wie einst gegen Wilson, so jetzt gegen Hughes und Coolidge meist durch. Dagegen hat Boyden anerkennenswerten Mut und hat sich selbst in den Neu-England-Staaten für die deutsche Sache eingesetzt. Sollte auf die Vereinigten Staaten noch ein Commissioner neben dem Agent entfallen, so wäre dafür Herr Boyden als commissioner of controlled revenue oder of industrial debenture sehr gut. Seine Erfahrung in Reparationssachen würde dann dem amerikanischen Agent im general coordinating board wie sonst zur Verfügung stehen.

Norman H. Davis war unter Wilson stellvertretender Staatssekretär und wird möglicherweise, wenn McAdoo gewählt werden sollte, wieder Staatssekretär werden. Er gilt als ein Mann, der ohne Überzeugung mit der Mehrheit geht. Selbst Paul Warburg, der ihn im Aufsichtsrat seiner Bank hat, wußte nicht viel zu seinem Lobe zu sagen, wenn er sich auch nicht so scharf aussprach. Er wird sich schwerlich für eine deutsche Sache deretwegen einsetzen, er wird die politische Stimmung des Landes hier nicht hinter sich haben. Von Lansing spricht jedermann, von Davis fast niemand. Er kommt auch als Commissioner nicht in Frage.

Paul Cravath hat internationales Ansehen, sein Zusammenhang mit Morgan ist ein großer Vorteil. Ob er aber politisch hier irgendetwas bedeuten würde, scheint mir fraglich. Jedenfalls scheint er mir aber für den Agent als zu alt. Als commissioner of the bank of issue oder of industrial debenture würde er dagegen sehr gut sein.

2) Als Agent hervorragend geeignete Amerikaner.

Über Hoover und Young brauche ich mich nicht zu äußern, da ich dies bereits früher mehrfach getan habe. Beide erfüllen alle obigen Vorbedingungen, die für die große Stellung des Agent zu erstreben sind, in hervorragender Weise, Hoover vielleicht noch mehr als Young. Hoover ist im Grunde deutsch-ablehnend eingestellt, ihm ist der Schotte der Menschheit feinste Blüte, dann folgt der westamerikanische Pionier, darauf sehr lange niemand. Nachdem durch die Ungeschicklichkeit der Coolidge-Leute Hoover auf der republikanischen Konvention in Cleveland schwer gekränkt ist, wird er vielleicht noch mehr geneigt sein, eine andere, weithin sichtbare Stellung zu übernehmen. Denn selbst bei der Wiederwahl der Republikaner wird er im Department of Commerce schwerlich weitere vier Jahre sitzen wollen. Das Department of the Interior hat er bereits einmal abgelehnt, allerdings zu einer Zeit, als die Ölskandale drohten. Ob er das angeblich erstrebte State Department erhalten wird, scheint mir fraglich. Er wird voraussichtlich 1928 als Präsidentschaftskandidat auftreten wollen und vielleicht der Ansicht sein, daß die Tätigkeit als Agent ihm hierfür ein nützliches Sprungbrett bietet.

Nach ihnen kommt auch noch John William Davis in Frage, falls er nicht demokratischer Kandidat werden sollte. Er würde als commissioner in der commission of the bank of issue, der commission of industrial debenture, der commission of controlled revenue sehr gut sein.

Sollte das Amt Personalvorschläge für bestimmte Commissioners oder für Mitgliedschaften in den verschiedenen boards von mir haben wollen, so bitte ich nur um Kabel; ich würde dann sofort durch Kabel antworten. Zum Beispiel gibt es für die commission of railways hier hervorragende Leute. Wenn zum Agent ein großer Amerikaner bestimmt und demnach der Trustee und die fünf anderen Commissioner vermutlich auf Angehörige anderer Staaten entfallen oder höchstens noch auf einen weiteren Amerikaner, so wird der Agent selbst Wert darauf legen, bei der Benennung seiner Landsleute in die verschiedenen boards ein Wort mitzureden. Auf den Agent kommt es also zunächst und in erster Linie an. Kent ist auch für die Bankkommission nicht geeignet.

3) Möglichkeit einer Einwirkung beim State Department auf die Auswahl der amerikanischen Vertreter.

Der Agent und der Trustee werden von der Reparationskommission, die Commissioners teils von ihr ernannt, teils auf verschiedene Art gewählt. Die Mitgliedschaften der Kommissionen einschließlich des Transfer Committees werden ebenfalls in verschiedener Weise bestellt. Tatsächlich wird indessen die Reparationskommission oder die sonst ernennenden und wählenden Stellen, sei es unmittelbar, sei es durch die Reparationskommission und Herrn Logan, an das State Department in Washington herantreten etwa in der Art, wie man seinerzeit bei den Herren Dawes, Robinson und Young verfahren ist. Denn nach strenger amerikanischer Gepflogenheit wird man hier stets das State Department vorher befragen. Hier bietet sich also für uns noch eine Gelegenheit, Wünsche und Bedenken geltend zu machen. Ich habe bisher mit dem Staatssekretär Hughes über diese persönlichen Fragen noch nicht gesprochen, da ich über die Stellung des Amtes nicht im klaren war. Natürlich kann ich bei Hoover oder Young unmittelbar oder mittelbar vorfühlen, kann auch mit Young über andere Amerikaner sprechen. Ich wäre dankbar, wenn ich möglichst bald hierfür Anweisungen erhalten könnte, zumal auch Hughes diese Fragen jederzeit anschneiden kann.

19. Aufzeichnung Simons

Deutsches Eigentum in den USA: „Sicherheit für die ca. 600 Millionen RM betragenden Forderungen amerikanischer Staatsangehöriger aus dem Kriege".

ADAP, Serie B, Bd. III, Nr. 235.

Berlin, 24. November 1926

Das in den Vereinigten Staaten beschlagnahmte deutsche Eigentum im Werte von 1,6 Milliarden RM wird bekanntlich bisher als Sicherheit für die ca. 600 Millionen RM betragenden Forderungen amerikanischer Staatsangehöriger aus dem Kriege zurückgehalten. Die Amerikanische Regierung ist bereit, dieses zurückzugeben, falls deutscherseits „suitable provision" getroffen wird, daß die amerikanischen Forderungen auch tatsächlich von Deutschland bezahlt werden. Von seiten der Amerikanischen Regierung sind die Amerika zufließenden Anteile aus der Dawesannuität zur Abdekkung dieser Forderung bestimmt. Diese Anteile bestehen

1) aus der fest mit einer Transferpriorität versehenen Summe von 55 Millionen RM jährlich für Abtragung der Besatzungskosten und

2) aus dem amerikanischen Anteil von $2^1/_4$%, der bei der normalen Annuität von 2,5 Milliarden RM ca. 45 Millionen RM jährlich betragen würde. Die Amerikanische Regierung fürchtet nun, daß die entsprechende Vorlage im Parlament nur dann durchzuziehen ist, wenn sichergestellt ist, daß Deutschland diese rund 100 Millionen RM jährlich nicht nur dem Dawesplan entsprechend in Deutschland aufbringt, sondern auch für die Übertragung der Summe von 45 Millionen RM – die Übertragung des Restes ist durch die Transferpriorität außer Frage gestellt – an Amerika Sorge trägt.

In dem Bestreben, der amerikanischen Regierung entgegenzukommen und dadurch die Freigabe des Eigentums zu erleichtern, hat die Deutsche Regierung über ihre Verpflichtung hinaus bereits bei der Übertragung der den Vereinigten Staaten aus den beiden ersten Jahren zustehenden Restquote von 20 Millionen RM mitgewirkt und veranlaßt, daß deutsche Firmen Exportdevisen in dieser Höhe an die amerikanische Treasury ausliefern.

Es handelt sich nun um die Frage, ob die Deutsche Regierung auch für die Zukunft eine ähnliche Hilfe bei der Transferierung leisten will. Zur Erleichterung einer solchen Übertragung ist Deutschland aber nach dem Dawesplan bekanntlich nicht verpflichtet. Nur ganz allgemein ist in der Anlage 6 zum Dawesplan gesagt: „Die Deutsche Regierung und die Reichsbank sollen sich verpflichten, die Arbeit des Komitees bei der Übertragung von Geldern in jeder angemessenen Weise zu erleichtern, soweit es in ihrer Macht liegt.“ Daß dieser Satz nur restriktiv auszulegen ist, geht aus dem ganzen Aufbau des Dawesplanes hervor. In ihm wird immer wieder betont, daß „die Bezahlung“ an den Agenten für Reparationszahlungen den „endgültigen Akte der Deutschen Regierung zur Erfüllung der ihr auf Grund des vorliegenden Planes obliegenden Finanzverpflichtungen“ bildet. Wenn also die Amerikanische Regierung eine deutsche Hilfeleistung bei der Transferierung der ihr zustehenden Summe im einzelnen verlangt, so geht diese Forderung zweifellos über die Bestimmungen des Dawesplanes hinaus.

An sich soll Deutschland zudem nur aus dem Exportüberschuß leisten. Tatsächlich ist der Grundgedanke des Dawesplanes, Übertragung nur insoweit zu leisten, als ein deutscher Exportüberschuß es zuläßt, in vielfacher Hinsicht verletzt. Als Sachlieferungen werden in weitem Maße Ausfuhren des normalen Handels angesehen, z. B. unsere Kohlenlieferungen nach Frankreich. Der englische und vor allem der französische Recovery Act nehmen uns Devisen fort, ohne daß eine aktive Handelsbilanz zugrunde liegt. Unsere bisherigen Leistungen aus dem Dawesplan sind überhaupt nur wegen der durch die auswärtigen Anleihen ausgeglichenen „geborgt“ aktiven Zahlungsbilanz möglich. Praktisch ist somit das grundlegende Prinzip des Dawesplanes, aus dem Überschuß einer, ich möchte sagen, natürlich aktiven Zahlungsbilanz zu zahlen, mehrfach durchlöchert worden. – Trotzdem müssen wir die Reinheit dieses Prinzips immer, soweit angängig verteidigen, um bei einer nächsten Revision des Dawesplanes eine möglichst klare Wiederherstellung dieses Prinzips fordern zu können.

Die deutsche Hilfe für die Übertragung der $2^1/_4$% hat die Amerikanische Regierung zunächst in der Forderung nach einem Recovery Act angestrebt. Diese Forderung ist aber, im wesentlichen mit dem Hinweis auf praktische Gründe, mit der Note vom 7. Mai zurückgewiesen worden. Der Amerikanischen Regierung sind dafür bestimmte Sachlieferungen, Kali und Chemikalien, angeboten worden. Nach einem längeren hin – und hergehenden Schriftwechsel hat jedoch die Amerikanische Regierung dieses Angebot und insbesondere ein Abhängigmachen unserer Zusatzleistung von der Rückgabe des deutschen Eigentums, strikt abgelehnt. Sie ist in ihrer Note vom 4. Oktober erneut auf die Forderung des Recovery Acts zurückgekommen und hat behauptet, die Nichtgewährung eines Recovery Acts stelle eine Diskriminierung Amerikas dar. In einer weiteren, von Mr. Poole übergebenen Note vom 15. d. M. ist dann eine prinzipielle Forderung nach einem ausgesprochenen Recovery Act fallen gelassen und ein Zahlungsmodus vorgeschlagen worden, der deutsche Ersatztransferierungen in dem Grade vorsieht, daß sie die monatlichen Bartransferierungen des Agenten bis zur vollen Höhe der Amerika zustehenden Quote von $2^1/_4$% ergänzen. Das vorgeschlagene Verfahren hat eine äußerliche Anlehnung an das Sachlieferungsverfahren dadurch erhalten, daß die aus deutschen Sachlieferungen und Diensten aufkommenden Devisen für die deutschen Ergänzungszahlungen Verwendung finden sollen.

Es handelt sich nun um die Entscheidung, ob Deutschland im Interesse der Rückgabe des Eigentums sich zu solchen Ergänzungsübertragungen, zu denen es nach dem Dawesplan nicht verpflichtet ist, verpflichten oder ob es die amerikanischen Vorschläge und damit die Vorbedingung für die Rückgabe des Eigentums ablehnen soll.

Ist es aber zweckmäßig, gerade in diesem Falle das Prinzip zu verteidigen? Das muß vor allem aus innerpolitischen Erwägungen bezweifelt werden. Materiell steht nur die Übertragung einer verhältnismäßig kleinen Summe von 20–40 Millionen RM in Frage. Andererseits aber handelt es sich um die Erfüllung der entscheidenden Vorbedingung für ein für Deutschland außerordentlich erwünschtes Geschäft, nämlich durch eine gesicherte Leistung von rund 600 Millionen RM einen Wert von 1,6 Milliarden RM einzutauschen. Ein Präjudiz wird aus diesem Handel für andere Reparationsgläubiger kaum geschaffen, da andere Staaten, die eine ähnliche Ersatztransferierung von deutscher Seite fordern würden, auf die besondere Seite dieses deutsch-amerikanischen Geschäfts hingewiesen werden könnten.

Entschließt man sich aber, dieses Geschäft zu machen, was ich befürworte, so muß der Vertrag in seiner ganzen Aufmachung so abgefaßt werden, daß er unbedingt als „suitable provision“ in Amerika angesehen wird. Ich bin daher dafür, daß man eingangs zum Ausdruck bringt, daß Deutschland alles tun wird, was in seinen Kräften steht, um die Ersatztransferierung durchzuführen.

20. Rede Stresemanns

Die amerikanische Gesellschaft: „nicht eine alte Aristokratie, in der der Enkel lebt von dem, was der Ahne geschaffen hat“.

Stresemann, S. 261 f.

[1927]

Goethe hat Amerika, als dieses Land ein Begriff war, der vielen vor Augen stand als etwas völlig Unbekanntes und Unbegriffenes, in der Jugend seiner Kraft seinen Tribut gezollt, als er sagte: „Amerika, du hast es besser, als unser Kontinent der alte. Hast keine verfallenen Schlösser und keine Basalte.“ Ich bin einst in Ihrem Lande gewesen. Ich habe den Weg genommen von New-York nach Albany und habe mich gefangen nehmen lassen von der großen Sinfonie der Millionen Menschen, des brausenden Lebenswillens da drüben. Und doch weiß ich mich mit Ihnen eins, sehr verehrter Herr Botschafter, daß das, was in dem Blick liegt von der Molkenkur auf die Brücke über den Neckar, daß dieses Empfinden bei Heidelberg die Brooklyn Bridge uns nie geben kann. Ich muß Herrn Bürgermeister Dr. Petersen, unserem verehrten Freunde, zustimmen, der sagte. „Was gut ist am Alten, das halte, was gut am Neuen, das suche und fasse.“ Die Jugend schaffe für die Zukunft, aber in Ehrerbietung für das Alte und für das, was unsere Väter uns gegeben haben. Daraus ergibt sich das Sinnbild Ihres Volkes, Herr Botschafter. Es ist dieses Jugendliche, dieses Sichhineinwerfen in den Strudel einer kaum geahnten Zukunft. Vielleicht aber ist es leichter, auf dem Wege, der nach oben führt, immer weiter zu schreiten und den Gipfel in Sehnsucht zu bezwingen, als den Weg wieder zu gehen, wenn man von der Höhe herabgestürzt ist. Für uns ist das der Fall. Ich will wie Sie nicht sprechen von einer Vergangenheit, deren Fehler verteilt ist auf alle und nicht auf einen. „Sieg oder Unsieg steh'n in Gottes Hand. Der Ehre sind wir selber Herr und König.“ So steht es in der Inschrift, die die Reichsbank denen gegeben hat, die im Kriege für Deutschland gefallen sind. Ob jemand im Menschenleben sich bewährt hat, das hängt davon ab, ob er nach Schicksalsschlägen charakterstark genug ist, neu zu arbeiten und vorwärts zu kommen. Wenn ich mich frage, ob wir diesen Charakter haben, dann kann ich mit ja, namentlich in bezug auf die deutsche Wasserkante, antworten. Wir haben vor dem Kriege die größten Schiffe der Welt gehabt. [...] Mit jedem neugeschaffenen Schiff geht eine Lebensenergie des deutschen Volkes hinaus, die da sagt: auch ich habe mein Recht an der Welt wie jedes andere Land. Das ist etwas, was gerade in den Vereinigten Staaten verstanden werden wird. Sie in den Vereinigten Staaten haben nicht eine alte Aristokratie, in der der Enkel lebt von dem, was der Ahne geschaffen hat. Auch Sie haben ein Werden und Vergehen von Generationen, ein Kommen und Gehen von Familien und Menschen. Sie schätzen die Menschen, die von der Tiefe zur Höhe gehen und sich nicht lediglich auf der Höhe erhalten, die ein anderer geschaffen hat. Und wenn die besten Schichten des deutschen Volkes alles verloren haben, was sie hatten, so kann ich mich dem Furchtbaren, was darin liegt, nur aussöhnen, wenn ich mir sage, in die Höhe gekommen sind stets nur Menschen, die Hindernisse zu überwinden hatten.

21. Hitlers ›Mein Kampf‹

Der Charakter der amerikanischen Staaten: „Daher handelt es sich bei den Einzelstaaten der amerikanischen Union auch in den meisten Fällen mehr um kleinere und größere, aus verwaltungstechnischen Gründen gebildete, vielfach mit dem Lineal abgegrenzte Territorien, die vordem eigene staatliche Souveränität nicht besessen hatten und auch gar nicht besitzen konnten.“

Hitler, Mein Kampf, S. 214 f.

1927

Der im Jahre 1919/20, 1921 und weiterhin von den Juden in so schlauer Weise propagierte Kampf zwischen Föderalismus und Unitarismus zwang, bei aller Ablehnung desselben, doch auch die nationalsozialistische Bewegung, zu seinen wesentlichen Problemen Stellung zu nehmen.

Soll Deutschland Bundes- oder Einheitsstaat sein und was hat man praktisch unter beiden zu verstehen?

Mir scheint die wichtigere Frage die zweite zu sein, weil sie nicht nur zum Verständnis des ganzen Problems grundlegend ist, sondern auch weil sie klärenden und versöhnenden Charakter besitzt.

Was ist ein Bundesstaat?

Unter Bundesstaat verstehen wir einen Verband von souveränen Staaten, die aus freiem Willen kraft ihrer Souveränität sich zusammenschließen und dabei jenen Teil der Hoheitsrechte im einzelnen an die Gesamtheit abtreten, der die Existenz des gemeinsamen Bundes ermöglicht und gewährleistet.

Diese theoretische Formulierung trifft in der Praxis bei keinem der heute auf Erden bestehenden Bundesstaaten restlos zu. Am wenigsten bei der amerikanischen Union, in welcher beim weitaus größten Teil der Einzelstaaten von irgendeiner ursprünglichen Souveränität überhaupt nicht geredet werden kann, sondern viele derselben erst im Laufe der Zeit gewissermaßen hineingezeichnet wurden in die Gesamtfläche des Bundes. Daher handelt es sich bei den Einzelstaaten der amerikanischen Union auch in den meisten Fällen mehr um kleinere und größere, aus verwaltungstechnischen Gründen gebildete, vielfach mit dem Lineal abgegrenzte Territorien, die vordem eigene staatliche Souveränität nicht besessen hatten und auch gar nicht besitzen konnten. Denn nicht diese Staaten hatten die Union gebildet, sondern die Union gestaltete erst einen großen Teil solcher sogenannter Staaten. Die dabei den einzelnen Territorien überlassenen, oder besser, zugesprochenen, höchst umfangreichen Selbstrechte entsprechen nicht nur dem ganzen Wesen dieses Staatenbundes, sondern vor allem auch der Größe seiner Grundfläche, seinen räumlichen Dimensionen, die ja fast dem Ausmaß eines Kontinents gleichkommen. Man kann somit bei den Staaten der amerikanischen Union nicht von deren staatlicher Souveränität sprechen, sondern nur von deren verfassungsmäßig festgelegten und garantierten Rechten, besser vielleicht Befugnissen.

Auch für Deutschland ist die obige Formulierung nicht voll und ganz zutreffend. Obwohl in Deutschland ohne Zweifel zuerst die Einzelstaaten, und zwar als Staaten[,] bestanden hatten und aus ihnen das Reich gebildet wurde. Allein schon die Bildung des Reiches ist nicht erfolgt auf Grund des freien Willens oder gleichen Zutuns der Einzelstaaten, sondern durch die Auswirkung der Hegemonie eines Staates unter ihnen, Preußens. Schon die rein territorial große Verschiedenheit der deutschen Staaten gestattet keinen Vergleich mit der Gestaltung zum Beispiel der amerikanischen Union. Der Größenunterschied zwischen den einstigen kleinsten deutschen Bundesstaaten und den größeren oder gar dem größten erweist die Nichtgleichartigkeit der Leistungen, aber auch das Ungleichmäßige des Anteils an der Begründung des Reiches, an der Formung des Bundesstaates. Tatsächlich konnte man aber auch bei den meisten dieser Staaten von einer wirklichen Souveränität nicht sprechen, außer das Wort Staatssouveränität hätte keine andere Bedeutung als die einer amtlichen Phrase. In Wirklichkeit hatte nicht nur die Vergangenheit, sondern auch die Gegenwart mit zahlreichen dieser sogenannten 'souveränen Staaten' aufgeräumt und damit am klarsten die Schwäche dieser 'souveränen' Gebilde bewiesen.

22. Privatschreiben Prittwitz und Gaffrons an von Schubert

Diplomatisch-politische Beziehungen: „hier alles so gut […], wie es überhaupt heute nur sein kann".

ADAP, Serie B, Bd. IX, Nr. 49.

Washington, 29. Mai 1928

Mein lieber Carl,

wiewohl mein hiesiger Aufenthalt erst nach Monaten zählt, so ist doch das Tempo des hiesigen Geschehens noch so viel schneller als das des Berliner Lebens, daß es mir vorkommt, als sei ich schon jahrelang wieder in

„dear old Washington". Umso mehr bedrückt es mich, daß ich Dir noch kein privatschriftliches Lebenszeichen von hier gegeben habe.

Sehr viel kann ich meinen amtlichen Nachrichten nicht hinzufügen. Zunächst wäre festzustellen, daß hinsichtlich unserer diplomatisch-politischen Stellung hier alles so gut steht, wie es überhaupt heute nur sein kann. Die Periode der unmittelbaren Nachkriegszeit ist vorüber, und wir sind in einer Periode der wachsenden Normalisierung. Nur möchte ich davor warnen, aus den Hochrufen für die Bremenflieger etwa zu schließen, als sei hier nun alles eitel Freude und Honig. Es ist noch sehr viel zu tun übrig, und je mehr man ins Innere kommt und hinter die Kulissen blickt, desto überzeugter wird man von der Schwierigkeit und Langwierigkeit der Arbeit, die uns hier noch bevorsteht.

Die Zukunft hängt in mehr als einer Hinsicht von der Haltung des deutschamerikanischen Elements ab. Und hier liegen manche Gefahren, denn die Deutsch-Amerikaner haben nicht allzu viel gegen früher zugelernt.

Die Zeichnung der Eigentumsbill z. B. ist nur der Anfang der Liquidation dieses üblen Residuums aus dem Kriege. Wir müssen hier baldigst zu einer endgültigen Lösung kommen, über die ich viel nachdenke. Es besteht bei denen, die sich berufsmäßig mit der Eigentumsfrage beschäftigen, ein gewisses Trägheitsgesetz, dem mit allen Mitteln entgegengewirkt werden muß.

Der Antikriegspakt[1] wird bestimmt, so wie sich die Dinge entwickelt haben, zustandekommen, und Amerika wird auf diesem Wege den europäischen Dingen näher denn je gebracht werden. Dies kann uns für die Frage des Dawes-Planes nur erwünscht sein. Bis zum November steht hier alles im Zeichen der Wahl, und alles, was hier geschieht, muß bis dahin immer unter diesem Gesichtspunkt beurteilt werden. Erst im nächsten Winter wird hier wieder das 'freie Spiel der Kräfte' einsetzen. Ich bin in der Reparationsfrage optimistisch on the long run, aber etwas skeptischer hinsichtlich des Tempos der Entwicklung. Eure im Erlaß Nr. W. Rep. 948 vom 18. April niedergelegten Anschauungen über die Initiative zur Revision teile ich vollkommen. Die Frage mag eine noch so politische sein, der erste Anstoß wird von technischer Seite (Gilbert) kommen müssen, wenn eine einigermaßen sachliche und wirtschaftliche Behandlung der Frage gewährleistet werden soll.

Für die ausgezeichneten Überblicke über die Reparationsfrage, die ich hier erhalte, bin ich sehr dankbar. Vielleicht ließen sich auch hier und da drahtlose Zwischeninformationen über einzelne Fragen (z. B. Begegnung Gilbert-Poincaré) einschalten. Ich sehe die hiesigen und New Yorker maßgebenden Personen sehr häufig und könnte dann umso leichter das nachprüfen, was Ihr dort von Gilbert hört.

[1] Für den Wortlaut des Vertrages vom 27. August 1928 über die Ächtung des Krieges (Kellogg-Briand-Pakt) vgl. LNTS, Vol. 94, pp. 57–64.

Für die Bewilligung meiner Urlaubsreise im Spätsommer bin ich Dir sehr verbunden. Es sind nicht nur Gründe privater Natur, die mich, wie schließlich jeden, nach Hause rufen, sondern vor allem das Bedürfnis, vor dem Winter mit Euch allen eine mündliche Rücksprache zu haben. Es ist hier im August/September nichts los; alles ist mit der Wahl beschäftigt, und die Botschaft in Manchester kann von Kiep betreut werden. Letzten Endes ist der Sommerurlaub der Missionschefs hier an der Tagesordnung, und im State Department empfindet man es als Kompliment, daß wir alle unseren Regierungen mündlich Bericht erstatten wollen. Für die deutsch-amerikanischen Probleme geht es aber ganz besonders wegen ihrer Vielseitigkeit und Wichtigkeit ohne einen mündlichen Gedankenaustausch unmöglich ab. Es ist auch gut, der hiesigen publicity, die sich mit einer lawinenartigen Vehemenz auf mich gestürzt hat, auf diese Weise zu entgehen. Ne quid nimis, muß man sich, wie Du besser weißt als ich, im Lande der Superlative täglich predigen.

Viele unserer alten Freunde sind hier noch ansässig und haben uns alle mit offenen Armen empfangen. Nur die bösen Pattens haben sich etwas reserviert verhalten. Das kann man umso leichter verschmerzen, als sie die allereinzigsten sind und daher bereits anfangen einzusehen, daß sie einen blunder gemacht haben. Tant pis pour eux!

Manches andere, was ich Dir über hiesige Verhältnisse noch zu sagen habe, möchte ich lieber einer mündlichen Besprechung vorbehalten.

Arbeite Dich nicht zu sehr ab – die Krankheit des Ministers wird Deine Last vergrößern, und laß Dein Wohlwollen mir erhalten bleiben. Ich glaube bisher Deinen Instruktionen und Intentionen entsprechend hier gehandelt zu haben.

23. Hitlers 'Zweites Buch'

Konfrontation mit Nordamerika: „Nordamerika wird in der Zukunft nur der Staat die Stirne zu bieten vermögen, der es verstanden hat, durch das Wesen seines inneren Lebens sowohl als durch den Sinn seiner äußeren Politik den Wert seines Volkstums rassisch zu heben."

Hitler, Zweites Buch, S. 120–132.

1928

Das nationale heutige Deutschland, das die Erfüllung der nationalen Aufgabe in seiner beschränkten Grenzpolitik sieht, kann sich darüber nicht täuschen, daß das Ernährungsproblem der Nation damit in keinerlei Weise gelöst wird. Denn selbst der höchste Erfolg dieser Politik der Wiederherstellung der Grenzen des Jahres 1914 würde nur die wirtschaftliche Lage des Jahres 1914 erneut bringen. Mit anderen Worten, die dann genau wie heute vollkommen ungelöste Ernährungsfrage unseres Volkes würde uns gebieterisch wieder in die Bahnen der Weltwirtschaft, des Weltexports hineindrängen. Tatsächlich denken auch das deutsche Bürgertum und die sogenannten nationalen Verbände mit ihm nur wirtschaftspolitisch. Produktion, Export und Import, das sind die Schlagwörter, mit denen da jongliert wird und von denen man sich das Heil der Nation in der Zukunft verspricht. Man hofft, durch eine Steigerung der Produktion die Exportfähigkeit zu heben und dadurch den Importnotwendigkeiten Genüge leisten zu können. Man vergißt dabei nur vollständig, daß dieses ganze Problem für Deutschland, wie schon einmal betont, gar kein Problem der Steigerung der Produktion ist, sondern eine Frage der Verkaufsmöglichkeit, daß aber die Schwierigkeit des Exports durchaus nicht behoben würde durch Senkung der deutschen Gestehungskosten, wie wieder unsere bürgerlichen Schlauköpfe vermeinen. Denn so sehr dies an sich infolge unseres beschränkten Innenmarktes nur teilweise möglich wird, würde eine Konkurrenzfähigmachung der deutschen Exportwaren durch Senkung der Erzeugungskosten etwa infolge eines Abbaues unserer sozialen Gesetzgebung und der daraus resultierenden Pflichten und Belastungen uns nur dorthin bringen, wo wir am 4. August 1914 gelandet waren. Es gehört wirklich die ganz unglaubliche bürgerlich-nationale Naivität dazu, zu meinen, daß England eine ihm gefährliche deutsche Konkurrenz dulden würde oder auch nur könnte. Dabei sind das dieselben Leute, die sehr genau wissen und es auch immer betonen, daß Deutschland im Jahre 1914 den Krieg nicht gewollt hat, sondern daß es buchstäblich hineingestoßen wurde. Und daß es England gewesen ist, das aus reinem Konkurrenzneid die sonstigen Feindschaften in Europa sammelte und gegen Deutschland losließ. Heute aber bilden sich diese unverbesserlichen Wirtschaftsphantasten ein, daß, nachdem England in einem $4^1/_2$ jährigen ungeheuren Weltkrieg die ganze Existenz seines Weltimperiums auf das Spiel gesetzt hat und dabei Sieger blieb, jetzt eine deutsche Konkurrenz mit anderen Augen betrachten würde wie damals. Als ob diese ganze Frage überhaupt für England eine sportliche Angelegenheit wäre. Nein. England hat jahrzehntelang vor dem Kriege versucht, die bedrohliche deutsche Wirtschaftskonkurrenz, den anwachsenden deutschen Seehandel usw., mit wirtschaftlichen Gegenmaßnahmen zu brechen. Erst als man einsehen mußte, daß dies nicht gelingen würde, und im Gegenteil Deutschland durch die Bildung seiner Kriegsflotte anzeigte, daß es entschlossen war, seinen Wirtschaftskrieg wirklich bis zur friedlichen Eroberung der Welt durchzuführen, hat England als letzte Hilfe die Gewalt angerufen. Und nun, nachdem es Sieger geblieben ist, glaubt man, könne sich das Spiel von neuem wiederholen, wobei Deutschland zu allem Überfluß heute gar nicht in der Lage ist, eben dank seiner Innen- und Außenpolitik irgendein gewichtiges Machtmoment in die Waagschale zu werfen.

Der Versuch, durch Steigerung unserer Produktion und durch Verbilligung derselben die Ernährung unseres Volkes wieder herzustellen und durchhalten zu können, wird endgültig daran scheitern, daß man mangels einer Schwertgewalt die letzte Konsequenz dieses Kampfes nicht auf sich nehmen kann. Damit wird das Ende aber ein Zusammenbruch der deutschen Volksernährung und damit all dieser Hoffnungen sein. Ganz abgesehen davon, daß zu allen europäischen Staaten, die als Exportnationen um den Weltmarkt kämpfen, nun auch noch die amerikanische Union als auf vielen Gebieten schärfster Konkurrent tritt. Die Größe und der Reichtum ihres Binnenmarktes gestatten dabei Produktionsziffern und damit Produktionseinrichtungen, die das Fabrikat so sehr verbilligen, daß trotz der enormen Löhne eine Preisunterbietung gar nicht mehr möglich erscheint. Als warnendes Beispiel darf hier die Entwicklung der Motorenindustrie gelten. Nicht nur, daß wir Deutschen z. B. trotz unserer lächerlichen Löhne nicht in der Lage sind, gegen die amerikanische Konkurrenz auch nur einigermaßen erfolgreich zu exportieren, müssen wir zusehen, wie selbst in unserem eigenen Lande der amerikanische Wagen sich in beängstigender Weise breitmacht. Dies ist nur möglich, weil die Größe des eigenen inneren Absatzmarktes, der Reichtum desselben an Kaufkraft und aber auch wieder an Rohstoffen der amerikanischen Automobilindustrie innere Absatzziffern garantiert, die allein schon Fabrikationsmethoden ermöglichen, die in Europa infolge des Fehlens dieser inneren Absatzmöglichkeiten einfach unmöglich wären. Die Folge davon ist die enorme Exportfähigkeit der amerikanischen Automobilindustrie. Dabei handelt es sich hier um die allgemeine Motorisierung der Welt, also eine Angelegenheit von einer gar nicht abzumessenden Zukunftsbedeutung. Denn der Ersatz der menschlichen und animalischen Kraft durch den Motor ist erst am Beginn seiner Entwicklung, das Ende kann heute noch gar nicht abgeschätzt werden. Für die amerikanische Union jedenfalls steht die Automobilindustrie von heute an der Spitze aller Industrien überhaupt. [...]

Die amerikanische Union ist nicht zufällig der Staat, in dem zur Zeit die weitaus meisten zum Teil unglaublich kühnen Erfindungen gemacht werden. Dem alten Europa gegenüber, das durch Kriege und Auswanderung unendlich viel seines besten Blutes verloren hat, tritt Amerikanertum als junges, rassisch ausgesuchtes Volk gegenüber. So wenig (man?) nun die Leistung von 1000 verkommenen Levantinern in Europa, sagen wir auf Kreta, gleichsetzen kann der Leistung von 1000 rassisch noch viel wertvolleren Deutschen oder Engländern, so wenig kann man aber auch die Leistung von 1000 rassisch bedenklichen Europäern gleichsetzen der Leistungsfähigkeit von 1000 rassisch hochwertigen Amerikanern. Nur eine bewußt völkische Rassenpolitik könnte die europäischen Nationen davor retten, das Gesetz des Handelns an Amerika zu verlieren, infolge des minderen Wertes der europäischen Völker gegenüber dem amerikanischen. Wenn aber das deutsche Volk statt dessen, neben einer vom Juden betriebenen planmäßigen Verbastardierung mit minderem Menschenmaterial und einer dadurch bedingten Senkung seines Rassenniveaus an sich, außerdem noch durch eine Fortsetzung der Auswanderung in hundert- und aberhunderttausenden von Einzelexemplaren die besten Blutsträger nehmen läßt, wird es langsam zu einem ebenso minderwertigen wie damit unfähigen und wertlosen Volk heruntersinken. Die Gefahr ist besonders groß, seit bei vollkommener Gleichgültigkeit unsererseits die amerikanische Union selbst, angeregt durch die Lehren eigener Rassenforscher, besondere Maßstäbe für die Einwanderung aufgestellt hat. Indem das Betreten des amerikanischen Bodens abhängig gemacht wird von bestimmten rassischen Voraussetzungen einerseits sowie von einer bestimmten körperlichen Gesundheit des einzelnen an sich, ist die Ausblutung Europas von seinen besten Menschen geradezu gesetzlich zwangsläufig geregelt worden. Etwas, was unsere ganze sogenannte nationale bürgerliche Welt und alle unsere Wirtschaftspolitiker entweder überhaupt nicht sehen oder zumindest dann nicht hören wollen, weil es ihnen unangenehm ist, und weil es viel billiger ist, mit ein paar allgemeinen nationalen Phrasen über diese Dinge hinwegzugleiten. [...]

Nordamerika wird in der Zukunft nur der Staat die Stirne zu bieten vermögen, der es verstanden hat, durch das Wesen seines inneren Lebens sowohl als durch den Sinn seiner äußeren Politik den Wert seines Volkstums rassisch zu heben und staatlich in die hierfür zweckmäßigste Form zu bringen. Indem aber eine solche Lösung als möglich hingestellt wird, werden sich an ihr eine ganze Anzahl von Nationen zu beteiligen vermögen, was zu einer erhöhten Ertüchtigung schon infolge der gegenseitigen Konkurrenz führen kann und führen wird. [...]

Wirklich nicht widerlegt zu werden braucht aber die Meinung, daß, weil in der amerikanischen Union eine Verschmelzung von Menschen verschiedenster Volksabstammung stattgefunden hat, dies auch in Europa möglich sein müßte. Die amerikanische Union hat allerdings Menschen verschiedener Volkszugehörigkeit zu einem jungen Volk zusammengefügt. Allein bei näherem Hinsehen ergibt sich, daß die überwältigende Mehrzahl dieser verschiedenen Volksangehörigen rassisch gleichen oder zumindest verwandten Grundelementen angehören. Denn da der Auswanderungsprozeß in Europa ein Prozeß der Auslese der Tüchtigsten war, diese Tüchtigkeit aber bei allen Europäischen Völkern in erster Linie in den nordischen Beimischungen lag, hat die amerikanische Union tatsächlich aus an sich sehr verschiedenen Völkern die (rassisch) unter sie verstreuten nordischen Elemente herausgezogen. Rechnet man weiter noch dazu, daß es sich dabei um Menschen handelte, die nicht Träger irgendeiner Staatsgesinnung waren, mithin von keinerlei Tradition belastet erschienen, weiter die Größe des Eindrucks der neuen Welt, der alle Menschen mehr oder weniger erliegen, so wird es einem verständlich, warum es gelingen konnte, daß in kaum 200 Jahren aus Menschen aller europäischen Nationen ein neues Staatsvolk entstehen konnte. Es muß aber bedacht werden, daß schon im letzten Jahrhundert dieser Prozeß der Verschmelzung in eben dem Maße schwieriger wurde, in dem unter dem Zwang der Not Europäer nach Nordamerika gingen, die als Angehörige europäischer Nationalstaaten sich nicht nur volklich mit ihnen auch weiterhin verbunden fühlten, sondern besonders deren staatliche Tradition höher schätzten als die Bürgerschaft in ihrer neuen Heimat. Blutfremde Menschen mit ausgeprägt eigenem Nationalgefühl oder Rasseninstinkt hat übrigens auch die amerikanische Union nicht einzuschmelzen vermocht. Sowohl gegenüber dem chinesischen als auch gegenüber dem japanischen Element hat die Assimilierungskraft der amerikanischen Union versagt. Man fühlt dies auch genau und weiß es und möchte deshalb am liebsten diese Fremdkörper von der Einwanderung ausschalten. Allein damit bestätigt die amerikanische Einwanderungspolitik selbst, daß die bisherige Verschmelzung eben doch Menschen bestimmter gleichmäßiger Rassengrundlagen voraussetzte und sofort mißlingt, sowie es sich um grundsätzlich andersartige Menschen handelt. Daß sich dabei die amerikanische Union selbst als nordisch-germanischer Staat fühlt und keineswegs als internationaler Völkerbrei, geht auch weiter hervor aus der Art der Zuteilung der Einwanderungsquoten an die europäischen Völker. Skandinavier, also Schweden, Norweger, weiter Dänen, dann Engländer und endlich Deutsche erhalten die größten Kontingente zugewiesen. Romanen und Slaven sehr geringe, Japaner, Chinesen würde man am liebsten überhaupt ausschließen. Diesem mithin rassisch (dominierend) vorherrschend nordischen Staat eine europäische Koalition oder ein Paneuropa, bestehend aus Mongolen, Slawen, Deutschen, Romanen usw., in dem alles andere als Germanen dominieren würden, als widerstandsfähigen Faktor entgegensetzen zu wollen, ist eine Utopie. Allerdings eine sehr gefährliche Utopie, wenn man bedenkt, daß wieder viele ungezählte Deutsche eine rosige Zukunft sehen, ohne schwerste Opfer dafür bringen zu müssen. Daß diese Utopie dabei ausgerechnet aus Österreich herauswächst, entbehrt nicht einer gewissen Komik. Ist doch dieser Staat und sein Schicksal das lebendigste Beispiel für die enorme Kraft, die solchen künstlich zuammengeleimten, in sich aber unnatürlichen Gebilden zu eigen ist. Es ist der wurzellose Geist der alten Reichshauptstadt Wien, jener Mischlingsstadt von Orient und Okzident, der dabei zu uns spricht.

24. Privatschreiben Prittwitz und Gaffrons an von Bülow

Wirtschaftliche Krisen: „Die pessimistischen Nachrichten aus Deutschland machen aber hier insofern geringeren Eindruck, als die Vereinigten Staaten selbst bekanntlich unter dem Zeichen einer ernsten wirtschaftlichen Depression und Arbeitslosigkeit stehen."

ADAP, Serie B, Bd. XV, Nr. 38.

Washington, 20. Mai 1930

Lieber Freund!

Besten Dank für Deine Zeilen vom 5. d. M. Von hier aus gesehen kann man den Eindruck nicht bestätigen, daß die amerikanische Öffentlichkeit eine geringere Sympathie für Deutschland zeige als in früheren Jahren. Alle unsere Beobachtungen, die in reichlichem Maße in unserer Berichterstattung niedergelegt sind, zeugen eigentlich von dem Gegenteil. Ich verweise auf das anwachsende Interesse für das Studium deutscher Sprache und Literatur an den Universitäten; ich erinnere an die rasch um sich greifende Umstellung in der Kriegsschuldfrage und vor allen Dingen an die für uns in wachsendem Maße günstige Einstellung der Presse. Mit gleichem Kurier geht mein Bericht über meine Reise nach dem Mittleren Westen ab, in welchem die von Dir angeschnittene Frage ebenfalls behandelt wird. Jeder, der Amerika kennt, weiß, daß hier für europäische Angelegenheiten nur ein beschränktes Interesse vorhanden ist. Es ist daher selbstverständlich, daß Angelegenheiten, wie die Reparationsfrage oder die deutsche Inflation, die von einer unmittelbaren Rückwirkung auf das hiesige Wirtschaftsleben sein konnten, hierzulande ein größeres Interesse hervorgerufen haben, als die uns sonst bedrückenden Fragen. Was unsere Wirtschaftslage anbelangt, so wird sie gerade in den letzten Monaten erheblich richtiger und objektiver dargestellt als früher; die pessimistischen Nachrichten aus Deutschland machen aber hier insofern geringeren Eindruck, als die Vereinigten Staaten selbst bekanntlich unter dem Zeichen einer ernsten wirtschaftlichen Depression und Arbeitslosigkeit stehen. Die Deutschland politisch interessierenden Fragen, wie insbesondere die Ostfragen, werden in gebildeteren Kreisen fast durchweg in unsrem Sinne besprochen. Die breitere Masse, namentlich im Innern des Landes, bringt aber, wie gesagt, europäischen Fragen ein nur beschränktes Verständnis entgegen. Auch der Umstand, daß der polnischen Propaganda gelegentlich ein coup gelingt, ist meiner Ansicht nach nicht allzu tragisch zu nehmen. Trotzdem muß ihr entgegengewirkt werden [...].

Dies führt zur Beantwortung Deiner Frage nach Propaganda. Wir haben unsere in den letzten Jahren ständig verbesserte Stellung in der öffentlichen Meinung der Vereinigten Staaten nicht zuletzt dem Umstand zu verdanken, daß es uns gelungen ist, grobe taktische Fehler zu vermeiden. Die laute polnische Propaganda hat in maßgebenden Kreisen nicht verfangen – ich darf z. B. in Parenthese bemerken, daß mir im Bankhaus Morgan die Unsinnigkeit des polnischen Korridors ohne weiteres zugegeben wurde –. Die ebenfalls sehr plumpe französische Wirtschaftspropaganda hat den Franzosen keinen Nutzen gebracht. Die Vorsicht, mit der deutscherseits vorgegangen ist, hat sich 100 % gelohnt. Eines der besten Mittel, die hiesige Öffentlichkeit mehr auf die uns interessierenden Angelegenheiten, wie z. B. auf die Ostfragen aufmerksam zu machen, ist die Bearbeitung der amerikanischen Korrespondenten in Berlin. Es kann m. E. nichts schaden, wenn für diese Herren eine Extrawurst hier und da gebraten wird: Reise nach dem Osten usw. Was die Aufklärungsarbeit in den Vereinigten Staaten anbelangt, so teile ich Deine Ansicht, daß Versuche einer politischen Propaganda auch nichtamtlicher Persönlichkeiten hierzulande die allergrößten Gefahren in sich schließen. Ich erinnere an den Reinfall von Pertinax und Steed. Diejenigen Deutschen, die zu Vorträgen wirtschaftlicher oder wissenschaftlicher Art herüberkommen, sollten sicherlich mehr als bisher eine Instruktionsstunde im Auswärtigen Amt erhalten. Es sind eine ganze Reihe solcher Herren hiergewesen, die es in geschickter Weise verstanden haben, in ihren Reden und Interviews in vorsichtiger Form auf gewisse europäische Zustände hinzuweisen. Sobald aber ein deutscher „Propagandist“ mit einem Auftrag zur Propaganda hier herüber geschickt werden würde, so ist hundert gegen eins zu wetten, daß die Reise mit genau dem gleichen negativen Resultat verläuft, wie seinerzeit die Reise von Dernburg u. a. Ich möchte jedenfalls aufs dringendste bitten, daß nichts Derartiges unternommen wird, ohne meinen Rat angehört zu haben.

Von privater Seite höre ich, daß übrigens eine ganze Serie von Amerikareisenden zum Start bereitsteht: Jäckh, Bonn, Schacht, Becker. Jäckh und Bonn sind alte Amerikakenner und wirken hier ausgezeichnet. Becker hat als einer der Reformatoren auf dem Gebiet des deutschen höheren Schulwesens auch in den Vereinigten Staaten einen hervorragenden Namen. Sie alle drei sind mir willkommen. Was Schacht anbelangt, so werden rein wirtschaftlich und sachlich gehaltene Reden hier gut wirken, da Schacht nach wie vor als Stabilisator der deutschen Währung und früherer Leiter der Reichsbank ein großes Ansehen besitzt. Daß er seine Reise nach den Vereinigten Staaten nicht um ein Jahr verschoben hat, ist bedauerlich. Die Gefahr, daß er während eines Aufenthalts in den Vereinigten Staaten mit lästigen Fragen bestürmt wird, ist ungeheuer groß, und er muß sich mit einem eisernen Panzer umgeben, wenn er Indiskretionen entgehen will.

Wie ich dem Amt noch offiziell berichten werde, gedenke ich meinen diesjährigen Sommerurlaub am 17. Juli anzutreten. Ich stehe somit in Kürze dem Herrn Reichskanzler zu mündlicher Berichterstattung zur Verfügung. Die Wünsche nach erhöhter propagandistischer Tätigkeit treten periodisch auf. Ich glaube auch einige der Quellen zu kennen, aus denen diese Wünsche genährt werden; sie stammen meistens aus Lagern, welche das schwierige hiesige Terrain nur oberflächlich kennen.

25. Abhandlung Bonns

Nordamerikanische Kultur: „widersprechende Vorstellungen von den Vereinigten Staaten".

Bonn, S. 5–13.

1930

Es gibt heute in Europa und insbesondere in Deutschland zwei einander völlig widersprechende Vorstellungen von den Vereinigten Staaten. Die eine sieht in dem rastlosen wirtschaftlichen Fortschritt des gewaltigen Landes eine Art wirtschaftlichen Wunders, das sie Europa zur Nachahmung empfiehlt, obwohl es eigentlich zum Wesen des Wunders gehört, daß man es gläubig staunend hinnehmen muß, sich aber nicht vermessen darf, es mit menschlicher Kunst nachzuschaffen. Sie sieht in ihm den Entdecker neuer wirtschaftlich-technischer Grundsätze und neuer Organisationsmethoden, die innerhalb der bestehenden kapitalistischen Welt die Verwirklichung aller Träume bringen, die die liberalen Verkünder des frühkapitalistischen Zeitalters verheißen hatten. [...]

Die andere Auffassung sieht in der amerikanischen Entwicklung den Sieg eines rohen Materialismus über alle idealistische Zielsetzung. Die zarten Regungen der leicht beschwingten, zum Äther aufsteigenden menschlichen Seele werden zugunsten eines im Konsum standardisierter Güter sich genügenden, habgierigen, genußsüchtigen und doch lebensunfrohen Materialismus abgetötet. Den Platz der auf Entwicklung der einzelnen Persönlichkeit abgestellten Zielsetzung Europas sucht die massenmäßige, das Gehobene niederdrückende, Gleichmacherei einer plumpen sozialisierenden Demokratie einzunehmen. Die schillernde Buntheit europäischer Individualitäten, Religiositäten und Nationalitäten wird durch die graue, eintönige, mechanisierte Einförmigkeit der amerikanischen Norm abgelöst: das in Ehrfurcht Gewordene wird durch das frech Gewollte ersetzt, das warm-gefühlsmäßig Quellende durch das nüchtern-kalt Gedachte vertrieben, das Eigenartig-Persönliche im Konventionell-Sachlichen erstickt.

Während die eine Richtung Amerika, seinem technischen, wirtschaftlichen, politischen und geistigen Vordringen die Begeisterung entgegenbringt, mit der unentwickelte Kolonialvölker die Ankunft einer neuen Herrenkultur zu begrüßen pflegen, sehen die anderen in ihm den geistigen Tod. Die einen huldigen dem amerikanischen Wunder in der naiven Begeisterung, mit der die Azteken den Cortezschen Rittern entgegenkamen, in ihrer Ankunft die Erfüllung alter Verheißungen erwartend; die andern sehen einen neuen Hunnensturm, geführt von einem neuen Attila, dessen Antlitz die Züge Henry Fords oder Taylors trägt. Dem Kontinentalschwärmer, dem das Europa ist, was nicht in englischer Zunge lallt, ist Amerika das Land, das dem verhaßten Angelsachsentum die dauernde Weltherrschaft bescheren wird; dem in übernationalen Gedankengängen sich Bewegenden ist es die Möglichkeit, die vielgestaltigen einander widerstrebenden europäischen Völkersplitter in eine bunte, aber feste Einheit einzuschmelzen.

In den letzten Jahren vor dem Kriege stand in Deutschland die Amerikabegeisterung an der Tagesordnung[1]; sie hat so viel Seelengemeinschaft und Verständnis für deutsches Wesen bei den Amerikanern vorausgesetzt, daß die Teilnahme der Vereinigten Staaten am Kriege für viele die bitterste Enttäuschung in diesen enttäuschungsreichen Zeiten geworden ist. Vorübergehend ist diese Enttäuschung in glühendem Haß aufgeflammt. Als die amerikanische Unterstützung den Sieg der Alliierten möglich gemacht hatte, kehrte sich die Wut der militaristischen Kreise Deutschlands gegen die amerikanischen Bürgersoldaten, die den Berufssoldaten den Sieg geraubt hatten. Und als das Versagen des Präsidenten Wilson auf der Friedenskonferenz die Durchführung der Vierzehn Punkte unmöglich gemacht hatte, wendeten sich auch diejenigen von Amerika ab, die von dort den Anbeginn der Völkerversöhnung erwartet hatten. Diese leidenschaftliche Stimmung hat nicht angehalten. [...]

Trotzdem hat man in Deutschland den Vereinigten Staaten nicht lange gegrollt. Die Tatsache, daß die Vereinigten Staaten sich von den europäischen Alliierten absonderten und damit die Ausführungsbestimmungen des Versailler Friedensdiktats nicht mitverantworteten,[2] erweckte in Deutschland beinahe ein Gefühl der Dankbarkeit. Man sah sich einem geschlossenen Kreis von Feinden gegenüber, aus dem sich die Vereinigten Staaten losgelöst hatten. Man war sofort geneigt, sie als Freunde zu betrachten und in der Wiederanknüpfung wirtschaftlicher Beziehungen den Ausdruck eines tiefgehenden Freundschaftsverhältnisses zu sehen.

Die falsche Einschätzung amerikanischer Verhältnisse war in Deutschland Mode geworden, seit Amerika gewissermaßen offiziell entdeckt wurde. Nach der Amerikafahrt des Prinzen Heinrich hat man sich in geradezu leidenschaftlicher Weise der Bereisung Amerikas gewidmet und dabei alle Vorzüge und Mängel deutscher Gründlichkeit und deutscher Organisation an den Tag gelegt. An Stelle derer, die nach Amerika gingen, weil geschäftliche

[1] Vgl. Pommerin/Fröhlich, Bd. 1, Dok. Nr. 49–55.

[2] Am 19. März 1920 lehnte der amerikanische Senat den Beitritt zum Völkerbund und die Ratifizierung des Versailler Vertrages ab.

Interessen sie dazu zwangen, wie die Kaufleute von Hamburg und Bremen und die Finanzmänner von Frankfurt, die aus dieser ihrer Tätigkeit Verständnis für die amerikanische Eigenart gewannen, und an Stelle jener, die nach Amerika wanderten, weil sie als Liberale und Demokraten dort das gelobte Land der Freiheit suchten, trat der ‚Amerikastreber', der sich mit Amerika beschäftigte, weil es oben erwünscht schien. [...]

Erkenntnis und Verständnis eines fremden Volkes setzen überdies nicht nur Vorurteilslosigkeit und Einfühlungsfähigkeit voraus, sondern vor allem den Willen, das fremde Volk und seine Wege nicht unter dem Gesichtspunkt zu beurteilen, ob und inwieweit es den eigenen nationalen Zielen dienstbar gemacht werden könne. Man hat in der wilhelminischen Zeit Amerika gern als möglichen Bundesgenossen gegen England gesehen.[3] Die lauten Anglophoben, deren oberstes Ziel die Entwicklung deutschen Wesens nach englischem Muster zur Nachahmung und Übertreffung des gehaßten Vorbildes war – an Stelle einer Entfaltung nach den inneren Kräften deutschen Wesens –, haben in Verstimmungen, die hochnäsige Engländer bei dem amerikanischen Emporkömmling auszulösen wußten, dem eigenen Fühlen verwandte Regungen gesehen. [...]

Der Umstand, daß Deutschland und die Vereinigten Staaten manche gemeinsame Züge aufweisen – das Überwiegen rein wirtschaftlicher Überlegungen im öffentlichen Leben, das Fehlen einer Aristokratie, die in der Politik führt, weil Politik ihre Lieblingsbeschäftigung ist, nicht aber weil man aus der Politik ein Geschäft machen kann, die Begeisterung für Organisation und den Organisationswillen –, steigert diese Gefahr. Der moderne amerikanische Geschäftsmann zieht auf seinen Geschäftsreisen Deutschland und Berlin gegenüber England und London, Frankreich und Paris vor. Er tut dies nicht nur, weil er hier als Geldgeber eine andere Rolle spielen kann als in reicheren Ländern und weil die deutschen Hotels sich bewußt dem amerikanischen Geschmack anpassen. Neu-Deutschlands Seele schwingt in einer Weise in wirtschaftlich-bürgerlichen Empfindungen – eine seltsame Wandlung des Volkes der Dichter und Denker –, daß sich der amerikanische Geschäftsmann in seiner Mitte in einer anheimelnden Atmosphäre befindet. Die Vergötterung des Wirtschaftsführers, die ein dienstbeflissenes Literatentum heute ebenso pünktlich besorgt wie früher die Vergötterung von Monarchen und Generalen, schafft eine Atmosphäre, in der sich der amerikanische Geschäftsmann gern bewegt.

Die Vereinigten Staaten sind nicht einfach eine Wirtschaftsgröße, deren Aufbau und Zusammensetzung man kennenlernen muß, um auf diese Weise nützliche Vorlagen zur Nachahmung zu gewinnen. Sie sind nicht bloß die große überseeische kapitalistische Metropole, die durch ihren Reichtum und

[3] Vgl. Pommerin/Fröhlich, Bd. 1, Dok. Nr. 49.

ihre vorzüglichen Organisationsmethoden die kapitalistische Neukolonisation Europas in die Hand nehmen wird. Sie stellen ein großes Stück Menschheitsgeschichte und ein gewaltiges Stück Menschheit dar, dessen Auswirkung auf die Zukunft niemand abzuschätzen vermag. Man muß trachten, sie richtig zu erkennen und ihr Wesen zu verstehen, nicht, weil man sie liebt oder weil man sie fürchtet, nicht weil man sie nachahmen möchte oder weil man ihr Beispiel zur Warnung benutzen will, sondern einzig und allein weil sie sind.

26. Bericht der Deutschen Steuben-Gesellschaft e. V.

Steuben-Feier: „Wir Frontsoldaten des Stahlhelm grüßen in dieser Stunde die amerikanischen Frontkämpfer aus dem Weltringen.“

Deutschland und Amerika, S. 107–110.

1932

Deutschen Frontkämpfergeist gibt es, solange in der Geschichte dieser Erde germanisch-deutsche Männer die Waffen ergriffen. Deutschen Frontkämpfergeist gab es an allen Plätzen der Welt, wo deutsche Männer kämpften. Deutscher Frontkämpfergeist war es auch, der vor 150 Jahren, aus der friderizianischen Schule kommend, jenseits des Ozeans dem amerikanischen Volke die Freiheit miterkämpfen half. Unvergeßlich lebt in diesem Volke der Name des deutsch-amerikanischen Generals von Steuben[1], der im Jahre 1778 an die Spitze des nordamerikanischen Heeres trat und es zu einer scharfen Waffe ausgestaltete.

Steuben war Magdeburger Kind. Da war es selbstverständlich, daß wir, die wir vom selben Geiste sind, in der Gründerstadt unseres Bundes anläßlich des Besuches der Mitglieder der amerikanischen Steuben-Gesellschaft an der Steuben-Gedenktafel eine feierliche Gedenkstunde abhielten. Eine stattliche Ehrenkompagnie marschierte auf dem wundervollen Ehrenhof vor der Stadthalle auf. Tausende von deutschen Männern und Frauen waren erschienen, um dieser Gedenkstunde beizuwohnen. Das Sternenbanner und das Schwarz-Weiß-Rot der echten deutschen Fahne leuchteten nebeneinander im Fackelscheine auf. Oberstleutnant Winkelmann nahm als Kreisführer das Wort.

Er erinnerte an die Taten und an die Persönlichkeit Steubens, der als verdienstvoller Offizier des großen Königs zum Schöpfer des amerikanischen Nationalheeres wurde. Deutsches und amerikanisches Blut baute die neue Heimat, in tiefem Verwachsensein rassischer Eigenart; deutsche Aus-

[1] Vgl. Pommerin/Fröhlich, Bd. 1, Dok. Nr. 3 und 20.

dauer und Schaffenskraft haben in der über 150jährigen machtvollen Entwicklung der Vereinigten Staaten einen guten Klang. Heute danken wir dem amerikanischen Volke, daß es seine Stimme für Beseitigung der unhaltbaren Kriegsschuldlüge erhebt. Nur so erscheint eine Revision des Versailler Diktates, das uns als Verbrechernation abstempeln will, in absehbarer Zeit möglich, selbst wenn in einem Teil des deutschen Volkes Wahnwitz und Verhetzung noch weiter dieser Lüge Rückrat sind. Wir Frontsoldaten des Stahlhelm[2] grüßen in dieser Stunde die amerikanischen Frontkämpfer aus dem Weltringen.

Unser Kampfruf folgte diesen Worten, donnernd klang das „Frontheil" über den nachtdunklen Platz. Unsere schwarz-weiß-roten Fahnen senkten sich grüßend vor dem Sternenbanner, als dann die getragene Weise der amerikanischen Nationalhymne erklang. Ihr folgte gleichzeitig mit der Niederlegung eines Lorbeerkranzes im Namen des I. Bundesführers, Franz Seldte, das Deutschlandlied.

Nach deutscher Frontsoldatenweise klang diese Feierstunde aus mit dem großen Zapfenstreich. Im Zeichen des Hohenfriedbergers erfolgte der Rückmarsch in die Stadt mit jenem ehernen preußischen Marschtritt, in dem einst auch Steuben geschritten war, als Offizier des Alten Fritz.

27. Abhandlung Moeller van den Brucks

Mission: „Nun ist Amerika zum Schiedsrichter im Weltkriege geworden."

Moeller van den Bruck, S. 166–168.

1932

In Amerika ist alles Block, Pragmatismus, nationales Taylorsystem. In Amerika bildete sich während des neunzehnten Jahrhunderts mit der amerikanischen Rasse ein amerikanisches Bewußtsein. Es entstand 'Amerikanismus'. Er war in seinen Anfängen, bei Poe, bei Emerson[1], bei Walt Whitman, sehr groß, war besonders und bedeutend. Aber längst wurde eine Einebnung des amerikanischen Denkens wie des amerikanischen Lebens bemerkt. Nur durch sie läßt sich erklären, daß die Amerikaner so ohne jedes Augenmaß für den Unterschied der alten und der jungen Völker waren, die in Europa im Kampfe stehen. Das Amerikanertum, das sich aus allen Rassen der Erde ergänzte, hat sich ursprünglich im Kampfe gegen das Angelsachsentum

[2] Am 25. Dezember 1918 gegründeter Zusammenschluß von Soldaten des Ersten Weltkrieges.

[1] Ralph W. Emerson (1803–1882) stand an der Spitze der amerikanischen Transzendentalisten.

durchsetzen müssen: als junges Prinzip gegen das alte Prinzip. Und doch waren die Amerikaner, als sie sich entschlossen, in den Weltkrieg einzutreten, noch nicht so durchnationalisiert, daß sie als Volk sofort wußten, was sie taten, und taten, was sie mußten: daß sie sich für die jungen Völker entschieden, wie es amerikanisch gewesen wäre. Sie gaben mit ihrer Unterstützung der alten Völker vielmehr ihre beste Überlieferung auf, mit der sie sich einst als Pioniervolk, als vorbildlich junges Volk im Sinne des achtzehnten Jahrhunderts, in die Geschichte eingeführt hatten. Sie gaben die Idee des Nationalismus auf, durch den sie einst so groß geworden waren. Und sie unterwarfen sich der Idee desselben Imperialismus, von dem sie sich in seiner britischen Gestalt des achtzehnten Jahrhunderts in ihrem großen Unabhängigkeitskriege einst ruhmvoll frei gemacht hatten. Sie gaben Amerikanertum auf, um wieder Angelsachsentum zu gewinnen, und fügten sich in den Ring einer Koalition ein, die ständig von Menschenrechten spricht, aber das erste der Völkerrechte, das Recht auf Tüchtigkeit und Tätigsein, das Recht auf Jugend den jungen Völkern absprechen will. Im jungen Amerika siegte der alte Westen.

Dabei kennt Amerika den Unterschied der alten und der jungen Völker genau. Es kennt ihn von der Seite der jungen Völker her, zu denen es sich selber rechnet. Ein junges Volk, das sich in seiner Welt durchgesetzt hatte: das war die große Überlieferung des amerikanischen Volkes. Dieses Amerikanertum hat die Angehörigen der jungen Völker, die es heute bekämpft, im eigenen amerikanischen Volkstume: und es hat die jungen Völkerbestandteile, die ihm aus einer starken Abwanderung in noch planlosen europäischen Jahrzehnten zuströmten, vor dem Kriege immer als die wichtigsten und besonders tüchtigen zu schätzen gewußt. Ja, Amerika hat damals nicht minder die Heimatstaaten der jungen Völker denen der alten vorgezogen und über seine Neigung für Frankreich immer die Wertschätzung von Deutschland gestellt. Aber entschieden hat sich Amerika für die alten Völker. Es ist dadurch nicht selbst zum alten Volke geworden. Aber es hat sich zwischen die beiden großen Völkergrundsätze gestellt, die heute ein Zeitalter, das geht, von einem Zeitalter scheiden kann, das kommt.

Nun ist Amerika zum Schiedsrichter im Weltkriege geworden. Und nun muß sich zeigen, welchen sittlichen Sinn es hatte, daß die Amerikaner mit dem warnenden Vermächtnis ihres Washington brachen: sich niemals in außeramerikanische Angelegenheiten einzulassen. Als junges Volk hatten die Amerikaner durchaus das Recht, auch mit ihrer besten Überlieferung zu brechen, wenn neue Notwendigkeit es verlangte. Aber der Bruch noch mußte im Geiste dieser Überlieferung geschehen. Und zeigen muß sich nun, ob Amerika den Ruf seines Hymnikers verleugnen will, sich immer und überall für Völkerjugend zu entscheiden, den Ruf Walt Whitmans, den jedes junge Volk bekennt: „Einsam singend erhebe ich meine Stimme für eine neue

Welt." Und zeigen muß sich, ob Amerika die Verkündigung seines Philosophen nicht in einer jesuitischen, sondern in einer ethischen Richtung wahrmachen wird, wie Emerson meinte, als er von einem künftigen amerikanischen Kriege sprach: „Laßt den Sieg fallen, wohin er will, wir befinden uns immer auf seiner Seite."

28. Aufsatz Schmitts

Die Leistung der Vereinigten Staaten: „daß sie sich allgemeiner, offen bleibender Begriffe bedienen".

Schmitt, Völkerrechtliche Formen, S. 178f.

1932

Wie die Monroedoktrin in der Hand der Vereinigten Staaten liegt, so können sie auch gegenüber dem Kelloggpakt[1] den Standpunkt einnehmen, der sich für eine Weltmacht von selbst versteht: daß sie selber es sind, die definieren, interpretieren und anwenden. Sie entscheiden, wann etwas Krieg ist oder ein friedliches Mittel internationaler Politik, ein friedliches Mittel zur Aufrechterhaltung der Ordnung und Sicherheit in einem Staat, der selber dazu nicht imstande ist, zum Schutze des Lebens und des Privateigentums, überhaupt zur Pazifizierung der Erde. Sollte das wirklich eintreten, so könnte der Kelloggpakt für die Erde eine ähnliche Funktion haben, wie sie die Monroedoktrin für den amerikanischen Kontinent gehabt hat. [...] Die Einarbeitung des Kelloggpaktes in die Völkerbundsatzung ist schwierig, denn der Kelloggpakt kennt „keine Sanktion, keine Organisation und keine Definition". Darum gerade handelt es sich nämlich, und immer wieder zeigt sich die große Überlegenheit, die erstaunliche politische Leistung der Vereinigten Staaten darin, daß sie sich allgemeiner, offen bleibender Begriffe bedienen. Ich möchte davor warnen, zu meinen, es handele sich hier um eine inferiore Art von Schlauheit und Machiavellismus. Eine derartige Elastizität, eine derartige Fähigkeit, mit weiten Begriffen zu operieren und die Völker der Erde zu zwingen, sie zu respektieren, ist ein Phänomen von weltgeschichtlicher Bedeutung. Bei jenen entscheidenden politischen Begriffen kommt es eben darauf an, wer sie interpretiert, definiert und anwendet; wer durch die konkrete Entscheidung sagt, was Frieden, was Abrüstung, was Intervention, was öffentliche Ordnung und Sicherheit ist. Es ist eine der wichtigsten Erscheinungen im rechtlichen und geistigen Leben der Menschheit überhaupt, daß derjenige, der wahre Macht hat, auch von sich

[1] Für den Wortlaut des Vertrages vom 27. August 1928 über die Ächtung des Krieges (Kellogg-Briand-Pakt) vgl. LNTS, Vol. 94, pp. 57–64.

aus Begriffe und Worte zu bestimmen vermag. Caesar dominus et supra grammaticam: der Kaiser ist Herr auch über die Grammatik. Der Imperialismus schafft sich seine eigenen Begriffe und ein falscher Normativismus und Formalismus führt nur dahin, daß am Ende niemand weiß, was Krieg und was Frieden ist. Nochmals möchte ich vor dem Mißverständnis warnen, als handele es sich hier um Dinge, die man beliebig machen könne. Es ist ein Ausdruck echter, politischer Macht, wenn ein großes Volk die Redeweise und sogar die Denkweise anderer Völker, das Vokabularium, die Terminologie und die Begriffe von sich aus bestimmt. Wir sind als Deutsche freilich in einer traurigen politischen Ohnmacht, nicht nur in der Welt, auch innerhalb Europas, und als Deutscher kann ich bei diesen Ausführungen über den amerikanischen Imperialismus nur das Gefühl haben, wie ein Bettler in Lumpen über die Reichtümer und Schätze von Fremden zu sprechen.

29. Abhandlung Rosenbergs

Die Frau in der amerikanischen Gesellschaft: „Ihre soziale Stellung ist unbestritten der männlichen überlegen.“

Rosenberg, S. 501 f.

1933[1]

Napoleon ist ob seines antifeministischen Code Napoleon bei den Emanzipierten sehr verhaßt, um so mehr lobt man die Amerikaner, die von vornherein der Frau Gleichberechtigung eingeräumt hätten. Das stimmt. Sieht man sich nun die Geschichte der Vereinigten Staaten an, so bemerken wir deutlich zweierlei: Frauenherrschaft in der Gesellschaft, jedoch den Männerstaat. Der amerikanische Mann gebraucht im Leben heute noch rücksichtslos seine Ellenbogen, die ununterbrochene Jagd nach dem Dollar bestimmt fast ausschließlich sein Dasein. Sport und Technik sind seine ‘Bildung’. Der freien Frau stehen alle Bahnen der Kunst, Wissenschaft und Politik offen. Ihre soziale Stellung ist unbestritten der männlichen überlegen. Die Folge dieser Frauenherrschaft in Amerika ist das auffallend niedrige Kulturniveau der Nation. Ein echter Kultur- und Lebenstyp wird auch in Amerika nur dann einmal entstehen, wenn die Jagd nach dem Dollar mildere Formen angenommen hat und wenn der heute nur technische Mann über Wesen und Ziel des Daseins nachzudenken beginnen wird. Emerson war vielleicht der erste nachdenkliche Augenblick des Amerikanertums; aber zunächst allerdings nur ein Augenblick.

Trotz des gesellschaftlichen Vorherrschens der Frau ist der Staat aber na-

[1] 5. Auflage.

turnotwendig männlich; wäre die Diplomatie und Landesverteidigung auch weiblich, Amerika als Staat wäre überhaupt nicht mehr.

30. Artikel Hartmanns

Deutschland und die USA: „Nicht minder notwendig, wie die richtige Auffassung der Gleichberechtigungsfrage ist für ein freundschaftliches Verhältnis zwischen Deutschland und den Vereinigten Staaten die Notwendigkeit einer Aufklärung der amerikanischen öffentlichen Meinung darüber, daß es sich in der nationalsozialistischen Bewegung in keiner Hinsicht um eine reaktionäre, sondern um eine revolutionäre Erscheinung handelt."

Hartmann, S. 491 f.

1933

Der Führer hat zu wiederholten Malen darauf hingewiesen, daß der Nationalsozialismus eine innere deutsche Angelegenheit sei und nicht beabsichtige, sich ähnlich dem Kommunismus, werbend über das Ausland auszudehnen. Ebenso einwandfrei ist wohl aus seinen Reden, als aus der von ihm bestimmten Politik hervorgegangen, daß der Nationalsozialismus weder reaktionäre noch agressiv-imperialistische Tendenzen verfolge, eine verlogene Behauptung, mit der die internationale Systempresse es ganz besonders versucht, die öffentliche Meinung der U.S.A. gegen das neue Deutschland aufzustacheln. Was wir im Kreis der Völker beanspruchen, ist nicht der erste Platz an der Sonne[1], sondern auch ein Platz in ihrem Licht, wie es einem alten 65 Millionen zählenden Kulturvolk gebührt. Deutschlands Austritt aus dem Völkerbund[2] war nicht durch den Anspruch irgendwelcher Sonderrechte bedingt, sondern lediglich durch die unbeachtete Forderung gleichberechtigter Selbständigkeit, die dem kleinsten Staate gewährleistet ist. Wir anerkennen hier, daß weite amerikanische Kreise schon seit Jahren uns dieses Recht zuerkannt haben, und wir hoffen, daß gerade das amerikanische Volk, dem der Ehrbegriff der „Fairneß" im Blute liegt, uns hierzu auch fernerhin unterstützt. Nicht minder notwendig, wie die richtige Auffassung der Gleichberechtigungsfrage ist für ein freundschaftliches Verhältnis zwischen Deutschland und den Vereinigten Staaten die Notwendigkeit einer Aufklärung der amerikanischen öffentlichen Meinung darüber, daß es sich in der nationalsozialistischen Bewegung in keiner Hinsicht um eine reaktionäre, sondern um eine revolutionäre Erscheinung handelt. Wir haben diese

[1] Für den Wortlaut der Rede von Staatssekretär Bernhard von Bülow vom 6. Dezember 1897 über einen deutschen 'Platz an der Sonne' vgl. Fenske, S. 131–133.

[2] 14. Oktober 1933. Die deutsche Mitgliedschaft endete satzungsgemäß erst zwei Jahre später am 15. Oktober 1935.

Frage schon bei Erwähnung der sozialen Ziele gestreift. Da der Amerikaner den Begriff des Fortschritts in hohem Maße in das Gebiet der äußeren Erscheinung und hier besonders ins Technische verlegt, weisen wir auf die außerordentliche Förderung hin, die einzelne Zweige der Technik, so das Automobil- und Flugwesen, durch den Führer selbst erhalten haben. Wenn der Nationalsozialismus auch die Ehrung alter Volksüberlieferungen in den Mittelpunkt der Entwicklung gestellt hat, so gedenkt er keineswegs bei Adam und Eva anzufangen.

Anschließend sei hier gleich ein Angriff einer gewissen internationalen Presse gegen das nationale Deutschland abgewehrt, der besonders in Amerika zu bedauerlichen Mißverständnissen geführt hat. Dies ist die Behauptung, daß der Nationalsozialismus die deutsche Frau in die 'dumpfe Luft' der Küche und Kinderstube verbannt habe. Nichts liegt ihm ferner! Im Gegenteil, er hat sie aus der entwürdigenden Dirnenatmosphäre der letzten Jahrzehnte befreit, in der sie nur noch als Lustobjekt und Zierstück diente, um sie zur hohen Trägerin nationalen Volkstums als Mutter und Bildnerin der Kinderseele zu erheben. Auch hier muß uns gerade der Amerikaner verstehen, da sein Begriff verehrungswürdiger Weiblichkeit bereits auf der Schulbank durch die Gestalten der Volumnia und Virgilia im Coriolan, die Frauengestalten eines Dickens und Galsworthy und die opfermutigen Frauen der amerikanischen Kolonialzeit bestimmt wird.

Wären wir in Deutschland durch den großen Verleumdungsfeldzug nicht gewissermaßen in Abwehrstellung gedrängt, so hätten wir längst die Förderung freundschaftlicher Beziehungen zu den Vereinigten Staaten in der Förderung eines gesteigerten Kulturaustausches auszubauen vermocht. In dieser Richtung sind, wie bereits erwähnt wurde, mancherlei Versäumnisse nachzuholen; denn ebenso wie die amerikanische Öffentlichkeit über die Kulturleistungen unseres Landes, abgesehen von seiner Musik, nur in den engsten Fachkreisen orientiert ist, weiß man auch in Deutschland von dem im Lauf der letzten Jahrzehnte zutage tretenden national-amerikanischen Kulturaufbau sehr wenig.

31. Vortrag Prittwitz und Gaffrons

Das Verhältnis Deutschlands zu den Vereinigten Staaten: „verblaßt gegenüber Vorgängen im europäischen Raum“.

Prittwitz und Gaffron, Deutschland, S. 18–20, 23–25, 26–28, 33 f.

1934

Der frühere amerikanische Botschafter in Berlin, Mr. Alanson Houghton, hat einmal in einer Rede ausgeführt, daß sich die Wiederannäherung zwischen Deutschland und den Vereinigten Staaten nach dem Kriege deswegen so rasch vollzogen habe, weil dabei beide Völker die Gesetze des gesunden Menschenverstandes zur Richtschnur ihres Handelns gemacht hätten. Dieses einfache und häufig mißachtete Rezept für die Pflege internationaler Beziehungen ist in der Tat sowohl von der amerikanischen als deutschen Diplomatie für den Neubau der wechselseitigen Beziehungen mit Erfolg angewandt worden. Man wird sich aber nur dann ein zutreffendes Bild von dem Werdegang und den Gründen der verhältnismäßig schnellen Überwindung der Kriegsatmosphäre zwischen Deutschland und seinem Gegner von jenseits des Ozeans machen, wenn man den allgemein menschlichen Faktor, der hierbei mitgewirkt hat, genügend berücksichtigt. Derselbe ergab sich naturgemäß aus dem Umstand, daß rund 27 % der weißen Bevölkerung in den Vereinigten Staaten deutscher Abstammung sind, die nach dem Kriege ihrem Mutterland freudig wieder die Freundeshand zu reichen bereit waren. Aber auch über das deutsche Element hinaus empfanden es weite Teile des amerikanischen Volkes als eine Ehrenpflicht, dem geschlagenen Gegner in seiner Notlage beizustehen. Aktionen wie diejenige der Quäker, welche den deutschen Kindern und Frauen nach Aufhebung der Blockade Nahrung und damit neuen Lebensmut brachten, haben daher nicht nur Anspruch auf die Dankbarkeit des deutschen Volkes, sondern verdienen es, bei einer Betrachtung der Gestaltung der deutsch-amerikanischen Beziehungen nach dem Weltkrieg an erster Stelle genannt zu werden. Im übrigen kann man in den deutsch-amerikanischen Beziehungen der Nachkriegszeit seit der Präsidentschaft Hardings bis zum Amtsantritt Franklin Roosevelts drei sich bisweilen überschneidende, aber im großen und ganzen doch chronologisch aufeinanderfolgende Phasen unterscheiden: diejenige der Neuordnung der wirtschaftlichen Beziehungen, die Wiederanknüpfung und Vertiefung der kulturellen Beziehungen und den Ausbau des politischen Verhältnisses.

Bei Ausbruch des Weltkrieges bestand zwischen dem Deutschen Reich und den Vereinigten Staaten keinerlei Handelsvertrag. Die wechselseitigen Handelsbeziehungen wurden vielmehr durch beiderseitige autonome Bestimmungen geregelt, auf deutscher Seite durch Gewährung der Meistbegünstigung für die amerikanische Einfuhr, auf amerikanischer Seite durch die allgemeinen Tarifgesetze. Der Berliner Vertrag[1] sicherte den Vereinigten Staaten auf Grund des Versailler Vertrages den Genuß der Meistbegünstigung deutscherseits bis zum 10. Januar 1925 zu. Die Vereinigten Staaten hatten ihrerseits schon vor Ratifikation des Berliner Vertrages Deutschland gegenüber mit geringen Ausnahmen von jeder Diskriminierung abgesehen. Damit war der status quo ante tatsächlich wieder hergestellt. Trotzdem

[1] Für den Wortlaut des deutsch-russischen Vertrages vom 24. April 1926 vgl. RGBl., Nr. 30 vom 13. Juli 1926, S. 359–363.

bedeutete es einen großen Erfolg, daß nach den von Botschafter Wiedfeld mit Staatssekretär Hughes begonnenen Verhandlungen am 8. Dezember 1923 ein Handelsvertrag[2] auf der Basis der unbeschränkten Meistbegünstigung zustande kam. Nicht nur wurde damit ein handelsvertragliches Verhältnis zwischen den beiden Ländern hergestellt, wie es seit 1828 nicht mehr bestanden hatte, sondern gleichzeitig zum ersten Male nach dem Kriege Deutschland wieder als gleichberechtigter Partner eines Handelsvertrages anerkannt. Die Mängel, welche dem Vertrage von 1923, der am 14. Oktober 1925 in Kraft trat, nach deutscher Auffassung anhaften, ergeben sich zum größten Teil aus der amerikanischen Gesetzgebung und der Struktur der amerikanischen Verfassung. Die gegenwärtige Regelung wird vielleicht in Zukunft einer anders gearteten Platz machen müssen, um so mehr als auch in den Vereinigten Staaten eine Rückkehr zu den Grundsätzen der Reziprozitätsverträge befürwortet wird. Trotzdem hat der deutsch-amerikanische Handelsvertrag dem beiderseitigen Handel eine willkommene rechtliche Grundlage gegeben, auf welcher sich die wirtschaftlichen Beziehungen beider Länder bis zum Ausbruch der Weltwirtschaftskrise vorteilhaft entwickeln konnten. Es ist weiter oben auf die Schattenseiten hingewiesen worden, die sich aus der Anleihepolitik im Zusammenhang mit der Reparationsfrage ergeben haben. Man wird aber demgegenüber die Bedeutung der häufigen und nahen Berührung nicht unterschätzen dürfen, die sich gerade auch infolge der finanziellen Beziehungen auf wirtschaftlichem Gebiete zwischen Deutschland und Amerika nach dem Kriege und der Vertauschung der Gläubiger- und Schuldnerrolle vollzogen hat. Zwischen großen Wirtschaftszweigen, wie z. B. auf dem Gebiete der elektrischen Industrie, sind die Grundlagen dauernder Zusammenarbeit gelegt worden. Manche Verbindung, die infolge der Wirtschaftsdepression und der Rückwirkungen der Reparationspolitik gegenwärtig nicht ausgenutzt werden konnten, werden voraussichtlich zu einem späteren Zeitpunkt wieder zum gegenseitigen Nutzen ausgestaltet werden können. Allerdings hat in den letzten Jahren der 'Prosperity' die Übertragung amerikanischer Produktionsmethoden auf das wesentlich kleinere europäische Absatzgebiet zu mannigfachen Enttäuschungen auch der deutschen Wirtschaft beigetragen; dies ändert aber nichts an der Tatsache, daß das Studium der Probleme der Betriebstechnik hüben und drüben das gegenseitige Verstehen nicht nur der Wirtschaftskreise, sondern der Völker überhaupt gefördert hat. Dabei sind zwei Umstände für die Entwicklung der deutsch-amerikanischen Wirtschaftsbeziehungen von bedeutsamem Einfluß geworden. Auf der einen Seite hat gerade das letzte Jahrzehnt eine Wandlung in der sozialen Struktur der Vereinigten Staaten mit sich gebracht, die auf wirtschaftlichem Ge-

[2] Für den Wortlaut vgl. LNTS, Vol. 52, pp. 133–171.

biet Probleme in den Vordergrund gedrängt hat, die bisher in Amerika lediglich als solche des europäischen Raumes betrachtet wurden. Auf der anderen Seite war Deutschland in Europa immer deutlicher zum führenden Element in der Modernisierung industrieller Methoden geworden. Das amerikanische Zutrauen zum deutschen Wiederaufstieg beruhte daher nicht zuletzt auf dem Gefühl, daß die deutsche Wirtschaft nach dem Weltkrieg in ihrer ungebrochenen Unternehmungslust mehr noch als früher der amerikanischen Psyche verwandt sei. Die Verkehrstechnik, insbesondere die deutsche Schiffahrt, hat die Spanne des Ozeans immer mehr verringert. Die Möglichkeiten für den Austausch von Gütern sind dadurch erleichtert und erweitert worden. Wenn die Weltwirtschaft aus der jetzigen Erstarrung gelöst sein wird und wieder in die Bahnen ihres natürlichen Rhythmus zurückschwingt, so wird man auch für die Zukunft der deutsch-amerikanischen Wirtschaftsbeziehungen die Prognose stellen dürfen, daß sie eine der wichtigsten und sichersten Bindeglieder zwischen den beiden Ländern bleiben werden. [...]

Die anderthalb Jahrzehnte nach Beendigung des Weltkrieges weisen im Vergleich zu der gleichen Periode vor 1914 bemerkenswerte Unterschiede auf. Bis zum spanisch-amerikanischen Kriege[3], der mit dem Ende der Isolierungstradition in der amerikanischen Außenpolitik zusammenfiel, waren die politischen Beziehungen zwischen Deutschland und den Vereinigten Staaten trotz gewisser Konflikte keineswegs unbefriedigende. Solche Konflikte ergaben sich in der Frage der Handelspolitik wegen Auslegung der Begriffsbestimmungen von Meistbegünstigung und Gegenseitigkeit und gelegentlich des Samoa-Streitfalls. Der Münchener Historiker Graf zu Stolberg-Wernigerode hat uns in seinem kürzlich erschienenen Werk *Deutschland und die Vereinigten Staaten von Amerika im Zeitalter Bismarcks*[4] eine eingehende Darstellung der Entwicklung der deutsch-amerikanischen Beziehungen seit Friedrich dem Großen bis zum Tode des Eisernen Kanzlers gegeben. Dabei hat er mit Recht besonders die amerikanische Haltung während der deutschen Einheitsbewegung der 48er Jahre und in der Epoche der Reichsgründung in den Jahren 1866 bis 1871 gewürdigt. Mit dem Zwischenfall in Manila im Jahre 1898 während des spanisch-amerikanischen Krieges beginnen ernstere Mißtöne in dem deutsch-amerikanischen Verhältnis aufzutreten. Hierher gehören die Meinungsverschiedenheiten gelegentlich des Boxeraufstandes[5] und vor allem der Venezuelakonflikt von 1902. Der Historiker wird die verschiedenen Reibungen als unausbleibliche Folge des Aneinanderprallens zweier Neuankömmlinge und Rivalen auf dem Welt-

[3] 21. April – 10. Dezember 1898.
[4] Berlin/Leipzig 1933.
[5] Juni – August 1900 in China.

markt erklären, die sich schon in den 80er Jahren angekündigt und später verschärft hatten. Der Politiker wird in dieser Entwicklung zum Teil einen Ausfluß der deutsch-englischen Entfremdung erblicken, – die auch auf die Beziehungen zu dem anderen angelsächsischen Reich wirken mußte, sie im übrigen aber hauptsächlich auf das gegenseitige Mißverstehen der europäischen und amerikanischen Mentalität zurückzuführen. Deutschland wurde nicht ohne Schuld der eigenen Publizistik in Teilen der amerikanischen Presse verdächtigt, koloniale Ambitionen in Mittel- und Südamerika zu haben. Besonders in der Zeit des Venezuelakonfliktes richteten sich die Stimmen derjenigen, welche eine Verletzung der Monroedoktrin[6] befürchteten, in erster Linie gegen das Deutsche Reich. Das wirksamste Mittel zur Entkräftung solcher Vorwürfe hätte ohne Zweifel in einer Anerkennung der Monroedoktrin gelegen. Ihre Bedeutung war den europäischen Mächten gelegentlich der ersten Haager Konferenz im Jahre 1899 durch den amerikanischen Vorbehalt zur Haager Konvention für die friedliche Beilegung internationaler Streitfälle verdeutlicht worden. Die deutsche Regierung war freilich nicht die einzige, welche trotz dieses Hinweises vor einer offiziellen Anerkennung der amerikanischen Doktrin zurückschreckte. Leider blieb auch ein anderes Mittel, das zur Verbesserung der deutschen Beziehungen vor dem Kriege hätte beitragen können, unausgenutzt. Ich meine den Abschluß eines Schiedsgerichtsvertrages. Wiewohl der Reichskanzler Fürst Bülow dem Gedanken sympathisch gegenüberstand, blieben die Gegner eines solchen Vorgehens, die sich allerdings auf die Haltung anderer Staaten und das Verhalten des amerikanischen Senats in früheren Fällen berufen konnten, in Deutschland die stärkeren. Auch der später vom Staatssekretär Bryan vorgeschlagene Vergleichsvertrag kam zwischen Deutschland und den Vereinigten Staaten damals nicht zustande.

Als der Weltkrieg vorüber war und die politischen Beziehungen zwischen den beiden Ländern wieder angeknüpft wurden, mußte es das Bestreben sein, früher begangene Fehler zu vermeiden und auch für das politische Verhältnis eine neue und dauernde Vertrauensbasis zu suchen. In dieser Richtung gingen die Bemühungen der beiden Regierungen und ihrer Vertreter. Wenn von Präsident Wilson das Ende der Geheimdiplomatie[7] proklamiert worden war und bisweilen sogar die Notwendigkeit einer internationalen Diplomatie überhaupt bestritten wird, so hat gerade die Nachkriegszeit erwiesen, daß eine vertrauensvolle diplomatische Zusammenarbeit auch weiterhin eines der wirksamsten Mittel zur Überbrückung bestehender oder Verhinderung entstehender Schwierigkeiten geblieben ist. In Deutschland wird man jedenfalls der Namen Houghtons, Schurmans und Sacketts stets

[6] 2. Dezember 1823.
[7] Vgl. Dok. Nr. 4, Punkt I.

als der Namen ausgezeichneter amerikanischer Vertreter in Berlin gedenken, die sich mit seltenem Verständnis in die deutschen Probleme vertieft haben und immer den Ausbau der deutsch-amerikanischen Freundschaft im Auge hatten. Die Friedenspolitik der deutschen Regierungen, die den Kampf ums Recht mit den Mitteln des Rechts zu führen gewillt waren, stimmte überein mit den Zielen der amerikanischen Außenpolitik und führte auf keinem Gebiet zu prinzipiellen Konflikten. Der Umstand, daß das deutsche Volk nach dem Zusammenbruch sein Staatswesen auf demokratischer Basis neu errichtete, trug wesentlich zur psychologischen Entspannung zwischen den einstigen Gegnern bei. Ein sichtbares Zeichen für die neubegründete deutsch-amerikanische Freundschaft waren der begeisterte Empfang, den die Bremenflieger nach ihrer Rekordleistung in den Vereinigten Staaten erhielten, und die Verehrung, die der ehrwürdigen Persönlichkeit des deutschen Reichspräsidenten entgegengebracht wurde. Die Amerikaner konnten dem einstigen Führer der deutschen Heere keinen größeren Ehrentitel geben, als ihn mit ihrem eigenen Nationalhelden George Washington zu vergleichen. Im Verlauf von weniger als zehn Jahren hatte sich die politische Atmosphäre zwischen Washington und Berlin so gebessert, daß man oft die Äußerung hören konnte, sie sei überhaupt kaum jemals in der Geschichte der beiderseitigen Beziehungen gleich vielversprechend gewesen. Hierzu hat auf amerikanischer Seite selbstverständlich die Veränderung in der Weltkonstellation erheblich mitgesprochen, ebenso wie wohl auch gelegentlich innerpolitische Rücksichten auf das deutsch-amerikanische Element. Es war aber mehr als etwa nur das 'blaue Band' der 'Bremen', welches beide Länder wieder verband, es war eine von breiten Schichten der Bevölkerung getragene aufrichtige Sympathie, die sich auch in den amtlichen Beziehungen bemerkbar machte. Diese dritte Phase in der Wiederannäherung wurde durch den Abschluß eines Schiedsgerichts-[8] und eines Vergleichsvertrages[9] gekennzeichnet, die am 5. Mai 1928 in Washington unterzeichnet wurden. Der Schiedsgerichtsvertrag enthielt auch die ausdrückliche Anerkennung der Monroedoktrin durch Deutschland. Deutschlands Großmachtstellung war bereits 1926 durch die Aufnahme in den Völkerbund und die Zuteilung eines ständigen Ratssitzes von den Mitgliedsstaaten des Völkerbundes anerkannt worden. Nunmehr hatten auch die Vereinigten Staaten, von denen der Vorschlag zum Abschluß der Verträge vom Frühjahr 1928 ausgegangen war, bekundet, daß sie Deutschland auch ihrerseits in politischer Beziehung als vollwertigen Partner internationaler Abmachungen auf gleicher Stufe mit den anderen Mächten behandeln wollten. Dies sollte sich im gleichen Jahr noch deutlicher zeigen, als die Verhandlungen über einen Kriegsächtungs-

[8] Für den Wortlaut vgl. LNTS, Vol. 90, pp. 178–182.
[9] Für den Wortlaut vgl. ebd., pp. 172–176.

pakt[10] vom Staatssekretär Kellogg auf eine universelle Basis gestellt wurden. Die Beziehungen zwischen der amerikanischen Regierung und dem Berliner Kabinett wuchsen damit über den Rahmen der speziellen deutsch-amerikanischen Probleme hinaus und verlagerten sich in der Richtung einer Zusammenarbeit an den generellen Fragen der Weltpolitik. [...]

Wilsons Idealismus glaubte in Versailles die Zauberformel zu finden, die den Weg zum ewigen Frieden eröffnen würde. Doch der Egoismus und die Kurzsichtigkeit der Alliierten zerbrachen seine Pläne und verfälschten die Basis, auf welcher die internationale Organisation des Friedens errichtet wurde. Statt eines 'Friedens ohne Sieg', so hat es ein amerikanischer Schriftsteller ausgedrückt, mußte es Wilson erleben, daß der Vertrag von Versailles einen 'Sieg ohne Frieden' versinnbildlichte. Der Einmarsch in das deutsche Ruhrgebiet sollte dies schon zu Beginn des Jahres 1923 nur allzu deutlich erweisen. In einer Welt, die aus tausend Wunden blutete und in der Sieger und Besiegte in gleicher Weise vom Siechtum bedroht waren, mußte aber doch allmählich die Einsicht reifen, daß im Interesse der Weltgenesung an Stelle einseitiger Machtsprüche die freiwillige Zusammenarbeit treten müsse. In dieser Richtung bewegten sich die Vorschläge, welche der deutsche Reichskanzler Cuno schon im Jahre 1922 machte. In dem damaligen Angebot erklärte sich Deutschland bereit, sich zusammen mit den anderen am Rhein interessierten Großmächten für ein Menschenalter zu verpflichten, ohne Ermächtigung durch Volksbefragung keinen Krieg gegeneinander zu führen. Die Grundidee eines solchen Paktes ist dann, wie man weiß, in den Verträgen von Locarno[11] verwirklicht worden. Hätte sich der „Geist von Locarno", dessen Vorkämpfer Briand in Frankreich und Stresemann in Deutschland gewesen sind, auch auf die weitere Behandlung der politischen und wirtschaftlichen Fragen in Europa übertragen, so wäre das Vertragswerk von 1925 vielleicht zum wirklichen Wendepunkt in der europäischen Nachkriegsgeschichte geworden. Nur allzu bald sollten sich aber in der Folgezeit wieder die individuellen Interessen der Staaten gegen ihre Gemeinschaftsinteressen stellen. Mit zunehmender wirtschaftlicher Not traten die trennenden Elemente in den Beziehungen zwischen den Völkern wiederum in den Vordergrund und überschatteten alle Bestrebungen, welche an die Vernunft und die Solidarität appellierten. Trotzdem haben die Jahre 1925 bis 1928 nicht nur die Bedeutung einer Episode. Über die Beseitigung akuter europäischer Spannungen hinaus haben sie vielmehr Auswirkungen auf die

[10] Für den Wortlaut des Vertrages vom 27. August 1928 über die Ächtung des Krieges (Kellogg-Briand-Pakt) vgl. LNTS, Vol. 94, pp. 57–64.

[11] Für den Wortlaut der Verträge vom 16. Oktober 1925 zwischen Belgien, Frankreich, Großbritannien und Italien vgl. RGBl., Nr. 52 vom 30. November 1925, S. 975–1009.

gesamte Weltpolitik ausgelöst. Wie schon in anderem Zusammenhang erwähnt, hat erst die Verbesserung der politischen Atmosphäre in Europa die Vereinigten Staaten dazu ermutigt, sich wieder aktiv für europäische Fragen zu interessieren. Amerika hatte es abgelehnt, in irgendeiner Form in das Netz einer europäischen Sicherheitsgarantie verstrickt zu werden. Es hatte aber niemals das Ziel aus den Augen verloren, zur Sicherung des Weltfriedens beizutragen. Als nach Locarno eine deutsch-französische Annäherung erkennbar schien, sah die amerikanische Regierung den Augenblick näher gerückt, in welchem sie diesem Ziel mit Aussicht auf Erfolg energischer zusteuern konnte. Das Angebot Briands zum Abschluß eines Kriegsächtungspaktes sollte zum äußeren Anlaß hierzu werden. Die Geschichte des Zustandekommens dieses Vertrages ist zum Gegenstand zahlreicher kritischer Untersuchungen gemacht worden. Sie zeigt ebenso viele negative wie positive Merkmale der amerikanischen Außenpolitik der Nachkriegszeit. In negativer Beziehung bedeutet der Kelloggpakt eine Absage an die Freunde des Genfer Instituts[12], ebenso wie die erneute Ablehnung einer einseitigen Bindung an den Kreis der einstigen Verbündeten. Positiv wurde durch den Kampf um den Inhalt des Paktes die amerikanische Bereitwilligkeit dokumentiert, zu dem Ausbau der Friedenssicherung in der Welt beizutragen, wenn sie auf universeller Basis unter Aufrechterhaltung der Souveränität der einzelnen Staaten gefunden wird. Es war daher nur logisch, wenn sich Staatssekretär Kellogg im April 1928 auch an die deutsche Regierung mit seinem Vorschlage wandte. Das bedingungslose und unverzügliche Ja, mit welchem die deutsche Regierung auf die amerikanische Anfrage antwortete, mußte aber für die deutsch-amerikanischen Beziehungen die allergrößte Bedeutung gewinnen. Zunächst vertiefte die deutsche Antwort den Glauben an Deutschlands aufrichtiger Friedensliebe. Zugleich bedeutete die Zusage der deutschen Unterschrift unter die Artikel des Kelloggpaktes die Übereinstimmung der deutschen und amerikanischen Auffassung in dem wesentlichsten Punkte der Weltpolitik: der Verhinderung der Austragung von internationalen Meinungsverschiedenheiten durch kriegerische Mittel. Botschafter Schurman hat in seiner Heidelberger Rede vom 5. Mai 1928 der Stimmung weitester amerikanischer Kreise Ausdruck verliehen, wenn er feststellte:

„Während der drei Jahre, die ich als Botschafter der Vereinigten Staaten in Deutschland tätig bin, bin ich in immer steigendem Maße von der Ähnlichkeit der grundlegenden internationalen Ideale der Regierungen und der Völker unserer beiden Länder durchdrungen worden. Und jetzt ist die Identität ihrer Stellungnahme zu der großen Frage der Ächtung des Krieges ein weiteres Beispiel und eine weitere Bestätigung dieser internationalen Kame-

[12] Völkerbund.

radschaft. Deutschland und die Vereinigten Staaten marschieren vorwärts in einem großen und edlen Abenteuer für die Sache der menschlichen Kultur."
[...]

Die Zahl der konkreten Probleme, die zwischen Deutschland und den Vereinigten Staaten schweben und einer Lösung harren, ist beschränkt. Sie liegen auf handelspolitischem Gebiet und im Bereich des deutsch-amerikanischen Schuldenabkommens. Anlässe zu direkten politischen Interessenkonflikten sind zwischen den beiden Ländern nicht gegeben. Es sind die Fragen der großen Politik und die Stellungnahme der beiderseitigen Regierungen zu ihnen, von welchen zum großen Teil die künftige Gestaltung der Beziehungen zwischen den beiden Völkern abhängt. Betrachtet man die Vorgänge auf der politischen Bühne in Europa und die Lage in Ostasien, so wird die Sorge derjenigen erklärlich, welche für die politische Geschichte der Zukunft lediglich die Prognose einer Wiederholung der Geschichte vergangener Jahrhunderte stellen. Die Gefahr verstärkter Gruppenbildungen innerhalb des Kreises der kontinentalen Mächte erscheint ebenso drohend wie eine erneute Entfremdung zwischen den Kontinenten. In letzterer Beziehung haben sich auch in den Vereinigten Staaten, durch die Wirtschaftskrise stark beeinflußt, die Stimmen gemehrt, welche die Abkehr von Europa predigen. Amerika habe, so sagen diese Stimmen, genug Enttäuschungen erlebt und könne angesichts der widerstreitenden politischen Interessen in Europa keine erfolgreiche Mittlerrolle spielen, geschweige denn irgendwelche weitergehenden Bindungen zur Sicherstellung des Friedens eingehen. Selbst Kreise, die für engste internationale Zusammenarbeit eingetreten sind, haben in jüngster Zeit eine gewisse Resignation an den Tag gelegt. So ist es nicht verwunderlich, daß an Stelle multilateraler und kollektiver Friedenssicherungen der Gedanke einer zweiseitigen Bindung der angelsächsischen Völker untereinander wieder Anhänger in den Vereinigten Staaten gefunden hat; etwa in dem Sinne eines Neutralitätsversprechens im Falle kriegerischer Konflikte. Der Verlauf der politischen Ereignisse seit Begründung des Völkerbundes[13] und nach Abschluß des Briand-Kelloggpaktes scheint dem Skeptizismus gegenüber dem Gang der Weltpolitik recht zu geben. Trotzdem wird man sich nicht zu dem Schluß verleiten lassen, als habe die zivilisierte Menschheit keinerlei Lehren aus dem Weltkrieg und seinen Folgen gezogen. Ähnlich wie sich auf wirtschaftlichem und sozialem Gebiet in zahlreichen Teilen der Welt eine Veränderung der Struktur vollzieht, so bereitet sich allem Anschein nach auch auf der Ebene der zwischenstaatlichen Beziehungen ein Wandel vor. Dieser Wandel kann aufgehalten werden und sich vielleicht nur schrittweise und räumlich begrenzt durchsetzen; die Anzeichen eines solchen Wandels leugnen, hieße aber den Sinn des 20. Jahrhun-

[13] 1920; vgl. auch Dok. Nr. 4, Punkt XIV.

derts verkennen. Gewiß wäre es Utopie zu glauben, daß die internationalen Gegensätzlichkeiten aus der Welt verschwinden könnten. Wie es Alfred Zimmern in unübertrefflicher Klarheit ausgedrückt hat, wird das Spiel der Macht dauern, „solange es eine Dynamik, das heißt eine Menschheit auf der Erde gibt". Auch nach der Ächtung des Krieges als Mittel der Außenpolitik werden sich Auseinandersetzungen in der Sphäre der internationalen Beziehungen abspielen, in welchen die Nationen Partei ergreifen und ihre Ziele verfolgen werden. Aber diese Auseinandersetzungen brauchen sich nicht notwendigerweise der destruktiven Methoden wie bisher zu bedienen, wenn sie ehrlich den Ausgleich der Interessen statt des Interessenkampfes als Ziel in sich tragen.

Der Zwang, bestimmte brennende Probleme zu lösen, hat schon wiederholt über die Vorurteile derer gesiegt, die immer nur die unüberwindlichen Schranken sehen, welche einer Verständigung der Völker entgegenwirken. Ist es vermessen zu hoffen, daß dieser Imperativ auch über manche Tragik der weltpolitischen Gegenwart siegen muß? Das Verhältnis Deutschlands zu den Vereinigten Staaten ist nur ein Ausschnitt aus der Weltpolitik und verblaßt gegenüber Vorgängen im europäischen Raum. Wie aber der Krieg, der in einem Winkel der Welt ausbrach, zum Weltkrieg werden mußte, so ist auch der Frieden der Welt ein Gebäude, das auf vielen Säulen ruht. Die Säulen mögen an verschiedenen Fronten des Baus stehen, sie tragen ihn alle in gleicher Weise. Deswegen wird es auch künftighin die Aufgabe aller derer bleiben, die ein Interesse an den außenpolitischen Dingen nehmen, über die Grenzen der Kontinente hinauszusehen. Daß sich hierbei die Blicke des deutschen und amerikanischen Volkes immer wieder gegenseitig und mit den anderen Völkern begegnen möchten, sei der Wunsch, der uns auf dem Wege vom Gestern zum Morgen begleitet.

32. Tagebuchnotiz Shirers

Ausweisung von Journalisten: „ein schönes Beispiel für nur eine unserer demokratischen Schwächen".

Shirer, S. 47f.

Berlin, 30. Dezember 1935

Dodd bestellte uns heute zu einem Gespräch mit Staatssekretär William Phillips vom Außenministerium, der zu einem Besuch hier weilt. Wir fragten ihn, was Washington unternehmen würde, wenn die Nazis mit unserer Ausweisung beginnen. Er gab eine ehrliche Antwort. Er sagte: Nichts. Wir hielten entgegen, wenn die Wilhelmstraße wüßte, daß für jeden ein deutscher Zeitungsmann rausfliegt, dann würden es sich die Nazis zweimal überlegen, ob sie gegen uns in Aktion treten. Aber der Herr Staatssekretär meinte, daß das Außenministerium über kein Recht verfüge, in solch einem Fall zu handeln – ein schönes Beispiel für nur eine unserer demokratischen Schwächen.

33. 'Quarantänerede' Roosevelts

Abkehr vom Isolationismus: „America actively engages in the search for peace."

Roosevelt, 1937 Vol., pp. 406–411.

Chicago, 5. Oktober 1937

I am glad to come once again to Chicago and especially to have the opportunity of taking part in the dedication of this important project of civic betterment.

On my trip across the continent and back I have been shown many evidences of the result of common sense cooperation between municipalities and the Federal Government, and I have been greeted by tens of thousands of Americans who have told me in every look and word that their material and spiritual well-beings has made great strides forward in the past few years.

And yet, as I have seen with my own eyes, the prosperous farms, the thriving factories and the busy railroads, as I have seen the happiness and security and peace which covers our wide land, almost inevitably I have been compelled to contrast our peace with very different scenes being enacted in other parts of the world.

It is because the people of the United States under modern conditions must, for the sake of their own future, give thought to the rest of the world, that I, as the responsible executive head of the nation, have chosen this great inland city and this gala occasion to speak to you on a subject of definite national importance.

The political situation in the world, which of late has been growing progressively worse, is such as to cause grave concern and anxiety to all the peoples and nations who wish to live in peace and amity with their neighbors.

Some fifteen years ago the hopes of mankind for a continuing era of international peace were raised to great hights when more than sixty nations solemnly pledged themselves not to resort to arms in furtherance of their national aims and policies. The high aspirations expressed in the Briand-Kellogg Peace Pact[1] and the hopes for peace thus raised have of late given way

[1] Für den Wortlaut des Vertrages vom 27. August 1928 über die Ächtung des Krieges (Kellogg-Briand-Pakt) vgl. LNTS, Vol. 94, pp. 57–64.

to a haunting fear of calamity. The present reign of terror and international lawlessness began a few years ago.

It began through unjustified interference in the internal affairs of other nations or the invasion of alien territory in violation of treaties; and has now reached a stage where the very foundations of civilization are seriously threatened. The landmarks and traditions which have marked the progress of civilization toward a condition of law, order and justice are being wiped away.

Without a declaration of war and without warning or justification of any kind, civilians, including vast numbers of women and children, are being ruthlessly murdered with bombs from the air. In times of so-called peace, ships are being attacked and sunk by submarines without cause or notice. Nations are fomenting and taking sides in civil warfare in nations that have never done them any harm. Nations claiming freedom for themselves deny it to others.

Innocent peoples, innocent nations, are being cruelly sacrificed to a greed for power and supremacy which is devoid of all sense of justice and humane considerations.

To paraphrase a recent author 'perhaps we foresee a time when men, exultant in the technique of homicide, will rage so hotly over the world that every precious thing will be in danger, every book and picture and harmony, every treasure garnered through two milleniums, the small, the delicate, the defenseless – all will be lost or wrecked or utterly destroyed.'

If those things come to pass in other parts of the world, let no one imagine that America will escape, that America may expect mercy, that this Western Hemisphere will not be attacked and that it will continue tranquilly and peacefully to carry on the ethics and the arts of civilization.

If those days are not to come to pass – if we are to have a world in which we can breathe freely and live in amity without fear – the peace-loving nations must make a concerted effort to uphold laws and principles on which alone peace can rest secure.

The peace-loving nations must make a concerted effort in opposition to those violations of treaties and those ignoring of humane instincts which today are creating a state of international anarchy and instability from which there is no escape through mere isolation or neutrality.

Those who cherish their freedom and recognize and respect the equal right of their neighbors to be free and live in peace, must work together for the triumph of law and moral principles in order that peace, justice and confidence may prevail in the world. There must be a return to a belief in the pledged word, in the value of a signed treaty. There must be recognition of the fact that national morality is as vital as private morality.

A bishop wrote me the other day: 'It seems to me that something greatly needs to be said in behalf of ordinary humanity against the present practice of carrying the horrors of war to helpless civilians, expecially women and children. It may be that such a protest might be regarded by many, who claim to be realists, as futile, but may it not be that the heart of mankind is so filled with horror at the present needless suffering that that force could be mobilized in sufficient volume to lessen such cruelty in the days ahead. Even though it may take twenty years, which God forbid, for civilization to make effective its corporate protest against this barbarism, surely strong voices may hasten the day.‘

There is a solidarity and interdependence about the modern world, both technically and morally, which makes it impossible for any nation completely to isolate itself from economic and political upheavals in the rest of the world, especially when such upheavals appear to be spreading and not declining. There can be no stability or peace either within nations or between nations except under laws and moral standards adhered to by all. International anarchy destroys every foundation for peace. It jeopardizes either the immediate or the future security of every nation, large or small. It is, therefore, a matter of vital interest and concern to the people of the United States that the sanctity of international treaties and maintenance of international morality be restored.

The overwhelming majority of the peoples and nations of the world today want to live in peace. They seek the removal of barriers against trade. They want to exert themselves in industry, in agriculture and in business, that they may increase their wealth through the production of wealth-producing goods rather than striving to produce military planes and bombs and machine guns and cannon for the destruction of human lives and useful property.

In those nations of the world which seem to be piling armament on armament for purposes of aggression, and those other nations which fear acts of aggression against them and their security, a very high proportion of their national income is being spent directly for armaments. It runs from thirty to as high as fifty percent. We are fortunate. The proportion that we in the United States spend is far less – eleven or twelve percent.

How happy we are that the circumstances of the moment permit us to put our money into bridges and boulevards, dams and reforestation, the conservation of our soil and many other kinds of useful works rather than into huge standing armies and vast supplies of implements of war.

I am compelled and you are compelled, nevertheless, to look ahead. The peace, the freedom and the security of ninety percent of the population of the world is being jeopardized by the remaining ten percent who are threatening a breakdown of all international order and law. Surely the ninety percent who want to live in peace under law and in accordance with moral standards that have received almost universal acceptance through the centuries, can and must find some way to make their will prevail.

The situation is definitely of universal concern. The questions involved relate not merely to violations of specific provisions of particular treaties; they are questions of war and of peace, of international law and especially of principles of humanity. It is true that they involve definite violations of agreements, and especially of the Covenant of the League of Nations, the Briand-Kellogg Pact and the Nine Power Treaty. But they also involve problems of world economy, world security and world humanity.

It is true that moral consciousness of the world must recognize the importance of removing injustices and well-founded grievances; but at the same time it must be aroused to the cardinal necessity of honoring sanctity of treaties, of respecting the rights and liberties of others and of putting an end to acts of international aggression.

It seems to be unfortunately true that the epidemic of world lawlessness is spreading.

When an epidemic of physical disease starts to spread, the community approves and joins in a quarantine of the patients in order to protect the health of the community against the spread of the disease.

It is my determination to pursue a policy of peace. It is my determination to adopt every practicable measure to avoid involvement in war. It ought to be inconceivable that in this modern era, and in the face of experience, any nation could be so foolish and ruthless as to run the risk of plunging the whole world into war by invading and violating, in contravention of solemn treaties, the territory of other nations that have done them no real harm and are too weak to protect themselves adequately. Yet the peace of the world and the welfare and security of every nation, including our own, is today being threatened by that very thing.

No nation which refuses to exercise forbearance and to respect the freedom and rights of others can long remain strong and retain the confidence and respect of other nations. No nation ever loses its dignity or its good standing by conciliating its differences, and by exercising great patience with, and consideration for, the rights of other nations.

War is a contagion, whether it be declared or undeclared. It can engulf states and peoples remote from the original scene of hostilities. We are determined to keep out of war, yet we cannot insure ourselves against the disastrous effects of war and the dangers of involvement. We are adopting such measures as will minimize our risk of involvement, but we cannot have complete protection in a world of disorder in which confidence and security have broken down.

If civilization is to survive the principles of the Prince of Peace must be restored. Trust between nations must be revived.

Most important of all, the will for peace on the part of peace-loving nations must express itself to the end that nations that may be tempted to violate their agreements and rights of others will desist from such a course. There must be positive endeavors to preserve peace.

America hates war. America hopes for peace. Therefore, America actively engages in the search for peace.

34. Tagebuchnotiz Shirers

Berichterstattung über Deutschland: „Vielleicht haben wir nur den Eindruck einiger weniger starker und unkoordinierter Linien vermittelt."

Shirer, S. 84–87.

Berlin, 27. September 1937

Trotz unserer Berichterstattung glaube ich, daß man zu Hause und anderswo im Ausland wenig von diesem Dritten Reich versteht; was es *ist*, was es vorhat und wohin es steuert. Dieses Reich stellt sich als sehr komplexes Gebilde dar, und vielleicht haben wir nur den Eindruck einiger weniger starker und unkoordinierter Linien vermittelt, so daß das Ganze ebenso verwirrend und ohne Sinn erscheint wie früher Picasso. Zweifellos verstanden die Briten und die Franzosen Hitlers Deutschland nicht. Vielleicht, wie die Nazis es verkünden, sind die westlichen Demokratien inzwischen krank und dekadent geworden und haben jenes Stadium des Niedergangs erreicht, das Spengler[1] voraussagte. Aber Spengler hat Deutschland in den Untergang des Abendlands einbezogen, und tatsächlich ist der Rückgriff der Nazis auf alte, primitive germanische Mythen auch ein Zeichen für ihren Rückschritt, ebenso wie die Bücherverbrennungen[2] und die Unterdrückung von Freiheit und Wissenschaft.

Aber Deutschland ist stärker, als seine Feinde annehmen. Natürlich ist es hinsichtlich seiner Rohstoffe und landwirtschaftlichen Ressourcen ein armes Land; diese Armut aber macht es wett durch Aggressivität des Geistes, unbarmherzige staatliche Planung, konzentrierten Einsatz der Mittel und den Aufbau einer mächtigen Militär-Maschinerie, mit der es seinen aggressiven Geist bekräftigt. Ungeachtet dessen haben wir im vergangenen Winter lange Schlangen unzufriedener Menschen vor den Lebensmittelgeschäften gesehen, es gibt Mangelerscheinungen bei Fleisch und Butter, bei Obst und Fett; Schlagsahne ist verboten; Herren- und Damenbekleidung wird zunehmend

[1] Der Untergang des Abendlandes.

[2] 10. Mai 1933: Öffentliche Verbrennung 'undeutschen Schrifttums' durch Nationalsozialisten auf dem Opernplatz in Berlin.

aus Zellstoff hergestellt, Benzin aus Kohle, Gummi aus Kohle und Kalk; es gibt keine Golddeckung für die Reichsmark oder irgend etwas anderes, nicht einmal für lebenswichtige Importe. All das sind ganz gewiß Schwächen, und in unseren Berichten haben wir sie dargestellt.

Schwieriger war es schon, die Quellen der Stärke aufzufinden; von den fieberhaften Anstrengungen zu sprechen, Deutschland importunabhänig zu machen durch einen Vierjahresplan, der kein Scherz, sondern ein tödlich ernstgemeinter Kriegsplan ist; zu erklären, daß die Mehrheit der Deutschen trotz weitgehender Ablehnung des Nazismus hinter Hitler steht und ihm glaubt. Die Dynamik dieser Bewegung ist nicht leicht in Worte zu fassen, jene verborgenen Quellen, die die Deutschen antreiben; die Unbarmherzigkeit von Hitlers Zukunftsvisionen; ja sogar die komplizierte und revolutionierende Weise, in der das Land für einen totalen Krieg mobilisiert wird (obwohl der Leitfaden dazu bereits von Ludendorff geschrieben wurde).

Vieles von dem, was hier vorgeht und vorgehen wird, könnte das Ausland in „Mein Kampf" nachlesen, zugleich Bibel wie Koran des Dritten Reiches. Seltsamerweise existiert jedoch keine vernünftige Übersetzung des Buches ins Englische oder Französische, und Hitler würde auch keine offizielle erlauben, da sie wohl viele im Westen schockieren würde. Wie vielen durchreisenden Großmäulern habe ich erklärt, daß das Endziel der Nazis die Weltherrschaft ist. Einzige Antwort war ein Lachen. [...]

Ich verlasse Deutschland in diesem Herbst 1937 mit den Worten eines Nazi-Marschlieds, die mir noch in den Ohren klingen: „Denn heute gehört uns Deutschland/Und morgen die ganze Welt."

35. Bericht Dieckhoffs

Isolation oder Aktion: „der größere Teil des amerikanischen Volkes gegen jedes 'entanglement'".

ADAP, Serie D, Bd. I, Nr. 423.

Washington, 7. Dezember 1937

Die Frage der zukünftigen Gestaltung der amerikanischen Außenpolitik – sowohl im allgemeinen wie insbesondere gegenüber Ostasien –, die seit Monaten in den politisch interessierten Schichten der Vereinigten Staaten lebhaft diskutiert wird und der sich besonders nach der Chicagoer Rede des Präsidenten[1] verstärktes Interesse zugewandt hat, ist durch den Abschluß der Brüsseler Konferenz erneut in den Mittelpunkt der öffentlichen Auseinandersetzungen gestellt worden. [...]

[1] Vgl. Dok. Nr. 33.

So ist der Kampf um die amerikanische Außenpolitik auf der ganzen Linie mit neuer Kraft entbrannt. Hie Isolationisten, hie Aktivisten! Während die ersteren in Versammlungen und Presse erheblich Rührigkeit entfaltet und im Repräsentantenhaus einen Antrag eingebracht haben, wonach die Verfassung dahin geändert werden soll, daß der Kongreß – außer im Falle von feindlicher Invasion – Kriegserklärungen in Zukunft nur nach vorausgegangenem Volksreferendum erlassen dürfe, sind die Aktivisten zum Gegenangriff vorgegangen. In dem großen, sensationell wirkenden Leitartikel der 'New York Times' vom 30. November haben sie den ersten Schuß in dieser Schlacht abgefeuert, und es ist damit zu rechnen, daß weitere Schüsse folgen werden. [...]

Wie die Kräfte in diesem Streite verteilt sind, ist nicht leicht zu sagen. Die Isolationisten glauben, daß, jedenfalls zurzeit noch, die Mehrheit der Bevölkerung der Vereinigten Staaten hinter ihnen steht. Diese Mehrheit sei längst zu der Erkenntnis gekommen, daß die Teilnahme Amerikas am Weltkrieg ein Unternehmen war, das nur Opfer und Verluste, aber keinen bleibenden Gewinn gebracht habe, und sie perhorreszierten daher jeder Politik, die es mit sich bringen könnte, daß Amerika wieder in einen Krieg verwickelt werde. Auch ich glaube, daß – jedenfalls heute noch – der größere Teil des amerikanischen Volkes gegen jedes 'entanglement'[2] ist, wenn ich auch nicht so weit gehen möchte wie ein englischer Beobachter, der in den letzten Monaten das ganze Land sorgfältig bereist hat und mir vor einigen Tagen erklärte, er schätze die Isolationisten auf 85 % der Bevölkerung.

Vom deutschen Standpunkt aus ist die Stellungnahme und Rührigkeit der Anhänger der Isolationisten zu begrüßen, da wir ja, so wie die Stimmung in den Vereinigten Staaten zurzeit ist, im Falle eines Weltkonflikts mit einem aktiven Eintreten Amerikas für uns auf keinen Fall rechnen könnten. Aber wir müssen uns über eines klar sein: die Pazifisten – abgesehen von einigen wenigen Gruppen, insbesondere Deutschamerikanern – werden zu ihrer Haltung keineswegs durch Freundschaft oder Sympathie für Deutschland bestimmt. Ihre Anhänger finden sich in erster Linie in den großen Bevölkerungsmassen im Lande, besonders im Mittelwesten, die außenpolitisch indifferent sind und nur den Wunsch haben, in Ruhe gelassen zu werden, und in zweiter Linie in allen Friedensorganisationen, namentlich der liberalen Kreise und der Arbeiterschaft. Nirgends wird die japanische Politik in China oder die italienische Politik in Abessinien, im Mittelmeer und in Spanien so heftig kritisiert und so scharf angegriffen wie in diesen Kreisen; und in Deutschland wird, da es mit Italien und mit Japan in engem Kontakt steht

[2] Am 4. März 1801 erklärte Thomas Jefferson, vierter Präsident der USA: „Peace, commerce, and honest friendship with all nations, entangling alliances with none.“ Vgl. James D. Richardson, Bd. I, S. 323.

oder zu stehen scheint und da es sonst aus vielen Gründen gerade diesen Kreisen unsympathisch ist, in der hier üblichen gedankenlosen, bzw. perfiden Art mit den beiden anderen ‘Angreiferländern’, die sich ‘nicht an Verträge halten’ und die ‘die Grundsätze des Völkerrechts verletzten’ in einen Topf geworfen. Hierüber dürfen wir uns keiner Täuschung hingeben. Diese Schichten sind gegen ein ‘entanglement’ nur aus Indifferenz oder aus Prinzip. Sollten sie aber einmal aus ihrer Lethargie aufgeschreckt werden, oder sollten sie zur Erkenntnis gebracht werden, daß ihre doktrinäre Auffassung nicht durchführbar ist, bzw. den Gegnern des Liberalismus und der Demokratie zustatten kommt, so wird der Sprung von der Isolierung in die Aktivität für sie kein allzu großer sein. Die Aktivisten, gefördert durch die Regierung, sind energisch am Werk, das Land aufzurütteln und ihm die Gefahren der Passivität, wie sie sie sehen, vor Augen zu führen. Hand in Hand mit ihnen geht eine erstaunlich lebhafte englische Propaganda, die in unauffälliger, klug zurückhaltender, sich nur an die in Schlüsselstellungen befindlichen Persönlichkeiten wendender Weise vorgeht und den Amerikanern klarzumachen sucht, daß Amerika im eigenen Interesse und im Interesse der Demokratie in der Welt nicht zulassen dürfe, daß Großbritannien in einem kommenden Konflikt mit den ‘Angreiferstaaten’ unterliege. Diese doppelte Propaganda hat zur Zeit noch große Widerstände zu überwinden; sie stößt nicht nur auf die außenpolitische Indolenz und Indifferenz der großen Masse und auf starre Prinzipienreiterei der Pazifisten, sondern auch auf die wirkungsvolle sarkastische Replik ‘England expects that every American will do his duty’. Aber es muß doch festgestellt werden, daß die seit einigen Monaten immer wieder verkündete These von Hull, Amerika könne von kommenden Weltkonflikten nicht unberührt bleiben, und die Isolierung sei daher eine Utopie, schon erheblich an Boden gewonnen hat. Agitation in Radio, Presse und Film, besonders gegen Japan, fängt an, ihre Wirkung auszuüben. Jedenfalls dürfen wir nicht mit der amerikanischen Isolierung als einem sicheren Axiom rechnen. Aller Voraussicht nach werden die Vereinigten Staaten zunächst noch eine im wesentlichen passive Außenpolitik treiben, solange nicht England bereit ist, selbst aktiv zu werden, oder solange die Vereinigten Staaten nicht unerträglich provoziert werden, bzw. Werte auf dem Spiele stehen, an deren Erhaltung die Vereinigten Staaten trotz aller Widerstände im Lande ihre jetzige Passivität aufgeben. In einem Konflikt, in dem es um die Existenz Großbritanniens geht, werden sie ihr Schwergewicht in die englische Waagschale legen.

36. Friedensappell Roosevelts

Die Forderung an Hitler: „Are you willing to give assurance that your armed forces will not attack or invade the territory or possessions of the following independent nations: Finland, Estonia [...].“

Roosevelt, 1939 Vol., pp. 201–205.

[Washington], 14. April 1939

You realize, I am sure, that throughout the world hundreds of millions of human beings are living today in constant fear of a new war or even a series of wars.

The existence of this fear – and the possibility of such a conflict – are of definite concern to the people of the United States for whom I speak, as they must also be to the peoples of the other nations of the entire Western Hemisphere. All of them know that any major war, even if it were to be confined to other continents, must bear heavily on them during its continuance and also for generations to come.

Because of the fact that after the acute tension in which the world has been living during the past few weeks there would seem to be at least a momentary relaxation – because not troops are at this moment on the march – this may be an opportune moment for me to send you this message.

On a previous occasion I have addressed you in behalf of the settlement of political, economic, and social problems by peaceful methods and without resort to arms.

But the tide of events seems to have reverted to the threat of arm. If such threats continue, it seems inevitable that much of the world must become involved in common ruin. All the world, victor nations, vanquished nations, and neutral nations, will suffer. I refuse to believe that the world is, of necessity, such a prisoner of destiny. On the contrary, it is clear that the leaders of great nations have it in their power to liberate their peoples from the disaster that impends. It is equally clear that in their own minds and in their own hearts the peoples themselves desire that their fears be ended.

It is, however, unfortunately necessary to take cognizance of recent facts.

Three nations in Europe and one in Africa have seen their independent existence terminated. A vast territory in another independent Nation of the Far East has been occupied by a neighboring State. Reports, which we trust are not true, insist that further acts of aggression are contemplated against still other independent nations. Plainly the world is moving toward the moment when this situation must end in catastrophe unless a more rational way of guiding events is found.

You have repeatedly asserted that you and the German people have no desire for war. If this is true there need be no war.

Nothing can persuade the peoples of the earth that any governing power has any right or need to inflict the consequences of war, on its own or any other people save in the cause of self-evident home defense.

In making this statement we as Americans speak not through selfishness or fear or weakness. If we speak now it is with the voice of strength and with friendship for mankind. It is still clear to me that international problems can be solved at the council table.

It is therefore no answer to the plea for peaceful discussion for one side to plead that unless they receive assurances beforehand that the verdict will be theirs, they will not lay aside their arms. In conference rooms, as in courts, it is necessary that both sides enter upon the discussion in good faith, assuming that substantial justice will accrue to both; and it is customary and necessary that they leave their arms outside the room where they confer.

I am convinced that the cause of world peace would be greatly advanced if the nations of the world were to obtain a frank statement relating to the present and future policy of Governments.

Because the United States, as one of the Nations of the Western Hemisphere, is not involved in the immediate controversies which have arisen in Europe, I trust that you may be willing to make such a statement of policy to me as head of a Nation far removed from Europe in order that I, acting only with the responsibility and obligation of a friendly intermediary, may communicate such declaration to other nations now apprehensive as to the course which the policy of your Government may take.

Are you[1] willing to give assurance that your armed forces will not attack or invade the territory or possessions of the following independent nations: Finland, Estonia, Latvia, Lithuania, Sweden, Norway, Denmark, The Netherlands, Belgium, Great Britain and Ireland, France, Portugal, Spain, Switzerland, Liechtenstein, Luxemburg, Poland, Hungary, Rumania, Yugoslavia, Russia, Bulgaria, Greece, Turkey, Iraq, the Arabias, Syria, Palestine, Egypt and Iran.

Such an assurance clearly must apply not only to the present day but also to a future sufficiently long to give every opportunity to work by peaceful methods for a more permanent peace. I therefore suggest that you construe the word 'future' to apply to a minimum period of assured non-aggression – ten years at the least – a quarter of a century, if we dare look that far ahead.

If such assurance is given by your Government, I shall immediately transmit it to the Governments of the nations I have named and I shall simulta-

[1] Hitler.

neously inquire whether, as I am reasonably sure, each of the nations enumerated will in turn give like assurance for transmission to you.

Reciprocal assurances such as I have outlined will bring to the world an immediate measure of relief.

I propose that if it is given, two essential problems shall promptly be discussed in the resulting peaceful surroundings, and in those discussions the Government of the United States will gladly take part.

The discussions which I have in mind relate to the most effective and immediate manner through which the peoples of the world can obtain progressive relief from the crushing burden of armament which is each day bringing them more closely to the brink of economic disaster. Simultaneously the Government of the United States would be prepared to take part in discussions looking toward the most practical manner of opening up avenues of international trade to the end that every Nation of the earth may be enabled to buy and sell on equal terms in the world market as well as to possess assurance of obtaining the materials and products of peaceful economic life.

At the same time, those Governments other than the United States which are directly interested could undertake such political discussions as they may consider necessary or desirable.

We recognize complex world problems which affect all humanity but we know that study and discussion of them must be held in an atmosphere of peace. Such an atmosphere of peace cannot exist if negotiations are overshadowed by the threat of force or by the fear of war.

I think you will not misunderstand the spirit of frankness in which I send you this message. Heads of great Governments in this hour are literally responsible for the fate of humanity in the coming years. They cannot fail to hear the prayers of their peoples to be protected from the foreseeable chaos of war. History will hold them accountable for the lives and the happiness of all – even unto the least.

I hope that your answer will make it possible for humanity to lose fear and regain security for many years to come.

A similar message is being addressed to the Chief of the Italian Government.

37. Reichstagsrede Hitlers

Roosevelts Friedensappell: „Und hier erkläre ich feierlich, daß alle irgendwie verbreiteten Behauptungen über einen beabsichtigten deutschen Angriff oder Eingriff auf oder in amerikanische Gebiete plumper Schwindel oder grobe Unwahrheit sind."

Domarus, Bd. II/2, S. 1172–1175.

Berlin, 28. April 1939

15. Herr Roosevelt glaubt, daß die Sache des Weltfriedens sehr gefördert werden würde, wenn die Nationen der Welt eine offene Erklärung über die gegenwärtige und künftige Politik der Regierung abgeben würden.

Antwort:

Ich habe dies, Herr Roosevelt, bisher in zahllosen öffentlichen Reden stets getan. Auch in der heutigen Sitzung des Deutschen Reichstages habe ich wieder – soweit dies in zwei Stunden denkbar ist – eine solche Erklärung abgegeben. Ich muß es aber ablehnen, eine solche Erklärung jemand anderem zu geben als dem Volk, für dessen Existenz und Leben ich verantwortlich bin und das umgekehrt allein ein Recht hat, von mir Rechenschaft zu fordern.

Ich gebe aber diese Zielsetzung der deutschen Politik so öffentlich, daß sie ohnehin die ganze Welt hören kann. Allein diese Aufklärungen sind solange für die übrige Welt ohne Belang, als es einer Presse möglich ist, jede Erklärung zu verfälschen, zu verdächtigen, sie in Frage zu stellen oder mit neuen lügenhaften Antworten zu überdecken.

16. Herr Roosevelt glaubt, daß die Vereinigten Staaten als eine der Nationen der westlichen Halbkugel nicht unmittelbar in die Streitigkeiten verwickelt seien, die in Europa entstanden sein sollen und daß ich daher schon deshalb bereit sein müßte, ihm als dem Oberhaupt einer so weit von Europa entfernten Nation eine solche Erklärung der deutschen Politik abzugeben.

Antwort:

Herr Roosevelt glaubt also ernstlich, daß die Sache des Weltfriedens wirklich gefördert werden würde, wenn den Nationen der Welt eine offizielle Erklärung über die gegenwärtige Politik der Regierungen abgegeben werden könnte.

Wie kommt aber Präsident Roosevelt dazu, gerade dem deutschen Staatsoberhaupt zuzumuten, ihm eine Erklärung abzugeben, ohne daß nicht auch die anderen Regierungen diese Erklärung ihrer Politik abzugeben eingeladen werden?

Ich glaube freilich, daß es nicht angängig ist, überhaupt eine solche Erklärung irgendeinem fremden Staatsoberhaupt abzugeben, sondern solche Erklärungen sollten entsprechend den seinerzeitigen Forderungen des Präsidenten Wilson über die Abschaffung der Geheimdiplomatie[1] am besten vor der ganzen Welt bekanntgegeben werden. Dazu war ich bisher nicht nur stets bereit, sondern das habe ich – wie schon erwähnt – nur zu oft getan. Leider sind gerade die wichtigsten Erklärungen über die Ziele und Absichten der deutschen Politik in vielen sogenannten demokratischen Staaten dank der Presse entweder den Völkern vorenthalten oder verdreht worden.

Wenn aber nun der amerikanische Präsident Roosevelt sich berufen glaubt, ausgerechnet an Deutschland oder an Italien eine solche Anforderung richten zu dürfen deshalb, weil Amerika so weit von Europa entfernt sei, dann würde, da die Entfernung Europas von Amerika die gleiche ist, mit demselben Recht auch von unserer Seite an den Herrn Präsidenten der amerikanischen Republik die Frage gerichtet werden können, welche Ziele denn die amerikanische Außenpolitik ihrerseits verfolge, und welche Absichten denn dieser Politik zugrunde liegen, sagen wir zum Beispiel den mittel- oder südamerikanischen Staaten gegenüber. Herr Roosevelt wird sich in diesem Falle sicherlich auf die Monroe-Doktrin berufen und eine solche Forderung als eine Einmischung in die inneren Angelegenheiten des amerikanischen Kontinents ablehnen. Genau die gleiche Doktrin vertreten wir Deutsche nun für Europa, auf alle Fälle aber für den Bereich und die Belange des Großdeutschen Reiches.

Im übrigen werde ich mir selbstverständlich nie erlauben, an den Herrn Präsidenten der Vereinigten Staaten Nordamerikas eine solche Aufforderung zu richten, da ich annehme, daß er eine solche Zumutung mit Recht wahrscheinlich als taktlos empfinden würde.

17. Herr Roosevelt erklärt nun weiter, daß er die ihm gewordenen Mitteilungen über die politischen Ziele Deutschlands dann anderen sich bedroht fühlenden Völkern mitteilen würde, die jetzt Befürchtungen haben über die Richtung dieser unserer Politik.

Antwort:

Durch welches Verfahren hat Herr Roosevelt überhaupt festgestellt, welche Nationen sich durch die deutsche Politik bedroht fühlen und welche nicht? Oder ist Herr Roosevelt trotz der doch sicherlich auch auf ihm lastenden ungeheuren Arbeit in seinem Lande in der Lage, von sich aus alle diese inneren Seelen- und Geistesverfassungen anderer Völker und ihrer Regierungen zu erkennen?

18. Herr Roosevelt verlangt endlich die Bereitwilligkeit, ihm die Zusicherung zu geben, daß die deutschen Streitkräfte das Staatsgebiet oder die Besitzungen folgender unabhängiger Nationen nicht angreifen und vor allem nicht dort einmarschieren würden. Und er nennt als dafür in Frage kommend nun: Finnland, Lettland, Litauen, Estland, Norwegen, Schweden, Dä-

[1] Vgl. Dok. Nr. 4, Punkt I.

nemark, Niederlande, Belgien, Großbritannien, Irland, Frankreich, Portugal, Spanien, die Schweiz, Liechtenstein, Luxemburg, Polen, Ungarn, Rumänien, Jugoslawien, Rußland, Bulgarien, Türkei, Irak, Arabien, Syrien, Palästina, Ägypten und Iran.

Antwort:

Ich habe mir zunächst die Mühe genommen, bei den angeführten Staaten festzustellen, erstens, ob sie sich bedroht fühlen, und zweitens, ob vor allem diese Anfrage Herrn Roosevelts an uns durch eine Anregung ihrerseits oder wenigstens mit ihrem Einverständnis erfolgt sei.

Die Beantwortung war eine durchgehend negative, zum Teil schroff ablehnende. Allerdings konnte an einige der angeführten Staaten und Nationen diese Rückfrage von mir nicht zugeleitet werden, weil sie sich – wie zum Beispiel Syrien – zur Zeit nicht im Besitz ihrer Freiheit befinden, sondern von den militärischen Kräften demokratischer Staaten besetzt gehalten und damit rechtlos gemacht sind.

Drittens: Abgesehen davon haben aber alle an Deutschland angrenzenden Staaten viel bündigere Zusicherungen und vor allem viel bündigere Vorschläge erhalten, als sie sich Herr Roosevelt in seinem eigenartigen Telegramm von mir erbittet.

Viertens: Sollten aber diese von mir schon so oft gegebenen allgemeinen und direkten Erklärungen etwa in ihrem Wert angezweifelt werden, dann würde doch wohl die Abgabe einer weiteren solchen Erklärung, auch wenn Herr Roosevelt der Empfänger sein sollte, ebenso wertlos sein. Denn entscheidend ist letzten Endes ja nicht die Bewertung, die Herr Roosevelt an solchen Erklärungen vornimmt, sondern entscheidend ist der Wert, den die in Frage kommenden Staaten solchen Erklärungen beimessen.

Fünftens: Ich muß aber nun auch Herrn Roosevelt außerdem noch auf einige historische Irrtümer aufmerksam machen. Er erwähnt zum Beispiel auch Irland und bittet um die Erklärung, daß Deutschland Irland nicht angreife. Ich habe nun soeben eine Rede des irischen Ministerpräsidenten De Valera gelesen, in der dieser nun eigentümlicherweise im Gegensatz zur Meinung Herrn Roosevelts nicht Deutschland beschuldigt, Irland zu unterdrükken, sondern England vorwirft, daß Irland unter der fortwährenden Aggression dieses Staates zu leiden habe. Bei aller Einsicht Roosevelts in die Nöte und Sorgen anderer Staaten ist immerhin trotzdem anzunehmen, daß der irische Präsident die Gefahren, die sein Land bedrohen, doch wohl noch besser kennen wird als der Präsident der amerikanischen Union.

Ebenfalls ist Herrn Roosevelt ersichtlich die Tatsache entgangen, daß Palästina zur Zeit ja gar nicht von deutschen Truppen, sondern von Engländern besetzt ist und mit brutalsten Gewaltmitteln in seiner Freiheit beschränkt und um seine Unabhängigkeit gebracht wird und zugunsten jüdischer Eindringlinge die grausamsten Mißhandlungen erduldet. Die in diesem Lande lebenden Araber dürften sich gegenüber Roosevelt daher sicher nicht über eine deutsche Aggression beschwert haben, aber sie beklagen sich in andauernden Appellen an die Weltöffentlichkeit über die barbarischen Methoden, mit denen England dort ein seine Freiheit liebendes und nur seine Freiheit verteidigendes Volk niederzuzwingen versucht.

Auch dies wäre vielleicht ein Problem, das man nach der Auffassung des Herrn Roosevelt am Konferenztisch würde lösen müssen, vor einem gerechten Richter also und nicht durch brachiale Gewalt, durch militärische Mittel, durch Massenerschießungen, durch das Niederbrennen von Dörfern, Sprengungen von Häusern usw. Denn eines steht doch unzweifelhaft fest, daß England in diesem Falle nicht in Abwehr eines drohenden arabischen Angriffs auf England handelt, sondern als von niemand gerufener Eindringling in einem England nicht gehörenden fremden Gebiet seine Gewalt aufrichten will.

Es wären noch eine Reihe ähnlicher Irrtümer des Herrn Roosevelt festzustellen, ganz abgesehen von der Schwierigkeit militärischer Operationen Deutschlands in Staaten und Ländern, die zum Teil zwei, zum Teil fünftausend und mehr Kilometer von uns entfernt sind.

Ich will aber abschließend hier folgendes erklären.

Die deutsche Regierung ist trotzdem bereit, jedem dieser genannten einzelnen Staaten, wenn er es wünschen sollte und sich selbst an Deutschland mit einem entsprechenden tragbaren Vorschlag wendet, um eine Zusicherung der von Roosevelt gewünschten Art zu erhalten, diese Zusicherung unter der Voraussetzung der unbedingten Gegenseitigkeit auch zu geben.

Bei einer ganzen Reihe der von Roosevelt angeführten Staaten dürfte sich dies allerdings von vornherein erledigen, weil wir mit ihnen ohnehin sogar entweder verbündet oder zumindest engst befreundet sind.

Auch über die Zeitdauer dieser Abmachung ist Deutschland gerne bereit, mit jedem einzelnen Staate die von ihm gewünschten Vereinbarungen zu treffen.

Ich möchte aber diese Gelegenheit doch nicht vorübergehen lassen, ohne dem Präsidenten der nordamerikanischen Union vor allem eine Versicherung über die Gebiete abzugeben, die doch wohl in erster Linie für seine Besorgnis in Frage kämen, nämlich die nordamerikanische Union selbst und die übrigen Staaten des amerikanischen Kontinents.

Und hier erkläre ich feierlich, daß alle irgendwie verbreiteten Behauptungen über einen beabsichtigten deutschen Angriff oder Eingriff auf oder in amerikanische Gebiete plumper Schwindel oder grobe Unwahrheit sind. Ganz abgesehen davon, daß solche Behauptungen übrigens auch vom militärischen Standpunkt aus nur einer albernen Phantasie entstammen können.

38. Aufsatz Schmitts

Monroedoktrin: „elementarste Frage eines völkerrechtlichen Zusammenlebens der Völker und Staaten".

Schmitt, Großraum, S. 302.

1939

Dieser ganzen Verwirrung haben die Erklärungen der Führerrede vom 28. April 1939 mit einem Schlag ein Ende gemacht. Sie haben die Bahn zur Wiederherstellung des echten und ursprünglichen Gedankens der Monroedoktrin[1] gebrochen. ‚Herr Roosevelt wird sich in diesem Falle (nämlich einer von unserer Seite an ihn gestellten Frage, welche Ziele er in seiner Außenpolitik gegenüber den mittel- und südamerikanischen Staaten verfolge) sicherlich auf die Monroedoktrin berufen und eine solche Forderung als eine Einmischung in die inneren Angelegenheiten des amerikanischen Kontinents ablehnen. Genau die gleiche Doktrin vertreten wir Deutsche nun für Europa, auf alle Fälle aber für den Bereich und die Belange des Großdeutschen Reiches.' Damit ist der Gedanke einer schiedlich-friedlichen Abgrenzung der Großräume in einfachster Sachlichkeit ausgesprochen und die Verwirrung beseitigt, mit der ein ökonomischer Imperialismus die Monroedoktrin umnebelt hatte, indem er ihren vernünftigen Raumabgrenzungsgedanken in einen ideologischen Welteinmischungsanspruch umbog. Es wäre ein Streit um Worte, wenn man jetzt fragen wollte, ob damit eine ‘deutsche Monroedoktrin' verkündet ist, oder wenn man – wie das früher bereits einmal geschehen ist – eine weitere Erörterung darüber begänne, ob und wieweit man überhaupt von einer deutschen, einer japanischen oder einer sonstigen Monroedoktrin sprechen dürfe. Ein Blick auf den seit über zwei Jahrzehnten geführten Kampf um den völkerrechtlichen Sinn der Monroedoktrin zeigt, daß es hier nicht um leere und beliebig austauschbare Schlagworte geht, sondern um die elementarste Frage eines völkerrechtlichen Zusammenlebens der Völker und Staaten, nämlich um den Gegensatz einer klaren, auf dem Grundsatz der Nichtintervention raumfremder Mächte beruhenden Raumordnung gegen eine universalistische Ideologie, die die ganze Erde in das Schlachtfeld ihrer Interventionen verwandelt und sich jedem natürlichen Wachstum lebendiger Völker in den Weg stellt. Wir ahmen also nicht einfach ein amerikanisches Vorbild nach, wenn wir uns auf die Monroedoktrin beziehen; wir legen nur den gesunden Kern eines völkerrechtlichen Großraumprinzips frei und bringen ihn für unseren europäischen Großraum zu sinngemäßer Entfaltung.

[1] 2. Dezember 1823.

39. Abhandlung Schönemanns

Roosevelts „Führertum“: „Ja, was will er dann eigentlich grundsätzlich und praktisch?!“

Schönemann, S. 407.

1939

Wir kommen zur letzten Frage, zu Präsident Franklin D. Roosevelts Führertum.

Im Jahre 1932 gab Roosevelt öffentlich zu, daß sich Amerika in ‘einer Krisis seines nationalen Lebens befindet, die nur dem Krieg vergleichbar ist’, und forderte neben Mut und Ausdauer ausdrücklich Führertum (leadership). Über Führen im Sinne einer neuen Auffassung von Regierung und Politik, einer Abwendung von Partei- und Klassenpolitik und Hinwendung zu ‘universalen Prinzipien’ war in dem Wahlfeldzug und später oft die Rede. Praktisch übernahm so auch der Gewählte in seiner Antrittsansprache ohne Zögern ‚die Führung über die große Armee unseres Volks, das ganz einem disziplinierten Angriff auf unsere gemeinsamen Probleme geweiht ist’. Aber der Präsident wäre kein Amerikaner seiner Zeit, wenn er nicht vor dem bloßen Wort ‚Diktatur’ schon Angst hätte. Deshalb betonte er verschiedentlich: ‚Wir wünschen keine Diktatoren in den Vereinigten Staaten. Die Nachteile der Diktatur sind zu groß.’ Er stellte einfach Führertum und – Demokratie auf eine Linie. Wie es in seiner Antrittsrede ausdrücklich hieß: ‘Wir mißtrauen nicht der Zukunft der wesentlichen Demokratie (essential democracy). Das Volk der Vereinigten Staaten hat nicht versagt. In seiner Not hat es ein Mandat angemeldet und direktes, starkes Handeln gewünscht. Es verlangt nach Disziplin und Richtunggebung unter rechter Führerschaft. Es hat mich jetzt zum Instrument seiner Wünsche gemacht.‘

Was der Präsident unter einer ‘wesentlichen Demokratie’ verstand, sagte er nicht, ja wußte er vielleicht selbst nicht. Grundsätzlich hörten wir jedenfalls nichts darüber. Man mußte freilich annehmen, er hatte wie alle Welt erkannt, daß mit seinem Vorgänger zugleich der alte demokratische Schlendrian, der alte, vielgerühmte ‘amerikanische Individualismus’ und das abgenutzte System des Laissez faire eine entscheidende Niederlage erlitten. Wie schon aus dem ‘Mandat’ des Volkes hervorging, fühlten die Volksmassen dunkel, daß den neuen Problemen in Wirtschaft und Politik nicht mit alten Mitteln, nicht mit der herkömmlichen Demokratie beizukommen war. Im politischen Schrifttum war seit Woodrow Wilsons Erkenntnis verschiedentlich zum Ausdruck gekommen, daß nach dem bestehenden System der Bundespräsident eigentlich nur in Zeiten der Not oder Gefahr zum verantwortlichen Führer und selbständigen Regierungschef werden könnte, wenn dann das Volk einmal wirklich nach Führung verlangte. Anders ausgedrückt, was war der letzte Wert eines Regierungssystems, das jeweils bis zur 'Schrecksekunde' wartet, um den Präsidenten in aller Eile diktatorische Gewalten zu übertragen, mit denen er bei dem ganzen bestehenden System nicht viel anfangen, jedenfalls keine Dauerleistungen vollbringen kann?

Zuerst nahmen Freunde wie Feinde von Präsident Franklin D. Roosevelt tatsächlich an, daß New Deal und N. R. A.[1] den neuen Geist und die neuen Methoden gebracht hätten, die lebensnotwendig erschienen. Seine ersten mutigen Taten verhinderten eine Panik, und sein Geist erwies sich fest genug, um einem verwirrten Volk neue Ideen vorstellen zu können. Er vermochte einer volksfern gewordenen Regierung lebendige, persönliche Wärme einzuhauchen und seiner Regierung das Vertrauen und den Beistand einer überwältigenden Volksmehrheit zu sichern. Die N. R. A. jedoch funktionierte bald immer unvollkommener, und anstatt schöpferischer Gedanken kamen Stichwörter aus dem Weißen Haus, mit denen wenigstens für eine Gesamtlösung der Krisis nicht viel anzufangen war. Keine zwei Jahre vergingen, da war bereits ein Stimmungsumschwung, eine Ernüchterung festzustellen, und man schrieb öffentlich, das Volk habe seinen Rückzug aus Washington, dem Mittelpunkt der Regierung, angetreten. [...]

Vielleicht hatte er nicht klar und verantwortungsbewußt erkannt, daß ein wahrer Führer sein Volk zur verständigen Gefolgschaft erziehen muß. [...] Heute läßt sich nur feststellen, daß diese Volkserziehung nicht intensiv und nicht systematisch genug geleistet worden ist. Gewiß enthalten viele der Reden und Schriften Roosevelts Ansätze und Versuche solcher Erziehung, aber sie mangeln der grundsätzlichen gedanklichen Begründung für seine Pläne, Gesetze und Einrichtungen, ohne die er höchstens eine Zeitlang überreden, aber nicht gründlich überzeugen konnte.

Präsident Roosevelt wollte weite Volkskreise zur sozialen Verantwortung heranführen und vertraute darauf, daß sich eine fröhliche und willige Unterordnung unter eine soziale Disziplin ganz von selbst einstellen würde. Man brauche nur zu rufen, und die neue Volksethik würde im Nu da sein! Konnte das jedoch im Ernst erwartet werden, wo er selber in Harmonie mit dem James Madison des 'Federalist' (1787/88) die amerikanische Gesellschaft als ein Gemengsel sich bekriegender verschiedener Gruppen und Interessen auffaßte und die amerikanische Bundesregierung nach der Lage der Dinge bestenfalls nur ein unvollkommenes Werkzeug des praktischen Gemeinwohls sein konnte? Wer wußte denn, warum eigentlich (nach Roosevelts eigenen Worten) die 'demokratische Maschinerie seit gewissen Jahren schon nicht mehr gearbeitet' hatte?

Schließlich muß ein amerikanischer Führer eindeutig damit hervortreten, daß tatsächlich die moderne Union erst ganz wenige Ansätze zu einer wah-

[1] National Recovery Administration.

ren Wirtschaftsdemokratie zeigt, und daß hier nur grundlegender Wandel eintreten kann, wenn man über das Verhältnis des Einzelnen zum Staat, genauer: zum Volksstaat umdenken lernt. Der neue Sinn sozialer Verpflichtung kann aber nicht in das Belieben der Einzelnen gesetzt werden, also von ihrem bloßen guten Willen, ihrer Sonntagsstimung oder ihrer Verzweiflungsnot abhängen. Sondern er muß von der Stelle aus gefordert, geführt und gefördert werden, in deren Hand auch sonst die Durchführung der sozialen Pflichten und Gemeinschaftsaufgaben liegt, nämlich vom Staat. Das aber heißt Staatssozialismus, vor dessen bloßem Wort der Präsident kaum weniger als die große Mehrheit seines Volks Angst empfindet. Wenn er sich, etwa in seiner Kongreßbotschaft über die öffentlichen Versorgungsbetrieben (utility holding companies), ‚gegen den privaten Sozialismus (?) konzentrierter Privatmacht ebenso gründlich wie gegen den Regierungssozialismus' erklärte, bleibt einem Deutschen nur die Frage: ja, was will er dann eigentlich grundsätzlich und praktisch?!

40. Aufzeichnung Dieckhoffs (Auszug)

Kriegseintritt der USA: „Aus allen diesen Gründen hat Deutschland ein erhebliches Interesse daran, daß die Vereinigten Staaten nicht in den Krieg eintreten."

ADAP, Serie D, Bd. XI/2, Nr. 633.

Berlin, 9. Januar 1941

Man hört zuweilen die Ansicht, es sei für Deutschland verhältnismäßig gleichgültig, ob die Vereinigten Staaten gegen uns in den Krieg eintreten oder nicht; schon jetzt leiste Amerika den Engländern jede Hilfe, die es leisten könne, ein Eintritt in den Krieg werde hieran nichts Wesentliches ändern.

Diese Ansicht ist irrig.

1. Wenn die Vereinigten Staaten in den Krieg eintreten, so werden der Präsident und die Regierung erheblich größere Vollmachten erhalten, als sie jetzt besitzen. Das wird sie instandsetzen, die Industrieproduktion energischer und straffer zu konzentrieren, als dies in normalen Zeiten möglich ist. Die Fähigkeit, England zu unterstützen, wird hierdurch erheblich erhöht werden, und wenn auch ein Teil der Waffenproduktion für die eigene Verteidigung der Vereinigten Staaten zurückbehalten werden muß, so wird doch das für den Verbündeten zur Verfügung stehende Quantum an Waffen, Munition, Flugzeugen etc. nicht geringer, sondern größer sein. Daran würde auch durch die Tatsache, daß Japan sich im Falle des Kriegseintritts der Vereinigten Staaten stärker bemerkbar machen würde, nichts Wesentliches geändert werden. Ein im Krieg befindliches Amerika würde – diesmal noch

stärker als 1917/18– alle seine Energien anspannen, um dem englischen Verbündeten zu helfen und selbst den Krieg zu führen.

2. Solange die USA nicht im Krieg sind, wird auch die übrige westliche Hemisphäre aus dem Krieg herausbleiben. Sobald USA eintritt, müssen wir damit rechnen, daß die meisten, wenn nicht sämtliche Länder Lateinamerikas die Beziehungen zu uns abbrechen und früher oder später gleichfalls in den Krieg gegen uns eintreten. Das würde materiell und psychologisch eine sehr ungünstige Wirkung für Deutschland haben.

3. Sollten die Vereinigten Staaten in den Krieg eintreten, so würde die Auffassung, die sich schon jetzt hier und da in der Welt findet, daß es zweifelhaft sei, ob Deutschland den Sieg erringen könne, stärkeren Auftrieb erhalten. Die Tatsache, daß das große Potential Amerikas nunmehr voll in die englische Waagschale geworfen wird, würde die Haltung der Außenstehenden in ungünstigem Sinne gegen Deutschland beeinflussen.

4. Solange England allein Krieg führt, besteht die Möglichkeit, im Falle eines englischen Zusammenbruches mit England Frieden zu schließen und damit den Krieg zu beenden. Wenn aber auch die Vereinigten Staaten im Krieg sind, dann geht der Krieg, auch wenn England zusammenbricht, gegen die Vereinigten Staaten weiter, und es wird schwierig sein, mit den Vereinigten Staaten zum Frieden zu kommen. Am Schluß des Weltkriegs haben wir mit England im Jahre 1919, mit den Vereinigten Staaten erst im August 1921 Frieden geschlossen[1].

Aus allen diesen Gründen hat Deutschland ein erhebliches Interesse daran, daß die Vereinigten Staaten nicht in den Krieg eintreten.

Was kann nun von deutscher Seite geschehen, um den Kriegseintritt Amerikas zu verhindern?

1. Entscheidend sind durchgreifende militärische Erfolge auf dem europäischen Kriegsschauplatz. Wenn England militärisch ausgeschaltet werden kann, so kommt ein Kriegseintritt der Vereinigten Staaten nicht mehr in Frage.

2. Eine starke, selbstbewußte, aber vollkommen ruhige Haltung Deutschlands gegenüber den Vereinigten Staaten. Wir dürfen uns nicht provozieren lassen, weder zu diplomatischen Aktionen noch zu Pressepolemik noch zu irgendwelchen Äußerungen, die den Eindruck erwecken oder von unseren Feinden in Amerika so gedeutet werden könnten, als ob wir früher oder später die Absicht hätten, den Vereinigten Staaten zu drohen oder die westliche Hemisphäre militärisch oder ideologisch anzugreifen. Der Präsident braucht, um sein widerstrebendes Volk in den Krieg stoßen zu können, die Schaffung einer Atmosphäre der Bedrohung Amerikas durch Deutschland. Gelingt ihm das, so kann er das an sich schon ganz einseitig gegen Deutsch-

[1] Vgl. Dok. Nr. 13.

land eingestellte Volk, das aber noch zu 80 % aus dem Krieg herauszubleiben wünscht, schließlich in den Krieg hineinbringen. Wenn wir ganz ruhig bleiben, – und uns nur so äußern, wie dies in der Danziger Rede des Reichsaußenministers vom 3. Oktober 1939 und im Interview des Führers mit Karl von Wiegand vom 13. Juni 1940 geschehen ist, – kann dem Präsidenten dies nicht gelingen, denn es wird ihm dann ein Beweis für derartige deutsche Drohungen und Angriffsabsichten fehlen. Wenn wir aber in der Presse oder sonst auf die ständigen Provokationen, die aus Amerika herüberkommen, replizieren und polemisch zurückschlagen, so wird es dem Präsidenten und seinem Anhang möglich sein, unsere Äußerungen so zu verdrehen, daß das amerikanische Volk sich bedroht fühlt. Die Amerikaner sind das unberechenbarste Volk der Welt und können – wie der Mars-Zwischenfall[2] und viele andere Anlässe gezeigt haben – unglaublich leicht in eine Stimmung versetzt werden, die das klare Kriterium ausschließt. Der Präsident ist ein Meister in der Art, sein Volk teils direkt, teils indirekt in eine solche Stimmung zu versetzen, aber er braucht dazu Material. Wenn wir ihm dieses Material nicht liefern, kann er die gewünschte Wirkung nicht erzielen. Ich wiederhole also dringend den Vorschlag, bei der Taktik zu bleiben, die Deutschland mit ausgezeichnetem Erfolg von Beginn des Krieges bis Dezember 1940 gegenüber den Vereinigten Staaten durchgeführt hat, nämlich alle Anpöbelungen und Provokationen, die aus Amerika herüberschallen, zu ignorieren oder höchstens in ganz ruhiger Form (wie in den beiden oben angeführten Verlautbarungen) hierauf zu reagieren. Das ist keine schwächliche, sondern eine kluge Politik, und wenn wir sie aufgeben, so geben wir nur dem Präsidenten die Handhabe, die er für seine Ziele braucht.

Sollte trotz unserer ruhigen Haltung der Präsident die bisherige Politik der 'measures short of war' verlassen und von sich aus oder mit Hilfe des terrorisierten Kongresses Maßnahmen ergreifen, die richtige Kriegsmaßnahmen sind oder unmittelbar zu Zwischenfällen mit Deutschland führen müssen (z. B. Aufhebung der Gefahrenzone um England oder Eskortierung von Schiffen nach England durch amerikanische Geleitzüge), dann entsteht eine völlig neue Lage, und dann ist der Konflikt unvermeidlich. In diesem Falle werden wir selbstverständlich diplomatisch, militärisch und publizistisch die Konsequenzen zu ziehen haben. Es scheint mir aber sehr unwahrscheinlich, daß es dem Präsidenten gelingt, so weit zu gehen, falls wir Amerika gegenüber eiskalt und ruhig bleiben und ihm auch bei all seiner Verlogenheit und bei all seinen Verdrehungskünsten keinen Vorwand zu solchen Maßnahmen bieten.

[2] 1938 hatte ein Hörspiel nach H. G. Wells' 'Krieg der Welten' eine Massenpanik hervorgerufen.

41. Aufzeichnung Schmidts (Auszug)

Hitler und Amerika: „Der Führer [...] wies darauf hin, daß auch Deutschland einen Konflikt mit den Vereinigten Staaten für unerwünscht halte, ihn aber in seine Rechnung schon einkalkuliert habe.“

ADAP, Serie D, Bd. XII/1, Nr. 266.

4. April 1941

Zusammenfassend bat Matsuoka den Führer, dafür zu sorgen, daß die von Japan benötigten Verbesserungen und Erfindungen auf dem Gebiet der Marine und des Heeres den Japanern von den zuständigen deutschen Stellen zur Verfügung gestellt würden.

Der Führer sagte dies zu und wies darauf hin, daß auch Deutschland einen Konflikt mit den Vereinigten Staaten für unerwünscht halte, ihn aber in seine Rechnung schon einkalkuliert habe. In Deutschland stehe man auf dem Standpunkt, daß Amerikas Leistungen von seinen Transportmöglichkeiten abhingen, die wiederum durch die zur Verfügung stehende Tonnage bedingt seien. Der Krieg Deutschlands gegen die Tonnage bedeute jedoch eine entscheidende Schwächung nicht nur Englands, sondern auch Amerikas. Deutschland habe seine Vorbereitungen so getroffen, daß in Europa kein Amerikaner landen könne. Es würde mit seinen U-Booten und seiner Luftwaffe einen energischen Kampf gegen Amerika führen und infolge seiner größeren Erfahrung, die sich ja die Vereinigten Staaten erst erwerben müßten, erheblich überlegen sein, ganz abgesehen davon, daß die deutschen Soldaten selbstverständlich hoch über den Amerikanern stünden.

Im weiteren Verlauf des Gesprächs betonte der Führer, daß, wenn Japan in einen Konflikt mit den Vereinigten Staaten geriete, Deutschland seinerseits sofort die Konsequenzen ziehen würde. Es sei gleichgültig, mit wem die Vereinigten Staaten zuerst in Konflikt gerieten, ob mit Deutschland oder Japan. Sie würden stets darauf aus sein, zunächst ein Land zu erledigen, nicht etwa, um sich anschließend mit dem anderen Land zu verständigen, sondern um dieses danach ebenfalls zu erledigen. Daher würde Deutschland, wie gesagt, unverzüglich in einem Konfliktsfall Japan-Amerika eingreifen, denn die Stärke der drei Paktmächte sei ihr gemeinsames Vorgehen. Ihre Schwäche würde darin liegen, wenn sie sich einzeln niederschlagen ließen.

Matsuoka wiederholte noch einmal seine Bitte, der Führer möge die nötigen Weisungen erteilen, damit die zuständigen deutschen Stellen den Japanern die neuesten für sie in Frage kommenden Erfindungen und Verbesserungen zur Verfügung stellten. Denn für einen Konflikt mit den Vereinigten Staaten müßte sich die japanische Marine sofort vorbereiten.

Bezüglich der japanisch-amerikanischen Beziehungen führte Matsuoka weiter aus, er habe in seinem Lande stets behauptet, daß, wenn Japan weiter so dahin treibe wie jetzt, ein Krieg mit den Vereinigten Staaten früher oder später unvermeidlich sei. Seiner Ansicht nach würde dieser Konflikt eher früher als später eintreten. Weshalb, so habe seine Argumentation weiter gelautet, solle Japan deshalb nicht im richtigen Augenblick entschlossen handeln und das Risiko eines Kampfes gegen Amerika auf sich nehmen? Gerade dadurch würde es vielleicht auf Generationen hinaus einen Krieg verhindern, besonders, wenn es in der Südsee die Herrschaft gewonnen habe.

42. Aufzeichnung Hewels (Auszug)

Hitlers Grundsatz: „Die Vereinigten Staaten und England werden immer unsere Gegner sein."

Staatsmänner und Diplomaten, S. 544–551.

Führerhauptquartier, Rastenburg, 14. Juli 1941

Um die Auseinandersetzung mit Amerika würden wir nicht herumkommen. Man solle nicht glauben, daß er, weil er jetzt nicht handele, die amerikanische Besetzung Islands[1] akzeptiere. Über den toten Maschinen stehe noch etwas Höheres, das sei der Mensch, der Soldat, der höhere Wert. Er scheue Amerika nicht, weder materialmäßig noch militärisch.

1) Was das Material anginge, so sei Europa eine weit größere Waffenschmiede als die USA. Diese hätten nicht eine Waffenfabrik, die sich mit Krupp, Rheinmetall, Skoda usw., ja nicht einmal mit Schneider-Creuzot messen könne. Die europäische Rüstungsindustrie sei um ein Vielfaches größer als die amerikanische.

2) Was den Soldaten anbetreffe, so habe er überhaupt keine Angst. Was sei schon der amerikanische Soldat! Er habe ihn im Weltkrieg kennengelernt. Damals sei er auf eine müde, zersetzte deutsche Armee gestoßen und habe doch ungeheure Verluste gehabt. Heute stünde die deutsche Armee stärker und frischer da als je. Unsere Verluste nach zwei Jahren Krieg betrügen zusammen noch nicht einmal so viel wie die eines einzigen Weltkriegsmonats. Was wollten die Amerikaner in Europa? Er würde sie am liebsten landen lassen, um sie dann restlos zu vernichten. Um ein guter Soldat zu sein, brauche man mehr als Dollars. Trotzdem sei er auf der Hut. Wenn der Ostfeldzug vorbei sei, so würde er die ganze Arbeitsenergie des deutschen Volkes auf Marine und Luftwaffe umstellen. Monatlich versenkten wir jetzt immerhin durchschnittlich 700 000 t. England müsse zusammenbrechen, es würde einfach verhungern. Wir torpedierten unentwegt weiter, dabei seien

[1] 7. Juli 1941.

die hellen Nächte jetzt sehr ungünstig, wir brauchten die langen Nächte des Herbstes und des Winters, um noch erfolgreicher zu sein. Die Engländer hätten einen wunderbaren Plan gegen uns ausgearbeitet, aber jede einzelne Phase davon sei von uns durchkreuzt worden.

An Hand der Lagekarte schildert der Führer dann dem Botschafter Oshima die Kriegslage im Osten ausführlich. Anschließend fährt der Führer fort, er habe ein ungeheures Vertrauen in die deutsche Wehrmacht. Dieses habe er eigentlich schon vom Weltkrieg her, wenn auch die operative Führung damals keine gute gewesen sei. Aber heute sei er mit allem zufrieden, mit dem Mann und der Führung. Er habe Marschälle von geschichtlichem Format, und sein Offizierkorps sei einmalig. Die ganze Armee sei eine große Kampfgemeinschaft und Kameradschaft. Vom General bis zum Mann hätten sie dieselbe Verpflegung. Die Autorität der Führer sei außerordentlich. Der Mann selber sei tapfer, todesmutig, brav und treu und überzeugt von seiner heiligen Aufgabe. Dazu habe er eine gewaltige Kriegserfahrung und sei bis zum äußersten fanatisiert.

Er habe viel über das Problem des Fernen Ostens nachgedacht, und es sei ihm klar geworden, daß

1. die Vernichtung Rußlands im höchsten Interesse läge sowohl Deutschlands wie Japans. Rußland würde immer der Verbündete unserer Feinde sein. Es liege zwischen zwei Welten und würde fortgesetzt sein Schwergewicht verlagern. Ginge es ihm in Asien schlecht, so würde es auf Deutschland, ginge es ihm in Europa schlecht, so würde es auf Japan drücken. Es würde ewig unser Feind sein. Wer von uns Schwierigkeiten habe, würde von Rußland angegriffen werden. Daher sei er der Auffassung, daß Rußland zertrümmert werden müssen; ein für allemal.

2. die Vereinigten Staaten und England werden immer unsere Gegner sein. Diese Erkenntnis müsse die Grundlage unserer Staatspolitik werden. Nach längerer Überlegung sei dies seine heiligste Überzeugung geworden, der Grundsatz unserer politischen Einsicht.

Amerika und England werden sich immer gegen den wenden, der in ihren Augen isoliert ist. Heute gäbe es nur zwei Staaten, die gegenseitig keine Konfliktmöglichkeiten hätten, dies seien Deutschland und Japan. Amerika drücke in seinem neuen imperialistischen Geist mal auf den europäischen, mal auf den asiatischen Lebensraum. Von uns aus gesehen drohe im Osten Rußland, im Westen Amerika, von Japan aus gesehen im Westen Rußland, im Osten Amerika. Daher sei er der Meinung, daß wir sie gemeinsam vernichten müßten. Es gebe im Völkerleben Aufgaben, die hart seien. Man könne diese Aufgaben nicht dadurch lösen, daß man sich ihnen verschließt oder sich auf eine späteren Zeitpunkt verläßt. Der Kampf gegen Rußland sei für ihn ein unerhört schwerer Entschluß gewesen. Zuerst habe er sich überlegt, ob er Rußland ein Ultimatum stellen solle. Aber was hätte Rußland machen sollen? Entweder hätte es sich zum Kampf vorbereitet und unser Angriff hätte dann unendliche Blutopfer gefordert. Oder aber es wäre dem Ultimatum nachgekommen und hätte seine Truppen vielleicht 300 km zurückgezogen, aber was hätten diese 300 km schon im Zeitalter der Motorisierung bedeutet! Er habe kämpfend in drei Wochen 700 km zurückgelegt.

43. Abhandlung Dieckhoffs (Auszug)

Amerikanischer Kriegseintritt: „Dagegen ist es der Kriegspartei und ihren englischen und jüdischen Helfershelfern bisher nicht geglückt, die Mehrheit des amerikanischen Volkes zum Eintritt in den Krieg geneigt zu machen, im Gegenteil, nach wie vor scheinen 70 bis 80 Prozent den Kriegseintritt abzulehnen."

Dieckhoff, S. 505, 512–521.

1941

Die letzte Phase der amerikanisch-deutschen Beziehungen – die unbefriedigende Phase, wie ich sie nennen möchte – beginnt etwa um 1896 und dauert heute noch an. In dieser Epoche sind die Beziehungen zwischen den Vereinigten Staaten und Deutschland, gleichviel ob es sich um das kaiserliche Deutschland, um das Deutschland des 9. November 1918[1], um das Deutschland Hindenburgs oder um das Deutschland des Dritten Reiches handelt, fast ohne Unterbrechung unbefriedigend gewesen, waren 1917–1921 durch den Krieg völlig unterbrochen und befinden sich heute, ausschließlich durch die Schuld der amerikanischen Regierung, in einem Zustand der Verwilderung, der kaum noch mit einem passenden Ausdruck bezeichnet werden kann. Es würde hier zu weit führen, die Einzelheiten dieser letzten 45 Jahre deutsch-amerikanischer Beziehungen eingehend zu schildern, es soll nur versucht werden, sie in großen Zügen zu umreißen und die Gründe dieser Entwicklung darzulegen. Drei Abschnitte lassen sich unterscheiden: Die Zeit von 1896 bis Versailles, die Zeit von Versailles bis zum Amtsantritt Franklin Roosevelts, die Zeit von 1933 bis heute. [...]

Wir wissen, daß die amerikanische öffentliche Meinung, soweit sie Ausdruck fand, vom ersten Tag des Weltkriegs ab überwiegend für die Gegner Deutschlands Partei nahm. Wir wissen, daß der Präsident Wilson – wie der englische Botschafter in Washington, Sir Cecil Spring Rice, an Sir Edward Grey bald nach Kriegsausbruch berichten konnte – 'durch Geburt und Erziehung ausgesprochen britisch' war, und daß er bereits am 3. September 1914 dem Botschafter sagte: 'Every thing that I love most in the world is at

[1] Bekanntmachung des Reichskanzlers Prinz Max von Baden über die Abdankung Kaiser Wilhelms II. Für ihren Wortlaut vgl. Huber, Bd. 2, S. 510.

stake. If they succeed, we shall be forced to take such measures of defence here as would be fatal to our form of Government and American ideals.' Wir kennen die Haltung des amerikanischen State Departments, das nach dem Ausscheiden von Bryan nur noch pro forma Noten mit der britischen Regierung über die Kriegführung zur See wechselte, da es – wie der Staatssekretär Lansing in seinen Memoiren offen zugibt – von vornherein klar war, 'that we would ultimately become an ally of Great Britain and that it would not do, therefore, to let our controversies reach a point where diplomatic correspondence gave place to action'. Es ist uns bekannt, wie völlig sich die amerikanischen Botschafter in London und Paris, Page und Herrick, vom ersten Tage des Krieges ab als Verbündete Englands bzw. Frankreichs fühlten, und welch feindliche Haltung der amerikanische Botschafter in Berlin, James Gerard, Deutschland gegenüber einnahm. Wir wissen aus dem Bericht der Nye-Kommission[2], wie eng die Verflechtungen der amerikanischen Finanz mit den englischen Interessen waren, und welche Rolle die amerikanische Rüstungsindustrie bei der Herbeiführung des Kriegseintritts der Vereinigten Staaten spielte. Wir kennen den Haß, der Deutschland aus einem großen Teil der amerikanischen Presse vom ersten Tage des großen Konflikts an entgegensprühte und die geschickt geförderte Kriegspsychose, die schließlich das Land in den Krieg hineinriß. Wir wissen, welche Ausschreitungen nach dem Kriegseintritt in USA gegenüber allem stattfanden, was deutsch war oder deutschen Namen hatte. Wir kennen die Haltung Wilsons, der im Widerspruch zu seinen 14 Punkten[3] und im Widerspruch zu dem zwischen dem Staatssekretär Lansing und der Reichsregierung geschlossenen Abkommen vom 5. November 1918[4], in Paris nahezu sein gesamtes Friedensprogramm preisgab und seinen Namen unter das Diktat von Versailles setzte. Wir wissen, daß der amerikanische Kongreß zwar im folgenden Jahr den Präsidenten desavouierte und die Ratifikation des Versailler Instruments ablehnte,[5] aber keineswegs wegen der zu harten Bedingungen, die Deutschland auferlegt waren, sondern teils aus persönlichen und innerpolitischen Gründen, teils aus Abneigung gegen den Gedanken des Völkerbunds und gegen die Abmachungen über China. Wir wissen, daß die amerikanische Regierung, die 1921 auf die Administration Wilsons folgte, schließlich im August 1921 Frieden mit der Deutschen Republik schloß, sich hierbei aber alle Rechte aus dem Versailler Diktat ausdrücklich ausbedang.[6] Und wir wissen, in welch rigoroser Weise diese Rechte wahrgenommen

[2] Munitions Investigating Committee unter Vorsitz von Senator G. P. Nye über die Rolle von Financiers und Fabrikanten beim amerikanischen Kriegseintritt 1917.

[3] Vgl. Dok. Nr. 4.

[4] Vgl. Dok. Nr. 6.

[5] 19. März 1920.

[6] Vgl. Dok. Nr. 13.

wurden, wie ein großer Teil der deutschen Werte in den Vereinigten Staaten, besonders die deutschen Patente, akkapariert und verschleudert wurden. Es wird uns gelegentlich von Amerikanern entgegengehalten, daß die Vereinigten Staaten zwar Versailles nicht hätten verhindert können, daß sie sich aber an der Durchführung des Vertrages nicht beteiligt und insbesondere an der Beute nicht bereichert hätten. Das ist nur in sehr begrenztem Umfang richtig. Auf einem der wichtigsten Gebiete, dem Gebiet der Reparationspolitik, unterschied sich die amerikanische mangelnde Erkenntnis der zugrunde liegenden Probleme von der englischen in keiner Weise. Soweit überhaupt Verständnis für die Sinnlosigkeit der Reparationsforderungen nach Schluß des Weltkriegs vorhanden war, war dies eher im englischen als im amerikanischen Lager der Fall. Der Engländer Keynes veröffentlichte schon Ende 1919 sein Buch über 'The economic consequences of the peace', während die Amerikaner Moulton und McGuire erst 1923 mit dem Werke 'Germany's capacity to pay' folgten. Auch der Dawes – und Youngplan sind kein Gedankengut, auf das von amerikanischer Seite mit Stolz hingewiesen oder das gar als Beweis für ihre verständnisvolle Haltung gegenüber Deutschland angeführt werden könnte; das ganze Kapitel der Reparationen, einschließlich des Auftretens des amerikanischen Reparationsagenten, ist alles andere als ein Ruhmesblatt für die amerikanische politische Führung und für die amerikanische Finanz. Von irgendeinem Verständnis oder gar von einer wirklichen Hilfsbereitschaft für das damals am Boden liegende Deutschland war nichts zu bemerken; erst als durch die im Herbst 1929 in USA einsetzende Wirtschafts – und Finanzkatastrophe den Amerikanern die Augen für die Verfehltheit ihrer Politik geöffnet worden waren, machte sich zu einem Zeitpunkt, als das Reparationsproblem sich schon mehr oder weniger von selbst erledigt hatte, ein größeres Verständnis für den von Deutschland eingenommenen Standpunkt geltend. Das Hoovermoratorium[7] im Juni 1931 kam zu spät, und wurde im übrigen durch französische Widerstände so rasch sabotiert, daß keine Wirkung von ihm ausgehen konnte. Wie in der Reparationsfrage versagte die amerikanische Politik auch in den meisten anderen Fragen, die durch den Krieg und durch den Friedensschluß aufgeworfen worden waren; ihr mäßigender Einfluß machte sich, wenn überhaupt, immer erst dann bemerkbar, wenn es zu spät war. Das zeigte sich am deutlichsten bei der Besetzung der Ruhr im Januar 1923, wo man sich in Washington darauf beschränkte, die amerikanischen Okkupationstruppen einige Tage nach dem Einmarsch der Franzosen aus dem Rheinland abzuberufen, und sich im übrigen die Hände in Unschuld wusch. Das gleich wiederholte sich in der Abrüstungsfrage, wo von einer richtungweisenden

[7] Das Moratorium des amerikanischen Präsidenten vom 20. Juni 1931 schlug ein allgemeines Schuldenfeierjahr vor.

amerikanischen Einflußnahme keine Rede war; man hatte zwar die unmögliche Situation der einseitigen Abrüstung Deutschlands mit herbeigeführt, fand aber nicht den Mut, hatte wohl auch gar nicht den Willen, diese unhaltbare Lage energisch anzupacken und durch eine rechtzeitige Lösung der Abrüstungsfrage zur Verminderung des in Versailles aufgehäuften Explosionsstoffs beizutragen. Die deutschen Gleichberechtigungswünsche fanden zwar im amerikanischen Volk ein gewisses Echo, von einem Verständnis der amerikanischen Regierung oder gar von einer Bereitschaft, dem Übelstande tatkräftig abzuhelfen, kann aber nicht gesprochen werden. Es soll nicht verkannt werden, daß nach der ungeheuren Erregung und Haßpsychose der Weltkriegsjahre, etwa von Mitte 1923 ab – zum Teil unter der Einwirkung des französischen Vorgehens in der Ruhr – eine ruhigere Stellungnahme gegen Deutschland in der amerikanischen Öffentlichkeit Platz griff, und daß die Auswirkungen von Locarno[8] sich auch in Amerika bemerkbar machten. Auch soll nicht bestritten werden, daß von den zwanziger Jahren ab wieder manche persönliche, wissenschaftliche und geschäftliche Beziehungen geknüpft wurden und hierdurch das amerikanisch-deutsche Verhältnis äußerlich wieder einen leidlich normalen Anstrich erhielt. Aber es darf nicht übersehen werden, daß dieses amerikanische Entgegenkommen nur dem schwachen Deutschland entgegengebracht wurde, und daß sich das Bild schlagartig änderte, sobald das alte Mißtrauen gegen ein erstarkendes Deutschland wieder wach wurde. Wer in Amerika im Jahre 1925 die Wahl Hindenburgs zum Reichspräsidenten oder im Jahre 1933 die nationalsozialistische Machtergreifung erlebt hat, wird sich erinnern, wie plötzlich über Nacht der alte Argwohn und die alte Feindseligkeit gegen Deutschland wieder zur Stelle waren, nicht etwa, weil von deutscher Seite irgend etwas gegen Amerika unternommen worden wäre, sondern weil weite und ausschlaggebende Kreise ein starkes Deutschland a limine ablehnten. Wie sich diese Dinge seit 1933, seit dem Amtsantritt von Franklin Roosevelt, entwickelt haben, wie durch die Politik des Präsidenten und durch die Wirtschaftspolitik des Staatssekretärs Hull planmäßig fast alle Brücken zwischen den beiden Ländern zerstört worden sind, obwohl die deutsche Haltung gegenüber Amerika nicht die geringste Veranlassung hierzu bot, – das alles steht plastisch vor den Augen jedes deutschen Lesers. [...]

Wenn aber das amerikanische Volk sich vor dem Weltkrieg von England und von anglophilen Amerikanern in zunehmendem Maße einfangen und schließlich in den Krieg gegen Deutschland[9] hineinreißen ließ, so hat es doch von 1920 ab eine gewisse Widerstandskraft gegenüber den englischen Sire-

[8] Für den Wortlaut der Verträge vom 16. Oktober 1925 zwischen Belgien, Frankreich, Großbritannien und Italien vgl. RGBl., Nr. 52 vom 30. November 1925, S. 975–1009.

[9] 6. April 1917. Vgl. Pommerin/Fröhlich, Bd. 1, Dok. Nr. 79, 82, 83.

nentönen gezeigt. England bemühte sich zwar weiter, die nach dem Weltkrieg noch verbliebenen Reibungsflächen mit den Vereinigten Staaten zu beseitigen – insbesondere verzichtete es auf das Bündnis mit Japan, fand sich mit der Parität seiner Flotte gegenüber der Flotte der Vereinigten Staaten ab und bequemte sich sogar zu einer Regelung der irischen Frage – aber in der Schuldenfrage nahm England eine für das amerikanische Empfinden irritierende Haltung ein (Uncle Shylock), und es verstimmte ferner durch Rohstoffkämpfe (Petroleum, Kautschuk), sowie durch die im Ottawa-Abkommen festgesetzte Präferenzbehandlung seiner Dominions. Diese englischen Fehler wirkten auf das amerikanische Volk ernüchternd und schufen – zusammen mit der in den Jahren nach dem Weltkrieg wachgewordenen Erkenntnis der wahren Hintergründe des Kriegseintritts und zusammen mit der tiefen Enttäuschung darüber, daß die Teilnahme am Kriege den Vereinigten Staaten außer Opfern an Blut und Gut nur wenig eingebracht habe – eine überwiegend Europa abgewandte, isolationistische Stimmung, die noch verstärkt wurde durch die nach der Wirtschaftskatastrophe von 1929 hervorgerufene Reformtendenz, die sich ganz auf innere amerikanische Fragen, besonders auf soziale und wirtschaftliche Probleme, konzentrierte. Erst von 1937 und 1938 ab fingen die Einflüsse der anglophilen Schicht in den Vereinigten Staaten unter Führung des Präsidenten Roosevelt an, sich wieder stärker durchzusetzen. Die Tätigkeit des englischen Netzwerkes, die auch in den stillen zwanziger und dreißiger Jahren nie abgerissen war, und von dessen Funktionieren der Gründer der 'English-speaking Union' sich im Herbst 1937 auf einer Rundreise durch die Vereinigten Staaten persönlich überzeugte, wurde von Ende 1937 ab neu verstärkt, und seitdem ergießt sich, ähnlich wie in den Jahren des Weltkriegs, Tag für Tag ein unübersehbarer Strom antideutscher Propaganda in Presse und Rundfunk, sowie in Verlautbarungen von Einzelpersonen und Organisationen über das amerikanische Volk. Immer wieder wird mit den Argumenten gearbeitet, ein Sieg Deutschlands bedrohe die Vereinigten Staaten und die ganze westliche Hemisphäre, gefährde nicht nur die amerikanische demokratische und freiheitliche Lebensauffassung, sondern auch das wirtschaftliche Wohlergehen und das soziale Niveau des amerikanischen Volkes; nur eine weitgehende Unterstützung Englands sichere den Status quo im Atlantik, und daher müsse alles geschehen, um die Niederlage Englands zu verhüten. Soweit es sich um eine Unterstützung Englands 'short of war', also in jeder Weise nur nicht durch Krieg, handelt, ist es der Agitation der Regierung und dieser englischen und englandhörigen Propaganda gelungen, die große Mehrheit des amerikanischen Volkes – die Abstimmungen in beiden Häusern des Kongresses über die lend-lease Bill und spätere Gallup-Abstimmungen haben durchweg Zweidrittelmehrheiten ergeben – hinter sich zu scharen. Dagegen ist es der Kriegspartei und ihren englischen und jüdischen Helfershelfern bisher nicht geglückt, die Mehrheit des amerikanischen Volkes zum Eintritt in den Krieg geneigt zu machen, im Gegenteil, nach wie vor scheinen 70 bis 80 Prozent den Kriegseintritt abzulehnen. Nicht aus Verständnis oder gar aus Sympathie für Deutschland – diese Gesichtspunkte sind durch die skrupellose Agitation und den Terror fast restlos erstickt worden – sondern aus rein amerikanischen Motiven, wie sie am klarsten in den Worten der vor dem Weißen Hause demonstrierenden amerikanischen Mütter zum Ausdruck kommen: 'I didn't raise my boy to die for Britain.' Wer wird sich durchsetzen, die Gruppe, die mit unamerikanischen – englischen und jüdischen – Elementen im Bunde steht, oder die große Mehrheit des Volkes, die bisher nicht bereit ist, sich in einen fremden Krieg hineinzerren zu lassen, und die den Standpunkt vertritt: 'I didn't raise my boy to die for Britain?'

Von der Beantwortung dieser Frage wird die Zukunft der Vereinigten Staaten und die weitere Entwicklung des Verhältnisses Deutschlands zu den Vereinigten Staaten abhängen.

44. Deutsche Kriegserklärung an die USA

Kriegsgrund: „Obwohl sich Deutschland seinerseits gegenüber den Vereinigten Staaten von Amerika während des ganzen gegenwärtigen Krieges streng an die Regeln des Völkerrechts gehalten hat, ist die Regierung der Vereinigten Staaten von Amerika von anfänglichen Neutralitätsbrüchen endlich zu offenen Kriegshandlungen gegen Deutschland übergegangen."

ADAP, Serie D, Bd. XIII/2, Nr. 572.

10. Dezember 1941

Für Geschäftsträger persönlich.

Ich bitte Sie, am 11. Dezember um 15.30 Uhr deutscher Sommerzeit Abschrift nachstehender Note Herrn Hull oder, falls dieser nicht erreichbar, seinem Stellvertreter zu übergeben, die ich hier eine Stunde früher dem hiesigen Amerikanischen Geschäftsträger aushändigen werde:

Herr Geschäftsträger!

Nachdem die Regierung der Vereinigten Staaten von Amerika von Ausbruch des durch die englische Kriegserklärung an Deutschland vom 3. September 1939 heraufbeschworenen europäischen Krieges an alle Regeln der Neutralität[1] in immer steigendem Maße zugunsten der Gegner Deutschlands auf das flagranteste verletzt und sich fortgesetzt der schwersten Provokationen gegenüber Deutschland schuldig gemacht hat, ist sie schließlich zu offenen militärischen Angriffshandlungen übergegangen.

[1] Die USA hatten am 5. September 1939 ihre Neutralität erklärt.

Am 11. September 1941 hat der Herr Präsident der Vereinigten Staaten von Amerika öffentlich erklärt, daß er der amerikanischen Flotte und Luftwaffe den Befehl gegeben habe, auf jedes deutsche Kriegsfahrzeug ohne weiteres zu schießen. In seiner Rede vom 27. Oktober d[ieses] J[ahre]s hat er nochmals ausdrücklich bestätigt, daß dieser Befehl in Kraft sei.

Gemäß diesem Befehl haben seit Anfang September d[ieses] J[ahre]s amerikanische Kriegsfahrzeuge deutsche Seestreitkräfte systematisch angegriffen. So haben amerikanische Zerstörer, z. B. die Greer, die Kearny und die Reuben James planmäßig das Feuer auf deutsche U-Boote eröffnet. Der Staatssekretär der amerikanischen Marine, Herr Knox, hat selbst bestätigt, daß amerikanische Zerstörer deutsche U-Boote angegriffen haben.

Ferner haben die Seestreitkräfte der Vereinigten Staaten von Amerika auf Befehl ihrer Regierung deutsche Handelsschiffe auf dem offenen Meere völkerrechtswidrig als feindliche Schiffe behandelt und gekapert.

Die Reichsregierung stellt daher fest:

Obwohl sich Deutschland seinerseits gegenüber den Vereinigten Staaten von Amerika während des ganzen gegenwärtigen Krieges streng an die Regeln des Völkerrechts gehalten hat, ist die Regierung der Vereinigten Staaten von Amerika von anfänglichen Neutralitätsbrüchen endlich zu offenen Kriegshandlungen gegen Deutschland übergegangen. Sie hat damit praktisch den Kriegszustand geschaffen.

Die Reichsregierung hebt deshalb die diplomatischen Beziehungen zu den Vereinigten Staaten von Amerika auf und erklärt, daß sich unter diesen durch den Präsidenten Roosevelt veranlaßten Umständen auch Deutschland von heute ab als im Kriegszustand mit den Vereinigten Staaten von Amerika befindlich betrachtet.

Genehmigen Sie, Herr Geschäftsträger, den Ausdruck meiner Hochachtung.

Ribbentrop

Anschließend bitte ich Sie, Ihre Pässe zu fordern und um ordnungsmäßigen Rücktransport des Botschaftspersonals nach Europa zu ersuchen, wobei Sie den Kreis mitzunehmender Presse- usw. Vertreter so weit ziehen wollen als dies möglich erscheint. Die Wahrnehmung der deutschen Interessen bitte ich Sie, dem dortigen Schweizer Gesandten zu übergeben, der entsprechende Weisung von seiner Regierung erhalten wird.

Ich bitte Sie sicherzustellen, daß vor Durchführung vorstehend angeordneten Schrittes jeder Kontakt zwischen Botschaft und State Department unterbleibt. Es darf deshalb vor Ihrer Demarche keine amtliche Mitteilung des State Department dort entgegengenommen werden.

Ich bitte um sofortige Empfangsbestätigung dieses Erlasses. Geheimsendeanlage bis zur Unkenntlichkeit und gesamtes dortiges Chiffriermaterials ist zu vernichten und Vernichtung [zu] melden.

45. Reichstagsrede Hitlers (Auszug)

Kriegsgrund: „Seit Kriegsbeginn hat sich der amerikanische Präsident Roosevelt in steigendem Maße völkerrechtswidrige Verbrechen zuschulden kommen lassen.“

Domarus, Bd. II/2, S. 1807–1811.

Berlin, 11. Dezember 1941

Die beleidigenden Angriffe und Anflegelungen dieses sogenannten Präsidenten gegen mich persönlich will ich dabei als belanglos übergehen. Daß er mich einen Gangster nennt, ist um so gleichgültiger, als dieser Begriff wohl mangels derartiger Subjekte nicht aus Europa, sondern aus den USA stammt.

Aber abgesehen davon kann ich von Herrn Roosevelt überhaupt nicht beleidigt werden, denn ich halte ihn so wie einst Woodrow Wilson ebenfalls für geisteskrank. Daß dieser Mann mit seinem jüdischen Anhang mit den gleichen Mitteln gegen Japan kämpft, ist uns bekannt. Ich brauche sie hier nicht zur Sprache zu bringen. Auch hier sind dieselben Methoden zur Anwendung gekommen. Erst hetzt dieser Mann zum Krieg, dann fälscht er die Ursachen, stellt willkürliche Behauptungen auf, hüllt sich dann in widerwärtiger Weise ein in eine Wolke christlicher Heuchelei und führt so langsam aber sicher die Menschheit dem Krieg entgegen, nicht ohne dann als alter Freimaurer dabei Gott zum Zeugen anzurufen für die Ehrbarkeit seines Handelns.

Ich glaube, Sie alle werden es als eine Erlösung empfunden haben, daß nunmehr endlich ein Staat als erster gegen diese in der Geschichte einmalige und unverschämte Mißhandlung der Wahrheit und des Rechtes zu Protest schritt, den dieser Mann ja gewünscht hat und über den er sich daher jetzt nicht wundern darf. Daß die japanische Regierung es nach jahrelangem Verhandeln mit diesem Fälscher endlich satt hatte, sich noch weiter in so unwürdiger Weise verhöhnen zu lassen, erfüllt uns alle, das deutsche Volk und, ich glaube, auch die übrigen anständigen Menschen auf der ganzen Welt, mit einer tiefen Genugtuung.

Wir wissen, welche Kraft hinter Roosevelt steht. Es ist jener ewige Jude, der seine Zeit als gekommen erachtet, um das auch an uns zu vollstrecken, was wir in Sowjet-Rußland alle schaudernd sehen und erleben mußten. Wir haben das jüdische Paradies auf Erden nunmehr kennengelernt. Millionen deutscher Soldaten haben den persönlichen Einblick gewinnen können in ein Land, in dem dieser internationale Jude Mensch und Gut zerstörte und vernichtetete. Der Präsident der Vereinigten Staaten mag das vielleicht selbst nicht begreifen. Dann spricht das nur für seine geistige Beschränktheit.

Wir aber wissen, daß dies Ziel seines ganzen Kampfes ist: Auch wenn wir nicht im Bündnis mit Japan stünden, wären wir uns darüber im klaren, daß es die Absicht der Juden und ihres Franklin Roosevelt ist, einen Staat nach dem anderen allein zu vernichten. Das heutige Deutsche Reich hat aber nun nichts mehr gemein mit dem Deutschland von einst. Wir werden daher auch von unserer Seite nun das tun, was dieser Provokateur seit Jahren zu erreichen versuchte. Nicht nur, weil wir Verbündete von Japan sind, sondern weil Deutschland und Italien in ihrer derzeitigen Führung genügend Einsicht und Stärke besitzen, um zu begreifen, daß in dieser historischen Zeit das Sein oder Nichtsein der Nationen bestimmt wird, vielleicht für immer. Was diese andere Welt mit uns vorhat, ist uns klar. Sie haben das demokratische Deutschland von einst zum Verhungern gebracht, sie würden das nationalsozialistische Deutschland von jetzt ausrotten.

Wenn Herr Churchill oder Herr Roosevelt erklären, daß sie dann später eine neue soziale Ordnung aufbauen wollen, dann ist das ungefähr so, als wenn ein Friseur mit kahlem Kopf ein untrügliches Haarwuchsmittel empfiehlt. Die Herren, die in den sozial rückständigen Staaten leben, hätten, statt für Kriege zu hetzen, sich um ihre Erwerbslosen kümmern sollen. Sie haben in ihren Ländern Not und Elend genug, um sich dort im Sinne einer Verteilung von Lebensmitteln zu beschäftigen. Was das deutsche Volk betrifft, so braucht es weder von Herrn Churchill noch von einem Herrn Roosevelt Almosen, sondern es will sein Recht. Und dieses Recht zum Leben wird es sich sicherstellen, auch wenn tausend Churchills sich dagegen verschwören wollten. Dieses Volk hier hat nun eine fast 2000jährige Geschichte hinter sich. Es war in dieser langen Zeit noch nie so einig und geschlossen wie es heute ist, dank der nationalsozialistischen Bewegung, für alle Zukunft es auch sein wird. Es war aber auch vielleicht noch nie so hellsehend und selten so ehrbewußt.

Ich habe daher heute dem amerikanischen Geschäftsträger die Pässe zustellen lassen und ihm folgendes eröffnen lassen:

Im Verfolg der immer weiteren Ausdehnung einer auf unbegrenzte Weltherrschaftsdiktatur gerichteten Politik des Präsidenten Roosevelt sind die Vereinigten Staaten von Amerika im Verein mit England vor keinem Mittel zurückgewichen, um dem deutschen, dem italienischen und auch dem japanischen Volk die Voraussetzungen ihrer natürlichen Lebenserhaltung zu bestreiten. Die Regierungen Englands und der Vereinigten Staaten von Amerika haben sich aus diesem Grunde nicht nur für die Gegenwart, sondern auch für alle Zukunft jeder berechtigten Revision zur Herbeiführung einer besseren Neuordnung der Welt entgegengesetzt.

Seit Kriegsbeginn hat sich der amerikanische Präsident Roosevelt in steigendem Maße völkerrechtswidrige Verbrechen zuschulden kommen lassen. Gesetzlose Übergriffe auf Schiffe und sonstiges Eigentum deutscher und italienischer Staatsbürger verbanden sich mit der Bedrohung, ja der willkürlichen Beraubung der persönlichen Freiheit der Betroffenen durch

Internierung usw. Die sich auch sonst weiterverschärfenden Angriffe des Präsidenten der Vereinigten Staaten Roosevelt führten soweit, daß er der amerikanischen Marine den Befehl erteilte, entgegen allen Völkerrechtsbestrebungen, Schiffe deutscher und italienischer Nationalität überall sofort anzugreifen, zu beschießen und sie zu versenken. Amerikanische Minister haben sich auch auf diese verbrecherische Weise betätigt, indem sie durch ihre Hetze deutsche U-Boote vernichtet haben. Deutsche und italienische Handelsschiffe wurden von amerikanischen Kreuzern überfallen, gekapert und ihre friedlichen Besatzungen in Gefängnisse geführt. Ohne jeden Versuch einer amtlichen Widerlegung von seiten der amerikanischen Regierung wurde aber darüber hinaus nunmehr in Amerika der Plan des Präsidenten Roosevelt veröffentlicht, spätestens im Jahre 1943 Deutschland und Italien mit militärischen Machtmitteln in Europa selbst angreifen zu wollen.

46. Amerikanische Kriegserklärung an Deutschland

Kongreßbeschluß über Kriegszustand: „The long-known and the long-expected has thus taken place."

Commager, pp. 452 f.

11. Dezember 1941

To the Congress of the United States:

On the morning of Dec. 11 the Government of Germany, pursuing its course of world conquest, declared war against the United States.[1]

The long-known and the long-expected has thus taken place. The forces endeavoring to enslave the entire world now are moving toward this hemisphere.

Never before has there been a greater challenge to life, liberty and civilization.

Delay invites great danger. Rapid and united effort by all of the peoples of the world who are determined to remain free will insure a world victory of the forces of justice and of righteousness over the forces of savagery and of barbarism.

Italy also has declared war against the United States.[2]

I therefore request the Congress to recognize a state of war between the United States and Germany, and between the United States and Italy.

Franklin D. Roosevelt

[1] Vgl. Dok. Nr. 44.

[2] 11. Dezember 1941.

The War Resolution

Declaring that a state of war exists between the Government of Germany and the government and the people of the United States and making provision to prosecute the same.

Whereas the Government of Germany has formally declared war against the government and the people of the United States of America:

Therefore, be it

Resolved by the Senate and House of Representatives of the United States of America in Congress assembled, that the state of war between the United States and the Government of Germany which has thus been thrust upon the United States is hereby formally declared; and the president is hereby authorized and directed to employ the entire naval and military forces of the United States and the resources of the government to carry on war against the Government of Germany; and, to bring the conflict to a successful termination, all of the resources of the country are hereby pledged by the Congress of the United States.

47. Notiz Roosevelts

Bedingungslose Kapitulation: „bedeutet nicht die Vernichtung der deutschen, der japanischen oder der italienischen Bevölkerung, sie bedeutet vielmehr die Zerstörung einer Weltanschauung in Deutschland".

Sherwood, S. 570.

[24. Januar 1943]

Der Präsident und der Premierminister sind in Ansehung der gesamten Kriegslage mehr denn je dazu entschlossen, daß nur eine totale Beseitigung der deutschen und der japanischen Kriegsmacht der Welt den Frieden bringen kann. Dies führt zu der einfachen Formulierung der Kriegsziele, welche eine bedingungslose Kapitulation Deutschlands, Japans und Italiens zum Inhalt hat. Die bedingungslose Kapitulation dieser Mächte kann allem Ermessen nach den Weltfrieden für Generationen sichern. Bedingungslose Kapitulation bedeutet nicht die Vernichtung der deutschen, der japanischen oder der italienischen Bevölkerung, sie bedeutet vielmehr die Zerstörung einer Weltanschauung in Deutschland, Italien und Japan, die auf Eroberung und Unterjochung anderer Völker beruht.

48. Tagebuchnotiz Shirers (Auszug)

Rückkehr nach Deutschland: 'Die Menschen, einst so arrogant, einst der Weltherrschaft so sicher, erscheinen als traurige Spezies.'

Shirer, S. 17.

Aachen, 8. November 1944

Heute kam ich nach Deutschland zurück, zum ersten Mal wieder seit meiner Abreise aus Berlin Ende 1940. Damals hatte ich mir gesagt: „Niemals mehr möchte ich diese Stadt sehen oder dieses Deutschland oder diese deutschen Menschen." Das Schicksal aber – und mein Job – haben es anders gewollt.

Ich sah diese Menschen heute wieder – einige von ihnen – und einen kleinen Zipfel ihres Landes und diese frühere deutsche Kaiserstadt. Es ist nicht viel von einer Stadt mehr übrig außer einem riesigen Trümmerhaufen. Die Menschen, einst so arrogant, einst der Weltherrschaft so sicher, erscheinen als traurige Spezies. Sie sind geschlagen, sind Verlierer. Und das wissen sie und zeigen es auch, wenn sie in den Trümmern herumstochern und sich bei Anbruch der Nacht in ihre Kellerlöcher zurückziehen.

Die ersten Eindrücke dieses Tages fasse ich in einem Bericht für die ‚New York Times' zusammen, der noch am gleichen Abend übermittelt werden muß: „Hier in der Stadt Karls des Großen, wo der Korrespondent einst Adolf Hitler tönen hörte, sein Drittes Reich werde tausend Jahre währen, wenn nicht länger, kann man den Nazismus sehen, tot inmitten von Ruinen.

Krumme und gebrochene Deutsche jeden Alters, zumeist jedoch alte Menschen, graben in den Trümmern, die von der einst stolzen Stadt mit 160000 Einwohnern übriggeblieben sind. Aus Stellungen hinter der Stadt feuert die amerikanische Artillerie, ihre Granaten explodieren in den unweit gelegenen deutschen Stellungen. Gelegentlich feuern die Deutschen zurück und vergrößern damit die totale Zerstörung dieser deutschen Stadt. Zivilisten – ein wenig noch unter dem Schock der Bombardierungen und schokkiert davon, daß der Krieg, den Hitler so lange in fernen Ländern führte, nun in seine Heimat zurückkehrt und ihre deutschen Häuser vernichtet – machen gelegentlich eine Pause beim Graben und verfluchen die 'braune Pest', womit sie die Nazis meinen. Sie graben und fluchen, und wenn die Nacht anbricht, kriechen sie in ihre Kellerlöcher zurück, dunkel, kalt und feucht, wo sie eine spärliche Abendmahlzeit zubereiten.

Bedauernswerte Menschen, mag man denken. Doch ich habe sie in der gleichen historischen Stadt vier Jahre zuvor erlebt. Damals waren sie weder krumm noch gebrochen, standen nicht unter Bombenschock. Damals verfluchten sie keine 'braune Pest'. Sie jubelten ihr zu. Denn die Nazis hatten, wie die Menschen glaubten – einige von ihnen gestanden es mir heute ein

–, einen großen Krieg gewonnen. Vor ihren Fenstern flatterten die Hakenkreuzfahnen, die Bürger grüßten einander mit laut schallendem „Heil Hitler!“

49. Direktive an den Oberkommandierenden der amerikanischen Besatzungstruppen (JCS 1067)

Ziel und Zweck: „Diese Direktive enthält die politischen Richtlinien, nach denen Sie zu verfahren haben werden, sobald Ihre Tätigkeit als Oberbefehlshaber der Alliierten Expeditionstruppen abgeschlossen sein wird.“

Warburg, S. 299–309.

1944[1]

1. Ziel und Zweck dieser Direktive

Diese Direktive ergeht an Sie in Ihrer Eigenschaft als Oberbefehlshaber der amerikanischen Besatzungstruppen in Deutschland. In dieser Eigenschaft werden Sie die Vereinigten Staaten im Kontrollrat vertreten und werden für die Militärregierung in der Zone oder in den Zonen verantwortlich sein, die den Vereinigten Staaten zum Zwecke der Besetzung und Verwaltung zugewiesen werden. Diese Direktive enthält die politischen Richtlinien, nach denen Sie zu verfahren haben werden, sobald Ihre Tätigkeit als Oberbefehlshaber der Alliierten Expeditionstruppen abgeschlossen sein wird.

Diese Direktive enthält nur Richtlinien für die erste Zeit nach der Niederlage Deutschlands. Sie ist also insofern nicht eine endgültige Festlegung der Politik der Vereinigten Staaten gegenüber Deutschland in der Zeit nach dem Kriege überhaupt. Aus diesem Grunde ist es von Wichtigkeit, daß Sie

[1] Die erste Fassung dieser Direktive lag am 22. September 1944 vor: „Directive to SHAEF Regarding the Military Government of Germany in the Period Immediately Following the Cessation of Organized Resistance (Post-Defeat)“. In: FRUS, The Conferences of Malta and Yalta 1945, S. 143–145. Zur Bedeutung vgl. Henke, Die amerikanische Besetzung Deutschlands, S. 113: „International blieb dem Dokument JCS 1067 die Zustimmung immer versagt. Es blieb bereits an der ersten Hürde hängen, denn die Combined Chiefs of Staff lehnten es am 3. Oktober 1944 ab, JCS 1067 als Nachfolgeanweisung ihrer „pre-surrender“-Direktive CCS 551 vom April des Jahres zu akzeptieren. [...] Zur ersten Revision der JCS-Direktive kam es bereits zu Jahresbeginn 1945. Sie gestand dem Militärgouverneur etwas mehr Eingriffsmöglichkeiten in das deutsche Wirtschaftsleben zu, wenn militärische Gründe dies erforderten, und versuchte, auch die Abgrenzung der Befugnisse von Alliiertem Kontrollrat [...] und Zonenbefehlshaber [...] näher zu bestimmen.“ Aber auch dieser Entwurf wurde noch mehrfach überarbeitet. Erst am 23. März 1945 setzte der Präsident seine Initialen unter die endgültige Fassung, die abgedruckt ist in: FRUS 1945, III, S. 471–473.

in der Periode, in der diese Direktive gültig ist, die Entwicklung der wirtschaftlichen, industriellen, finanziellen, sozialen und politischen Verhältnisse in Ihrer Zone genauestens beobachten, und daß das Ergebnis Ihrer Beobachtungen und auch ähnliche Beobachtungen aus den andern Besatzungszonen auf dem Dienstweg über die Vereinigten Chefs der Stäbe unserer Regierung zur Kenntnis kommen. Diese Ihre fortlaufenden Berichte sollen die Grundlage für eine Änderung und Weiterentwicklung der hier festgelegten Kontrollmaßnahmen bieten, darüber hinaus aber auch eine immer neue Formulierung und Entwicklung der politischen Grundsätze ermöglichen, durch deren Anwendung es den Vereinigten Staaten möglich sein muß, die wichtigsten Ziele, die sie sich gesteckt haben, zu verwirklichen. Weitere ergänzende Richtlinien werden Ihnen alsdann je nach Bedarf durch die Vereinigten Chefs der Stäbe zugehen.

Als Mitglied des Kontrollrates werden Sie dahin zu wirken haben, daß auch die andern Besatzungsmächte sich die in dieser Direktive niedergelegten politischen Grundsätze zu eigen machen. Sie werden sie selbst, die Zustimmung des Kontrollrats vorausgesetzt, in Ihrer eigenen Zone zur Anwendung bringen. Es darf angenommen werden, daß den Oberbefehlshabern in der britischen, sowjetischen und französischen Zone ähnliche ins einzelne gehende Anweisungen von ihren Regierungen gegeben werden.

Erster Teil

Allgemeine und Politische Fragen

2. Die Rechtsgrundlagen der Militärregierung

A. Die Rechte, die Befugnisse und das Statut der Militärregierung in Deutschland finden ihre Rechtsgrundlage in der bedingungslosen Kapitulation oder in der totalen Niederlage Deutschlands.

B. Unbeschadet der Bestimmungen des nachstehenden Artikels 3 sind Sie, kraft Ihrer Stellung, Träger der obersten gesetzgebenden, ausführenden und richterlichen Gewalt in den Gebieten, die von den unter Ihrem Befehl stehenden Truppen besetzt sind. Dieser Grundsatz soll im weitesten Sinne ausgelegt werden, er soll Ihnen das Recht geben, alle die Maßnahmen zu ergreifen, die Sie für notwendig, angemessen oder erwünscht halten im Hinblick auf die Bedürfnisse unserer Truppen und im Hinblick auf die Ziele einer starken Militärregierung.

C. Sie werden im Anschluß an Proklamationen, Befehle und Anweisungen, die etwa bereits von alliierten Befehlshabern in Ihrer Zone erlassen wurden, eine Proklamation erlassen, durch die die Änderungen, die Sie für erforderlich halten durchgeführt werden. Weisungen, die von dem Obersten Befehlshaber der alliierten Expeditionstruppen ausgegeben wurden, sollen weiter für Sie in Kraft bleiben, sofern sie nicht mit dieser oder mit weiteren Direktiven, die Ihnen später zugehen werden, im Widerspruch stehen.

3. Der Kontrollrat und die Besatzungszonen

A. Die vier Oberbefehlshaber, die insoweit gemeinsam handeln, bilden den Kontrollrat für Deutschland, der gemäß den Vereinbarungen über die Einrichtung einer internationalen Kontrolle in Deutschland das oberste Kontrollorgan in Deutschland ist. Zum Zwecke der Militärverwaltung ist Deutschland in vier Besatzungszonen eingeteilt worden.

B. Der Kontrollrat wird die einzige und oberste Stelle sein, die befugt ist, politische Richtlinien, Verfahrensvorschriften und Verwaltungsgrundsätze zu erlassen, die sich auf ganz Deutschland beziehen. Sie werden demgemäß in Ihrer Zone die vom Kontrollrat beschlossenen Maßnahmen auszuführen und zu unterstützen haben. Wo solche Vereinbarungen über eine gemeinsam zu verfolgende Politik fehlen, werden Sie Ihr Verhalten nach dieser oder anderen Direktiven der Vereinigten Chefs der Stäbe regeln.

C. Die deutschen Angelegenheiten sollen so behandelt werden, daß sie zu einer Dezentralisierung der politischen und administrativen Struktur des Landes und zu der Entwicklung einer örtlichen Selbstverwaltung beitragen. Zu diesem Zwecke werden Sie alle Autonomiebestrebungen bei den provinzialen, örtlichen und Stadtverwaltungen unterstützen. Auch das deutsche Wirtschaftsleben soll dezentralisiert werden. Der Kontrollrat kann aber, im Rahmen des Mindestmaßes, das für die Erreichung der in dieser Direktive gesteckten Ziele notwendig erscheint, eine bereits bestehende zentrale Verwaltung zulassen, oder sogar neue zentrale Verwaltungsorgane schaffen a) für lebenswichtige öffentliche Einrichtungen wie Eisenbahnen, sonstige Verkehrseinrichtungen und die Elektrizitätsversorgung, b) für Finanzfragen und auswärtige Angelegenheiten und c) für die Produktion und Verteilung wichtiger Verbrauchsgüter.

D. Der Kontrollrat sollte die Maßnahmen treffen, durch die ein angemessener Austausch von Verbrauchsgütern zwischen den vier Zonen gewährleistet wird. Alle solche Maßnahmen werden Sie in Ihrer Zone unterstützen. Falls der Kontrollrat keine einheitliche Regelung dieser Fragen trifft, können Sie in besonders wichtigen und dringenden Fragen mit einem oder mehreren der Oberkommandierenden in den andern Zonen direkt verhandeln.

E. Solange der Kontrollrat keine einheitlichen Grundsätze und Verfahrensvorschriften für den zivilen Reiseverkehr zwischen den vier Zonen ausgearbeitet hat, wird es keinem Zivilisten gestattet sein, Ihre Zone ohne Ihre Genehmigung zu betreten oder zu verlassen, und kein Deutscher Ihrer Zone soll die Erlaubnis erhalten, aus Deutschland auszureisen, es sei denn für ganz bestimmte Zwecke, die von Ihnen autorisiert sein müssen.

F. Das Personal der Militärregierung, einschließlich der Offiziere und Beamten, die bei nachgeordneten Stellen zentraler deutscher Verwaltungsorgane eingesetzt sind, soll dem jeweiligen Zonenbefehlshaber verantwortlich sein, ausgenommen Verbindungsoffiziere, die zwischen den verschiedenen

Zonen ausgetauscht werden. Die Oberbefehlshaber in den Zonen sollen Gerichtsherrn für alle Angehörigen der ihrem Befehl unterstehenden Verbände und für die zugehörigen Zivilpersonen sein, gleichgültig an welchem deutschen Ort diese Personen stationiert sind.

G. Der Kontrollrat trägt die Verantwortung dafür, daß alle Verbindung zwischen Deutschland und Österreich, sowohl in der Sphäre der Regierung, als in der Sphäre der Verwaltung, unterbrochen werden und daß alle deutschen Wirtschaftseinflüsse in Österreich ausgeschaltet werden. Die alliierten Verwaltungsstellen in Österreich müssen bei der Erfüllung ihrer Aufgaben jede mögliche Unterstützung finden.

4. Die wichtigsten Ziele der Militärregierung in Deutschland

A. Es muß den Deutschen eingeschärft werden, daß die barbarische deutsche Kriegführung und der fanatische Widerstand der Nazis die deutsche Wirtschaft zerstört haben. Elend und Chaos sind die notwendige Folge, und die Deutschen werden sich der Verantwortung, die sie zu tragen haben, nicht entziehen können.

B. Deutschland wird nicht besetzt, um befreit zu werden, sondern weil es ein besiegtes feindliches Land ist. Es liegt Ihnen nicht die Aufgabe ob, die Deutschen zu unterdrücken. Sie haben nur die Aufgabe, gewisse wichtige Ziele der Alliierten in Deutschland zu verwirklichen. Ihre Besatzungs- und Verwaltungspolitik soll hart, aber gerecht und distanziert sein. Allen Versuchen, mit deutschen Beamten oder mit der deutschen Bevölkerung zu fraternisieren, muß entgegengewirkt werden.

C. Die Alliierten müssen vor allem verhindern, daß Deutschland nochmals eine Gefahr für den Weltfrieden wird. Die Beseitigung des Nazismus und des Militarismus in allen ihren Formen ist die unerläßliche Voraussetzung zur Erreichung dieses Zieles. Weitere Aufgaben sind die Ergreifung und Aburteilung der Kriegsverbrecher, die industrielle Abrüstung und die Entmilitarisierung Deutschlands, an die sich eine ständige Kontrolle über die Mittel anschließen muß, mit denen Deutschland sich eine neue Rüstung schaffen könnte. Endlich werden wir Vorbereitungen für eine spätere Wiederherstellung eines politischen Lebens in Deutschland auf demokratischer Grundlage zu treffen haben.

D. Sonstige Ziele der Alliierten sind die Durchführung eines Reparations- und Restitutionsplans, die Hilfeleistung an die Länder, welche durch die nazistische Aggression verwüstet wurden, und die Sorge für die alliierten Kriegsgefangenen und verschleppten Personen und ihre Heimschaffung.

5. Wirtschaftliche Kontrolle

A. Als Mitglied des Kontrollrats und als Oberbefehlshaber der amerikanischen Besatzungszone werden Sie sich von dem Grundsatz leiten lassen, daß die deutsche Wirtschaft in der Weise überwacht wird, daß die Erreichung der in Artikel 4 näher gekennzeichneten Ziele sichergestellt wird, daß die Sicherheit und die Bedürfnisse der Besatzungstruppen gewährleistet werden, und daß die Produktion, die Lagerhaltung von Verbrauchsgütern und die Transportmittel so gelenkt werden, daß der Ausbruch von Hungersnot und Seuchen, die eine Gefahr für unsere Truppen bedeuten könnten, verhindert wird. Es soll aber bei der Durchführung des Reparationsprogramms oder in anderem Zusammenhang nichts unternommen werden, was die allgemeinen Lebensbedingungen in Deutschland oder in Ihrer Zone auf einen höheren Stand bringen würde als in irgend einem der Nachbarländer Deutschlands, die den Vereinigten Nationen angehören. [...]

6. Entnazifizierung

A. Der Kontrollrat wird eine Proklamation erlassen müssen, durch die die Auflösung der Nazipartei, ihrer Formationen und angeschlossenen Verbände und aller öffentlichen Einrichtungen angeordnet wird, die Instrumente der Naziherrschaft waren. Ein Wiederaufleben dieser Organisationen und Einrichtungen muß für alle Zukunft ausgeschlossen werden. Sie werden in Ihrer Zone für die gründlichste Durchführung dieser Entnazifizierungspolitik sorgen und alle denkbaren Maßnahmen ergreifen, durch die die Neubildung solcher Organisationen in Form von Untergrundbewegungen oder in sonstwie versteckter oder verkappter Form verhindert wird. Wo aufzulösende Parteieinrichtungen notwendige nichtpolitische, soziale Funktionen zu erfüllen hatten, wird die Weiterführung dieser Arbeit durch den Kontrollrat den dafür in Frage kommenden zentralen Stellen und durch Sie den hierfür geeigneten lokalen Stellen übertragen werden müssen. [...]

7. Entmilitarisierung

A. Sie werden innerhalb ihrer Zone dafür sorgen, daß alte Einheiten der deutschen Wehrmacht, einschließlich der paramilitärischen Organisationen, aufgelöst, und daß die zu ihnen gehörenden Personen sofort entwaffnet und unter Kontrolle gestellt werden. In Erwartung einer endgültigen Entscheidung werden Sie alle Militärpersonen, die unter die Bestimmungen des nachstehenden Artikels 8 fallen, in Sicherheitsverwahrung nehmen. [...]

8. Personen, die eines Kriegsverbrechens verdächtigt sind, und deren Sicherheitsverwahrung

A. Sie werden nach den nachstehend bezeichneten Personen fahnden lassen, sie verhaften und gefangen halten, bis Ihnen eine endgültige Weisung zugeht, was mit ihnen zu geschehen hat:

B. Adolf Hitler, seine Umgebung und Berater, andere Kriegsverbrecher und alle Personen, die an der Planung und Durchführung solcher Naziunternehmen beteiligt waren, die zu Greueltaten oder zu Kriegsverbrechen geführt haben.

C. Alle Personen, die, wenn sie auf freiem Fuße bleiben würden, eine Gefahr für die Durchsetzung unserer Ziele wären, sollen ebenfalls in Sicherheitsverwahrung genommen werden, bis eine von Ihnen zu schaffende gerichtsartige Körperschaft über sie Recht spricht. [...]

9. Politische Betätigung

A. Jede politische Betätigung, die nicht von Ihnen ausdrücklich genehmigt ist, ist zu verbieten. Sie werden darauf bedacht sein, daß unsere Militärregierung zu keiner politischen Gruppe in ein solches Verhältnis tritt, daß diese Gruppe sich auf die Militärregierung berufen kann. [...]

10. Kontrolle über die öffentlichen Informations – und Nachrichtenmittel

Als Mitglied des Kontrollrats werden Sie dahin zu wirken haben, daß eine einheitliche und koordinierte Politik ausgearbeitet und angewandt wird hinsichtlich a) der Kontrolle der öffentlichen Nachrichtenmittel, b) der Zulassung ausländischer Pressevertreter, c) der Pressezensur und d) der Veröffentlichung von Meldungen, die den Kontrollrat betreffen. Zu diesen Fragen erhalten Sie von der Regierung der Vereinigten Staaten besondere Instruktionen, von denen Sie sich bei den Beratungen im Kontrollrat leiten lassen wollen.

11. Die Rechtspflege in Deutschland

A. Alle außerordentlichen Gerichte, einschließlich des Volksgerichtshofs und der Sondergerichte, sowie alle Gerichte der Nazipartei und ihrer Formationen, angeschlossenen Verbände und der von der Partei kontrollierten Organisationen sind unverzüglich aufzulösen. [...]

12. Polizei

Mit Ausnahme der Reichskriminalpolizei sind alle Einrichtungen der Sicherheitspolizei, der Geheimen Staatspolizei (Gestapo) und des Sicherheitsdienstes der SS zu beseitigen. Die Kriminalpolizei und die ordentliche Polizei müssen von nazistischen Beamten gereinigt werden. Sie haben unter der Kontrolle und Aufsicht der Militärregierung zu arbeiten.

13. Politische Gefangene

Soweit denn nicht Gründe militärischer Sicherheit im Wege stehen, und soweit dadurch nicht die Sicherheit der in Frage kommenden Personen selbst gefährdet ist, werden Sie alle Personen auf freien Fuß setzen, die innerhalb Ihrer Zone aus Gründen der Rasse, der Nationalität oder ihrer religiösen und politischen Überzeugung gefangen gehalten worden waren. Sie werden diesen Gefangenen die gleiche Behandlung angedeihen lassen, wie den nach Deutschland verschleppten Ausländern. Sie werden auch darauf bedacht sein, daß alle Urteile wegen angeblicher strafrechtlicher Delikte nachgeprüft werden, bei denen begründete Annahme vorliegt, daß rassische, religiöse oder politische Verfolgung im Spiele ist, und bei denen die verhängten Strafen innerhalb Ihrer Zone durch die Verurteilten noch nicht voll verbüßt sind.

14. Erziehungsfragen

A. Alle Bildungsstätten und Schulen, sofern sie nicht bereits durch alliierte Behörden wieder zugelassen wurden, sind zu schließen. Die nazistischen Erziehungsstätten, wie die Adolf-Hitler-Schulen, die ‚Napolas' und die Ordensburgen, sowie die Nazieinrichtungen, die im Rahmen anderer Erziehungsstätten geschaffen wurden, sind endgültig aufzulösen. [...]

15. Museen und Archive

Unbeschadet der Bestimmungen des Artikels 1 wollen Sie alles Mögliche zur Erhaltung von historischen Archiven, Museen, Bibliotheken und Kunstwerken tun.

50. Bericht über die Krim-Konferenz (Auszüge)

Ziele: „Es ist nicht unsere Absicht, das deutsche Volk zu vernichten, aber nur dann, wenn der Nationalsozialismus und Militarismus ausgerottet sind, wird für die Deutschen Hoffnung auf ein würdiges Leben und einen Platz in der Völkergemeinschaft bestehen."

Europa-Archiv 1 (1946/47), S. 211 f.

[11. Februar 1945]

Bericht über die Krim-Konferenz

Die folgende Feststellung über das Ergebnis der Krimkonferenz wird von dem Ministerpräsidenten Großbritanniens, dem Präsidenten der Vereinigten Staaten und dem Vorsitzenden des Rates der Volkskommissare der Union der Sozialistischen Sowjet-Republiken getroffen:

1. Niederwerfung Deutschlands

Wir haben die militärischen Pläne der drei Alliierten Mächte für die endgültige Niederwerfung des gemeinsamen Feindes erwogen und festgesetzt. Die militärischen Stäbe der drei Alliierten Mächte haben während der ganzen Dauer der Konferenz täglich Zusammenkünfte abgehalten. Diese Zusammenkünfte waren von jedem Gesichtspunkt aus äußerst befriedigend und ergaben eine engere Koordinierung der militärischen Maßnahmen der drei Alliierten als je zuvor.

Ein voller Austausch von Informationen hat stattgefunden. Zeitliche Folge, Umfang und Koordinierung von neuen und noch kraftvolleren, gegen das Herz Deutschlands von Osten, Westen, Norden und Süden her von unseren Heeres- und Luftstreitkräften zu führenden Schlägen sind in vollem Einvernehmen beschlossen und in allen Einzelheiten geplant worden.

Unsere zusammengefaßten militärischen Pläne werden erst anläßlich ihrer Ausführung laufend bekanntgegeben werden; wir glauben jedoch, daß die auf dieser Konferenz erreichte außerordentlich enge Zusammenarbeit zwischen den drei Stäben zu einer Verkürzung des Krieges führen wird. Zusammenkünfte der drei Stäbe werden auch in Zukunft stattfinden, wenn es die Notwendigkeit ergeben sollte.

Das nationalsozialistische Deutschland ist dem Untergang geweiht. Dem deutschen Volk wird seine Niederlage nur noch teurer zu stehen kommen, wenn es versucht, einen hoffnungslosen Widerstand fortzusetzen.

2. Besetzung und Kontrolle

Wir sind über die gemeinsame Politik und Planlegung zur Durchführung der Bestimmungen der bedingungslosen Kapitulation übereingekommen, die wir gemeinsam dem nationalsozialistischen Deutschland auferlegen werden, nachdem der bewaffnete deutsche Widerstand endgültig gebrochen ist. Diese Bestimmungen werden erst bekanntgegeben werden, wenn die endgültige Niederwerfung Deutschlands vollzogen ist.

Gemäß dem in gegenseitigem Einvernehmen festgelegten Plan werden die Streitkräfte der drei Mächte je eine besondere Zone Deutschlands besetzen. Der Plan sieht eine koordinierte Verwaltung und Kontrolle durch eine Zentralkommission mit Sitz in Berlin vor, die aus den Oberbefehlshabern der drei Mächte besteht.

Es ist beschlossen worden, daß Frankreich von den drei Mächten aufgefordert werden soll, eine Besatzungszone zu übernehmen und als viertes Mitglied an der Kontrollkommission teilzunehmen, falls es dies wünschen sollte. Die Grenzen der französischen Zone werden von den vier beteiligten Regierungen durch ihre Vertreter bei der Europäischen Beratenden Kommission in gegenseitigem Einvernehmen festgelegt.

Es ist unser unbeugsamer Wille, deutschen Militarismus und Nationalsozialismus zu zerstören und dafür Sorge zu tragen, daß Deutschland nie wieder imstande ist, den Weltfrieden zu stören. Wir sind entschlossen, alle deutschen Streitkräfte zu entwaffnen und aufzulösen; den deutschen Generalstab, der wiederholt die Wiederaufrichtung des deutschen Militarismus zuwege gebracht hat, für alle Zeiten zu zerschlagen; sämtliche deutschen militärischen Einrichtungen zu entfernen oder zu zerstören; die gesamte deutsche Industrie, die für militärische Produktion benutzt werden könnte, zu beseitigen oder unter Kontrolle zu stellen; alle Kriegsverbrecher vor Gericht zu bringen und einer schnellen Bestrafung zuzuführen sowie eine im gleichen Umfang erfolgende Wiedergutmachung der von den Deutschen verursachten Zerstörungen zu bewirken; die Nationalsozialistische Partei, die nationalsozialistischen Gesetze, Organisationen und Einrichtungen zu beseitigen, alle nationalsozialistischen und militärischen Einflüsse aus den öffentlichen Dienststellen sowie dem kulturellen und wirtschaftlichen Leben des deutschen Volkes auszuschalten und in Übereinstimmung miteinander solche Maßnahmen in Deutschland zu ergreifen, die für den zukünftigen Frieden und die Sicherheit der Welt notwendig sind.

Es ist nicht unsere Absicht, das deutsche Volk zu vernichten, aber nur dann, wenn der Nationalsozialismus und Militarismus ausgerottet sind, wird für die Deutschen Hoffnung auf ein würdiges Leben und einen Platz in der Völkergemeinschaft bestehen.

3. Wiedergutmachung durch Deutschland

Wir haben die Frage des Schadens, den Deutschland in diesem Krieg den Vereinten Nationen zugefügt hat, erörtert und für Recht befunden, daß Deutschland in größtmöglichem Umfange verpflichtet wird, in gleicher Form Ersatz für den verursachten Schaden zu leisten. Eine Schadenersatz-Kommission wird eingesetzt werden. Diese Kommission wird angewiesen, die Frage des Umfangs und der Art und Weise der Wiedergutmachung des von Deutschland den alliierten Ländern zugefügten Schadens zu behandeln. Die Kommission wird in Moskau arbeiten.

51. 'Politisches Testament' Hitlers (Auszug)

Zukünftige Allianzen: „Um keinen Preis der Welt dürfen sich die Deutschen jemals zu Handlangerdiensten im Spiel der Amerikaner oder der Russen mißbrauchen lassen.“

Hitlers politisches Testament, S. 124 f.

2. April 1945

Nach einer Niederlage des Reiches wird es bis zum Aufkommen nationalistischer Bestrebungen in Asien, in Afrika und vielleicht auch in Südamerika nur noch zwei Mächte in der Welt geben, die einander ebenbürtig gegenübertreten können: Die Vereinigten Staaten und Sowjetrußland. Durch die Gesetze der Geschichte und der geographischen Lage ist es diesen beiden Kolossen bestimmt, ihre Kräfte zu messen, sei es auf militärischem, sei es auch nur auf wirtschaftlichem und ideologischem Gebiet. Aus der gleichen Gesetzmäßigkeit müssen beide Mächte die Feinde eines unabhängigen Europas sein. Amerika wie Sowjetrußland aber werden sich notwendigerweise über kurz oder lang den Beistand des einzigen großen Volkes, das in Europa diesen Krieg überdauern wird, sichern wollen – den Beistand des deutschen Volkes. Ich erkläre aber feierlich: um keinen Preis der Welt dürfen sich die Deutschen jemals zu Handlangerdiensten im Spiel der Amerikaner oder der Russen mißbrauchen lassen.

Es ist in diesem Augenblick schwer zu sagen, was, vom weltanschaulichen Standpunkt aus, für uns verderblicher ist: der verjudete Amerikanismus oder der Bolschewismus. Die Russen sind fähig, sich unter dem Druck der Verhältnisse einmal völlig vom jüdischen Marxismus zu lösen, um nur noch dem unvergänglichen Panslawismus in seiner grausamsten und wildesten Entartung zu leben. Die Amerikaner ihrerseits werden, wenn sie nicht sehr bald das Joch der New Yorker Juden von sich abschütteln – die übrigens dabei sind, den Ast abzusägen, auf dem sie sitzen –, die Amerikaner also werden untergehen, ohne überhaupt je das Stadium staatspolitischer Vernunft erlangt zu haben. Die Tatsache, daß sich in ihnen so unbegrenzte Naturkräfte mit einer derartigen geistigen Hilflosigkeit paaren, gemahnt an ein Riesenbaby, bei dem der Verstand durch krankhaftes Wachstum zu kurz gekommen ist. Man kann sich auch fragen, ob es sich bei ihnen nicht um einen Fall von Pilzkulturen handelt, die ebenso schnell zerfallen, wie sie gewachsen sind.

Wenn es Amerika nicht gelingt, sich zu einer etwas weniger naiv-kindischen Lebensauffassung durchzuringen als seine gegenwärtige auf reine Massenpsychose und sogenannte christliche Wissenschaft begründete Allerweltsmoral, dann ist es fraglich, wie lange noch dieser Erdteil unter weißer Vorherrschaft bleiben wird. Es wird sich dann herausstellen, daß dieser tönerne Koloß nach seinem raketenhaften Aufstieg gerade nur zu seiner Selbstzerstörung fähig war. Welche Chancen für die gelbe Rasse angesichts eines solchen Verfalles! Rechtlich und historisch betrachtet, hätte sie genau die gleichen Rechte – oder genaugenommen ebensowenig Rechte! – für eine Invasion dieses Erdteils wie die Europäer im XVI. Jahrhundert. Ihre täglich anwachsenden unterernährten Volksmassen geben ihnen das Recht der Hungrigen, ihren Hunger zu stillen; und das ist das einzige Recht, welches die Geschichte anerkennt – unter der Voraussetzung, daß dieses Recht die Macht auf seiner Seite hat!

Was auch immer eintreten mag, es bleibt Naturgesetz in dieser grausamen Zeit, in die uns zwei große Kriege zurückgeworfen haben, daß nur diejenigen weißen Völker Aussichten haben zu überleben und zu neuer Blüte zu gelangen, welche imstande sind durchzuhalten und welche ohne jede Hoffnung noch den Mut bewahren, bis zum Tode zu kämpfen. Diese Eigenschaften aber sind nur den Völkern zu eigen, die das jüdische Gift in ihrem Körper ausgerottet haben.

52. Kapitulationserklärung der Wehrmacht (Auszug)

In Vollmacht für und im Namen des Oberkommandos: „bedingungslose Kapitulation".

Europa-Archiv 1 (1946/47), S. 212 f.

Berlin, 8. Mai 1945

Kapitulationserklärung

1. Wir, die hier Unterzeichneten,[1] handelnd in Vollmacht für und im Namen des Oberkommandos der Deutschen Wehrmacht, erklären hiermit die

[1] Generaladmiral Hans-Georg von Friedeburg, Generalfeldmarschall Wilhelm Keitel, Generaloberst Hans-Jürgen Stumpff.

bedingungslose Kapitulation aller am gegenwärtigen Zeitpunkt unter deutschem Befehl stehenden oder von Deutschland beherrschten Streitkräfte auf dem Lande, auf der See und in der Luft gleichzeitig gegenüber dem Obersten Befehlshaber der Alliierten Expeditionsstreitkräfte und dem Oberkommando der Roten Armee.

2. Das Oberkommando der Deutschen Wehrmacht wird unverzüglich allen Behörden der deutschen Land-, See- und Luftstreitkräfte und allen von Deutschland beherrschten Streitkräften den Befehl geben, die Kampfhandlungen um 23.01 Uhr mitteleuropäischer Zeit am 8. Mai einzustellen und in den Stellungen zu verbleiben, die sie an diesem Zeitpunkt innehaben und sich vollständig zu entwaffnen, indem sie Waffen und Geräte an die örtlichen alliierten Befehlshaber beziehungsweise an die von den alliierten Vertretern zu bestimmenden Offiziere abliefern. Kein Schiff, Boot oder Flugzeug irgendeiner Art darf versenkt werden, noch dürfen Schiffsrümpfe, maschinelle Einrichtungen, Ausrüstungsgegenstände, Maschinen irgendwelcher Art, Waffen, Apparaturen, technische Gegenstände, die Kriegszwecken im allgemeinen dienlich sein können, beschädigt werden.

3. Das Oberkommando der Deutschen Wehrmacht wird unverzüglich den zuständigen Befehlshabern alle von dem Obersten Befehlshaber der Alliierten Expeditionsstreitkräfte und dem Oberkommando der Roten Armee erlassenen zusätzlichen Befehle weitergeben und deren Durchführung sicherstellen.

4. Diese Kapitulationserklärung ist ohne Präjudiz für irgendwelche an ihre Stelle tretenden allgemeinen Kapitulationsbestimmungen, die durch die Vereinten Nationen und in deren Namen Deutschland und der Deutschen Wehrmacht auferlegt werden mögen.

5. Falls das Oberkommando der Deutschen Wehrmacht oder irgendwelche ihm unterstehende oder von ihm beherrschte Streitkräfte es versäumen sollten, sich gemäß den Bestimmungen dieser Kapitulationserklärung zu verhalten, werden der Oberste Befehlshaber der Alliierten Expeditionsstreitkräfte und das Oberkommando der Roten Armee alle diejenigen Straf- und anderen Maßnahmen ergreifen, die sie als zweckmäßig erachten.

6. Diese Erklärung ist in englischer, russischer und deutscher Sprache abgefaßt. Allein maßgebend sind die englische und die russische Fassung. Unterzeichnet zu Berlin am 8. Mai 1945.

53. Memoiren Trumans (Auszug)

Polnisch-deutsche Grenzziehung: „Es sei kaum anzunehmen, daß die Polen den Deutschen die Rückkehr gestatten würden."

Truman, S. 367–369.

[21. Juli 1945]

Stalin führte weiter aus, daß alle Deutschen zwischen Oder und Weichsel ihre Felder im Stich gelassen hätten und diese jetzt von Polen bebaut würden. Es sei kaum anzunehmen, daß die Polen den Deutschen die Rückkehr gestatten würden.

Ich wußte natürlich, daß Stalin den Sachverhalt verzerrte. Die Sowjets hatten sich alle polnischen Gebiete östlich der Curzon-Linie angeeignet und bemühten sich jetzt, Polen auf Kosten der drei übrigen Besatzungsmächte zu entschädigen. Weder ich noch Churchill gedachten das hinzunehmen. Die Russen hatten die Deutschen teils in unsere Zonen gejagt, teils sie umgebracht.

Mit wachsender Ungeduld hörte ich der endlosen Debatte über Dinge zu, die an dieser Konferenz doch keine Regelung finden konnten, aber kostbare Zeit beanspruchten. Auch wollte ich vermeiden, daß die Wortgefechte an Schärfe zunahmen, gab es doch viel dringlichere Fragen zu regeln. Wie gesagt, ich wurde sehr ungeduldig, und manchmal wäre ich am liebsten aus der Haut gefahren.

Als Stalin schloß, wiederholte ich, daß die Besatzungszonen in Deutschland vereinbarungsgemäß zu verwalten seien. Die Frage, welche Teile Deutschlands Polen zuzusprechen seien, könne hier doch nicht gelöst werden.

Aber zwischen Churchill und Stalin ging der Wortwechsel weiter.

Schließlich griff ich ein und erklärte, die Abtretung eines großen Teils Deutschlands an die Polen scheine eine fertige Tatsache zu sein. Das schlesische Kohlenrevier befinde sich in polnischen Händen, obschon es in bezug auf Reparationen und Ernährung als ein Teil Gesamtdeutschlands betrachtet werden müsse. Ich hätte gegen die Erörterung der Grenzen, Reparationen und Ernährungsprobleme nichts einzuwenden, aber die Polen hätten kein Recht, sich dieses Gebiets zu bemächtigen und es vom deutschen Wirtschaftskörper loszureißen. Der Fall liege, einfach ausgedrückt, so: Behalten die Besatzungszonen bis zur Unterzeichnung eines Friedensvertrages Gültigkeit, oder wollen wir Deutschland stückweise vergeben?

Stalin wiederholte seine Argumente zugunsten der Auslieferung der ostdeutschen Landwirtschaft und oberschlesischen Industrie an die Polen. Seine Politik laufe darauf hinaus, den Deutschen das Leben sauer zu machen, um ein Wiederaufleben der deutschen Macht zu verhindern. Es sei besser, den Deutschen das Leben sauer zu machen als den Polen.

Ich antwortete, es sei verwerflich, seinen Verbündeten das Leben sauer zu machen.

Stalin behauptete, je weniger Industrie Deutschland habe, desto größer werde der Markt für britische und amerikanische Erzeugnisse sein. Deutschland sei ein gefährlicher Konkurrent, wenn man es nicht niederhalte.

Churchill bemerkte, wir wünschen uns keiner katastrophalen Hungersnot gegenüberzusehen.

Stalin entgegnete: ‚Die wird nicht eintreten.‘

Dann nahm Attlee zu längeren Ausführungen das Wort; sein Standpunkt deckte sich mit meinem und dem Churchills.

Da ich den Eindruck hatte, daß alles gesagt worden war, blieb mir nichts weiter übrig, als noch einmal zu erklären: Ich kann der Abtrennung Ostdeutschlands nicht zustimmen. Anscheinend war auch Stalin zu dem Schluß gekommen, daß die Fortsetzung der Aussprache sinnlos sei. ‘Sind wir fertig?’ fragte er plötzlich.

Churchill verneinte es, meinte aber, wir sollten uns angenehmeren Dingen zuwenden.

Ich hob jedoch die Sitzung auf mit der Begründung, daß sich die Konferenz in diesem Punkt vor einem unüberbrückbaren Gegensatz sehe.

54. Vorlage Stimsons (Auszug)

Wiederaufbau Europas: „Wir haben ein sofortiges Interesse an einer Rückkehr zu stabilen Verhältnissen.“

DzD, II. Reihe, Bd. 1, 1, S. 455–456.

Berlin, 22. Juli 1945

Geheim [...]

Ich bin tief beeindruckt von dem großen Verlust an wirtschaftlichen Werten auf dem Kontinent, noch mehr aber von dem Verlust an allgemein üblichen moralischen Werten, den Zerstörung und Kriegsverhältnisse in Europa verursacht haben.

Wir haben ein sofortiges Interesse an einer Rückkehr zu stabilen Verhältnissen – an der Beseitigung der Not, um unsere Verwaltungsprobleme sowie die schnelle und erfolgreiche Verlegung unserer Truppen zu erleichtern. Unsere langfristigen Interessen sind jedoch weit größer und viel wichtiger.

Eine Hoffnung für die Zukunft ist die Wiederherstellung stabiler Verhältnisse in Europa, denn nur so kann die Idee der persönlichen Freiheit, der Gedanken- und Redefreiheit gedeihen. Wenn Hunger, Krankheit und Not herrschen, wird sich kein Gebiet oder Volk um die Idee der Redefreiheit, der persönlichen Freiheit und der politischen Handlungsfreiheit kümmern.

In einer solchen Atmosphäre gedeihen gerade die entgegengesetzten Ideen. Wenn den Belangen der Demokratie keine Gelegenheit gegeben wird, sich in West- und Mitteleuropa zu entwickeln, dann besteht wenig Möglichkeit, daß sie jemals in russische Vorstellung Eingang finden werden.

Ich lege deshalb dringend nahe, die in meinem Papier vom 16. Juli an Sie dargelegten Grundsätze zur Verwaltung Deutschlands nicht zu vergessen. In diesem Papier wird empfohlen, Deutschland die Möglichkeit zu geben, zu leben und zu arbeiten, Kontrollen über das deutsche Volk nur insofern auszuüben, als unsere grundlegenden Ziele das unbedingt erfordern, und die ethnologischen *und wirtschaftlichen* Gruppierungen Deutschlands nur dann zu stören, wenn besondere Überlegungen es unumgänglich machen. Wir dürfen uns nicht von der Vorstellung täuschen lassen, daß die deutsche Wirtschaft leicht wieder aufgebaut werden könne, weil viele Fabriken, zumindest in unserem Gebiet, relativ unbeschädigt sind. Ich bin überzeugt, daß das nicht möglich ist, sofern nicht der Handel in Gang gebracht wird, Transportsysteme aufgebaut werden und eine stabile Währung vorhanden ist. Wenn die russische Politik hinsichtlich der Kriegsbeute im östlichen Deutschland so ist, wie ich es habe berichten hören, dann ist sie ziemlich orientalisch. Sie muß uns notwendigerweise dazu zwingen, in enger Zusammenarbeit mit den Briten die Wirtschaft im westlichen Deutschland zu erhalten, um in unseren Gebieten Verhältnisse zu vermeiden, die letzten Endes weder die britische noch die amerikanische öffentliche Meinung lange dulden würde.

Zweitens empfehle ich dringend, einen voll koordinierten Plan für den wirtschaftlichen Wiederaufbau Europas als Ganzes anzunehmen und dabei alle wirtschaftlichen Vergünstigungen, die die Vereinigten Staaten gewähren können, wie z. B. die Veräußerung überschüssigen Kriegsmaterials, Ausfuhr-Einfuhr-Bankkredite usw., über einen Mann und eine Behörde zu leiten. Unsere Mittel müssen in einer Behörde konzentriert werden, damit wir unsere ganze Kraft zur Erreichung unserer Ziele einsetzen können. Eine unterschiedliche Politik und unterschiedliche Verteilungsverfahren führen zu einem Wettbewerb bei der Gewährung von Vergünstigungen und beeinträchtigen die Durchführung des einzig wirksamen und politisch tragbaren Programms, nämlich, Europa dabei zu helfen, sich selbst zu helfen.

In Europa gibt es umfangreiche Nahrungsmittel-, Brennstoff- und industrielle Quellen, und wenn alle Ressourcen erfaßt werden, dann kann viel getan werden, um in Europa stabile Verhältnisse mit der Schnelligkeit und in dem Umfang zu schaffen, wie sie zur Erhaltung demokratischer Regierungen notwendig sind. Das erfordert allerdings eine Zeit der Führung, an der wir uns nach meiner Überzeugung beteiligen müssen. Ich möchte, wie ich bereits andeutete, eine einzige amerikanische Behörde empfehlen, und ich bin der Meinung, daß ein Wirtschaftsrat für Europa eingesetzt werden sollte. Sein Vorsitzender sollte ein Amerikaner sein, in dessen Händen vorbehaltlich der Ermächtigung durch den Präsidenten und entsprechend den Anweisungen der eben empfohlenen zentralen amerikanischen Behörde die Verfügungsgewalt in Europa über jede aus den Vereinigten Staaten kommende Unterstützung läge. Im übrigen würde der Rat aus den Vertretern der anderen mitwirkenden Mächte bestehen, die mit ähnlichen Vollmachten ausgestattet wären. Sie müßten eng mit dem Kontrollrat für Deutschland zusammenarbeiten, und sie müßten während einer begrenzten Zeit die Aufgabe haben, die Regierungen Europas dabei zu unterstützen, sich bei der Wiederherstellung stabiler Verhältnisse *selbst zu helfen*.

Interesse des Kriegsministeriums: Der wirtschaftliche Wiederaufbau Europas ist natürlich keine Angelegenheit, die unmittelbar in die Zuständigkeit des Kriegsministeriums fällt. Ich unterbreite diese Vorlage, weil der Wiederaufbau Europas so eng mit den oben erwähnten dringenden Problemen zusammenhängt, an denen das Kriegsministerium ein entscheidendes Interesse hat, und auch weil ich der Meinung bin, daß ein wirtschaftlich stabiles Europa mit den Impulsen, die es freiheitlichen Ideen geben kann, eine der besten Garantien für die Sicherheit und für den dauerhaften Frieden ist, den zu gewinnen wir hoffen dürfen.

55. Leitartikel der ›Täglichen Rundschau‹ (Auszug)

Das Potsdamer Abkommen: „Beschlüsse von weltgeschichtlicher Bedeutung“.

Tägliche Rundschau, Nr. 72.

5. August 1945

Die Berliner Konferenz der Führer der drei Großmächte, die am 17. Juli mit ihrer Arbeit begonnen hatte, wurde am 2. August abgeschlossen. Auf dieser Konferenz wurden wichtige Beschlüsse von weltgeschichtlicher Bedeutung gefaßt, die die Grundlage für die kommende Organisation der friedlichen Ordnung in Europa darstellen.

Beinahe drei Monate sind vergangen seit jenem Augenblick, da die im Kampf zerschlagene deutsche Armee ihren Widerstand eingestellt und Deutschland die Deklaration über bedingungslose Kapitulation unterschrieben hat. Während dieser Zeitspanne waren von seiten der Feinde des Friedens und allen möglichen faschistischen Anhängseln und Mitläufern nicht wenig Kundgebungen zu verzeichnen, die auf eine Sprengung der Einheit der Siegernationen abgerichtet waren; es gab nicht wenige Prophezeiungen über unausbleibliche Widersprüche und Meinungsverschiedenheiten, die angeblich eine weitere enge Zusammenarbeit zwischen den drei Großmächten unmöglich machen sollten. Die Ergebnisse der Berliner Konferenz haben diesen Leuten, die man als Anwälte des Faschismus oder als ungeratene Propheten bezeichnen könnte, einen Schlag versetzt. Die Kampfeinheit der drei Großmächte – der UdSSR, der USA und Großbritanniens, wird in der kommenden Friedenszeit die gleiche bleiben, die sie in der Periode des Krieges gewesen ist. Die ureigensten Lebensinteressen der drei Staaten haben die Möglichkeit der Errichtung eines mächtigen Blockes zur Kriegszeit geschaffen, als diese Staaten gegen die bewaffnete Aggression des deutschen Faschismus und dessen Eroberungspläne kämpften. Ebenso schaffen die ureigensten Lebensinteressen der Siegerstaaten die Möglichkeit zu dieser Zusammenarbeit auch in der Nachkriegsperiode. [...]

Das deutsche Volk muß anerkennen, daß es nicht der Verantwortlichkeit für die Verbrechen jener Clique entgehen kann, deren Macht es länger als zwölf Jahre gestützt und deren Politik und Handlungen der Menschheit ungezähltes Unglück und Leiden gebracht haben. Es muß ebenso verstehen, daß die Sieger in ihrer Politik bezüglich des besiegten Deutschlands sich nicht von Rachegefühlen hinreißen lassen. Deutschland hat den Krieg entfesselt. Es ist an den Leiden der Völker Europas und an der Zerstörung des wirtschaftlichen Lebens schuld. Deutschland hat nun die Niederlage erlitten und muß eine strenge, aber gerechte Strafe tragen. Die Sieger verfolgen nicht das Ziel der Vernichtung des deutschen Volkes oder des deutschen Staates. Schon jetzt wird Deutschland als ökonomische Einheit betrachtet. Schon jetzt werden Beschlüsse über den Wiederaufbau des politischen Lebens des deutschen Volkes auf demokratischer Grundlage gefaßt. Bekanntlich haben in der sowjetischen Okkupationszone bereits vier demokratische Parteien ihre Tätigkeit aufgenommen. Die Gewerkschaften sind errichtet und haben ihre Arbeit begonnen. In den Grenzen, die die Erhaltung der militärischen Sicherheit vorschreiben, wird die Freiheit des Wortes, der Presse und der Religion erlaubt.

Die Errichtung einer zentralen deutschen Regierung wurde als vorzeitig erkannt. Es werden jedoch einige wichtige zentrale deutsche Departements errichtet werden zur Leitung einiger Gebiete des öffentlichen und wirtschaftlichen Lebens mit Staatssekretären an der Spitze. Es werden örtliche Selbstverwaltungsorgane eingerichtet, welche mit der Zeit reorganisiert werden auf Grund des Abgeordneten- und Wahlgrundsatzes.

Die breiten demokratischen Elemente des deutschen Volkes verstehen den gerechten Charakter der auf der Berliner Konferenz bezüglich Deutschlands gefaßten Beschlüsse. Dem deutschen Volke ist die Möglichkeit gegeben, durch ehrliche und aufrichtige Erfüllung der Beschlüsse dieser Konferenz den Siegermächten zu beweisen, daß es ein- für allemal mit dem Nazismus, dem Militarismus, den sinnlosen Eroberungsplänen, mit der Politik der gepanzerten Faust und der Aggression Schluß gemacht hat und daß es endgültig auf den Weg friedlicher Entwicklung getreten ist. Nur auf diesem Weg kann es auf eine Erleichterung und Verbesserung seines Schicksals und mit der Zeit auf einen Platz in der Gemeinschaft der Nationen rechnen.

56. Kommentar der ›New York Times‹

Das Potsdamer Abkommen: „Dies werden keine Verträge sein, von denen sich die Vereinigten Staaten, wie nach dem letzten Krieg, nach Wunsch zurückziehen können.“

DzD, II. Reihe, Bd. 1, 3, S. 2246 f.

6. August 1945

Der grundlegende Faktor, der nach dem letzten Krieg alle Deutschen einte, die deutsche Wiederbewaffnung förderte, den Aufstieg Hitlers erleichterte und den Weg für seinen Eroberungskrieg bahnte, war der Drang der Deutschen, die Fesseln des Versailler 'Diktats' abzustreifen. Nun sieht sich Deutschland als Ergebnis dieses Krieges und besonders der Methoden, mit denen Hitler ihn führte, nicht nur dem physischen Ruin, sondern auch einem wirklichen Diktat gegenüber, im Vergleich zu dem Versailles ein Kinderspiel war. Doch das erste Ziel der Sieger muß die Verhinderung eines neuen Ausbruchs des Furor teutonicus sein, und wenn sie sich bei der Verfolgung dieses Ziels genötigt sehen, Deutschland wenigstens teilweise das Schicksal aufzuerlegen, das es anderen Staaten zugedacht hatte, dann haben die Deutschen wenig Recht zur Klage. Aber das in Potsdam niedergelegte Programm geht weit über das Schicksal Deutschlands hinaus. Es beeinflußt das Schicksal Europas und der Welt. Vor allem berührt es tief die Grundsätze und die Politik, die Verpflichtungen und Bindungen, die Moral und das Gewissen der Sieger selbst. Denn die Friedensverträge, die aufgrund dieses Programms entstehen werden, werden die Grundlage für die neue Weltordnung bilden, zu deren Unterstützung, Durchsetzung und, wenn nötig, Verteidigung die Vereinten Nationen mit ihrer bewaffneten Macht verpflichtet sind. Das reiht die künftigen Friedensverträge in eine völlig andere Kategorie als alles bisherige ein, besonders was die Vereinigten Staaten betrifft. Dies werden keine Verträge sein, von denen sich die Vereinigten Staaten, wie nach dem letzten Krieg, nach Wunsch zurückziehen können. Als einer der Hauptsieger und eine der führenden Mächte der Vereinten Nationen sind sie verpflichtet, die Verträge wenigstens teilweise mit ihren eigenen Söhnen durchzusetzen und sie mit ihrem eigenen Fleisch und Blut gegen alle, die sich gegen sie auflehnen könnten, zu verteidigen.

Die Vereinigten Staaten müssen daher auf das sorgfältigste sowohl die Grundsätze, die aus dem Potsdamer Programm hervorgehen, als auch deren Anwendung in einzelnen Situationen und durch die einzelnen Mitglieder

der Vereinten Nationen überprüfen. Denn dieses Programm ist noch provisorisch und unterliegt der Berichtigung in den Friedensverträgen selbst. Die gemeinsame Verantwortung, die die Vereinigten Staaten für sie übernehmen, gibt ihnen ebenso wie allen anderen Vereinten Nationen das Recht, Vorschläge zu ihrer Verbesserung vorzubringen und über ihre Ausführung zu wachen. Gerade wegen der Lage der Dinge müssen die Friedensbedingungen abschreckend genug sein. Wie lange die Besetzung Deutschlands jedoch auch dauert, eines Tages muß sie zu Ende gehen. Und es leuchtet ein, daß die Friedensregelungen, wenn sie diese Zeit überdauern sollen, die Zustimmung der Besiegten erlangen müssen. Erziehung kann den Weg zu diesem Ziel bahnen, aber die beste Erziehung ist immer noch die Erfahrung, die eine Nation macht. Aus diesem Grund muß jeder über das unbedingt Notwendige hinausgehende Schritt, jede unnötige, Not oder fortdauernde Bitterkeit und Ressentiments hervorrufende Maßnahme und vor allem jede, die fundamentalen Grundsätze und Verpflichtungen der Vereinten Nationen verletzende Handlung die Gefahr eines neuen Konflikt hervorrufen. Es ist daher jeder in den Vereinigten Staaten direkt und unmittelbar betroffen.

Das Potsdamer Programm enthält viele hoffnungsvolle, auf demokratischen Grundsätzen beruhende Dinge, die es der Welt und sogar den Deutschen empfehlen. Es gibt darin auch andere Bestimmungen, die eher geteilte Aufnahme finden. Denn diese beruhen auf Grundsätzen, die, gelinde gesagt, neuartig sind. Es müßte deshalb zumindest absolute Klarheit darüber bestehen, bevor sie Teil unseres Grundrechts und der Praxis werden. Da gibt es den Vorschlag, daß die Völker neuen und willkürlichen Grenzen angepaßt werden sollen, anstatt die Grenzen den Völkern anzupassen. Da gibt es den sich daraus ergebenden Plan, der bereits ausgeführt wird, nämlich unerwünschte 'Minderheiten' in der größten Massendeportation der Geschichte zu vertreiben. Da kommt in den Vertreibungen wie in den Reparationen die Mißachtung der Grundsätze des Privateigentums zum Ausdruck, die im letzten Krieg noch respektiert wurden. Da gibt es die stillschweigende Billigung, Kriegsgefangene jahrelang nach der Einstellung der Feindseligkeiten zur Zwangsarbeit einzusetzen. Schließlich wird das Gebiet kontrollierter Wirtschaft weit ausgedehnt, um einen großen Teil der europäischen Industrie zu drosseln, was wirtschaftliche Folgen zeitigen muß, die diejenigen von Versailles bei weitem übertreffen.

Es ist anzunehmen, daß Präsident Truman und seine Berater, als sie diesen Maßnahmen ihre Zustimmung gaben, sie entweder für unter diesen Umständen unvermeidlich hielten oder für notwendig, um ihr oberstes Ziel, einen dauerhaften Frieden, zu erreichen. Es ist deshalb zu hoffen, daß der Präsident in seinem Bericht an die Nation in der Lage sein wird, alle Skepsis, die Potsdam hervorgerufen hat, auszuräumen. Denn nur Amerikas Unterstützung dieser Friedensregelungen kann ihnen stärksten Schutz bieten.

Diese Unterstützung ist nur in dem Maß zu erwarten, wie das Gewissen Amerikas die Friedensregelungen als notwendig und gerecht akzeptiert.

57. Rede Byrnes' (Auszug)

Wirtschaftseinheit: „Die Vereinigten Staaten sind der festen Überzeugung, daß Deutschland als Wirtschaftseinheit verwaltet werden muß."

Warburg, S. 380–386.

Stuttgart, 6. September 1946

Ich bin nach Deutschland gekommen, um mich an Ort und Stelle über die mit dem Wiederaufbau Deutschlands verbundenen Probleme zu orientieren und die Ansichten der Regierung der Vereinigten Staaten über einige der vor uns liegenden Probleme mit unseren Vertretern in Deutschland zu besprechen. [...]

Im Jahr 1917 wurden die Vereinigten Staaten zur Teilnahme am ersten Weltkrieg gezwungen.[1] Nach diesem Krieg weigerten wir uns, dem Völkerbund beizutreten. Wir glaubten, uns den europäischen Kriegen fernhalten zu können, und verloren das Interesse an europäischen Angelegenheiten. Dies schützte uns aber nicht davor, zum Eintritt in den zweiten Weltkrieg gezwungen zu werden.

Wir wollen jenen Fehler nicht wiederholen. Wir sind entschlossen, uns weiter für die Angelegenheiten Europas und der Welt zu interessieren. Wir haben zur Organisierung der 'Vereinigten Nationen' beigetragen, und glauben, daß dadurch Angreifernationen davon abgehalten werden, Kriege anzufangen. Weil wir das glauben, wollen wir die Vereinigten Nationen mit unserer ganzen Macht und allen unseren Hilfsmitteln unterstützen. [...]

Die Befreiung vom Militarismus wird dem deutschen Volk Gelegenheit geben, seine großen Kräfte und Fähigkeiten den Werken des Friedens zuzuwenden. Es braucht sie nur zu ergreifen. Sie gibt ihm die Gelegenheit, sich der Achtung und Freundschaft friedliebender Völker würdig zu erweisen und eines Tages einen ehrenvollen Platz unter den Mitgliedern der Vereinigten Nationen einzunehmen. Es liegt weder im Interesse des deutschen Volkes noch im Interesse des Weltfriedens, daß Deutschland eine Schachfigur oder ein Teilnehmer in einem militärischen Machtkampf zwischen dem Osten und dem Westen wird. Zweimal in einer Generation haben der deutsche Militarismus und der Nazismus die Gebiete von Deutschlands Nachbarn verwüstet. Es ist nur recht und billig, daß Deutschland seinen Teil dazu

[1] Vgl. Pommerin/Fröhlich, Bd. 1, Nr. 79, 82, 83.

beitragen soll, diese Verwüstungen wieder gutzumachen. Die meisten Opfer der Nazi-Aggression waren vor dem Krieg weniger begütert als Deutschland, Deutschland darf nicht erwarten, daß diese Opfer ohne fremde Hilfe die Hauptkosten dieser Nazi-Überfälle tragen sollen.

Die Vereinigten Staaten sind daher bereit, die in den Potsdamer Beschlüssen über die Entmilitarisierung und die Reparationen niedergelegten Grundsätze in vollem Umfange durchzuführen. Wenn Deutschland jedoch nicht in der in den Potsdamer Beschlüssen vorgesehenen und geforderten Weise als wirtschaftliche Einheit verwaltet wird, müßten an dem von der Alliierten Kontrollkommission genehmigten Industrieniveau Änderungen vorgenommen werden. [...]

Die Durchführung der Potsdamer Beschlüsse ist jedoch dadurch behindert worden, daß der Alliierte Kontrollrat nicht die notwendigen Maßnahmen getroffen hat, um es der deutschen Wirtschaft zu ermöglichen, als Wirtschaftseinheit zu arbeiten. Die notwendigen deutschen Zentralverwaltungskörper sind nicht geschaffen worden, obgleich die Potsdamer Beschlüsse sie ausdrücklich verlangen. [...]

Die Vereinigten Staaten sind der festen Überzeugung, daß Deutschland als Wirtschaftseinheit verwaltet werden muß, und daß die Zonenschranken, soweit sie das Wirtschaftsleben und die wirtschaftliche Betätigung in Deutschland betreffen, vollständig fallen müssen.

Die jetzigen Verhältnisse in Deutschland machen es unmöglich, den Stand der industriellen Erzeugung zu erreichen, auf den sich die Besatzungsmächte als auf das absolute Mindestmaß einer deutschen Friedenswirtschaft geeinigt hatten. Es ist klar, daß wir, wenn die Industrie auf den vereinbarten Stand gebracht werden soll, nicht weiterhin den freien Austausch von Waren, Personen und Ideen innerhalb Deutschlands einschränken können. Die Schranken zwischen den vier Zonen Deutschlands sind weit schwieriger zu überwinden, als die zwischen wirklichen und souveränen Staaten. Die Zeit ist gekommen, wo die Zonengrenzen nur als Kennzeichnung der Gebiete angesehen werden sollten, die aus Sicherheitsgründen von den Streitkräften der Besatzungsmächte besetzt gehalten werden, und nicht als eine Kennzeichnung in sich abgeschlossener wirtschaftlicher oder politischer Einheiten.

Das ist der Weg der Entwicklung, den die amerikanische Regierung mit festem Willen weiter verfolgen wird. Sie hat offiziell ihre Absicht ausgedrückt, die Wirtschaft ihrer eigenen Zone mit einer oder allen anderen zu vereinen, die hierzu bereit sind. Bis jetzt hat sich nur die britische Regierung bereit erklärt, mit ihrer Zone daran teilzunehmen. Wir begrüßen diese Zusammenarbeit aufs wärmste. Selbstverständlich soll diese Vereinigungspolitik nicht jene Regierungen ausschließen, die heute noch nicht zum Beitritt bereit sind. Die Vereinigung steht ihnen zu jeder Zeit frei.

Wenn eine völlige Vereinigung nicht erreicht werden kann, werden wir alles tun, was in unseren Kräften steht, um eine größtmögliche Vereinigung zu sichern. [...]

Die amerikanische Regierung steht auf dem Standpunkt, daß jetzt dem deutschen Volk innerhalb ganz Deutschlands die Hauptverantwortung für die Behandlung seiner eigenen Angelegenheiten bei geeigneten Sicherheiten übertragen werden sollte. [...]

Die Vereinigten Staaten treten für die baldige Bildung einer vorläufigen deutschen Regierung ein. Fortschritte in der Entwicklung der örtlichen Selbstverwaltungen und der Landesselbstverwaltungen sind in der amerikanischen Zone Deutschlands erzielt worden, und die amerikanische Regierung glaubt, daß ein ähnlicher Fortschritt in allen Zonen möglich ist. Die amerikanische Regierung steht auf dem Standpunkt, daß die vorläufige Regierung nicht von anderen Regierungen ausgesucht werden soll, sondern daß sie aus einem deutschen Nationalrat bestehen soll, der sich aus den nach demokratischen Prinzipien verantwortlichen Ministerpräsidenten oder anderen leitenden Beamten der verschiedenen Länder zusammensetzt, die in jeder der vier Zonen gebildet worden sind.

Unter Vorbehalt der Befugnisse des Alliierten Kontrollrates soll der deutsche Nationalrat für die sachgemäße Erfüllung der Aufgaben der zentralen Verwaltungsbehörden verantwortlich sein, die ihrerseits angemessene Machtbefugnisse besitzen sollen, um die Verwaltung Deutschlands als wirtschaftlicher Einheit, wie sie in den Potsdamer Beschlüssen geplant war, zu sichern. Der deutsche Nationalrat sollte auch mit der Vorbereitung des Entwurfes einer Bundesverfassung für Deutschland beauftragt werden, die unter anderem den demokratischen Charakter des neuen Deutschland, die Menschenrechte und die grundsätzlichen Freiheiten aller seiner Einwohner sichern soll. Nach grundsätzlicher Genehmigung durch den Alliierten Kontrollrat wäre die vorgeschlagene Verfassung einer gewählten Versammlung zur endgültigen Formulierung vorzulegen und sodann dem deutschen Volk zur Ratifizierung zu unterbreiten.

Während wir darauf bestehen werden, daß Deutschland die Grundsätze des Friedens, der gutnachbarlichen Beziehungen und der Menschlichkeit befolgt, wollen wir nicht, daß es der Vasall irgendeiner Macht oder irgendwelcher Mächte wird oder unter einer in- oder ausländischen Diktatur lebt. Das amerikanische Volk hofft, ein friedliches und demokratisches Deutschland zu sehen, das seine Freiheit und Unabhängigkeit erlangt und dafür auch etwas leistet. [...]

Die Vereinigten Staaten können Deutschland die Leiden nicht abnehmen, die ihm der von seinen Führern angefangene Krieg zugefügt hat. Aber die Vereinigten Staaten haben nicht den Wunsch, diese Leiden zu vermehren oder dem deutschen Volk die Gelegenheit zu verweigern, sich aus diesen

Nöten herauszuarbeiten, solange es menschliche Freiheit achtet und vom Weg des Friedens nicht abweicht.

Das amerikanische Volk wünscht dem deutschen Volk die Regierung Deutschlands zurückzugeben. Das amerikanische Volk will dem deutschen Volk helfen, seinen Weg zurückzufinden zu einem ehrenvollen Platz unter den freien und friedliebenden Nationen der Welt.

58. Brief Rebers (Auszug)

Berlinproblem: „Ich sehe wenig Beweise für ein dringendes Bedürfnis auf Seiten der Bonner Regierung oder der westdeutschen Öffentlichkeit, die volle Verantwortung für dieses Problem zu übernehmen."

Rupieper, S. 169.

16. Februar 1951

Während ich durchaus der Meinung bin, daß das Berlinproblem sehr sorgfältig mit den Deutschen diskutiert werden sollte, bevor eine endgültige Entscheidung getroffen wird, so ist es meine entschiedene persönliche Ansicht, daß *es jetzt weder in unserem noch im Interesse Berlins oder der Bundesrepublik ist*, die alliierte Suspendierung von Artikel 23[1] des Grundgesetzes in dieser Konstellation fallen zu lassen. Solange Deutschland geteilt bleibt und bis der Westen stark genug ist, eine andere Lösung durchzusetzen, ist es in unserem Interesse, darauf zu bestehen, daß Berlin in der Verantwortung der Alliierten bleibt. Meiner Meinung nach ist es höchst unwahrscheinlich, daß, wenn die Basis unserer Beziehungen zur Bundesrepublik – von der Berlin ein integraler Bestandteil wäre – radikal verändert wird, die Sowjets uns irgendeine Kontrolle der Situation in Berlin erlauben würden, da sie einwandfrei behaupten könnten, der rechtliche Status unserer Präsenz habe sich vollständig verändert. Außerdem erscheint es mir höchst unwahrscheinlich, daß beim gegenwärtigen Status des geteilten Deutschlands und dem Ausmaß der vorhandenen Spannungen die Bundesrepublik irgendeine Souveränität im Herzen der Sowjetischen Zone ausüben kann. Ferner besteht das Problem der Formulierung des Grundgesetzes mit seiner Anwendbarkeit auf Großberlin im Unterschied zu den Westsektoren. Ich folgere daraus, daß wir in einer besseren Position bei der Ablösung unserer

[1] Wortlaut der Fassung von 1949: „Dieses Grundgesetz gilt zunächst im Gebiete der Länder Baden, Bayern, Bremen, Groß-Berlin, Hamburg, Hessen, Niedersachsen, Nordrhein-Westfalen, Rheinland-Pfalz, Schleswig-Holstein, Württemberg-Baden und Württemberg-Hohenzollern. In anderen Teilen Deutschlands ist es nach deren Beitritt in Kraft zu setzen." BGBl. 1949, Nr. 1.

Verantwortlichkeiten und bei der Aufrechterhaltung des Zugangs nach Berlin sind, wenn es theoretisch ein Gebiet unter Viermächteverantwortung bleibt. Außerdem stimme ich nicht mit der Einschätzung des Büros für deutsche Angelegenheiten überein, die Bundesregierung würde keine vertragliche Vereinbarung unterzeichnen, die Berlin ausschließt. Ich sehe wenig Beweise für ein dringendes Bedürfnis auf Seiten der Bonner Regierung oder der westdeutschen Öffentlichkeit, die volle Verantwortung für dieses Problem zu übernehmen.[2]

59. Verfügung Adenauers

Bildung des Auswärtigen Amtes: „als selbständige oberste Bundesbehörde“.

Außenpolitik der Bundesrepublik Deutschland, S. 183.

Bonn, 15. März 1951

Nachdem mit dem heutigen Tage das Auswärtige Amt als selbständige oberste Bundesbehörde gebildet worden ist, scheidet die bisherige Dienststelle für Auswärtige Angelegenheiten von heute aus dem Bundeskanzleramt aus.

60. Abhandlung Kennans (Auszug)

Geostrategische Logik der amerikanischen Europapolitik. „entscheidendes Interesse an der Wohlfahrt und Unabhängigkeit der Randmächte Europas und Asiens“.

Kennan, S. 14 f.

1952

Heute, wo wir dem Ende dieses halben Jahrhunderts näher sind als seinem Anfang, erkennen einige unter uns gewisse Grundvoraussetzungen, auf denen vermutlich die amerikanische Sicherheit beruhte. Wir erkennen, daß unsere Sicherheit auf weiten Strecken in unserer Geschichte von der Stellung Großbritanniens abhing, daß besonders Kanada stets ein nützliches und unerläßliches Unterpfand guter Beziehungen zwischen unserem Land und dem britischen Weltreich darstellte und daß Großbritanniens Stellung wiederum von der Aufrechterhaltung des europäischen Gleichgewichts abhing. Es war daher für uns ebenso wie für Großbritannien von ausschlaggebender Bedeu-

[2] Zur Reaktion der alliierten Kommandantura vom 27. Juli 1951 vgl. FRUS 1951, Bd. III, 2, S. 1922–1928.

tung, daß keine einzelne Landmacht des europäischen Kontinents zur Herrschaft über die gesamte eurasische Landmasse gelangte. Unser Interesse lag vielmehr darin, eine Art stabiles Gleichgewicht zwischen den Mächten im inneren des Kontinents zu erhalten. Wir mußten unbedingt verhindern, daß eine davon die übrigen unterwarf, sich die seefahrenden Randstaaten die Landmasse einverleibte, dadurch aus einer Landmacht obendrein zu einer starken Seemacht aufrückte, somit Englands Stellung erschütterte und – was sie unter solchen Umständen unweigerlich getan hätte – eine Ausdehnung nach Übersee anstrebte, die uns bedrohen mußte, weil sie von den ungeheuren Menschenmassen Innereuropas und Innerasiens getragen worden wäre. Im Lichte dieser Erkenntnis verstehen wir, daß auch wir ein entscheidendes Interesse an der Wohlfahrt und Unabhängigkeit der Randmächte Europas und Asiens hatten; an jenen Ländern also, deren Blick nach außen, auf die See hinaus, gerichtet war, statt, nach innen, auf die Machtgewinnung zu Lande.

61. Memorandum Kidds (Auszug)

Argumente des State Department: „Ein geteiltes Deutschland [ist] notwendig, um andere vitale Ziele zu erreichen."

Rupieper, S. 302 f.

[20. November 1952]

1) Viele Leute glauben, daß, wie notwendig auch immer es ist, über Friedensvertrag und Einheit zu reden, ein geeintes Deutschland an sich schon ein unerwünschtes Ding ist, und daß je länger die Teilung dauert, umso besser. Das Argument lautet: Ein geteiltes Deutschland ist ein handhabbares Deutschland, während ein geeintes Land von einer Größe, Stärke und Sinnesart sein würde, daß man es nicht festhalten könne und daß es versuchen würde, die anderen europäischen Nationen politisch, ökonomisch und militärisch – wie in der Vergangenheit – zu dominieren. Dies würde unsere Anstrengungen hinsichtlich der europäischen Integration wie der EGKS[1], der EVG[2] und der EPU[3] vernichten.

2) Das zweite Argument richtet sich nicht so sehr gegen ein wiedervereinigtes Deutschland an sich als gegen eine Einigung, *bevor* Mittel gefunden worden sind, Deutschland sicher an das westliche Lager zu binden. Wenn eine Formel dafür gefunden werden könnte, würde es keine Bedenken gegen

[1] Europäische Gemeinschaft für Kohle und Stahl.
[2] Europäische Verteidigungsgemeinschaft.
[3] European Payments Union.

die Unterzeichnung eines Vertrages geben. Aber bis eine derartige Formel gefunden worden ist, oder andere Mittel wie freie Wahlen dieses Resultat herbeigeführt haben, hat es wenig Sinn, über einen Vertrag zu diskutieren, wäre dies doch nur eine Wiederholung der endlosen Diskussionen der Außenministerkonferenzen und von Palais Rose.

3) Das dritte Argument lautet, daß ein geteiltes Deutschland notwendig ist, um andere vitale Ziele zu erreichen, z. B. daß es notwendig ist, amerikanische Truppen zur Verteidigung Europas in Deutschland zu stationieren, und daß, wenn es keinen anderen Weg gibt, dies auch von einem geeinten Deutschland garantiert zu erhalten, es unter den gegebenen Umständen keine Alternative zur Teilung gibt. Oder daß es aus Gründen des Kalten Krieges notwendig ist, die Restriktionen im Ost-West-Handel aufrechtzuerhalten, und daß, wenn es keinen anderen Weg gibt, dies von einem unabhängigen Deutschland zu erhalten, es besser ist, mit der Bundesrepublik weiter zu machen.

62. Rede Brünings im Rhein-Ruhr-Klub Düsseldorf (Auszug)

Worum es den USA geht: „im Grunde genommen darum, innerhalb eines so integrierten, nicht von Rußland beherrschten Resteuropas eine freie wirtschaftliche und politische Entwicklung zu sichern – so wie sie bei ihnen selbst, zum mindesten in den letzten Jahren[,] möglich gewesen ist."

Brüning, S. 283–299.

Düsseldorf, 2. Juni 1954

Es dürfte bekannt sein, daß es immer die Neigung der Amerikaner gewesen ist, in schweren politischen und wirtschaftlichen Krisen, vor allem nach großen Kriegen, großzügige Dauerlösungen zu finden.

Das entspringt keineswegs etwa einem Plan, die Welt zu beherrschen. Der Grund dieser Absicht ist: der Durchschnittsamerikaner kann sich nicht vorstellen, daß man nicht anderswo oder gar in der ganzen Welt zu großzügigen Lösungen kommen kann, wie sie sich im Laufe von drei Jahrzehnten im jetzigen Bereich der Vereinigten Staaten allmählich ergeben haben.

In den Vereinigten Staaten wird meist vergessen, daß das Land mit seiner gewaltigen Bevölkerung sich nur deshalb zur stärksten Macht der Welt, neben Rußland, hat entwickeln können, weil es bei der ersten Landung der Weißen – der Spanier im Süden, der hochkirchlichen Engländer vorwiegend in Virginia, Georgia und den Carolinas, der Puritaner in Neuengland und der Franzosen in New Orleans, dem nördlichen Mittleren Westen und Kanada – nur recht spärlich besiedelt war.

Die europäischen Kriege des 18. Jahrhunderts und die nachfolgenden Napoleonischen Kriege – alle letztlich geführt um die Hegemonialstellung in Europa und der Neuen Welt – haben es der damals zahlenmäßig sehr geringen Bevölkerung ermöglicht, diese gewaltigen Ländereien ohne große Anstrengungen zu erwerben. So wurde der ganze Mittlere Westen von den großen Seen, den Mississippi herunter bis zum Golf von Mexiko für einige wenige Millionen Dollar in dem sogenannten Louisiana-purchase erworben. Eine Ausbeutung dieses fruchtbaren Bodens und die Besiedlung des Landes wurden nur ermöglicht durch die Erfindung der Dampfmaschine als Antrieb für Eisenbahnen und Schiffe. Man konnte nicht genug Siedler aus allen Teilen der Welt bekommen.

Es gab eine stürmische Entwicklung mit wiederholt langanhaltenden schweren wirtschaftlichen und finanziellen Krisen, die in immer höherem Maße jeweils auch Europa mit beeinflußten. Das war schon in dem Jahrzehnt vor dem Ersten Weltkrieg so und noch stärker, wie noch in aller Erinnerung ist, in der großen Krise zwischen 1929 und 1934, die zu einem wesentlichen Teil durch das ungelöste Problem der interalliierten Schulden aus dem Ersten Weltkrieg und der deutschen Reparationen mit bedingt war. [...]

Es war vor allem die Vorherrschaft der englischen Sprache, die die verschiedenen Völkerschaften und Rassen in den Vereinigten Staaten zu einer Nation zusammenschweißte. [...]

Das ist einer der Gründe, weshalb man sich in den USA nicht vorstellen kann, daß sich ein ähnlicher Prozeß nicht auch im alten Europa vollziehen könnte und sollte. Der ehemalige englische Botschafter in Washington, Sir Oliver Franks, hat darüber vor einigen Wochen in einem öffentlichen Vortrag ausgezeichnete Ausführungen gemacht. In kluger diplomatischer Form erinnerte er die Amerikaner daran, daß man das amerikanische Vorbild der Nationwerdung in Europa wegen der völlig verschiedenen Traditionen und Sprachen der europäischen Völker nicht ohne weiteres nachahmen könne.

Aber Sir Oliver Franks, der ein so hervorragender Kenner der Vereinigten Staaten ist, wird sich auch darüber klar gewesen sein, daß seine vorsichtigen Warnungen den wachsenden Druck der USA, die Integration wenigstens der europäischen Nationen westlich und südlich des Eisernen Vorhangs endlich zu vollziehen, nicht abschwächen können – es sei denn, daß wieder einmal plötzlich, wie so oft in den USA, eine Wandlung der öffentlichen Meinung in dieser Frage sichtbar werden sollte.

Vor solchen plötzlichen Schwankungen der weltpolitischen Auffassungen in den Vereinigten Staaten hat man in den europäischen Kanzleien immer große Sorge gehabt.

Aber Strategie und Kriegstechnik haben sich seit dem Ersten Weltkrieg und dann noch mehr im und nach dem Zweiten Weltkrieg so sehr geändert, daß solche Befürchtungen heute kaum noch begründet sind.

Nach dem Ersten Weltkrieg war es den Vereinigten Staaten aus politischen und militärischen Gründen noch möglich, sich von Europa zurückzuziehen. Aber schon nach wenigen Jahren zeigte es sich, daß das in wirtschaftlicher und finanzieller Beziehung nicht mehr möglich war. Nach dem Zweiten Weltkrieg ist das auch aus militärischen Gründen nicht mehr möglich.

Die neue Lage der USA nach dem Zweiten Weltkrieg.

Wie stellt sich nun, kühl und realistisch, vom militärischen Standpunkt aus gesehen, die Weltlage für die Vereinigten Staaten nach dem Zweiten Weltkrieg dar? Die Antwort ist: Die USA sind zum erstenmal seit dem Unabhängigkeitskrieg militärisch äußerst verwundbar geworden – nicht vom alten Europa her, sondern im Falle eines Krieges vom russisch-chinesischen Machtblock.

Wie groß die Verwüstungen durch Atom- und Wasserstoffbomben sein werden, darüber sind sich die Sachverständigen nicht einig. Die Berichte über die Wirkungen der letzten Wasserstoffbomben-Explosion im Stillen Ozean sind zweifellos gewaltig übertrieben. Aber das ist nicht entscheidend. Entscheidend ist, daß solche Bomben im Kopf von Raketen über unvorstellbar weite Entfernungen hinweg sicher auf bestimmte Ziele abgeschossen werden können. Ich brauche nur daran zu erinnern, daß bis vor kurzem die Versuche mit solchen Raketen von Neu-Mexiko aus an der Südspitze von Florida vorbei bis nach der südlichsten Bahama-Insel gingen. Inzwischen ist die Raketentechnik so weit fortgeschritten, daß man die Schußbahn bis zur Insel Ascension bei St. Helena ausgedehnt hat, d. h. auf etwa 6400 km! Da die Insel sehr klein ist, muß man jetzt bereits die Gewißheit haben, daß die Insel auf eine so gewaltige Entfernung getroffen werden kann. Sonst würde man nicht so kostspielige Experimente unternehmen.

Wenn man bedenkt, daß die Bevölkerungszentren der Vereinigten Staaten von den Abschußbahnen der Raketenbomben in Nordsibirien und anderswo weniger weit entfernt sind, so wird es ohne weiteres klar, weshalb die Vereinigten Staaten nicht, wie sie es zunächst nach dem Ersten und dann nach dem Zweiten Weltkrieg taten, fast völlig abrüsten können, sondern, daß sie im Gegenteil weiter aufrüsten müssen, um zum mindesten den Russen immer etwas voraus zu sein.

Es ist kein Geheimnis, daß russische Flugzeuge über Alaska und der Tundra von Nordkanada wiederholt festgestellt worden sind. Man ist dabei, die Radarkette von Nordgrönland bis nach Alaska in parallelen Linien auszubauen. Schon heute könnten russische Bomber in sechs Stunden über Detroit und Chicago sein. Von diesen sechs Stunden würden sie vier Stunden über völlig unbewohntes Gebiet zu fliegen haben. [...]

Aber alle Enthüllungen über die damaligen wirklichen Vorgänge können an der strategischen und weltpolitischen Lage von heute nichts mehr ändern. Es wird die Zeit kommen, wo man einsehen wird, daß der größte aller

Fehler, die gemacht wurden, die Aufteilung Deutschlands war. Das entsprach sicherlich nicht den Intentionen Stimsons[1], der zu den weitschauendsten Außenpolitikern unserer Zeit gehörte, dessen Anschauungen und Absichten ich in einem Meinungsaustausch im Herbst 1944 einmal mehr kennengelernt habe. Sie lagen abseits politischer Fehlkonstruktionen. [...]

Von den Vereinigten Staaten her gesehen ist schon auf Grund der eingangs erwähnten eigenen Entwicklung leicht begreiflich, daß sie auf einer politischen, militärischen und wirtschaftlichen Integration aller europäischen Länder außerhalb des Eisernen Vorhangs bestehen.

Sie stützen dabei die Politik des Quai d'Orsay, ohne sich bewußt zu sein, daß der Quai d'Orsay in allen diesen Fragen nichts an der Linie geändert hat, die die französische Politik seit mehr als zwei Jahrhunderten verfolgt.

Den Vereinigten Staaten geht es im Grunde genommen darum, innerhalb eines so integrierten, nicht von Rußland beherrschten, Resteuropas eine freie wirtschaftliche und politische Entwicklung zu sichern – so wie sie bei ihnen selbst, zum mindesten in den letzten Jahren[,] möglich gewesen ist.

63. Proklamation der Bundesregierung (Auszug)

Bekanntgabe der Souveränität vor dem Deutschen Bundestag: „Es gibt für uns in der Welt nur einen Platz: an der Seite der freien Völker."

Bulletin, Nr. 85 vom 6.5. 1955, S. 701, 703.

Bonn, 5. Mai 1955

Heute, fast zehn Jahre nach dem militärischen und politischen Zusammenbruch des Nationalsozialismus[2], endet für die Bundesrepublik die Besatzungszeit. Mit tiefer Genugtuung kann die Bundesregierung feststellen: Wir sind ein freier und unabhängiger Staat. Was sich auf der Grundlage wachsenden Vertrauens seit langem vorbereitete, ist nunmehr zur rechtsgültigen Tatsache geworden: Wir stehen als Freie unter Freien, den bisherigen Besatzungsmächten in echter Partnerschaft verbunden.

Mit der Bundesregierung gedenken in dieser Stunde fünfzig Millionen freier Bürger der Bundesrepublik in brüderlicher Verbundenheit der Millionen Deutschen, die gezwungen sind, getrennt von uns in Unfreiheit und Rechtlosigkeit zu leben. Wir rufen ihnen zu: Ihr gehört zu uns, wir gehören zu Euch! Die Freude über unsere wiedergewonnene Freiheit ist so lange getrübt, als diese Freiheit Euch versagt bleibt. Ihr könnt Euch immer auf uns verlassen, denn gemeinsam mit der freien Welt werden wir nicht rasten

[1] Vgl. Dok. Nr. 54.
[2] Vgl. Dok. Nr. 52.

und ruhen, bis auch Ihr die Menschenrechte wiedererlangt habt und mit uns friedlich vereint in einem Staate lebt.

In dieser Stunde gedenken wir der vielen Deutschen, die immer noch das harte Los der Kriegsgefangenschaft tragen müssen. Wir werden alles daran setzen, daß auch ihnen bald die Stunde der Befreiung schlägt.

Freiheit verpflichtet. Es gibt für uns im Inneren nur einen Weg: den Weg des Rechtsstaates, der Demokratie und der sozialen Gerechtigkeit. Es gibt für uns in der Welt nur einen Platz: an der Seite der freien Völker.

Unser Ziel ist: In einem freien und geeinten Europa ein freies und geeintes Deutschland.

In der 80. Sitzung des Deutschen Bundestages am 5. Mai 1955 gab Präsident D. Dr. Gerstenmaier folgendes Schreiben des Bundeskanzlers bekannt:

An den Herrn Präsidenten des Deutschen Bundestages, Bonn.

Sehr geehrter Herr Präsident!

Namens der Bundesregierung mache ich Ihnen, Herr Präsident, und damit dem Deutschen Bundestag folgende Mitteilung:

Die Vertreter der Französischen Republik und des Vereinigten Königreiches haben um 12 Uhr die Urkunden über die Ratifizierung des Deutschland-Vertrages und des Truppenstationierungsvertrages hinterlegt. Da die Vereinigten Staaten und die Bundesrepublik Deutschland die Hinterlegung schon vorher vorgenommen hatten, sind die Verträge in Kraft getreten. Das Besatzungsregime ist damit beendet. Die Bundesrepublik Deutschland ist souverän!

Adenauer, Bundeskanzler

64. Rede Hoovers (Auszug)

Resultat der Nachkriegsgeschichte: „Die Menschen der Bundesrepublik haben das Recht, frei zu denken, frei zu sprechen und auf eine wahrhaft freie Presse."

DzD, III. Reihe, Bd. 2, 1, S. 90–92.

Berlin, 5. Februar 1956

Nahezu elf Jahre Nachkriegsgeschichte sind geschrieben. Diese Periode hat insofern besondere Bedeutung, als sie ein klares Bild zweier kontrastierender Regierungsphilosophien gibt. Hier in den zwei aneinander grenzenden, aber getrennten Teilen Deutschlands haben die Kräfte des kommunistischen Imperialismus und die Kräfte der Freiheit jede für die Augen der Welt sichtbaren Eindrücke hinterlassen. Ostdeutschland ist ein tragisches Beispiel für das, was sich unter kommunistischer Herrschaft vollzieht, besonders wenn man es mit dem Fortschritt in Westdeutschland vergleicht.

Dennoch ist es eine faire Prüfung dieser beiden gegensätzlichen Systeme. Sie begannen zu gleicher Zeit und unter den gleichen Nachkriegsbedingungen. Sie hatten mit Bevölkerungen gleicher nationaler Überlieferung und gleichen wirtschaftlichen Hintergrundes zu tun. Keine Nation und kein Volk kann es sich leisten, die Lektion zu ignorieren, die hier so lebensecht gelehrt wurde. Bei Beginn dieser Nachkriegsperiode war klar, daß das Werk des Wiederaufbaus Hand in Hand mit anderen Zielen menschlichen Fortschritts zu gehen haben würde. Im Jahre 1945 wurde formell vereinbart, daß die vier Zonen Deutschlands als eine einzige wirtschaftliche Einheit unter einer einzigen wirtschaftlichen Verwaltung behandelt werden sollten. Zonengrenzen sollten keine Barrieren darstellen. Demokratische politische Parteien mit Rechten zu Versammlung und öffentlicher Diskussion sollten erlaubt und angeregt werden. Selbstregierung auf wahren demokratischen Prinzipien durch frei gewählte Räte sollte zuerst auf örtlicher, sodann auf regionaler und staatlicher Ebene wiederhergestellt werden. Gewerkschaften sollten gefördert werden. Rede, Religion und Presse sollten frei und unkontrolliert sein.

Seit jener Zeit ist es schmerzhaft klar geworden, daß sowjetische Versprechen keinerlei Ähnlichkeit mit sowjetischem Handeln haben. Die Sowjetregierung schuf einen Eisernen Vorhang um die 17 Millionen Menschen in der Ostzone des Landes. Der Sowjetzone wurde wirtschaftliche Knechtschaft auferlegt und ihre Behörden wiesen alle westlichen Bemühungen, Deutschland zu einer ökonomischen Einheit zusammenzuschließen, ab. Während das amerikanische Angebot vom Juli 1946, die US-Zone mit jeder anderen Zone oder Zonen in gemeinsamer Wirtschaftsverwaltung zu vereinigen, von Großbritannien und Frankreich angenommen wurde, wurde es von den Sowjets diktatorisch zurückgewiesen. Das war der Wendepunkt. Deutschland wurde durch dieses sowjetische Vorgehen willkürlich in einen Westen und in einen Osten geteilt. Wie jeder Deutsche weiß, haben von dieser Zeit an Entwicklung und Fortschritt dieser beiden Gebiete fundamental divergierende Richtungen eingeschlagen.

Die phänomenale wirtschaftliche und politische Gesundung Westdeutschlands wird für immer eine Anerkennung der Energie und Fähigkeit des in einer freien Gesellschaft arbeitenden deutschen Volkes sein. Auf diesem Boden der Freiheit ist mit der Hilfe des Westens eine stabile, souveräne und demokratische Regierung gewachsen, die weltweiten Respekt erlangt hat. Die Industrieproduktion hat sich gegenüber dem Vorkriegsstand verdoppelt. Heute hat Westdeutschland eine blühende, moderne, wettbewerbsfähige, freiunternehmerische Wirtschaft mit einem Lebensstandard, den niemand vor zehn Jahren für möglich hielt. Es unterhält nicht nur seine eigene wachsende Nachkriegsbevölkerung, sondern zusätzliche 10 Millionen Menschen, die aus kommunistischen Gebieten kamen. Zu dieser neuen Gesellschaft haben alle ihre Elemente beigetragen und sind dabei gediehen – Industrie, Arbeit, Landwirtschaft, Kirchen, Schulen, Berufe, Künste und politische Parteien. Die Menschen der Bundesrepublik haben das Recht, frei zu denken, frei zu sprechen und auf eine wahrhaft freie Presse. Sie haben eine konstitutionelle Regierung mit ihren ohne Einmischung oder Zwang frei gewählten Vertretern und sind frei, das Geschick ihres Landes zu formen. Sie sind in jeder Hinsicht eine freie Nation.

In jeder Phase des westdeutschen Fortschrittes versuchten die Sowjets und ihre Satellitenregierung in Pankow Hindernisse zu schaffen. Es gab abwechselnd Bedrohungen der physischen Sicherheit und des Wirtschaftslebens des Landes. Während Angebote zur Einheit gemacht wurden, bestanden sie aus Bedingungen, die darauf abgestellt waren, ganz Deutschland den Kommunismus aufzuzwingen.

Als die Bundesrepublik im vergangenen Jahr ein souveräner und gleichberechtigter Partner der Nordatlantik-Pakt-Organisation wurde, warfen die Sowjets alle Vorspiegelungen wahrer Wiedervereinigung beiseite. Trotz ihrer feierlichen Zustimmung auf der Gipfelkonferenz, daß Deutschland durch freie Wahlen wiedervereinigt werden solle, wiesen sie später bei der Außenministerkonferenz öffentlich die Möglichkeit freier Wahlen in Gesamtdeutschland zurück, selbst dann, wenn das geeinte deutsche Volk frei sein würde, seine eigenen Bündnisse zu wählen, und ein Vorschlag für ein weitgehendes europäisches Sicherheitsabkommen gemacht wurde. Die Sowjets wagten es nicht, das Risiko einer Prüfung des freien Willens des deutschen Volkes einzugehen. Sie wußten, daß es eine überwältigende Zurückweisung der gesamten Theorie und Praxis des Kommunismus sein würde.

65. Abhandlung Binders

USA und Wiedervereinigung: „Ohne die Partnerschaft der Vereinigten Staaten wird die Wiedervereinigung jedoch nicht zu bewerkstelligen sein."

Binder, S. 107–111.

1956

Die Bedeutung der Bundesrepublik für die Vereinigten Staaten liegt nicht auf wirtschaftlichem, sondern auf politischem Gebiet. Einfuhr von und Ausfuhr nach Deutschland erreichen noch keine drei Prozent des amerikanischen Außenhandels. Westdeutschland ist für die Amerikaner vor allem das politische Bollwerk gegen den Bolschewismus. Diese Bedeutung wird noch dadurch unterstrichen, daß die kommunistischen Parteien in Frankreich und Italien, im Gegensatz zu Deutschland, über mächtige Positionen verfügen. Die außenpolitische Stellung Deutschlands verliert daher zwangsläufig an

Gewicht, je mehr es zu einer weltpolitischen Entspannung und insbesondere zu einer Herabminderung der Spannungen zwischen den USA und der UdSSR kommt. Daß die jetzige russische Regierung eine derartige Entspannung anstrebt, teils aus innerpolitischen und wirtschaftlichen Gründen, teils aber auch im Hinblick auf China, ist unbestritten.

Das bedeutet aber nicht, daß Deutschland damit für die Vereinigten Staaten uninteressant werden würde. Bei einem totalen Regime, auch wenn es wie in Rußland in kollektiver Weise ausgeübt wird, muß man immer mit plötzlichen Schwenkungen der Außenpolitik rechnen. Diese gehen zumeist auf innerpolitische Auseinandersetzungen zurück. Den Vereinigten Staaten sollte daher daran gelegen sein, daß Westeuropa im Zeichen der politischen Koexistenz politisch auf eigenen Füßen zu stehen vermag. Die westeuropäischen Nationen sind an Bevölkerungszahl und wirtschaftlicher Kraft dem politischen Block der UdSSR überlegen. Sie könnten es auch politisch sein, wenn es unter ihnen zu einem engeren militärischen und politischen Zusammenschluß kommen würde. Diese Möglichkeit wird jedoch nicht verwirklicht, weil einige unserer politischen Partner ein Übergewicht der Bundesrepublik und vor allem auch eines wiedervereinigten Deutschlands befürchten. Dazu kommt der Umstand, daß die Franzosen keinen Föderalismus kennen und es sich daher gar nicht vorstellen können, wie man politische Befugnisse auf supranationale Einrichtungen übertragen kann, ohne dabei die eigene politische Existenz aufzugeben. Auch das Mißtrauen Großbritanniens gegen eine starke Macht auf dem europäischen Kontinent ist traditionell. Durch diese nationalen Rivalitäten werden die Vereinigten Staaten zwangsläufig in die Rolle eines Garanten der westeuropäischen Zusammenarbeit gedrängt.

So können die westeuropäischen Länder in eine militärische und politische Abhängigkeit von den Vereinigten Staaten geraten, die unter Umständen der politischen Zielsetzung einer internationalen Entspannung entgegenwirkt. In Frankreich ist diese Problematik schon in den vergangen Jahren in Erscheinung getreten; das Gefühl der Abhängigkeit hat dort geradezu die Kräfte gegen die europäische Vereinigung mobilisiert.

In Deutschland betrachtet man die Wiedererlangung der Wehrhoheit und die Aufstellung von Truppen nicht als Selbstzweck, sondern als den Preis, den wir für die politische Integration Europas bezahlen müssen. Auch das Verhältnis zu Rußland würde voraussichtlich eine Entspannung erfahren, wenn die in Europa stationierten amerikanischen Truppen nur noch als Garanten des Militärbündnisses symbolische Bedeutung hätten. Zwar würde Rußland ein innen- und außenpolitisch desintegriertes Europa jedem anderen Zustand vorziehen. Aber vor die Wahl gestellt, sich zwischen einem amerika-abhängigen oder einem politisch auf eigenen Fußen stehenden Europa entscheiden zu müssen, wird es mit Sicherheit dem letzteren den Vorzug geben. Einer derartigen Entwicklung stehen in den Vereinigten Staaten geringere Hemmungen entgegen als in Europa selbst. Denn in den verschiedenen westeuropäischen Ländern fehlt es vielfach an dem Glauben an die eigene Kraft und schließlich auch an der Bereitwilligkeit, die Lasten der Selbstverantwortung allein zu übernehmen und zu tragen.

Sieht man die Frage der Wiedervereinigung Deutschlands in diesem Rahmen, so wird klar, daß sie kein innerdeutsches, sondern ein weltpolitisches Problem ersten Ranges ist. Für Sowjetrußland kommt eine Räumung seiner mitteldeutschen Position und vielleicht darüber hinaus auch des Donaubekkens nur in Frage, wenn es für diese Faustpfänder andere konkrete politische Vorteile einzutauschen vermag. Solche Zugeständnisse vermögen jedoch nur die Vereinigten Staaten und vielleicht auch noch Großbritannien zu machen. Auch die Neutralisierung Deutschlands ist für Sowjetrußland kein ausreichender Preis, wenn an der Westgrenze Deutschlands eine jederzeit einsatzbereite amerikanische Armee stehen bleibt; das haben die Russen zu wiederholten Malen klar zum Ausdruck gebracht. Daraus folgt, daß wir nur insoweit ehemaliges deutsches Reichsgebiet (nach dem Stand vom 1. 1. 1937)[1] zurückgewinnen können, als die Vereinigten Staaten bereit sind, sich dafür einzusetzen. Wenn ein Mann wie der ehemalige Hohe Kommissar McCloy zur Mäßigung rät, so sind derartige Äußerungen aus dem Munde eines der berufensten außenpolitischen Sprecher der Vereinigten Staaten ernst zu nehmen. Sie zeigen ein Doppeltes: nämlich einmal, daß die Amerikaner die Wiedervereinigungsfrage als ein eigenes politisches Anliegen betrachten – denn ohne Lösung dieser Frage gibt es keine echte politische Entspannung in Europa –, und zum anderen, daß sie der Auffassung sind, daß auch diese Frage nur durch einen Kompromiß gelöst werden kann. Man glaube ja nicht, daß sich die deutsche Wiedervereinigung eines Tages ganz von selbst ergeben wird, nur weil uns die Teilung als unnatürlich erscheint. Unser nächster Nachbar im Osten, nämlich Polen, ist seit 1772, also schon seit über 180 Jahren, geteilt, denn noch heute gehören die ostpolnischen Gebiete zur UdSSR. Es wird also großer politischer Anstrengungen, großer Festigkeit, aber auch des Maßhaltens bedürfen, wenn die deutsche Frage erfolgreich gelöst werden soll. Ohne die Partnerschaft der Vereinigten Staaten wird die Wiedervereinigung jedoch nicht zu bewerkstelligen sein.

[1] Vgl. FRUS, The Conference of Berlin (The Potsdam Conference) 1945, II, S. 90.

66. Artikel der ›Westfälischen Rundschau‹

Kennan zur Allianz mit dem Westen: „Ich habe großes Vertrauen darauf, daß die sozialdemokratischen Führer eine Politik betreiben würden, die nicht weniger loyal zum Westen ist als die Politik der gegenwärtigen Regierung.“

Westfälische Rundschau, Nr. 9.

11. Januar 1957

Kennan sagte: ‚Ich habe nie geglaubt, daß große Möglichkeiten für eine Abrüstung bestehen solange sich amerikanische und sowjetische Streitkräfte in Deutschland von Angesicht zu Angesicht gegenüberstehen.‘ Er forderte, daß die USA größere Anstrengungen als bisher unternehmen, um das Problem der Truppenstationierungen in Europa zu lösen. ‚Das bedeutet, daß wir eine grundsätzliche politische Entscheidung zu fällen haben. [...] Wenn wir uns an unsere gegenwärtigen Positionen klammern, werden die Sowjets glauben, sie hätten keine andere Wahl, als ebenfalls an ihren gegenwärtigen Positionen festzuhalten. Es ist notwendig, daß der Westen seinen bisherigen Standpunkt ändert, und zwar mit dem Ziel einer Verminderung, Umgruppierung oder einem Rückzug der westlichen Streitkräfte aus Mitteleuropa, einer Wiedervereinigung Deutschlands und einer Ablösung der gegenwärtigen Verträge durch ein gesamteuropäisches Sicherheitssystem.‘ Ein solcher Versuch berge keine größere Gefahr in sich als die Gefahr, die sich ergebe, wenn man nichts tue. In diesem Zusammenhang bezeichnete Kennan die Wiedervereinigung Deutschlands, als ‘die zentrale Voraussetzung für eine Regelung der Verhältnisse in Europa’. Nach seiner Ansicht sei eine Überprüfung der amerikanischen Politik gerade durch die jüngsten Entwicklungen in Osteuropa notwendig geworden.

Auf die Frage des republikanischen Senators Wiley, ob eine Neutralisierung Deutschlands nicht die Verteidigung des Westens schwächen würde, erwiderte Kennan, daß die Militärs feststellen müßten, ob die sich daraus ergebenden Nachteile nicht durch einen Rückzug der sowjetischen Truppen um mehrere hundert Kilometer aufgewogen würden. Er erinnerte daran, daß auch die gegenwärtige ‘künstliche’ Situation in Deutschland, vor allem in Berlin, große Gefahren in sich berge.

Im Zusammenhang mit dem bevorstehenden Amerika-Besuch des SPD-Vorsitzenden Ollenhauer erklärte der Ausschußvorsitzende Humphrey, daß er sich manchmal Sorgen darüber mache, wie sich ein Regierungswechsel in Deutschland auswirken würde. Er fragte Kennan, ob eine sozialdemokratische Regierung nach seiner Ansicht Sonderabmachungen mit Moskau treffen würde. Kennen antwortete: ‚Nein, ich glaube nicht, daß eine neue deutsche Regierung das täte. Aber sie würde wahrscheinlich einen anderen Standpunkt in der Truppenfrage einnehmen. Ich habe großes Vertrauen darauf, daß die sozialdemokratischen Führer eine Politik betreiben würden, die nicht weniger loyal zum Westen ist als die Politik der gegenwärtigen Regierung.‘

67. Rede Brentanos vor dem National Press Club in Washington (Auszüge)

Deutsche Außenpolitik: „Die Bundesregierung von heute und das wiedervereinigte Deutschland von morgen müssen, wollen und werden in einer unverbrüchlichen Solidarität mit der freien Welt leben.“

Bulletin, Nr. 45 vom 7.3. 1957, S. 377–380.

Washington, 6. März 1957

Herr Präsident, es ist mir eine Freude, heute wieder vor Ihnen sprechen zu können, und ich danke Ihnen dafür, daß Sie mir die Gelegenheit dazu geben. Bereits als ich das erste Mal hier zu Ihnen sprach – es war Oktober 1955 –, war ich mir voll bewußt, daß ich einer anspruchsvollen Zuhörerschaft gegenüberstand. Ich habe diese Überzeugung auch heute. Es ist keine unangebrachte Schmeichelei, wenn ich Ihnen sage, daß man als Politiker wohl selten die Gelegenheit hat, vor einem Kreis zu sprechen, wie ihn der National Press Club darstellt, dessen Mitglieder auf Grund ihrer besonderen publizistischen Qualitäten so entscheidend zur Meinungsbildung hier in den Vereinigten Staaten und darüber hinaus in den weiten Bereichen der Welt beitragen.

Lassen Sie mich bei den politischen Betrachtungen, die ich heute vor Ihnen anstellen möchte, von einer Feststellung ausgehen, die wie keine andere die Unruhe kennzeichnet, die die ganze Welt beherrscht: noch heute, zwölf Jahre nach dem zweiten Weltkrieg, leben wir in einer geteilten Welt, und die polaren Spannungen, die Ursache und Ausdruck dieser Teilung sind, sind nicht fruchtbar, sondern gefährlich. Sie bedrohen unmittelbar den Weltfrieden.

Schon immer war die Erhaltung des Friedens das oberste und vornehmste Ziel einer sinnvollen auf Recht und Moral gegründeten Politik. Um wieviel mehr gilt dieses Postulat heute, zu einer Zeit, wo die einzelnen Teile der Welt über Einrichtungen verfügen – ich zögere, diese Einrichtungen ‘Waffen’ zu nennen –, die geeignet sind, das menschliche Leben auf unserem Planeten auszulöschen? Sie werden mir glauben, wenn ich sage, daß wir uns gerade in Deutschland der bedrohlichen Lage bewußt sind. Denn die Teilung der Welt findet ja gerade in Deutschland ihren schärfsten Ausdruck. Die Trennungslinie, die den europäischen Kontinent durchschneidet in zwei Hälften, deren eine frei, deren andere unfrei ist, geht mitten durch unser Land und stranguliert den lebendigen Organismus unseres Volkes. Die Teilung der Welt, von der ich sprach, ist für uns also nicht nur eine politische Tatsache, sondern sie wird uns sichtbar als eine lebendige menschliche Tragödie.

Seit dem Ende des Krieges stand die deutsche Außenpolitik unter einer dreifachen Notwendigkeit: alles zu tun, was in ihrer Macht stand, um die Teilung des Vaterlandes zu beenden, alles zu tun, was in ihrer Macht stand, um die Freiheit in dem Teil Deutschlands zu sichern, in dem sie als leitendes Prinzip der politischen und sozialen Ordnung wieder Gültigkeit gewann, alles zu tun, um zur Erhaltung des Weltfriedens beizutragen. Der innere Zusammenhang zwischen diesen drei Aufgaben hat es uns seit 1945 nicht erlaubt, eine Politik zu betreiben, die etwa allein und ausschließlich auf die Verwirklichung unserer nationalen Ziele und Wünsche gerichtet sein konnte. Realismus und Ehrlichkeit verlangen von uns, diese politische und moralische Begrenzung auch für das Ziel unserer Politik anzuerkennen, das, wie Sie alle verstehen werden, unser Gefühl am meisten bewegt: die Wiedervereinigung Deutschlands.

Wir wissen, daß man politische Entscheidungen nur treffen kann, wenn man den Mut hat, auch ein gewisses Risiko einzugehen. Aber eine Wiedervereinigungspolitik, die nicht gleichzeitig auf die Sicherung der Freiheit des deutschen Volkes und auf die Erhaltung des Weltfriedens gerichtet wäre, würde sich nicht mehr in den Grenzen des erlaubten Risikos halten. Sie wäre schlecht, weil sie frivol wäre. Die Bundesregierung und das deutsche Volk ist sich dieser Verantwortung klar bewußt. [...]

Auf die Frage nach dem richtigen Wege einer deutschen Außenpolitik gibt es darum, wie ich glaube, nur eine klare unzweideutige Antwort: die Bundesregierung von heute und das wiedervereinigte Deutschland von morgen müssen, wollen und werden in einer unverbrüchlichen Solidarität mit der freien Welt leben. Diese Überzeugung hat auch in den bisherigen Entscheidungen der Bundesrepublik ihren Ausdruck gefunden.

Deutschland hat aus den Erfahrungen der Vergangenheit gelernt. Wir sind uns klar darüber, daß die unheilvolle Zersplitterung Europas eine Ursache war, die zu den tragischen Auseinandersetzungen in den letzten Jahrhunderten führte. Die völlige Veränderung des Weltbildes durch die Umstrukturierung der politischen Kräfte zwingt uns zu einer Revision unseres Geschichtsbildes, wenn wir in die Zukunft schauen und nicht in der Vergangenheit leben wollen. Die europäischen Nationalstaaten haben in ihrer Entwicklung einen unschätzbaren Beitrag geleistet, der für die ganze Welt fruchtbar war. Aber sie haben zu spät erkannt, daß ihre Existenz nur gesichert ist, wenn sie miteinander und füreinander leben. Die Politik des Gegeneinander hat zu einer tragischen Zersplitterung der Kräfte geführt und zu einer beklagenswerten Ohnmacht eines Kontinents, der noch vor nicht allzu langer Zeit die Entwicklung der Welt zu bestimmen berufen schien.

In Europa haben wir alles getan, um die Konsequenzen aus dieser Erkenntnis zu ziehen. In internationalen und supranationalen Organisationen haben wir die europäischen Nationen zusammengeführt, und ich glaube sagen zu dürfen, daß die Bundesrepublik zu dem, was bisher geschehen ist, einen wertvollen Beitrag geleistet hat. Der politischen Zusammenarbeit diente zunächst der Europarat. Um unsere ökonomische und soziale Ordnung zu sichern und zu verbessern, haben wir uns in der OEEC[1] und in der Gemeinschaft für Kohle und Stahl zusammengeschlossen. Um gemeinsam einer uns allen drohenden Gefahr zu begegnen, haben wir die Westeuropäische Union gegründet, und ich glaube, daß wir ohne diesen europäischen Approach mit der schweren Erbschaft gar nicht fertig geworden wären, die der Krieg für das ganze Europa hinterlassen hatte.

Diese Politik hat ihre Früchte getragen. Es ist oft ausgesprochen worden, daß eine europäische Zusammenarbeit in erster Linie die Überwindung des deutsch-französischen Gegensatzes voraussetze. Ich glaube heute aussprechen zu können, daß die Beziehungen zwischen diesen beiden Völkern im Herzen des europäischen Kontinents seit Jahrhunderten nicht so gut, so freundschaftlich und so aufgeschlossen waren, wie sie es heute sind. [...]

Augenblicklich stehen die Verhandlungen über die Gründung eines Gemeinsamen Europäischen Marktes vor dem Abschluß. Wir hoffen, daß nach einer vertraglich vereinbarten Übergangszeit 160 Millionen Menschen in einem Wirtschaftsraum leben werden, der etwa dem der Vereinigten Staaten von Amerika vergleichbar sein wird. Die Zollschranken zwischen unseren Ländern werden abgebaut, die Wirtschaftspolitik, die Verkehrspolitik, die Landwirtschaftspolitik zwischen den Teilnehmerstaaten sollen behutsam, aber konsequent einander angepaßt werden. Und wir sind glücklich, daß andere europäische Staaten, wie z. B. Großbritannien, die in der OEEC mit uns zusammenarbeiten, ihre Entschlossenheit bekundet haben, sich in der Form einer Freihandelszone diesem Gemeinsamen Markt anzuschließen.

Gerade auch in der Bereitschaft Großbritanniens sehe ich einen verheißungsvollen Ansatz für die weitere Entwicklung. Das kontinentale Europa hat sich schon in der Westeuropäischen Union mit Großbritannien zusammengeschlossen. Das Bekenntnis zur Solidarität in dem Bemühen, die Freiheit und den Frieden zu sichern und einer gemeinsamen Gefahr zu begegnen, wird in den handelspolitischen Vereinbarungen des Gemeinsamen Marktes und der Freihandelszone einen weiteren sichtbaren Ausdruck finden. Und wenn wir gleichzeitig mit dem Gemeinsamen Markt auch die europäische Atomorganisation gründen, dann habe ich die Hoffnung und die Überzeugung, daß auch sie nicht auf die sechs Mitgliedsstaaten begrenzt sein, sondern sich auf andere europäische Staaten ausdehnen wird, sei es in

[1] Organization for European Economic Cooperation.

der Form des Beitritts, sei es auf Grund besonderer Assoziationsverträge. Die wirtschaftliche Entwicklung, die damit eingeleitet wird, ist, wie ich glaube, für die ganze Welt von ungeheurer Bedeutung. Es gilt dies auch für die Handelsbeziehungen etwa zwischen diesem neu werdenden Europa und den Vereinigten Staaten von Amerika. Der große Wirtschaftsraum, der im Entstehen begriffen ist, wird auch für den gegenseitigen Handel neue Möglichkeiten geben. Die Erweiterung des Raumes dient nicht nur der Steigerung der Produktivität und der Erhöhung der Wohlfahrt, sondern sie bietet in gleicher Weise auch neue, bisher vielleicht kaum vorstellbare Absatzmöglichkeiten.

Die Vereinigten Staaten haben zu dieser Entwicklung entscheidend beigetragen. Wir alle in Europa und ganz besonders in Deutschland haben Grund und Anlaß, immer von neuem mit Dankbarkeit der großzügigen Hilfe zu gedenken, die die Vereinigten Staaten uns haben zuteil werden lassen. Ohne diese Hilfe hätten unsere Anstrengungen niemals zu den Erfolgen geführt, auf die wir heut mit Genugtuung verweisen können.

Aber die Politik der Vereinigten Staaten hat noch mehr getan. Ich möchte sagen, daß die Vereinigten Staaten diesen 'spirit of mutual interdependence' geweckt haben, der diese Entwicklung bestimmte. Immer wieder waren es die Vereinigten Staaten, die sich mit dem ganzen politischen und moralischen Gewicht eines großen, freien und unabhängigen Volkes für die europäische Zusammenarbeit einsetzten. Hier war nichts mehr zu spüren von der Engstirnigkeit vergangener Epochen. Hier war nichts mehr zu spüren von der Angst der Ewig-Gestrigen, die einen solchen Zusammenschluß fürchten, weil er zu einer Verschiebung politischer und wirtschaftlicher Gewichte führen könnte. Vielmehr verriet diese Haltung der Vereinigten Staaten Mut und Zukunftsgläubigkeit. Zuweilen verstand man es hier in ihrem Lande vielleicht besser als in Europa selbst, daß die wirtschaftliche und politische Zusammenarbeit Europas über das Leben oder Sterben der europäischen Völker entscheiden werde.

Und aus diesem Geiste der Zusammenarbeit, aus dieser Überzeugung, daß die freie Welt sich in freiwilliger Solidarität zusammenfinden müsse, wurde auch die Atlantische Gemeinschaft geboren, die ja mehr ist als der Ausdruck einer gemeinsamen Entschlossenheit, einer gemeinsamen Gefahr zu begegnen, als der Wille, durch Macht und Ordnung dem Unrecht und dem Chaos zu begegnen.

Das deutsche Volk ist den Weg zur europäischen und zur atlantischen Gemeinschaft bewußt gegangen. Ich sage ausdrücklich 'das deutsche Volk', denn ich weiß, daß ich für 70 Millionen Deutsche sprechen kann. Die Deutschen wissen, daß sie ein integraler Bestandteil der freien Welt sind, und sie werden sich aus dieser Solidarität nicht freiwillig lösen, aber auch nicht unter Zwang lösen lassen. Den Platz, den in dieser Zusammenarbeit heute die

Bundesrepublik einnimmt, wird morgen ein wiedervereinigtes Deutschland ebenso unbeirrbar und ebenso entschlossen einnehmen. [...]

Die Geschichte hat dem amerikanischen Volke in den vergangen Jahren eine ungeheure Verantwortung aufgebürdet. Manchmal mußte an den amerikanischen Staatsmann und an den amerikanischen Bürger die Versuchung herantreten, sich dieser Verantwortung zu entziehen. Und manche Enttäuschung hätte den äußeren Anlaß für eine solche Entscheidung abgeben können. Wenn ich als Deutscher und als Europäer an diese Verantwortung appelliere, dann tue ich es, weil ich gleichzeitig aussprechen kann, daß wir uns der Pflichten bewußt sind, die uns daraus erwachsen. Die Bündnissysteme, denen wir uns angeschlossen haben, sind nicht Zweckverbände, die der Erfüllung eines bestimmten Zieles irgend eines Mitgliedes dienen. Wir haben eine gemeinsame Aufgabe zu erfüllen, wenn wir uns der wechselseitigen Verpflichtungen bewußt sind, d. h. wenn wir immer bereit sind, der gemeinsamen Aufgabe und dem gemeinsamen Ziel auch das augenblickliche eigene Interesse unterzuordnen. Und ich zweifle nicht, daß es dieser solidarischen Gemeinschaft der freien Völker der Welt gelingen wird, gemeinsam die Aufgaben zu lösen, die Geschichte und Politik uns gestellt haben.

Das gilt auch von dem besonderen Problem, das uns Deutsche so leidenschaftlich bewegt: der gesicherten Freiheit eines wiedervereinigten Deutschland. Ich zweifle nicht, daß alle Völker der Welt, die sich zur Freiheit bekennen, uns bei der Lösung dieser Aufgabe unterstützen werden. Und ich zweifle auch nicht, daß wir mit Beständigkeit und Entschlossenheit die Sowjetunion davon überzeugen werden, daß das Interesse des eigenen sowjetrussischen Volkes mit der Erfüllung dieses Zieles zu vereinbaren ist, ja vielleicht sogar nur durch die Erfüllung zu befriedigen ist.

Die vergangenen Monate haben uns gezeigt, daß der Wille zu Freiheit tief in der menschlichen Natur verankert ist. Auch jahrelange Unterdrückung, jahrelange Beeinflussung vermochten die menschliche Natur nicht zu ändern. Dieser Wille zur Freiheit ist wie ein göttlicher Funke, den man verdecken, aber nicht ersticken kann.

Unsere gemeinsame Aufgabe ist es, der Freiheit und dem Recht überall dort zum Siege zu verhelfen, wo sie zur Stunde noch unterdrückt sind. Wir wollen es nicht tun, indem wir Gewalt anwenden. Die Macht muß dem Rechte dienen, damit es als Ordnungsprinzip wirken kann. Aber das Recht muß sich auch der Macht bedienen, wenn es in der Gefahr steht, geschändet zu werden.

Ich las vor einigen Jahren hier in Washington einen Spruch, mit dem ich schließen möchte: „Eternal vigilance is the price of liberty."

68. Rundfunkvortrag Kennans

Ost- und Mitteleuropa: „Wenn man in den kommenden Jahren nicht angemessenes Vertrauen zu Deutschland fassen kann, sehe ich keine aussichtsreiche Lösung des europäischen Problems."

DzD, III. Reihe, Bd. 3, 3, S. 1930–1938.

24. November 1957

In meinem vorigen Vortrag[1] deutete ich an, daß sich aus dem Verhältnis zwischen der Sowjetunion und dem Westen bestimmte praktische Fragen ergeben; diese Fragen lassen sich im großen und ganzen in zwei Gruppen einteilen: in die grundlegenden Fragen, worunter ich Streitigkeiten über Grenzen, über die politische Kontrolle von Ländern und ähnliches verstehe, und die Nebenfragen, die im vorliegenden Fall aus der nunmehr zutage tretenden militärischen Rivalität zwischen der NATO und dem Sowjetblock entspringen. Diesmal sind es die Grundfragen, besonders eine, über die ich sprechen möchte.

Ich kenne zwischen Rußland und dem Westen keine anderen bedeutungsschweren Streitfragen als jene Probleme, die sich aus der Art und Weise ergeben, wie man den Zweiten Weltkrieg zu Ende gehen ließ. Ich denke dabei besonders daran, daß die Macht der deutschen Reichsregierung auf deutschem Boden selbst und in weiten Gebieten Osteuropas beseitigt wurde, daß sich die Armeen der Sowjetunion und der westlichen Demokratien in der Mitte trafen und die Kontrolle dieses Territoriums in ihre Hände nehmen konnten, bevor über seine Zukunft entsprechende Vereinbarungen getroffen waren. Das ergab sich einerseits aus dem Grundsatz der bedingungslosen Kapitulation[2], der die Deutschen aller eigenen Verantwortung für die Zukunft dieses Gebietes enthob, andererseits daraus, daß die alliierten Regierungen während des Krieges untereinander zu keiner sachlichen Verständigung über dieses Problem gelangt waren. Da später eine solche Einigung nicht mehr zu erreichen war – den Fall Österreich ausgenommen –, verwandelte sich der Übergangszustand in einen Dauerzustand. Und vor diese Tatsache sind wir heute gestellt.

Ein ähnliches Problem besteht auch im Fernen Osten. Eine ganz parallele Situation ist in Korea und in Formosa zu verzeichnen.

Der Zeitersparnis und der Einfachheit halber beschränke ich mich hier auf den europäischen Schauplatz, obwohl manches, was ich zu sagen habe, auch auf die Lage im Fernen Osten anwendbar ist. In Europa teilt sich das Problem in zwei Hälften: die Satellitenstaaten und Deutschland.

[1] Vgl. Kennan, Rußland, der Westen und die Atomwaffe, S. 25 f.
[2] Vgl. Dok. Nr. 47.

Ich brauche wohl nicht im einzelnen auf die Lage in den Satellitenstaaten einzugehen. Sie alle wissen, was sich dort in den letzten drei, vier Jahren ereignet hat. Die Machthaber in Moskau versuchten, teilweise den Schaden zu beheben, den Stalin mit seiner rücksichtslosen politischen Unterdrükkung und wirtschaftlichen Ausbeutung angerichtet hat. Diese Lockerung jedoch – wie die Unruhen in der deutschen Sowjetzone und in Polen und später der Aufstand in Ungarn bewiesen – diese Lockerung also söhnte die Völker nicht mit der russischen Herrschaft aus, sie zeigte vielmehr, wie tief die Gärung reichte und wie brüchig die Nachkriegsabkommen geworden waren, selbst wenn sie vorher vielleicht der Zweckmäßigkeit nicht entbehrten. Die russischen Machthaber, überrascht und bestürzt angesichts dieser Ausbrüche, sahen ihrer eignen politischen und militärischen Sicherheit wegen keine andere Wahl, als den Selbständigkeitsbestrebungen in diesen Ländern wieder harte Schranken zu ziehen und diese Einschränkung durch nackte Waffengewalt oder durch Stationierung ihrer eigenen Truppen durchzusetzen.

So entstand, wie wir alle wissen, eine überaus bedenkliche Situation, gefährlich und unhaltbar in aller Augen. Das Vasallenreich Rußlands, besonders Polen, ist heute sozusagen weder Fisch noch Fleisch, weder völlig stalinistisch unterjocht noch wirklich selbständig. Unmöglich kann das lange so bleiben. Es muß entweder zu neuen stürmischen Versuchen der Völker in diesem Gebiet kommen, ihr Schicksal in die eigene Hand zunehmen und aus eigenen Kräften zur Unabhängigkeit zu gelangen, oder aber es muß eine richtige Anpassung an die gegebene Tatsache der Sowjetherrschaft einsetzen. Im ersten Fall könnte der Westen leicht wieder vor dem gleichen Dilemma stehen, vor das uns im Oktober 1957 der Aufstand in Ungarn stellte – und jeder, dem die Ruhe der Welt auch nur im geringsten am Herzen liegt, kann nur inbrünstig hoffen, daß das nicht abermals geschieht.

Was die zweite Möglichkeit betrifft – augenblicklich die wahrscheinlichere –, so schaudert einem davor nicht weniger. Wenn es so weitergeht wie heute, werden sich die Völker Osteuropas einfach irgendwie mit ihrer Lage abfinden müssen, auch wenn dieses Sich-Abfinden die Gestalt allgemeiner Verzweiflung, Teilnahmslosigkeit, Verzagtheit und tiefster Enttäuschung über den Westen annimmt. Der Fehlschlag der Volkserhebungen gegen das russische Militärjoch hat in weiten Gebieten Osteuropas bittere, gefährliche Niedergeschlagenheit hervorgerufen. Wenn der Trieb nach Unabhängigkeit oder auch nur die Hoffnung im Herzen dieser Völker erlischt, werden sie sich nicht mehr entfachen lassen; dann hat Moskau restlos gesiegt. Dann ist Osteuropa dem europäischen Ganzen und der herkömmlichen Teilnahme am internationalen Leben für immer verloren.

Ich kann mir keinen Ausweg aus dem Dilemma vorstellen, der nicht den baldigen Abzug der russischen Truppen aus den Satellitenstaaten zur Voraussetzung hätte. Die Ereignisse der letzten Zeit haben keinerlei Zweifel darüber gelassen, daß die Anwesenheit dieser Truppen, zusammen mit der allgemeinen militärischen und politischen Lage in Europa, den Kern der Schwierigkeiten darstellt. Nur wenn diese Truppen nicht mehr auf fremdem Boden stehen, können sich diese Nationen den Institutionen und sozialen Systemen nähern, die ihren Erfordernissen am meisten entsprechen; wie diese Institutionen, diese sozialen Systeme aussehen dürften, darüber, glaube ich, brauchen wir im Westen uns keine Sorge zu machen. Wenn es Sozialismus ist, was diese Völker wünschen und brauchen, dann möge es so sein – aber unter allen Umständen nur aus freier Wahl! Es versteht sich von selbst, daß an einen Abzug der russischen Truppen aus Osteuropa nicht zu denken ist, solange nicht dieses ganze Gebiet aufhört, den Tummelplatz militärischer Rivalität zwischen den Großmächten zu bilden. Aber da erhebt sich sofort die deutsche Frage. Sie erhebt sich nicht nur, weil dann die russischen Soldaten auch aus der deutschen Sowjetzone abziehen müssen, sie erhebt sich auch aus einem anderen Grunde: solange amerikanische und andere westlichen Truppen in der Bundesrepublik stehen, können die Russen das Problem gar nicht anders betrachten, als in Verknüpfung mit der großen militärischen Gleichung 'Rußland und der Westen'. Jede Lösung des Problems der Satellitenstaaten setzt daher eine Lösung der deutschen Frage voraus. Schon deshalb neige ich zu dem Eindruck, daß die deutsche Frage noch immer im Mittelpunkt der internationalen Spannung steht – und daß für den Weltfrieden nichts Entscheidenderes getan werden könnte, als einen Ausweg aus der deutschen Sackgasse zu finden; denn wenn er nicht gefunden wird, sind die Friedensaussichten wahrhaft dürftig.

Unter diesen Umständen können wir gar nicht oft genug und gründlich genug im Lichte der europäischen und der internationalen Entwicklung prüfen, wie sich unsere Regierungen in den letzten Jahren zur deutschen Frage gestellt haben. Wir alle kennen diese Einstellung; man bestand darauf, und bestand mit gutem Grund darauf, daß die Art und Weise der deutschen Wiedervereinigung dem Willen des deutschen Volkes entspringen muß, zum Ausdruck gebracht durch freie Wahlen. Aber diese Einstellung geht weiter: man besteht darauf, daß der künftigen gesamtdeutschen Regierung im voraus in keiner Weise die Freiheit geschmälert werden dürfte, ihre internationale Orientierung selbst zu bestimmen und militärische Verpflichtungen gegenüber anderen Staaten zu übernehmen. Insbesondere bestehen die westlichen Regierungen darauf, daß es einer gesamtdeutschen Regierung vollkommen freistehen müsse, weiter der NATO anzugehören, wie es die Deutsche Bundesrepublik heute tut; und allgemein hält man es für eine feststehende Tatsache, daß auch eine gesamtdeutsche Regierung dies tun würde.

Hier erhebt sich sogleich die Frage, was dann mit den Truppen der verschiedenen verbündeten Mächten geschieht, die jetzt auf deutschem Boden stationiert sind. Der Westen sagt nichts Ausdrückliches darüber. Die Sowjetunion ist selbstverständlich nicht NATO-Mitglied, und während vermutlich die englischen, französischen und amerikanischen Truppen im Rahmen des NATO-Systems in Deutschland bleiben würden, erwartet man wahrscheinlich den Abzug der russischen Truppen. Wenn dem wirklich so ist, dann mutet man Moskau im Zuge des Abkommens über deutsche Wiedervereinigung zu, die militärische und politische Festung in Mitteleuropa preiszugeben, die es sich in den Kämpfen von 1941 bis 1945 erobert hat – sie preiszugeben ohne die Gegenleistung des Abzugs der amerikanischen Truppen aus dem Innern des Kontinents.

Darauf wird, meines Erachtens, die Sowjetregierung schwerlich eingehen, und wäre es auch nur aus Gründen der inneren und äußeren Sicherheit, wie Moskau sie auffaßt. Es wäre selbst unter den günstigsten Voraussetzungen schon schwierig genug für Moskau, sich ohne Rückschlag für das ganze politische System der Russen den gegenwärtigen unnatürlichen Verstrickungen in Osteuropa zu entziehen. Man kann nicht mit nüchternem Sinn verlangen, das heißt, wenn man wirklich eine Einigung anstrebt, kann man nicht verlangen, daß die Sowjetunion diesen Schritt auf eine Weise unternimmt, der ihr Ansehen untergraben würde. Auf die russischen Machthaber wird das schriftliche Versprechen der Westmächte, den einseitigen Abzug der Russen nicht zu ihrem Nachteil auszunutzen, schwerlich Eindruck machen. Schon der Abzug der Russen ohne ein Gegenstück auf westlicher Seite würde allgemein als eine Niederlage der Sowjetpolitik in Ost- und Mitteleuropa ausgelegt.

Die russischen Machthaber erblicken daher in den gegenwärtigen Vorschlägen des Westens die Zumutung einer Art bedingungsloser Kapitulation Moskaus in der deutschen Frage; sie müssen sich sagen: Wenn sie jemals so schwach wären, daß ihnen nichts anderes übrig bliebe, als sich einseitig aus Deutschland zurückzuziehen, dann bedürfe es dazu kaum eines eigenen Abkommens mit den Westmächten. Solange also der Westen darauf beharrt, daß eine künftige gesamtdeutsche Regierung in keiner Weise gebundene Hände haben darf, was die militärischen Verpflichtungen Deutschlands betrifft, solange sehe ich wenig Hoffnung, daß die Spaltung Deutschlands aufhört und ebensowenig die Spaltung Europas.

Ich weiß, es gibt Kreise im Westen, die sich darüber keine grauen Haare wachsen lassen. Ein geteiltes Deutschland erscheint ihnen gegenwärtig weniger problematisch, als es vor nicht allzu langer Zeit das Deutsche Reich war. Sie betrachten die Stationierung amerikanischer Truppen in Deutschland als unentbehrliches Unterpfand für das militärische Interesse Amerikas am europäischen Kontinent, und es überläuft sie kalt bei dem Gedanken, daß diese Garantie jemals zurückgezogen werden könnte. Sie haben nichts dagegen, daß Amerika, indem es diese Last übernimmt und unbefristet weiterträgt, Westeuropa der Notwendigkeit enthebt, sich selbst mit der deutschen Frage auseinanderzusetzen.

Dieser Standpunkt ist auf seine Art begreiflich. Es gab eine Zeit, gleich nach dem Kriege, wo er viel Berechtigung hatte. Aber es ist gefährlich, wenn man diese Ansicht zu einer bleibenden Haltung erstarren läßt: sie stellt zu hohe und zu langfristige Ansprüche an Amerika, das keine europäische Macht ist. Diese Anschauung wird auch der eigenen Kraft und Leistungsfähigkeit der Europäer nicht gerecht. Sie läßt die äußerst gewagten und unhaltbaren Vereinbarungen unberührt, die gegenwärtig über den Status von Berlin bestehen, Vereinbarungen, deren leiseste Verletzung unschwer eine neue Weltkrise auslösen könnte. Diese Auffassung berücksichtigt auch nicht die herrschende gefährliche Situation in den Vasallenstaaten. Sie gibt einem Übergang Dauer. Sie überschreibt mittelbar halb Europa den Russen.

Ich möchte besonders die Berliner Frage hervorheben. In England und Amerika neigt man beharrlich dazu, die Situation in Berlin zu übersehen, solange sie uns nicht zu schaffen macht, und anzunehmen, daß alles schon irgendwie gut ausgehen wird. Darf ich darauf hinweisen, daß die Stellung der Westmächte in Berlin durchaus nicht fest oder sicher ist. Sie wird von Tag zu Tag unsicherer durch die unheilvolle Taktik Moskaus, das Sowjetzonenregime in dieser Beziehung als seinen Wortführer vorzuschieben. Der Kreml will sich durch dieses Manöver offenbar die Verantwortung für die weitere Entwicklung der Lage in Berlin vom Halse schaffen. Auf diese Weise glaubt Moskau, schließlich den gelassenen Zuschauer spielen zu können, während das Zonenregime die Stellung des Westens immer unhaltbarer macht. Das ist unverkennbar ein Unheilszeichen. Die Zukunft Berlins ist maßgebend für die Zukunft ganz Deutschlands; die Nöte der Berliner und die überaus heikle Stellung der Westmächte in Berlin wären allein schon Grund genug, warum niemand im Westen die gegenwärtige Spaltung Deutschlands als eine annehmbare Dauerlösung ansehen dürfte, auch wenn sonst nichts auf dem Spiele stünde.

Natürlich wäre es abwegig zu behaupten, daß nur die undeutliche Stellungnahme des Westens zur Frage seiner Truppen in Deutschland einer Einigung im Wege steht. Eine annehmbare Regelung der deutschen Wiedervereinigung wäre, dessen bin ich sicher, auf alle Fälle eine ungemein schwierige Aufgabe, bei der sich naturgemäß zahllose andere Hindernisse einstellen. Zehn Jahre dauerte es, um zu einer Regelung im Falle Österreichs zu gelangen. Ich kann mir gut vorstellen, daß auch bei Deutschland bestenfalls Jahre vergehen könnten. Aber ich glaube, wir dürfen mit Recht annehmen, daß es die Stationierung amerikanischer und anderer westlicher Truppen auf deutschem Boden ist, die den Kern der Schwierigkeiten bildet; und solange in diesem Punkt nicht größere Klarheit geschaffen wird, kann kein richtiger Anfang gemacht werden.

Man wird mir prompt entgegenhalten, daß Moskau selbst eine deutsche Wiedervereinigung, gleichviel unter welchen Bedingungen, heute nicht mehr wünscht. Möglich! In der letzten Zeit waren jedenfalls in Moskau keine Anzeichen von Eifer für eine Regelung zu bemerken. Aber wir wissen nicht, wie weit diese Unlust auf Resignation angesichts der westlichen Haltung zurückgeht. Wenn wir nicht aufhören, die Männer im Kreml gegen eine verschlossene Tür zu drängen, werden wir nicht herausbekommen, ob sie durch eine offene Tür gehen würden. Unsere Erwägungen, wie sich Moskau zu dem Vorschlag über beiderseitigen Rückzug der Truppen stellen würde, sind heute nichts als reine Vermutungen; man hat ja Moskau keinen Grund zu der Annahme gegeben, daß die Truppen der Westmächte überhaupt unter irgendwelchen Voraussetzungen aus dem größeren Teil Deutschlands zurückgezogen werden könnten.

Wir dürfen überdies nicht vergessen, daß sich in Moskau von Zeit zu Zeit manches ändert, ganz wie im Westen. Wenn auch heute in Moskau keine Geneigtheit zu einer deutschen Regelung besteht, so müßten wir uns trotzdem so verhalten, daß wenigstens Aussicht auf Einigung vorhanden ist, falls sich die russische Einstellung ändert.

Schließlich handelt es sich ja nicht lediglich darum, ob Moskau eine deutsche Wiedervereinigung 'wünscht', wie die Leute sagen. Es handelt sich darum, ob Moskau es sich erlauben kann, sich ihr in den Weg zu stellen, wenn wirklich die Möglichkeit eines allgemeinen Abzugs der Truppen eintritt. Gomulka versprach dem polnischen Volk vor einiger Zeit, an dem Tage, an dem die Amerikaner aus Deutschland abzögen, werde er bei der Sowjetregierung wegen des Abzugs der russischen Truppen aus Deutschland vorstellig werden. Und in dieser Hinsicht halten es die übrigen Satellitenländer offenbar nicht anders als Polen, Chruschtschow hat Gomulka nicht ausdrücklich widersprochen; im Gegenteil, er selbst hat gelegentlich etwas von einem beiderseitigen Truppenrückzug gemurmelt, obwohl er durchblicken ließ, daß der Preis für den Abzug der Russen etwas höher sein dürfte, als Gomulka andeutete. Wie dem auch sei, das Interesse der Vasallenregime an der allgemeinen Räumung Deutschlands liegt auf der Hand. Wenngleich eine aussichtsreichere Einstellung des Westens nicht prompt zu einer Regelung führen würde, so hätte sie wenigstens den Zweck erfüllt, Moskau seine Haltung zu erschweren und die Schuld an der Verzögerung einer vernünftigen Regelung in Europa eindeutig den Russen aufzuerlegen – eine Schuld, die sie dann unter der herrschenden Volksstimmung in den Satellitenstaaten und anderen Ländern tragen müßten.

Läßt sich also die Haltung des Westens in manchen Punkten ohne Nachteil annehmbarer machen? Es fällt in diesen schnellebigen Zeiten einem

Außenstehenden schwer, eine solche Frage zu beantworten. Nur Regierungen verfügen über alle einschlägigen Unterlagen. Ich kann nur soviel sagen: Zwei Einzelfragen unserer gegenwärtigen Einstellung sollte man nach meiner Meinung einer gründlichen Überprüfung unterziehen.

Ich frage mich zunächst, ob es politisch richtig und realistisch gedacht ist, wenn man darauf besteht, daß eine künftige gesamtdeutsche Regierung vollkommen freie Hand hat, Deutschlands militärische Orientierungen und Bindungen zu bestimmen, und daß die Siegermächte des Zweiten Weltkrieges dieser Freiheit durch keinerlei Abmachungen untereinander vorgreifen dürfen. Rein äußerlich hat dies viel Verlockendes; es entspricht dem westlichen Leitgedanken des nationalen Selbstbestimmungsrechts. Es ist eine Einstellung, gegen die aus naheliegenden Gründen so leicht kein deutscher Politiker auftreten dürfte. Wir können also kaum annehmen, daß Bedenken dagegen von den Deutschen ausgehen werden. Aber ist diese Einstellung vernünftig, ist sie konstruktiv?

Ein Friedensvertrag ist noch nicht geschlossen. Die Befugnisse der Siegermächte sind in Deutschland formell noch nicht erloschen. Wäre es nicht denkbar, daß der einzige politisch gangbare Weg zur Wiedervereinigung und Unabhängigkeit Deutschlands gerade darin besteht, daß Deutschland gewisse Einschränkungen seiner Handlungsfreiheit bei der Gestaltung seiner künftigen militärischen Stellung in Europa in Kauf nimmt? Und wenn dem so wäre, ist es dann nicht etwas donquijotisch, sich im Namen der deutschen Freiheit und Unabhängigkeit auf einen Standpunkt zu versteifen, der für Millionen Deutsche, nämlich für die Bevölkerung der Sowjetzone, das restlose Opfer aller Freiheit und Unabhängigkeit auf unabsehbare Zeit bedeutet? Es ist niemandem damit gedient, wenn man ideale Lösungen sucht. Die Entwirrung des europäischen Labyrinths ist nicht kostenlos zu erreichen. Diese hartnäckige Forderung vollkommener Handlungsfreiheit für die künftige deutsche Regierung [...] entziehen sich durch diese Forderung die Siegermächte nicht der eigentlichen Pflicht zur Behebung der gegenwärtigen gefährlichen Situation in Mitteleuropa? Diese Situation haben sie geschaffen, nicht die Deutschen. Wollen sie jetzt ganz den Deutschen die Aufgabe überlassen, aus ihr herauszufinden?

Der zweite überprüfungsbedürftige Punkt in der westlichen Auffassung der deutschen Frage ist die allgemeine Annahme, daß die Westmächte hoffnungslos in militärischen Nachteil geraten würden, wenn beide Seiten ihre Truppen aus dem Herzen Europas zurückziehen. Darüber läßt sich im einzelnen unmöglich etwas sagen, solange man nicht weiß, wie dieser Truppenrückzug erfolgen soll – von wo und wohin, wie und wann. Hier gibt es, was man häufig übersieht, vielerlei Kombinationsmöglichkeiten, und ich bin durchaus nicht sicher, daß unsere Planer sie alle reiflich in Erwägung gezogen haben.

Davon abgesehen, habe ich den Eindruck, daß unser Kalkül in dieser Hinsicht noch immer von gewissen fragwürdigen Voraussetzungen und eingenisteten Vorstellungen ausgeht: wir überschätzen die Wahrscheinlichkeit, daß die Russen Westeuropa zu überrennen suchen; wir bewerten die Armeen der Satellitenstaaten als Werkzeuge russischer Angriffspolitik zu hoch; wir unterlassen es, die volle Tragweite der Fernlenkgeschosse einzukalkulieren; und wir unterschätzen empfindlich die Vorteile, die der Abzug der Russen aus Mittel- und Osteuropa für die Sicherheit des Westens bedeuten würde. Wenn man diese Schiefheiten richtigstellt, wie sehen dann eigentlich die militärischen Schlußfolgerungen aus einem allgemeinen Rückzug aus?

Man wird mich fragen, wie ich mir die Zukunft Deutschlands vorstelle, wenn nicht als Vollmitglied der NATO; ob ich für deutsche Neutralität bin oder für Entmilitarisierung Deutschlands oder für einen gesamteuropäischen Sicherheitspakt.

Auch das sind Fragen für die Planer. Die Kombinationsmöglichkeiten sind reich, man muß sie ganz genau prüfen – und die Alternativen. Kein Außenstehender kann entscheiden, was am besten wäre. Ich kann nur sagen, mir erscheint es prinzipiell weitaus vorzuziehen, die russischen Truppen aus Mittel- und Osteuropa wegzubringen, als eine neue deutsche Armee aufzustellen, die ihnen widerstehen kann, solange sie da sind. Und was einen europäischen Sicherheitspakt betrifft – ich bin kein Freund von Sicherheitspakten, und als Historiker habe ich nie begriffen, warum andere Leute noch immer so viel von ihnen halten; aber ich wüßte nicht, warum eine solche Umstellung unbedingt an die Wurzeln der Beziehungen innerhalb der NATO greifen sollte. Es kann nicht oft genug betont werden, daß die wahre Stärke der NATO nicht in den schriftlichen Verpflichtungen liegt, mit denen sie unterbaut ist; ihre Stärke liegt – und das wird unter allen Umständen so bleiben – in der Erkenntnis der Signatarstaaten, daß ihre tiefsten Interessen als Glieder der geistigen und kulturellen Gemeinschaft des Westens die gleichen sind. Sobald diese Erkenntnis vorherrscht, wird die NATO als politischer Faktor nicht schwächer dastehen, wenn sie durch andere Abmachungen über Deutschland ergänzt oder gewandelt wird.

Man wird mich auch fragen, ob ich dafür bin, daß Bonn mit dem Zonenregime verhandelt, wie Chruschtschow es immer fordert, wenn es zu einer Wiedervereinigung kommen soll. Das, glaube ich, ist in hohem Maße Sache Westdeutschlands. Das deutsche Problem kann, wie die Dinge heute liegen, nicht durch die Deutschen allein gelöst werden. Moskau kann, wie es sich auch windet, sich seiner Verantwortung in dieser Frage nicht entziehen, und mit Moskau haben wir, die Amerikaner und die Engländer jedenfalls, es zu tun.

Der Kreml würde es natürlich gern sehen, wenn das Sowjetzonenregime als Preis für die Wiedervereinigung Deutschlands eine bevorzugte und gesicherte Stellung als politische Gruppe in einem künftigen gesamtdeutschen Staat für sich herausschlagen könnte. Darüber läßt sich einfach nicht diskutieren. Aber dem Außenstehenden will es scheinen, daß man es sich in Westdeutschland leisten könnte, sehr großzügig bei der Abgrenzung der Stadien zu sein, in denen man sich der völligen Wiedervereinigung nähert. Nichts könnte von westdeutscher Seite törichter sein, als Rachsucht, Starrsinn oder politische Leidenschaft den Weg versperren zu lassen. Die lange Kommunistenherrschaft in der Sowjetzone wird dort tiefe Spuren im Leben hinterlassen. Von kommunistischer Seite wird man sicherlich fordern, daß nicht alle diese Spuren getilgt werden. Man kann verschieden darüber denken, ob sie positiv oder negativ sind, Narben oder Errungenschaften. Aber es besteht kein Grund, bei einer künftigen Regelung nicht so manches davon als gegebene Tatsache mit ins Kalkül zu ziehen. Ob zum Beispiel die Betriebe in der Zone sozialisiert bleiben sollen oder nicht, erscheint mir, gemessen an allem, was sonst auf dem Spiele steht, als eines der geringfügigsten Probleme.

Nur noch ein Wort im allgemeinen über die deutsche Frage. Man hört so oft den Einwand: ‘Den Deutschen ist nicht zu trauen’ – und deshalb sei es besser, sagen die Leute, wenn Deutschland geteilt bleibt und einigermaßen vom Westen abhängt, besser, als daß die Deutschen als Nation wieder völlige Handlungsfreiheit erlangen. Diese Ansicht stützt sich in den meisten Fällen auf die unzähligen Erfahrungen der Vergangenheit, und viele Leute, die diese Schlußfolgerungen ziehen, kennen das heutige Deutschland überhaupt nicht.

Ich teile diese Auffassung nicht. Deutschland ist in einem großen Übergang begriffen, und man kann in diesem sich wandelnden Bilde leicht alles finden, was man finden will. Es stimmt, daß sich ein großer Teil der älteren Generation kaum jemals wieder von dem Trauma der Vergangenheit völlig freimachen dürfte; das sind auf die eine oder andere Art problematische Naturen, womit nicht unbedingt gesagt ist, daß sie noch immer Nationalsozialisten sind. Aber ich, der selbst auch in Deutschland studiert hat, habe bei meinen akademischen Vorlesungen die jungen Deutschen etwas näher kennengelernt, und ich bin überzeugt, diese jungen Menschen – bedrängt, verdutzt, diesmal nicht bestärkt durch eine feste Tradition aus der eigenen Vergangenheit – werden sich dem Ruf des Westens nicht verschließen, wenn er nach wahrem Weitblick, echter Überzeugung und ehrlicher Zielsetzung klingt. Die jüngere deutsche Generation ist heute stärker durch das Eindringen eines abgebrühten Materialismus gefährdet als durch chauvinistische Strömungen; und gerade in dieser Hinsicht fürchte ich, gerade beim Kampf gegen den Materialismus haben wir im Westen ihr wenig Hilfe, wenig Anreiz geboten. Unsere Zukunftshoffnung auf das jüngere Deutschland zu setzen, ist gewagt, jawohl; aber ich kenne kein größeres Wagnis, als dem Kernwaffenkrieg zuzutreiben, und das ist die Strömung, die uns jetzt alle trägt.

Wenn man in den kommenden Jahren nicht angemessenes Vertrauen zu Deutschland fassen kann, sehe ich keine aussichtsreiche Lösung des europäischen Problems. Dieses Vertrauen zu versagen, heißt uns selbst im voraus Möglichkeiten abschneiden, die für unser Fortbestehen entscheidend sein könnten. Wenn wir uns einer so negativen, so hoffnungslosen Annahme überlassen wollen, dann müssen wir uns gründlich, aber schon sehr gründlich vergewissern, daß unser Urteil nicht durch Erinnerungen an die Vergangenheit und frühere Gefühle getrübt ist, sondern sich auf nüchterne Betrachtung der Wirklichkeit von heute gründet.

69. Erklärung Humphreys (Auszug)

Probleme europäischer Sicherheit: „die fortgesetzte Teilung Deutschlands [...] die Unterjochung der Mehrheit der Völker in den Satellitenländern Osteuropas [...] die ständige Gefahr, daß eines dieser Probleme in einen europäischen Brand ausbrechen könnte".

DzD, III. Reihe, Bd. 4, 1, S. 512 f.

4. Februar 1958

Herr Präsident, der zweite Vorschlag für eine regionale Rüstungskontrolle betrifft Europa. Ich freue mich, daß mein Freund, der Senator von Illinois (Herr Douglas), zu diesem Zeitpunkt im Hause anwesend ist. Es gibt drei große Probleme der europäischen Sicherheit und Politik. Eins ist die fortgesetzte Teilung Deutschlands. Das zweite ist die Unterjochung der Mehrheit der Völker in den Satellitenländern Osteuropas durch die Besatzung sowjetischer Truppen. Das dritte ist die ständige Gefahr, daß eines dieser Probleme in einen europäischen Brand ausbrechen könnte. Wenn die sowjetischen Mittelstreckenraketen und die 170 Divisionen des sowjetischen Heeres in Westeuropa einfielen, dann gerieten die Nato-Befestigungsanlagen in ihrem gegenwärtigen Zustand in harte Bedrängnis, um sie aufzuhalten.

Bis jetzt ist die Antwort der Regierung zu diesen drei Problemen, Westeuropa mit Raketen verschiedenen Typs auszurüsten, wenn sie verfügbar werden. Das ist ein Vorschlag, der von vielen von uns in beiden Häusern des Kongresses unterstützt wird.

Ich gebe jedoch zu erwägen, daß, wenn die Probleme und die für sie vorgeschlagene Lösung Seite an Seite aufgereiht sind, die Lösung sehr schwer und unzulänglich aussieht.

Der Abrüstungsunterausschuß des Senats widmete in seinem Bericht vom vergangenen September dem deutschen Problem einige Aufmerksamkeit. Ich möchte jetzt aus diesem Bericht zitieren:

„Die Schaffung eines freien und wiedervereinigten Deutschland würde vermutlich irgendeine oberste Grenze des Umfanges seiner Streitkräfte und seiner Waffenversorgung bedingen. Damit solche Beschränkungen bindend sind, müssen sie jedoch von ähnlichen Beschränkungen der Streitkräfte und der Rüstungen sowohl anderer europäischer Nationen wie auch der Vereinigten Staaten und der Sowjetunion begleitet sein. Diese Beschränkungen sollten auf die europäischen NATO-Länder und die Warschauer-Pakt-Länder Osteuropas Anwendung finden, und sie würden einen Abzug und eine eventuelle Verringerung der sowjetischen Streitkräfte in Osteuropa und der amerikanischen Streitkräfte in Deutschland mit sich bringen."

Herr Präsident, ich füge hinzu, daß keine dieser Verhandlungen je stattfinden sollte und keine je erwogen werden dürfte ohne Beratung mit der westdeutschen Republik. Die Regierung der westdeutschen Republik ist den Vereinigten Staaten immer freundlich gesinnt gewesen und ein loyaler Partner im NATO-Bündnis.

Herr Präsident, ich glaube, es ist wichtig, hier zu betonen, daß der Bericht feststellte:

„Im Falle eines Abzugs der amerikanischen Streitkräfte aus Deutschland müßten Vorkehrungen getroffen werden, damit sie, solange die militärische Strategie der NATO es erfordert, an anderer Stelle östlich des Atlantik stationiert bleiben."

Der Unterausschuß schloß, daß:

„wenn die deutsche Wiedervereinigung mehr werden soll als ein Schlagwort, dann muß die westliche Politik sowohl beständig wie auch realistisch sein. In der Frage der Wiedervereinigung Deutschlands ist weder die Politik der Westmächte noch die sowjetische Politik beweglich genug, um Fortschritte zur Lösung dieses Problems zu ermöglichen."

Dieser Teil unseres Berichtes, besonders der letzte Satz, ist heute ebenso gültig wie vor 5 Monaten, als der Bericht eingereicht wurde. Ich fordere die Regierung dringend auf, die Feststellungen und die Vorschläge des Unterausschusses zu dieser Frage zu berücksichtigen.

Dazu, glaube ich, hat Herr George Kennan, der frühere Botschafter der Vereinigten Staaten in der Sowjetunion und einer der ersten amerikanischen Rußlandkenner, einen wichtigen Beitrag geleistet. Ich bin nicht mit allem einverstanden, was Herr Kennan gesagt hat; ich glaube jedoch, daß er dazu beigetragen hat, viele von uns aus einer abgedroschenen Art des Denkens über europäische Probleme aufzurütteln.

Wir müssen damit rechnen, daß die politische Führung unserer Hauptverbündeten wechselt. Diese Möglichkeit suche ich vergeblich im Denken derjenigen, die unsere Politik machen. Es gibt bereits starke politische Kräfte in Deutschland, in Großbritannien und anderenorts, die für einen Abzug der alliierten Truppen aus Deutschland und der sowjetischen Truppen aus

Osteuropa eintreten. Allein aus diesem Grunde wäre es klug, wenn die politischen und militärischen Berater der NATO verschiedene Pläne und Möglichkeiten ausarbeiteten, die als Grundlage von Verhandlungen mit der Sowjetunion dienen könnten. Wie der Bericht des Unterausschusses feststellt, ist eins der Probleme, das in diesem Zusammenhang gelöst werden muß, wo die amerikanischen Truppen auf der östlichen Seite des Atlantik sonst stationiert werden könnten.

Wenn ein solcher Abzug stattfände, würde Deutschland keineswegs zum Kommunismus umschwenken; es würde nicht einmal eine neutrale Haltung zum Kommunismus als Ideologie oder Regierungssystem einnehmen. Möglich wäre jedoch, daß einem Abzug der sowjetischen Truppen aus Ostdeutschland und Polen politische Erhebungen von großem Ausmaß und großer Bedeutung für ein freies Europa folgen.

70. Erklärung Dulles' vor dem Abgeordnetenhaus in Berlin

Sowjetische Bedrohung: „Aber Berlin lehrt uns, daß man den bloßen Versprechungen der sowjetischen Kommunisten keinen Glauben schenken kann."

Bulletin, Nr. 86 vom 10. 5. 1958, S. 854, 857f.

Berlin, 8. Mai 1958

Es ist ein erhebendes Gefühl, wieder in Berlin zu sein. Dies ist mein vierter Besuch seit dem Ende des Zweiten Weltkrieges. Ich war wenige Monate nach Abschluß der Feindseligkeiten hier. Damals sah ich in Berlin nur Trümmer und Schutt. Es schien unmöglich, daß die Stadt wieder aufgebaut werden könnte. Zu jener Zeit hatte ich das Gefühl, daß die schwierige Lage Berlins eine Aufgabe darstellte, die mit menschlichen Mitteln nicht gemeistert werden könnte. Doch diese fast unvorstellbar schwere Aufgabe wurde tatsächlich bewältigt, indem sich menschliche Energie und menschlicher Glaube in einem Maß entfalteten, wie es in der Geschichte nur selten vorkommt.

Dann flog ich im Jahre 1948 über die Luftbrücke nach Berlin. Damals verhängte die Sowjetunion eine Wirtschaftsblockade, die, so schien es, das Schicksal der Stadt besiegeln würde. Doch der Mut und die Findigkeit der Berliner sowie der freien Völker, die die Luftbrücke einrichteten und unterhielten, bewiesen, daß die Freiheit über eine Macht an Einfallsreichtum und Spannkraft verfügt, die die Despoten weit unterschätzt hatten. Berlin war nicht isoliert. Der Versuch der Blockade wurde aufgegeben, und in einer Welt der Knechtschaft zeigte Berlin auch weiterhin mit Stolz die guten Früchte der Freiheit.

Dann weilte ich wieder im Januar 1954 zur Teilnahme an der Viermächtekonferenz[1] hier, die, wie man hoffte, zur Wiedervereinigung Deutschlands in Freiheit und zur Befreiung Österreichs führen sollte. In unseren Bemühungen wurden wir durch die tragischen Ereignisse des vorangegangenen Juni und Juli angespornt, als die Arbeiter in Ostberlin und in der von den Sowjets besetzten Zone sich erhoben.[2] Dieser Aufstand ist bekannt geworden unter dem Begriff des 17. Juni. Die spontane, mutige und brutal unterdrückte Forderung der Arbeiter nach anständigen Lebensbedingungen machte es um so vordringlicher, daß die Fremdherrschaft beendet und die Befreiung Deutschlands erreicht würden. Die westlichen Vertreter kämpften tapfer, doch umsonst. Die Konferenz hat die ihr gesetzten Ziele nicht erreicht. Doch war die Konferenz selbst nicht vergebens. Die gesamte Welt bildete sich ein Urteil über die offenen Fragen und, wie ich bei meiner Heimkehr von jener Konferenz sagte, hat sie „den Weg für andere Dinge frei gemacht. Die Einigung und Stärkung Westeuropas können nunmehr weitergehen." Und sie gingen weiter. Die Bundesrepublik Deutschland erhielt die Souveränität zurück. Sie wurde vollwertiges Mitglied der NATO und trat dem Vertrag über die Westeuropäische Union bei. Heute hilft die Bundesrepublik nicht nur beim Bau derjenigen Institutionen, die militärisch und wirtschaftlich Westeuropa einigen werden, sondern spielt unter ihrem großen Bundeskanzler Adenauer eine wesentliche Rolle im Rat der freien Völker.

Heute bin ich zum vierten Mal in Berlin, um die Leistungen der Berliner Bevölkerung zu sehen und zu bewundern, die trotz noch nie dagewesener Hindernisse aus Berlin einen Mittelpunkt des kulturellen und geistigen Lebens und der Industrie macht. Im Namen des Präsidenten und des Volkes der Vereinigten Staaten sage ich den Menschen des freien Berlin: 'Alle Hochachtung!'. Für uns war es eine Auszeichnung und ein geistiger Ansporn, mit Ihnen verbunden zu sein. Nach meiner Erfahrung müßten alle Menschen, die die Bedeutung des weltweiten Kampfes verstehen wollen, der heute einen so großen Teil der Menschheit beschäftigt, Berlin besuchen, oder, falls dies nicht möglich ist, die Geschichte des Nachkriegsberlin lesen.

Eine erste Lehre vermittelt uns Berlin durch seine Umgebung. Sie leben hier eingekreist von der kommunistischen Herrschaft, die Sie wie ein Ring umgibt. Ihre Lage ist ein tragisches Symbol der Mißachtung des verpfändeten Wortes. Die Potsdamer Abkommen von 1945 stellten unmißverständlich fest, daß der Zweck der militärischen Besetzung nicht die Zerstückelung Deutschlands oder seine ständige Teilung sei. Bis vor kurzem hat die Sowjetunion auch tatsächlich zugegeben, daß es die Verantwortung der vier Mächte sei, die Wiedervereinigung Deutschlands herbeizuführen. Auf der

[1] 25. Januar – 18. Februar 1954.
[2] 17. Juni 1953: Volksaufstand in Berlin und anderen Städten der DDR.

Genfer Gipfelkonferenz vom Juli 1955[3] erhielten Präsident Eisenhower sowie die Ministerpräsidenten Frankreichs und Großbritanniens von den sowjetischen Regierungschefs, einschließlich Herrn Chruschtschows, die formelle Bestätigung, daß die vier Mächte eine ‚gemeinsame Verantwortung für die Regelung der deutschen Frage und die Wiedervereinigung Deutschlands'[4] hätten, und sie ‚stimmten darin überein, daß die Regelung der deutschen Frage und die Wiedervereinigung Deutschlands durch freie Wahlen' in die Tat umgesetzt werden sollten. Diesen Verpflichtungen, so scheint es jetzt, entzieht sich die Sowjetunion. Das zeigt, wie außerordentlich schwer es ist, mit der Sowjetunion zusammenzuarbeiten.

Die meisten Regierungen glauben, daß den von ihnen eingegangenen Verpflichtungen eine moralische Verbindlichkeit anhaftet. Sie übernehmen feierliche und genau festgelegte internationale Verpflichtungen nur dann, wenn sie auch beabsichtigen, sie auszuführen. Zwar zeigt die Geschichte, daß die Durchführung dieser Verpflichtungen nicht immer vollkommen ist, doch zumindest betrachten diese Regierungen den Abschluß und den Bruch von Vereinbarungen nicht als ein rechtmäßiges Mittel zur Förderung ihrer eigenen Interessen. Im Falle der Sowjetunion ist das anders. Ihre Machthaber sind gottlose Materialisten; was sie betrifft, so haben die von ihnen übernommenen Verpflichtungen keine moralische Verbindlichkeit. Oft scheint es, als ob sie den Abschluß und den Bruch von Vereinbarungen als ein rechtmäßiges internationales Mittel betrachten und daß ihre Versprechen, wie Lenin sagte, nur gegeben werden, um gebrochen zu werden. Deshalb ist es für uns so schwierig, bei der Lösung politischer Fragen und bei der Einigung über eine Rüstungsbeschränkung Fortschritte zu erzielen. Die Einstellung der Sowjetunion zu den von ihr getroffenen Abmachungen stellt ein ernstes Hindernis dar.

Sie hier in Berlin, die Sie ein lebender Beweis für die Verletzung internationaler Abkommen durch die Sowjets sind, werden dies gewiß verstehen. Ihre schwierige Lage müßte die Welt lehren, daß es unbesonnen ist, im Vertrauen auf sowjetische Versprechungen Zugeständnisse zu machen, nur weil diese Versprechen verlockend sind. Sie brauchen sich hier auch nur umzuschauen, um zu sehen, zu welchen tragischen Ergebnissen die Anwendung der kommunistischen These führte, daß der einzelne Mensch kein geistiges Wesen sei, sondern nur ein physisches Objekt, dazu bestimmt, den kommunistischen Sowjetstaat zu verherrlichen und seinen Machtbereich in der gesamten Welt auszuweiten. Der ständige Flüchtlingsstrom aus Ostdeutschland, der mit einer Stärke von ungefähr 20 000 Menschen im Monat immer noch weiterfließt, ist ein unbestreitbarer Beweis dafür, welche Ge-

[3] 18.–23. Juli 1955: ‘Konferenz des Lächelns’.

[4] Für den Wortlaut der Erklärung vgl. DzD, III. Reihe, Bd. 1, S. 218.

sellschaftsordnung dem Menschen mehr bietet, sowohl was die wirtschaftliche Existenz wie auch die Befriedigung seiner geistigen und kulturellen Bedürfnisse angeht. Dieser ständige Strom von Osten nach Westen ist um so bezeichnender, weil diejenigen, die sich nach Westen wenden, größtenteils junge Menschen sind, die sich, seit sie erwachsen waren, einer intensiven Anwendung der kommunistischen Doktrin und Praxis ausgesetzt sahen.

Berlin lehrt uns noch ein zweites: Die unglaubliche Fähigkeit von Menschen, die von einem Glauben beseelt sind. Für mich ist es eine der ermutigendsten Stellen in der Heiligen Schrift im Brief des Paulus an die Hebräér, wo er die großen Glaubenshandlungen aufzählt, die die Geschichte des hebräischen Volkes gekennzeichnet haben. Abschließend sagt er: 'Dieweil wir eine solche Wolke von Zeugen um uns haben, lasset uns mit Ausdauer im Wettkampf laufen, der uns verordnet ist.' Es besteht kein Zweifel, daß die Bevölkerung von Berlin ein neues episches Kapitel in der Geschichte unerschütterlichen Glaubens und Arbeitens schreibt. Angesichts der Entmutigung und Hindernisse, wie sie nur wenige je zu bestehen hatten, haben Sie Ihre Stadt aus dem Schutt wieder aufgebaut.

Und sogar noch, nachdem diese Rede geschrieben wurde – wenn ich das hier einschalten darf – ist ein neues Hindernis entstanden in Form einer Willküraktion der kommunistischen Behörden, die praktisch eine Zwangsabgabe für den Wasserstraßen-Verkehr zwischen Ost- und West-Deutschland eingeführt haben. Das ist typisch für die Hindernisse, auf die Sie bisher immer wieder gestoßen sind und die Sie bisher überwunden haben, und Sie haben nicht nur ihre liebenswerte Stadt wieder aufgebaut, sondern auch eine Stadt geschaffen, die schöner geworden ist.

Sie haben hier Ihre freie Universität errichtet. Sie haben das Hauptgebäude der Technischen Universität inmitten der Ruinen des einstmals imposanten Gebäudes errichtet. Sie haben das Hansa-Viertel neu geschaffen, eines der eindrucksvollsten Unternehmen auf dem Gebiete des Städtebaues in Europa. Sie haben Ihre Kirchen wieder aufgebaut. Theater und Musik, das religiöse und intellektuelle Leben sind wieder erwacht, was beweist, daß die physischen Fesseln, die Ihnen angelegt waren, durch den Glauben an Ihre Sendung und durch die Hoffnung und Erwartung eines künftigen reicheren und freieren Lebens gesprengt werden konnten und gesprengt werden. Niemand kann in West-Berlin von heute weilen, ohne den außerordentlichen Mut und die ungewöhnliche Kraft anzuerkennen, die Berlin zu einer der großen Städte Europas machen. Lassen Sie mich Ihnen sagen, daß nach meiner Ansicht Ihre Hoffnung und Ihr Glaube an die Zukunft nicht sinnlos sind und ihre Erfüllung finden werden.

Ich erinnere mich der düsteren Konferenz hier im Jahre 1954[5], als die so-

[5] 25. Januar – 18. Februar 1954: Viermächte-Außenministerkonferenz.

wjetische Delegation sich unnachgiebig der Befreiung Österreichs[6] und der Wiedervereinigung Deutschlands[7] widersetzte. Im Jahre 1955 aber entschloß sich die Sowjetunion plötzlich, Österreich die Freiheit zu geben. Diese Entscheidung kam überraschend und war eine Abkehr von der unnachgiebigen Haltung, die die Sowjetregierung fast zehn Jahre lang eingenommen hatte. Das zeigt, daß wir unsere Hoffnung für Deutschland und Berlin nicht aufzugeben brauchen. Der Tag wird kommen, an dem, wahrscheinlich unerwartet und unvorhergesehen, die Genfer Versprechen des Jahres 1955[8] erfüllt werden und Deutschland wieder in Freiheit vereint sein wird.

Ein drittes lehrt uns Berlin: Hier ist ein großes Potential einer geistigen Einheit und praktischen Zusammenarbeit aller Menschen wirksam, die die Freiheit lieben. Das freie Berlin und das freie Deutschland hätten diese Leistungen nicht ohne den Glauben und die Arbeit der eigenen Bevölkerung erzielen können. Aber ebenso unerläßlich war die Unterstützung durch andere freie Völker. Die Amerikaner sind stolz auf die Rolle, die sie in diesem Zusammenhang zu spielen die Ehre hatten. Die ersten Aufräumungsarbeiten in der Stadt und die Wiederherstellung des Versorgungswesens – Licht, Heizung, Strom, Kanalisation und Verkehrswesen – wurden mit deutschen Arbeitern und unter deutscher Planung und mit finanzieller Unterstützung durch die Vereinigten Staaten ausgeführt. Die Luftbrücke, die die sowjetische Blockade[9] überwand, wurde von den Westmächten eingerichtet.

Nach Beendigung der Blockade setzte eine wohlgeplante Entwicklung auf dem industriellen und kulturellen Bausektor ein, wobei die Vereinigten Staaten überall mit Freude geholfen haben. Hier in Berlin hat die Zusammenarbeit ihren Niederschlag gefunden in Stein und Mörtel, in Auditorien der Gelehrsamkeit, in Arbeits- und Konferenzstätten, bei der Arbeit und bei der Erholung. Am wichtigsten vielleicht bei all diesen Aspekten der Zusammenarbeit ist der Schild der Macht, hinter dem diese Arbeit des Friedens geleistet wird. Ich darf hier an die Erklärung erinnern, die die Außenminister des Vereinigten Königreichs und Frankreichs und ich am 3. Oktober 1954[10] abgaben. Wir sagten:

[6] Für den Wortlaut des Staatsvertrags über die Wiederherstellung eines unabhängigen und demokratischen Österreich vom 15. Mai 1955 vgl. BGRÖ, 39. Stück vom 30. Juli 1955, S. 725–810.

[7] Für den Wortlaut des Vertrages zwischen der Bundesrepublik Deutschland und der Deutschen Demokratischen Republik über die Herstellung der Einheit Deutschlands (Einigungsvertrag) vom 31. August 1990 vgl. Bulletin, Nr. 104 vom 6. September 1990, S. 877–885.

[8] Für den Wortlaut der Direktive der Regierungschefs an ihre Außenminister vom 23. Juli 1955 vgl. DzD, III. Reihe, Bd. 1, S. 213–219.

[9] 24. Juni 1948 – 12. Mai 1949.

[10] Vgl. Bulletin, Nr. 188 vom 6. Oktober 1954, S. 1663–1666.

„Die Sicherheit und das Wohl Berlins und die Aufrechterhaltung der dortigen Stellung der drei Mächte werden von den drei Mächten als wesentliche Elemente des Friedens der freien Welt in der gegenwärtigen internationalen Lage betrachtet. Dementsprechend werden sie innerhalb des Gebietes von Berlin Streitkräfte unterhalten, solange ihre Verantwortlichkeiten dies erfordern. Sie bekräftigen daher erneut, daß sie jeden Angriff gegen Berlin, von welcher Seite er auch kommen mag, als einen Angriff auf ihre Streitkräfte und sich selbst behandeln werden."

Diese Erklärung habe ich mit Präsident Eisenhower noch eine Stunde vor meiner Abfahrt aus Washington besprochen. Wir haben sie gemeinsam gelesen, und er hat mich bevollmächtigt, Ihnen zu erklären, daß die Erklärung nach wie vor gültig ist und als Ausdruck der feierlichen Entschlossenheit der USA bekräftigt werden kann. Ich weiß, daß die Berliner erkannt haben, wie wichtig für sie die militärische Abschreckung gewesen ist, die einen Schild darstellt, hinter dem Ihre Arbeit des Friedens gedieh. Ich hoffe, Sie und andere werden erkennen, daß der Friede und die Sicherheit aller Menschen in der freien Welt in gleicher Weise von einem solchen Schild abhängen.

Der Sowjet-Regierung gefällt dieser Schild gar nicht. Mit jeder möglichen Propaganda versucht sie, den Verzicht auf diesen Schild zu erzwingen. Sie behauptet, daß sich diejenigen, die diesen Schild schaffen, dadurch als böse Militaristen erwiesen. Sie behauptet, daß diejenigen, die sich zusammenschließen, um durch diesen Schild geschützt zu werden, ‚aggressive Gruppierungen' seien. Sie behauptet, daß diejenigen, die nur um Verteidigung bemüht sind, dies dadurch beweisen sollten, daß sie auf alle Waffen, außer auf minderwertige Waffen, verzichten und moderne Waffen denjenigen als Monopol überlassen, die eine tragisch lange Geschichte der Expansion durch Anwendung von Gewalt hinter sich haben. Sie behauptet, daß gewisse Vorsichtsmaßnahmen, die wir zu unserer Luftverteidigung treffen, gefährlich und angsteinflößend seien. Wenn wir es aber möglich zu machen versuchen, diese Maßnahmen auf der Grundlage einer gegenseitigen internationalen Inspektion zu revidieren, die eine weitgehende Gewähr gegen Überraschungsangriffe bietet, sagen die Sowjets 'Njet'.

Sie haben es erst wieder letzte Woche im Sicherheitsrat der Vereinten Nationen gesagt. Die sowjetische Regierung gibt vor, die Anwendung nuklearer Waffen nicht zu wünschen, doch sie besteht darauf, auch weiterhin in fieberhafter Eile den Vorrat an diesen Waffen in ihrem eigenen Arsenal zu vergrößern. Sie fordert die freie Welt auf, dem sowjetischen Versprechen Glauben zu schenken, daß im Falle eines Krieges keine Kernwaffen eingesetzt würden, und dies trotz des häufigen Wortbruchs, auf den ich schon hingewiesen habe.

Diese kommunistische Propaganda will eine Welt schaffen, die von der militärischen Macht des chinesisch-sowjetischen Blocks beherrscht wird. Die Freiheit wäre ohne angemessene Verteidigung. Es ist unsere Pflicht, hinter die verlockend klingenden Worte zu schauen, um den dahinterstekkenden Anschlag auf die Freiheit zu entdecken und zurückzuweisen. Ich hoffe, daß die Lehren, die uns Berlin vermittelt – die Lehre, die wir seiner Umgebung verdanken, die Lehre, die wir seinem Glauben verdanken, und die Lehre, die wir der Zusammenarbeit freier Menschen verdanken –, Anwendung auf die Mehrzahl der weltpolitischen Probleme finden.

Alle Menschen in der ganzen Welt, einschließlich der Völker der Sowjetunion, denken mit Schrecken an die Möglichkeit eines neuen Krieges. Jeder wäre bereit, verläßliche Maßnahmen zu ergreifen, um diese Möglichkeiten zu vermindern und vor allem, um die neuen Waffen, die die Menschheit mit ihrer Vernichtung bedrohen, abzuschaffen. Aber Berlin lehrt uns, daß man den bloßen Versprechungen der sowjetischen Kommunisten keinen Glauben schenken kann. In Schwäche kann keine Sicherheit bestehen. Berlin lehrt uns auch, daß der Mensch als geistiges Wesen durch seinen Glauben fähig ist, Wunder zu vollbringen, und daß Menschen mit einem Glauben nicht bereit sind, sich einer gottlosen und materialistischen Herrschaft zu unterwerfen, nur weil sie hoffen, sich auf diese Weise ihr Leben erhalten zu können.

Menschen, die frei sind, und alle Menschen, die nach dem Verlust der Freiheit sie wiederzugewinnen trachten, sollten sich vor Berlin verneigen und die Lehren, die wir Berlin verdanken, in sich aufnehmen und beherzigen.

71. Erklärung Mansfields im amerikanischen Senat (Auszug)

Wiedervereinigung: „In West- und Ostdeutschland arbeiten unterschiedliche wirtschaftliche Systeme. Können diese Systeme von Außenstehenden friedlich in Einklang gebracht werden? Werden freie Wahlen – ohne fortgeschrittene und ausgedehnte Vorbereitungen durch die Deutschen selbst – sie in Einklang bringen?“

DzD, III. Reihe, Bd. 4, 2, S. 1139 f.

Washington, 19. Mai 1958

Herr Präsident, ich wende mich jetzt dem zweiten großen Problem des Friedens in Europa zu, dem Problem des geteilten Deutschland. Mir scheint, es gibt eine Art von Regelung für dieses Problem, die überhaupt keine Regelung darstellt. Das ist eine Regelung, die einem vereinigten Deutschland, sei es nun kommunistisch oder kapitalistisch orientiert, den Weg dazu freimachen würde, erneut zur militärischen Geißel ganz Europas, des Ostens wie auch des Westens, zu werden. Der beste und vielleicht einzige Weg, sich vor der Möglichkeit eines Wiederauflebens des Militarismus in Deutschland zu hüten, ist der Weg, den die große Mehrheit des deutschen Volkes in dem Moment eifrig gewählt hat, als seine Abwendung vom Militarismus am größten war. Das ist der Weg der friedlichen Vereinigung mit Westeuropa.

Deutschland gehört zum Westen und muß im Westen bleiben. Jeder Frieden, der eine Lösung dieser Bindung verlangt, wäre überhaupt kein Frieden. Er wäre nicht einmal eine Beschwichtigung. Er wäre ein Akt völliger Torheit für Deutschland, für Rußland und für Westeuropa. In diesem Punkt kann es bei keiner Regelung des Problems der Vereinigung ein Nachgeben geben.

Innerhalb dieses Rahmens kann jedoch Raum für Verhandlungen sein. Wenn auch Deutschlands Bindung an Westeuropa eng und ungebrochen bleiben muß, kann ich doch zum Beispiel nicht einsehen, daß die gegenwärtige Form und das Ausmaß der deutschen militärischen Beteiligung an der Verteidigung des Westens als unabänderlich betrachtet werden müssen. Sicherheitsbedürfnisse sind sich immer wandelnde Bedürfnisse, und die westdeutsche Wiederbewaffnung[1] ist nicht Endzweck. Sie hat den Zweck, zur Verteidigung der westlichen Gemeinschaft beizutragen, nicht den Zweck, Europa zu erschrecken oder detaillierte, starre militärische Organisationspläne einzuhalten. Die Wiederbewaffnung ist daher ein Bereich des Problems der Wiedervereinigung, in dem, wie mir scheint, vernünftige Verhandlungsvorschläge niemals sofort abgelehnt werden dürften. Im Gegenteil, sie könnten sogar von den westlichen Nationen gefördert werden. Die gegenwärtige Politik hinsichtlich der deutschen Wiederbewaffnung müßte als Politik betrachtet werden, die Veränderungen unterworfen ist, immer vorausgesetzt, daß die Veränderungen kein von Westeuropa getrenntes Deutschland vorsehen und vorausgesetzt, daß sie sorgfältig mit dem Problem der allgemeinen internationalen Abrüstung verbunden werden. [...]

Unser Standpunkt ist doch in Wirklichkeit der, daß der Weg zur friedlichen Einheit in Deutschland über freie gesamtdeutsche Wahlen unter genereller Billigung Rußlands, Frankreichs, Großbritanniens und der Vereinigten Staaten geht. Diese Lage bedingt, daß tatsächlich letzten Endes alle Initiativen zur Vereinigung von außerhalb Deutschlands kommen.

Die Ereignisse, Herr Präsident, sind weit fortgeschritten, seit diese Politik ersonnen wurde, und diese Glocke gibt keinen ganz uneigennützigen Klang mehr, wenn sie immer und immer wieder in der gleichen Weise angeschlagen wird. Ein neues Deutschland ist im Westen aufgetaucht, seit diese Politik ersonnen wurde. Es wurde die dynamischste Nation Westeuropas. Ein neues Deutschland ist im Osten aufgetreten, und was wir auch von ihm denken mögen, so ist es doch nicht das Deutschland der Vergangenheit oder das Deutschland des Westens.

[1] 2. Januar 1956: Einberufung der ersten Bundeswehreinheiten.

Es gibt nun militärische und paramilitärische Streitkräfte in West- wie in Ostdeutschland. Wie sollen diese Streitkräfte friedlich in einem vereinigten Deutschland integriert werden? Ist dies ein Problem, das in erster Linie durch auswärtige Mächte, wenn auch solche mit den besten Absichten, gelöst werden kann? Können freie Wahlen ohne fortgeschrittene und ausgedehnte Vorbereitungen durch die Deutschen selbst dieses Problem lösen?

In West- und Ostdeutschland arbeiten unterschiedliche wirtschaftliche Systeme. Können diese Systeme von Außenstehenden friedliche in Einklang gebracht werden? Werden freie Wahlen – ohne fortgeschrittene und ausgedehnte Vorbereitungen durch die Deutschen selbst – sie in Einklang bringen?

Ich stelle diese Fragen, Herr Präsident, als Beispiel für die unausweichlichen Realitäten der gegenwärtigen Lage in Deutschland. Es gibt unzählige andere ähnlicher Natur, die aufgezählt werden könnten. Mir scheint, daß wir im Lichte dieser Realitäten keine Basis für die Vereinigung Deutschlands in Frieden und für den Frieden haben werden ohne eine weitreichende Ausweitung der Kontakte zwischen West- und Ostdeutschen selbst.

Weiterhin scheint es mir höchst wünschenswert, daß dieses Problem im Kleinen geprüft wird, bevor wir versuchen, die sehr großen Probleme der Vereinigung Deutschlands als Ganzes anzupacken. Wo gibt es einen günstigeren Platz, anwendbare Techniken für den Prozeß der Vereinigung Deutschlands zu entwickeln als in Berlin? Wenn die Vereinigung in Frieden und für den Frieden in Berlin, das alle Deutschen unzweifelhaft als die Hauptstadt einer vereinten Nation ansehen, nicht unverzüglich erreicht werden kann, dann besteht gewiß geringe Aussicht, daß diese Vereinigung in Frieden und für den Frieden für ganz Deutschland in absehbarer Zeit erreicht werden kann.

72. Rede Heuss' vor beiden Häusern des Kongresses

Amerikas Verantwortung: „Der amerikanische Bürger mußte bis zum 8. Mai 1945 hohe Steuern bezahlen, um den deutschen Staat zu vernichten, er mußte vom 8. Mai ab Steuern bezahlen, um das deutsche Volk zu retten."

Fraenkel, S. 318–322.

Washington, 5. Juni 1958

Ich danke dem Herrn Präsidenten Eisenhower für diese Einladung, die mir die Gelegenheit gibt, der amerikanischen Wirklichkeit unmittelbar zu begegnen. Ich glaube, einiges von der Geschichte dieses Landes zu wissen. Ich kenne viele seiner Bürger und habe unendlich viele Gespräche über das Werden, über die Denkart der Menschen dieses weiten Landes geführt. Aber ich spüre jetzt schon, es wird ein ganz bescheidenes Lernen im Elementarunterricht bleiben, und ich, der ich so viele Bücher schrieb, verspreche Ihnen, nach meiner Heimkehr kein Buch als Amerika-Experte zu verfassen. Ich will auch nicht Tocqueville konkurrieren. Die Dimensionen, die es zu verarbeiten gilt, zwingen zur Bescheidenheit. Aber ich weiß auch die Ehre zu würdigen, vor diesem hohen Haus sprechen zu können, in dessen Beratungen und Entschlüsse heute ein Weltenschicksal eingebettet ist, eine Weltverantwortung, die der amerikanische Bürger nicht gesucht hat, der er aber auch nicht ausweicht. Ich will das in aller Unbefangenheit tun.

Als durch Hitlers Maßlosigkeit auch die USA in seinen Krieg hineingezwungen waren,[1] verdüsterte sich das Bild des deutschen Volkes für die amerikanische Betrachtung: jeder Deutsche schien ein Nazi zu sein. Es ist ziemlich sinnlos, über diese Verzerrung des Bildes heute lange Klage zu führen; nach 1945 habe ich mit manchem Offizier der Besatzung das Gespräch geführt: Ihr, die Ihr nie die Gemeinheit und technische Vollkommenheit eines totalitären Gewaltsystems erfahren habt, seid in der glücklichen Lage, Euch gar nicht vorstellen zu können, welch furchtbarer seelischer Druck auf einem Volk lasten kann. Auch wir, die wir nach 1945 den Versuch machten, wieder etwas wie ein öffentliches Leben auf der Grundlage von Recht und Demokratie aufzubauen, haben mit den Folgen einer aus den Kriegsleidenschaften stammenden Schau manchen Kummer gehabt. Und dann doch auch dies erlebt, wie Zug um Zug die ‘deutsche Wirklichkeit’ gesehen und gedeutet wurde.

Vor zehn Jahren etwa gebrauchte ich die Formel, dies sei in der Weltgeschichte ein ganz neuer Vorgang: der amerikanische Bürger mußte bis zum 8. Mai 1945 hohe Steuern bezahlen, um den deutschen Staat zu vernichten, er mußte vom 8. Mai ab Steuern bezahlen, um das deutsche Volk zu retten. Aber es geht ja nicht bloß um die Funktion des Steuerzahlers, die sich nach ein paar Jahren in der groß gedachten, aus dem Hoover-Report gewachsenen Anlage des Marshall-Plans[2] ergab, sondern um die Hilfe des amerikanischen Menschen, der Kirchen, der humanitären Verbände, der ungezählten und unzählbaren Einzelmenschen, ob sie deutscher Herkunft waren oder nicht – die menschliche Nächstenliebe löschte Angst oder Haß aus. Ich stehe nicht mit Bitten vor Ihnen. Ich habe ganz einfach zu danken, den staatlichen Entscheidungen wie dem individuellen Hilfswillen von Millionen.

Das Materielle war wichtig, aber nicht entscheidend: eine seelische Ermutigung trat aus diesem in das Bewußtsein. Daß den zehn Millionen aus ihren Heimaten vertriebenen deutschen Menschen Ernährung, Beruf und Behau-

[1] Vgl. Dok. Nr. 44 u. 46.

[2] 5. Juni 1947: Der amerikanische Außenminister George Marshall verkündete das European Recovery Program (ERP).

sung geboten werden konnte, ist ohne die USA nicht zu denken. Auf der Bundesrepublik bleibt lasten die Tatsache, daß Woche um Woche ein paar tausend Menschen aus der geistig-seelischen Unfreiheit der sowjetisch besetzten Zone in den Westen fliehen – es sind viele Hunderttausende geworden. Dieser Menschenstrom bleibt dauernd Klage und Anklage.

Ich will nicht meine Zeit mißbrauchen und einen auf die Personen abgestimmten Abriß des deutschen Beitrags zum Werden der amerikanischen Staatlichkeit und amerikanischen Lebensform geben. Das darf ich wohl sagen: die beiden legendär gewordenen großen Präsidenten der USA treten in die Erinnerung: George Washington wußte, daß er sich auf die solide Organisationsarbeit des deutschen Generals von Steuben[3] so gut verlassen konnte wie Abraham Lincoln auf den deutschen Freiheitskämpfer Carl Schurz[4], der prominentester Vertreter der zahlreichen jungen Deutschen war, die in Amerika die bürgerliche und staatliche Freiheit suchten, für die sie 1848 in Deutschland erfolglos gekämpft hatten. Das freiheitliche idealistische Element dieser Gruppen hat sich in die Geschichtswürde der Staaten leicht eingefügt, und die Tradition der fleißigen, gekonnten Arbeit hat dies unterbaut, geweitet, gefestigt – Millionen Menschen deutscher Herkunft sind mit dankbarem Bewußtsein nun in die Substanz der amerikanischen Nation eingeschmolzen.

Wir waren in Deutschland nach 1945 in eine seltsame Situation geraten. Das breite Volk war erschöpft, ausgehungert, viele hatten den Siegern gegenüber das Gefühl: nun macht eben mit uns, was ihr wollt. Damals gab es einen Vorwurf, auch aus USA, daß die Deutschen mit sich selber Mitleid haben. Daran war etwas Richtiges. Aber mit Währungssicherung und Marshall-Plan wurde das Arbeiten in Deutschland wieder sinnvoll. Also arbeiteten die Deutschen und brachten ihre Wirtschaft wieder in einigen Schwung. Ich habe 1949, 1950 hervorragenden amerikanischen Wirtschaftlern immer gesagt: die Gelder des Marshall-Planes werden bei uns in Deutschland gut angelegt. Darf man einem Volk, das durch Fleiß und Talent, mit dem Hintergrund der ökonomischen Einsicht der USA, wieder ökonomisch erstarkt, Voraussetzung, daß es überhaupt leben kann, derlei übelnehmen? Nichts ist für mich interessanter, als wenn ich in manchen Zeitungen der westlichen Welt die Sorge lese, doch nicht in USA, daß die Deutschen, weil sie einigermaßen ihren Anteil an den Weltmärkten zurückgewannen, wieder 'Imperialisten' würden. Gute Kräne bauen und wirkungsvolle pharmazeutische Artikel fabrizieren, ist sehr wenig imperialistisch, sondern wohltätig.

Deutschland hat das Unglück gehabt, im letzten halben Jahrhundert in

[3] Vgl. Pommerin/Fröhlich, Bd. 1, Dok. Nr. 3 u. 20.

[4] Vgl. ebd., Dok. Nr. 36.

den Ruf zu kommen, *das* Volk der ewigen Unruhe und des erobernden Ehrgeizes zu sein. Hundert Jahre zuvor – Zeit der Französischen Revolution und des ersten Napoleon – standen andere Länder in diesem Licht. Mir scheint es gut, sich von diesen klischierten Vorstellungen zu lösen, die da und dort durch Gazetten und Schulbücher wandern. Wir stehen, wir alle, vor der Aufgabe, uns von diesen Denkformen innerlich frei zu machen, ohne das hinter uns zu werfen, aus dem wir gewachsen sind. Das deutsche Volk, das heute noch oder wieder dort und dort in dem seltsamen Verdacht steht, Modell eines aggressiven Nationalismus zu sein, lebte als 'Heiliges Reich' in einer ausschließlich *europäischen* Bindung und Verantwortung, als Spanien, England, Frankreich, dann Rußland schon längst in eine sehr konkrete Expansionspolitik getreten waren. Ich sage das nicht, um gegen geschichtliche Vorgänge alter Jahrhunderte zu polemisieren – das ist immer dumm –, sondern um das Gespräch über diese unsere Gegenwart zu erleichtern.

Seltsam: die Korea-Krise[5], der traditionellen europäischen Schau eine Nebenbühne des Geschichtsdenkens, hat sachlich und psychologisch die Fragestellungen im Fundament berührt: Geltung des Rechtes oder der Willkür, Gewaltaktion oder freiheitliche Selbstbestimmung. Ich kann das nicht vertiefen wollen. Aber ich darf sagen, wie das auf uns in Deutschland zurückwirkte. Die nationale Freiheit, auch in ihrer sozialen Ordnung, ist ein Wert, der verteidigt werden muß, und nicht nur von denen, die es unmittelbar angeht, sondern von allen, die im Frieden einen existentiellen und in der Demokratie einen sittlichen Wert erkennen. Glauben Sie mir, es war zunächst nicht ganz leicht in Deutschland, dem Mann auf der Straße, dem die Propaganda erzählt hat, *sein* Militärdienst sei eine Art von Verbrechertum gewesen, weil Verbrecher die oberste Kommandogewalt besessen hatten, die *Pflicht* zum Militärdienst deutlich zu machen, und doch ist es gelungen, der Selbstverständlichkeit Raum im Bewußtsein zu schaffen: der, für den die Sicherheit des vaterländischen Bodens und die Behauptung der Freiheit einen Wert bedeutet, muß auch den Beitrag zu ihrer Sicherung leisten.

Sie dürfen von mir nicht erwarten, daß ich Ihnen die innerdeutschen Schwierigkeiten in ihren Einzelzügen darstelle. Die staatliche Wiedervereinigung der Deutschen bleibt nicht nur das Ziel der deutschen Sehnsucht, sondern die Voraussetzung, daß Europa wieder gesunden kann. Das Schlagwort von der 'Koexistenz' mag sich auf das Nebeneinander verschiedener Ideologien in verschiedenen staatlichen Machtbereichen beziehen, aber es ist widersinnig, wenn es als Ausgangspunkt einen Stand totaler Übermacht und totaler Ohnmacht nimmt – Situation von 1945–, ein Volk zerschneidet

[5] 25. Juni 1950: Beginn des Korea-Krieges; 27. Juli 1953: Waffenstillstand.

und ihm den Weg zur demokratischen Selbstentscheidung verwehrt. Daß eine geduldige Politik, die nun die demokratischen Rechte anerkennt, zum guten führen kann, haben wir in der Lösung der Saarfrage[6] erlebt – die deutsch-französische Verständigung, die Voraussetzung der Festigung eines europäischen Gesamtbewußtseins, ist von einer argen seelischen Last frei geworden. Das deutsche und das französische Volk und ihre Regierungen haben gleicherweise zu diesem Erfolg beigetragen und damit endgültig ein gutnachbarliches Verhältnis zwischen beiden Ländern hergestellt. Dies ist aber deutlich: *die Deutschen wissen, wohin sie gehören.* Aus ihrer geistigen, aus ihrer christlich-religiösen Tradition sind sie geschichtlich ein elementarer Bestandteil dessen, was man 'westliche Welt' nennt. Hier gibt es für uns keine 'Neutralität'. Es hat etwas Unheimliches, daß man aus dem Westen gelegentlich die publizistische Sorge hört: sie verständigen sich morgen mit dem sowjetischen Totalitarismus – und wir nennen das den 'Rapallo-Komplex'[7] –, und bei uns gelegentlich die Angst gespenstert, Washington und Moskau finden sich, und Deutschland wird das Opfer sein! Es war für uns sehr wichtig, fast beruhigend, daß Herr Präsident Eisenhower wiederholt sehr deutlich sagte, wie er die tragische Spaltung Deutschlands mit als die ärgste Belastung des europäischen Schicksals empfindet. Wir werden nie, nie vergessen, daß der Präsident Truman mit der sogenannten 'Luftbrücke', unter der Zustimmung des ganzen amerikanischen Volkes, 1948/1949 Deutschlands alte Hauptstadt Berlin gerettet hat, ja wirklich gerettet, und damit ein europäisches Schicksal entschieden hat.

An dessen friedlicher und freiheitlicher Möglichkeit in freier aktiver Partnerschaft teilzuhaben, ist auch als deutsche Pflicht erkannt worden; darum die loyale Cooperation der Bundesrepublik in der umfassenden Verteidigungsplanung der NATO. Niemals wieder in aller Zukunft werden deutsche und amerikanische Soldaten gegeneinander kämpfen. Das Opfer aber, das amerikanische Mütter bringen, wenn sie ihre Söhne in deutschen Garnisonen wissen, nicht um Feldzüge vorzubereiten, sondern um sie durch ihre Anwesenheit zu verhindern und damit der demokratischen Lebensform die Zukunft zu sichern, begreifen wir in dem großen Pflichtsinn ihrer freiheitlichen Tradition. Und es ist für mich eine Freude, feststellen zu können, daß, von wenigen unfrohen Zwischenfällen abgesehen, viele gute menschliche, ja familiäre Beziehungen entstanden sind und manche fruchtbare Zusammenarbeit im geistig-kulturellen Raum.

Es ist nun nicht so, daß, wie es eine anspruchslose Lesart manchmal will, die Deutschen erst durch das Unglück zweier verlorener Kriege in die

[6] 1. Januar 1957: Eingliederung des Saarlands in die Bundesrepublik Deutschland.

[7] 16. April 1922: Für den Wortlaut des Vertrages von Rapallo vgl. RGBl., Nr. 18 vom 28. Juli 1922 (II), S. 677f.

Schulstube der Demokratie gezwungen worden wären. Es gehört zu meinen netten Erinnerungen, als mir ein gelehrter amerikanischer Offizier, 1945 oder 1946, auseinandersetzte, nicht bloß die Amerikaner, sondern auch die Deutschen müßten etwas mehr wissen von den alten demokratischen Ordnungen Deutschlands, die sich inmitten des fürstlichen Absolutismus erhalten hätten, und er gab mir eine Vorlesung über das selfgovernment der alten Reichsstädte. Dieses Gespräch, das an Überlieferungen aus eigener Familientradition anknüpfte, habe ich nie vergessen. Denn hier liegt in der Tat ein großer Beitrag der Deutschen für die sich entwickelnde bürgerliche Zivilisation. Hier ist auch wohl die Stelle der wechselreichen Anregungen zwischen hüben und drüben.

Es gab die böse Zeit der Absperrung im Austausch von Lehre und Erkenntnis. Es gehört zu den schönen Erfahrungen dieser Zeit, daß im Austausch der Menschen man das Wesen des anderen kennenlernen durfte – wie viele Deutsche, es geht in die Zehntausende, durften in diesem Lande die Weite des geistigen und politischen Atmens in sich aufnehmen, und wie freuen wir uns der vielen Amerikaner, die wieder zu uns kommen, nicht wegen der Rheinromantik allein, vor 100, vor 50 Jahren die Hauptattraktion der Reisenden, sondern um mit Menschen, um mit ihrer Arbeitsleistung, mit ihren Meinungen sich vertraut zu machen.

Ich komme zum Schluß, dankbar, daß Sie mich geduldig anhörten. Glauben Sie mir, daß unser Deutschland nie wieder vom Wege der Demokratie und Freiheit abgehen wird. Es ist unser aufrichtiger Wille, ein guter und zuverlässiger Bundesgenosse zu sein. Das Amt des deutschen Bundespräsidenten ist institutionell dem des amerikanischen Präsidenten nicht vergleichbar. Das bitte ich diejenigen Herren zu verstehen, die Deklarationen erwarten über technische Fragen eines europäischen Sicherheitspaktes, über die Methodik der Abrüstung und andere Probleme. Woran uns gelegen sein muß, ist dies, die Spannungsprobleme der Welt, die es ja immer gab, die aber seit 1914 sozialökonomisch, militärisch und politisch ihre Steigerung erfuhren, zu erleichtern.

Ich bin nüchtern genug, um die bedrängenden Fragen der Konkretisierung der europäischen politischen und wirtschaftlichen Zusammenarbeit, einer zu Dauer werdenden Regelung in Nahost, der Sicherung der freiheitlichen Welt gegen alle Gefahren nicht banalisieren zu wollen. Sie stecken voll Schwierigkeiten, aber wir haben Beispiele erlebt, daß sie *lösbar* sind: die Triest-Frage[8], die Saar-Frage.

[8] Das Londoner Abkommen vom 5. Oktober 1954 gab die Stadt Triest mit dem Großteil der Zone A an Italien zurück, die erweiterte Zone B blieb bei Jugoslawien.

73. Zeitungsartikel Friedrichs

Wiedervereinigung aus amerikanischer Sicht: „Der Amerikaner würde sich, glaube ich, viel stärker für die Wiedervereinigung interessieren, wenn er von Deutschen immer wieder Vorschläge hörte, die ihre Verwirklichung möglich machen könnten."

Die Welt, Nr. 219.

20. September 1958

Erst kürzlich hat John Foster Dulles einem amerikanischen Senator gegenüber erklärt, er halte eine Wiedervereinigung Deutschlands für so schwierig, daß sie 'fünfzig oder hundert Jahre dauern könne'. Zugleich machte er deutlich, daß er eine solche Wiedervereinigung nur dann für erwünscht halte, wenn sie sich im Rahmen des Westens vollziehe, und daß er dies auch den Sowjets gegenüber immer wieder betone. Die Sowjets ihrerseits haben keinen Zweifel daran gelassen, daß sie genau im Gegensatz hierzu eine Wiedervereinigung nur dann billigen könnten, wenn ein solches geeinigtes Deutschland nicht Teil der westlichen Welt sei. Was geschieht, so fragt man in Amerika, wenn eine unwiderstehliche Gewalt auf ein unbewegliches Objekt stößt? Im Zweifelsfall gibt es eine Explosion. Man hat in Amerika ein deutliches Gefühl dafür, daß der gegenwärtige Zustand große Gefahren in sich birgt, die, je länger es dauert, um so größer werden.

Andererseits denkt man gar nicht daran, die in Deutschland weit verbreitete These zu akzeptieren, nach der Amerika verpflichtet sei, die Wiedervereinigung herbeizuführen, weil Amerika und seine Alliierten an der Teilung 'schuld' seien. Für die Teilung wird weitgehend, neben der alle Pläne für eine Überwindung dieser Teilung verhindernden Sowjetunion, Hitler verantwortlich gemacht. Aber das bedeutet nicht, daß Amerika jede Verpflichtung, auf sie hinzuwirken, leugnet. Die amerikanische Außenpolitik mit ihrer betonten Bemühung um den Frieden anerkennt ja überall in der Welt die Verpflichtung sowie auch das Eigeninteresse an der Beseitigung von Spannungsverhältnissen. Dabei ist sich die Öffentlichkeit durchaus darüber klar, daß diese Bemühungen vielfach in die Irre gegangen sind und daß sie auch trotz erheblicher Opfer nicht immer den erwünschten Erfolg erzielt haben. Aber Deutschland ist eben nur eins dieser vielen amerikanischen Probleme, und nicht notwendigerweise das vordringlichste. Ich glaube sogar, daß es als ein wichtiger Erfolg der Außenpolitik der Bundesrepublik angesprochen werden kann, daß heute ein so weitgehendes Verständnis für das deutsche Problem vorhanden ist.

Dieses Verständnis für das Problem erfordert allerdings eine Verdeutlichung. Wenn in Amerika von Wiedervereinigung die Rede ist, so wird dabei fast ausschließlich an die Befreiung der Sowjetzone vom totalitären Joch der DDR gedacht. Für die weitergehenden Vorstellungen, wie sie sich in

Deutschland vielfach mit dem Gedanken der Wiedervereinigung verbinden, wie etwa die Wiederherstellung der Grenzen von 1937, oder gar des hitlerschen Großdeutschland (Sudetenland, Memel usw.) besteht kaum Verständnis.

Schließt man, wie es der Amerikaner tut, den Krieg als Mittel zur Erlangung der Wiedervereinigung aus, so erscheint ihm die Chance, die Millionen von Polen und Russen, die in die Gebiete östlich der Oder-Neiße-Linie[1] eingewandert sind, wieder aus diesen Gebieten zu vertreiben, so gering, daß er mit den Achseln zuckt. Dabei ist er durchaus bereit, zuzugeben, daß die Vertreibung der Deutschen aus ihrer Heimat schändlich war, aber er meint: ‚So sind eben die Totalitären.'

Die Diskussion hat sich bisher weitgehend in der Auseinandersetzung über Pläne zur Räumung und Neutralisierung erschöpft. Diese Pläne sind meiner Meinung nach schon deshalb abwegig, weil die Sowjetunion noch für längere Zeit auf die Besetzung Mitteldeutschlands nicht verzichten kann, weil ihr die Sicherung ihrer osteuropäischen Position wichtiger sein muß als die Abschirmung gegen westliche Angriffe. Denn an diese glaubt sie ja wahrscheinlich sowieso nicht – jedenfalls glauben die Amerikaner nicht, daß sie es glaubt. Im übrigen setzen Neutralisierungspläne immer voraus, daß ein gegenseitiges Vertrauen vertragliche Abmachungen sinnvoll erscheinen läßt. Eine Voraussetzung, die gewiß jetzt nicht und wohl auch noch auf viele Jahre nicht gegeben sein wird. Denn die totalitäre Diktatur ist nun einmal kein vertrauenerweckender Kontrahent; das wissen die Amerikaner nach langen, trüben Erfahrungen, und die Deutschen sollten es eigentlich auch.

Soll man nun dieser Situation gegenüber in eine Passivität, in einen hoffnungslosen Pessimismus verfallen? Die Versuchung ist groß. Ebenso groß ist aber die Versuchung, sich dem Problem durch eine große Rhetorik, durch Aufzüge und Gedenkfeiern zu entziehen. Der nachdenkliche Amerikaner fragt oft, was wohl die Deutschen selber für eine Wiedervereinigung zu leisten, zu opfern bereit seien. Über diese entscheidend wichtige Frage hört man nämlich recht wenig. In einer Demokratie muß ja einer staatlichen Aktion eine ausgedehnte Diskussion vorangehen, und je schwieriger das Problem ist, um so länger dauert die Diskussion. Denn nur eine solche Klärung der Frage schafft den politischen Raum, in dem Entscheidungen gefällt werden können. Das ist nicht eine Frage von Vorleistungen, sondern eine Frage von Vorentscheidungen.

Ich darf vielleicht daran erinnern, daß einige Amerikaner die Frage der notwendigen Beteiligung Amerikas am Wiederaufbau Europas und die damit zusammenhängenden notwendigen Opfer schon bald nach Ausbruch

[1] Von der DDR im Görlitzer Abkommen vom 6. Juli 1950 als Staatsgrenze zu Polen anerkannt.

des Krieges zur Diskussion gestellt haben (ich selber schon 1942). Das gleich gilt auch hier. Wenn man davon ausgeht, daß eine Wiedervereinigung nur auf dem Verhandlungswege erreicht werden kann, daß kein Zwang möglich ist, so muß auch erwogen werden, was man der Sowjetunion bieten kann, um sie zur Aufgabe einer so wichtigen Machtposition wie der in Mitteldeutschland zu bewegen. Wenn man die Gesamtsituation der Sowjetunion dabei ins Auge faßt, so liegt es auf der Hand, daß, wenn überhaupt, dann die UdSSR nur gegen großzügige Wirtschaftshilfe zu einer Räumung ihrer Zonenposition veranlaßt werden könnte. Aber auch politische und militärische Probleme spielen natürlich mit hinein.

Der Amerikaner würde sich, glaube ich, viel stärker für die Wiedervereinigung interessieren, wenn er von Deutschen immer wieder Vorschläge hörte, die ihre Verwirklichung möglich machen könnten. Das Ministerium für Gesamtdeutsche Fragen hat wichtige Studien über die Aufgaben veröffentlicht, die einem wiedervereinigten Deutschland auf wirtschaftlichem Gebiet aus der Wiederangleichung ihrer Wirtschaftsstruktur und -politik erwachsen würden. Aber es fehlt jede Art von Klarheit darüber, wieviel man in der Bundesrepublik persönlich zu opfern bereit ist.

Das ist eine ganz konkrete Frage, die sich jedem einzelnen stellt: ‚Bist du bereit, 10 Prozent, vielleicht 25 Prozent, deines Einkommens für zehn Jahre zu opfern, für 25 Jahre?' Die Amerikaner sind gewiß bereit, auch ihrerseits mitzuhelfen, aber das Hauptopfer wird von den Deutschen gebracht werden müssen.

Neben dieser zentralen Frage müßte über eine Reihe von anderen Aspekten viel ausgiebiger diskutiert werden, wie das gegenwärtig der Fall ist. Da ist die Frage der sogenannten 'sozialen Errungenschaften', die neuerlich von der Zonenregierung wieder stärker in den Vordergrund geschoben wird. Gäbe es da Zwischenlösungen auf Zeit, neben dem einfachen Entweder – Oder? Hierzu gehört auch der Komplex von Fragen, die sich daraus ergeben, daß Mitteldeutschland Teil der Gesamtplanung der Sowjet- und Satellitenwirtschaft geworden ist. Wie weit könnte man hier handelspolitisch gehen? Weiter wäre die Frage der sowjetischen militärischen Einrichtungen zu klären.

Muß man unbedingt auf ihrer sofortigen Liquidierung bestehen, oder gibt es auch hier Zwischenlösungen auf Zeit, etwa im Rahmen, wie man im Völkerrecht sagt, eines Servituts? Vielleicht noch schwieriger, und doch für die Sowjetunion von großer Bedeutung ist die Frage: was wird aus den heutigen Machthabern in Ostberlin? Das ist eine Prestigefrage für die UdSSR, die sie sich gar nicht leisten können, zu vernachlässigen; ja, das immer wiederholte Betonen der Notwendigkeit von Verhandlungen mit Ostberlin beruht gewiß wenigstens zum Teil auf dem Wunsch, die Position dieser Machthaber in der deutschen Öffentlichkeit irgendwie zu unterbauen.

Schließlich und letztlich ist da als vielleicht peinlichstes und schmerzlichstes Problem die Oder-Neiße-Grenze. Auch hier kann nur durch freimütige Diskussion eine Klärung erreicht werden. Die amerikanische Öffentlichkeit ist sehr peinlich berührt worden durch die Tatsache, daß jedes Mal, wenn ein deutscher Politiker es gewagt hat, dies Problem auch nur zur Diskussion zu stellen, er von einer Flut von Entrüstung überschwemmt worden ist. Der weltoffene und wirklichkeitsnahe Amerikaner fragt sich da, ob denn wirklich das Schicksal von siebzehn Millionen Deutschen in Mitteldeutschland nicht wichtiger sei als Ansprüche, die sich nach menschlichem Ermessen nicht mehr werden verwirklichen lassen.

Es liegt mir fern, positive Vorschläge in diesen Fragen zu machen. Von Amerika aus kann ich nur sagen, daß ich glaube, die Wiedervereinigung wird im wesentlichen von den Deutschen selber verwirklicht werden müssen. Sie erscheint mir als die vordringlichste und schwerste Aufgabe jeder deutschen Politik. Ihr gegenüber sollte man nicht den Gaul von den Wagen spannen und von seiner Regierung verlangen, daß sie mit der Gegenseite 'ins Gespräch kommt', bevor man sich selber darüber klargeworden ist, was das Endresultat eines solchen Gesprächs sein könnte. Es wäre töricht, zu erwarten, daß sich alle Deutschen darüber einigen, wie weit sie zu gehen bereit sein würden, um die Wiedervereinigung zu erreichen. Aber eine Mehrheitsposition kann sich nicht bilden, ohne daß die vielen verschiedenen Fragen durchgenommen und einer Klärung zugeführt werden. Ich bin überzeugt, daß eine solche Klärung auch auf die Weltöffentlichkeit einen erheblichen Einfluß ausüben würde.

74. Brief Brandts an Kennedy

Berliner Mauer: „Es bedarf auch eines klaren Wortes, daß die deutsche Frage für die Westmächte keineswegs erledigt ist, sondern daß sie mit Nachdruck auf einer Friedensregelung bestehen werden, die dem Selbstbestimmungsrecht des deutschen Volkes und den Sicherheitsinteressen aller Beteiligten entspricht."

Prowe, S. 380–382

16. August 1961

Sehr verehrter Herr Präsident!

Nach den Entwicklungen der letzten drei Tage in meiner Stadt[1] möchte ich Ihnen in diesem persönlichen und informellen Schreiben einige der Gedanken und Gesichtspunkte mitteilen, die mich bewegen.

[1] 13. August 1961: Absperrung der Ost-West-Demarkationslinie in Berlin durch den Bau einer Mauer.

Die Maßnahmen des Ulbricht-Regimes, gestützt durch die Sowjetunion und den übrigen Ostblock, haben die Reste des Vier-Mächte-Status nahezu völlig zerstört. Während früher die Kommandanten der alliierten Mächte in Berlin bereits gegen Paraden der sogenannten Volksarmee protestierten, haben sie sich jetzt mit einem verspäteten und nicht sehr kraftvollen Schritt nach der militärischen Besetzung des Ostsektors durch die Volksarmee begnügen müssen. Die illegale Souveränität der Ost-Berliner Regierung ist durch Hinnahme anerkannt worden, soweit es sich um die Beschränkung der Übergangsstellen und des Zutritts zum Ostsektor handelt. Ich halte dies für einen ernsten Einschnitt in der Nachkriegsgeschichte dieser Stadt, wie es ihn seit der Blockade nicht mehr gegeben hat.

Die Entwicklung hat den Widerstandswillen der West-Berliner Bevölkerung nicht verändert, aber sie war geeignet, Zweifel in die Reaktionsfähigkeit und Entschlossenheit der drei Mächte zu wecken. Dabei ist ausschlaggebend, daß der Westen sich stets gerade auf den existierenden Vier-Mächte-Status berufen hat. Ich weiß wohl, daß die gegebenen Garantien für die Freiheit der Bevölkerung, die Anwesenheit der Truppen und den freien Zugang allein für West-Berlin gelten. Dennoch handelt es sich um einen tiefen Einschnitt im Leben des deutschen Volkes und um ein Herausdrängen aus Gebieten der gemeinsamen Verantwortung (Berlin und Deutschland als Ganzes), durch die das gesamte westliche Prestige berührt wird. Die politisch-psychologische Gefahr sehe ich in doppelter Hinsicht:

1. Untätigkeit und reine Defensive könnten eine Vertrauenskrise zu den Westmächten hervorrufen.

2. Untätigkeit und reine Defensive könnten zu einem übersteigerten Selbstbewußtsein des Ostberliner Regimes führen, das heute bereits in seinen Zeitungen mit dem Erfolg seiner militärischen Machtdemonstration prahlt.

Die Sowjetunion hat die Hälfte ihrer Freistadtvorschläge[2] durch den Einsatz der deutschen Volksarmee erreicht. Der zweite Akt ist eine Frage der Zeit. Nach dem zweiten Akt würde es ein Berlin geben, das einem Ghetto gleicht, das nicht nur seine Funktion als Zufluchtsort der Freiheit und als Symbol der Hoffnung auf Wiedervereinigung verloren hat, sondern das auch vom freien Teil Deutschlands abgeschnitten wäre. Dann könnten wir statt der Fluchtbewegung nach Berlin den Beginn einer Flucht aus Berlin erleben.

Ich würde es dieser Lage für angemessen halten, wenn die Westmächte zwar die Wiederherstellung der Viermächteverantwortung verlangen, gleichzeitig aber einen Drei-Mächtestatus West-Berlins proklamieren würden. Die

[2] Für den Wortlaut des sowjetischen Vorschlags vom 10. Januar 1959 vgl. DzD, IV. Reihe, Bd. 1, S. 545–566.

drei Mächte sollten die Garantie ihrer Anwesenheit in West-Berlin bis zur deutschen Wiedervereinigung wiederholen und gegebenenfalls von einer Volksabstimmung der Bevölkerung in West-Berlin und der Bundesrepublik unterstützen lassen. Es bedarf auch eines klaren Wortes, daß die deutsche Frage für die Westmächte keineswegs erledigt ist, sondern daß sie mit Nachdruck auf einer Friedensregelung bestehen werden, die dem Selbstbestimmungsrecht des deutschen Volkes und den Sicherheitsinteressen aller Beteiligten entspricht. Außerdem würde ich es für gut halten, wenn der Westen das Berlin-Thema durch eigene Initiative vor die Vereinten Nationen brächte, mindestens mit der Begründung, die Sowjetunion habe in eklatanter Weise die Erklärung der Menschenrechte verletzt. Es scheint mir besser zu sein, die Sowjetunion in einen Anklagezustand zu versetzen, als dasselbe Thema nach Anträgen anderer Staaten diskutieren zu müssen.

Ich verspreche mir von derartigen Schritten keine wesentliche materielle Änderung der augenblicklichen Situation und kann nicht ohne Bitterkeit an die Erklärungen denken, die Verhandlungen mit der Sowjetunion mit der Begründung abgelehnt haben, man dürfe nicht unter Druck verhandeln. Wir haben jetzt einen Zustand vollendeter Erpressung, und schon höre ich, daß man Verhandlungen nicht werde ablehnen können. In einer solchen Lage ist es um so wichtiger, wenigstens politische Initiative zu zeigen, wenn die Möglichkeit der Initiative des Handelns schon so gering ist.

Nach der Hinnahme eines sowjetischen Schrittes, der illegal ist und als illegal bezeichnet worden ist, und angesichts der vielen Tragödien, die sich heute in Ost-Berlin und in der Sowjetzone abspielen, wird uns allen das Risiko letzter Entschlossenheit nicht erspart bleiben. Es wäre zu begrüßen, wenn die amerikanische Garnison demonstrativ eine gewisse Verstärkung erfahren könnte.

Ich schätze die Lage ernst genug ein, um Ihnen, verehrter Herr Präsident, mit dieser letzten Offenheit zu schreiben, wie sie nur unter Freunden möglich ist, die einander voll vertrauen.

75. Brief Kennedys an Brandt

Reaktion auf Brandts Schreiben: „Weder Sie noch wir noch irgendeiner unserer Verbündeten haben je angenommen, daß wir wegen dieses Streitpunkts einen Krieg beginnen sollten."

Prowe, S. 382f.

18. August 1961

Geheim

Sehr geehrter Herr Bürgermeister Brandt!

Ich habe Ihr persönliches und informelles Schreiben vom 16. August[1] mit großer Aufmerksamkeit gelesen, und ich möchte Ihnen dafür danken. In diesen kritischen Tagen ist es wichtig für uns, in enger Verbindung zu bleiben. Aus diesem Grunde lasse ich meine Antwort durch Vizepräsident Johnson überbringen. Er kommt zusammen mit General Clay, der den Berlinern wohlbekannt ist;[2] und beide sind von mir autorisiert, unsere Fragen in aller Offenheit mit Ihnen zu besprechen.

Die Maßnahmen der sowjetischen Regierung und ihrer Marionetten in Ost-Berlin sind hier in Amerika auf Abscheu gestoßen. Diese Demonstration dessen, was sich die Sowjetregierung unter Freiheit für eine Stadt und Frieden für ein Volk vorstellt, beweist die Falschheit sowjetischer Heucheleien; und wir Amerikaner können verstehen, daß diese Aktion notwendigerweise ein harter Schlag für die Menschen in West-Berlin ist, die auf vielfältige Weise mit ihren Mitbürgern im Ostsektor verbunden bleiben. Daher verstehe ich vollkommen die tiefe Besorgnis und Unruhe, die Sie veranlaßt haben, mir zu schreiben.

So ernst die Sache auch ist, so stehen uns jedoch, wie Sie schreiben, keine Schritte zur Verfügung, die eine wesentliche materielle Änderung in der augenblicklichen Situation erzwingen könnten. Da die brutale Abriegelung der Grenzen ein schallendes Bekenntnis des Scheiterns und der politischen Schwäche darstellt, handelt es sich offensichtlich um eine grundlegende sowjetische Entscheidung, die nur ein Krieg rückgängig machen könnte. Weder Sie noch wir noch irgendeiner unserer Verbündeten haben je angenommen, daß wir wegen dieses Streitpunkts einen Krieg beginnen sollten.

Dennoch ist die sowjetische Aktion zu ernst für unzulängliche Gegenschritte. Ich selbst lehne die meisten Maßnahmen, die vorgeschlagen worden sind – selbst die meisten der Vorschläge in Ihrem Brief – deshalb ab, weil sie nur Kinderspiel sind verglichen mit dem, was geschehen ist. Manche

[1] Vgl. Dok. Nr. 74.

[2] Er war als US-Militärgouverneur in Deutschland (1947–1949) Organisator der Berliner Luftbrücke gewesen.

scheinen außerdem wenig erfolgversprechend selbst innerhalb ihren eigenen Zielsetzungen. So beurteilen wir zum Beispiel gegenwärtig die Frage eines sofortigen Appells an die Vereinten Nationen, obwohl wir diese Möglichkeit weiterhin aktiv prüfen werden.

Nach eingehenden Erwägungen habe ich selbst entschieden, daß die beste sofortige Gegenmaßnahme eine wesentliche Verstärkung der westlichen Garnisonen ist. Die Bedeutung dieser Verstärkung ist symbolisch – aber nicht nur symbolisch. Wir wissen, daß die Sowjetunion weiterhin ihre Forderung nach der Beseitigung des alliierten Schutzes von Berlin betont. Wir glauben, daß selbst eine bescheidene Verstärkung unsere Zurückweisung dieser Vorstellung unterstreicht.

Gleichzeitig – und das ist von noch größerer grundsätzlicher Bedeutung – werden wir den breiten Aufbau der militärischen Stärke des Westens fortsetzen und beschleunigen, für den wir uns entschieden haben und den wir als notwendige Antwort auf die langfristige sowjetische Bedrohung Berlins und unser aller betrachten.

Innerhalb Berlins, in den unmittelbaren Angelegenheiten der Stadt, mögen noch andere spezielle geeignete Schritte zu unternehmen sein. Diese werden wir so schnell und wohlwollend wie möglich prüfen, und ich hoffe, daß Sie auf jeden Fall Ihre eigenen Ansichten zu solchen Maßnahmen Vizepräsident Johnson und seiner Begleitung offen vortragen werden. Aktionen, die unsere andauernde Verpflichtung für die Freiheit in Berlin demonstrieren, werden unsere Unterstützung finden.

Ich habe Ihren Vorschlag über einen Drei-Mächte-Status für West-Berlin besonders aufmerksam geprüft. Nach meiner Beurteilung der Lage würde eine formelle Verkündung eines solchen Status auf eine Schwächung des Viermächteverhältnisses hinauslaufen, auf dem unsere Opposition gegen die Grenzschließung beruht. Was auch immer die derzeitigen Aussichten sein mögen, so glaube ich doch nicht, daß wir jetzt einen derartig zweischneidigen Schritt unternehmen sollten. Ich stimme mit Ihnen darin überein, daß die Garantien, die wir West-Berlin gegeben haben, fortlaufend bestätigt und nochmals bestätigt werden sollten, und das tun wir. Darüber hinaus unterstütze ich Ihre Anregung einer geeigneten Volksabstimmung, um die dauerhafte Überzeugung West-Berlins zu demonstrieren, daß seine Zukunft der Freiheit im Bunde mit dem Westen gehört.

Allgemein möchte ich Sie noch dringen bitten, daß wir uns nicht von sowjetischen Aktionen erschüttern lassen dürfen, die in sich ein Schwächebekenntnis darstellen. West-Berlin ist heute bedeutender als je zuvor, und seine Mission, Symbol für die Freiheit zu sein, ist noch nie so wichtig gewesen wie jetzt. Die Bindung West-Berlins zur Freien Welt ist keine Sache schöner Reden. So wichtig auch die Verbindungen zum Osten gewesen sind, so schmerzlich wie ihr Abbruch auch ist, so läuft das Leben der Stadt, so wie ich es verstehe, doch in erster Linie zum Westen hin – ihr Wirtschaftsleben, ihre moralische Basis und ihre militärische Sicherheit. Sie werden vielleicht konkrete Möglichkeiten erwägen und vorschlagen wollen, wie diese Bindungen in einer Weise erweitert werden können, daß die Bürger West-Berlins sich ihrer Rolle aktiver bewußt werden nicht nur als Vorposten der Freiheit, sondern als wesentlicher Bestandteil der Freien Welt und aller ihrer Unternehmungen. In dieser doppelten Mission sind wir Partner, und ich selbst vertraue darauf, daß wir uns weiterhin in Zukunft so bestimmt aufeinander verlassen können, wie wir es in der Vergangenheit getan haben.

76. Aufzeichnung Krones (Auszug)

Die Mauer: „Die Stunde der großen Desillusion.“

Krone, S. 162.

18. August 1961

Mitten durch Berlin geht die trennende Mauer. Die Stunde der großen Desillusion. Das deutsche Volk hatte vom Westen mehr als eine Protestnote erwartet. Stimmen werden laut, die das Vertrauen in den Westen anzweifeln.

77. Aufzeichnung Krones (Auszug)

13. August 1961: „Der Westen findet sich mit dem geteilten Deutschland ab.“

Krone, S. 165 f.

30./31. Dezember 1961

Der 13. August ist in der Bevölkerung der Tag der großen Ernüchterung und Enttäuschung. Bis dahin glaubte und traute man den Amerikanern blindlings. [...] An der Mauer entlang ist Deutschland getrennt, verläuft die Grenze des kommunistischen Ostens gegen die freie Welt. Und – was wir immer nicht glauben wollten, die amerikanische Politik nimmt diese Grenze zur Kenntnis. Was später einmal ist, daß die Westmächte uns in Verträgen versprochen haben, daß sie nicht rasten würden, bis Deutschland wieder ein Volk und Land ist, das alles hat im Augenblick keine aktive Bedeutung. [...] Der Westen findet sich mit dem geteilten Deutschland ab. Wir müssen ihn daran erinnern, daß es in den mit ihm abgeschlossenen Verträgen anders lautet. Sie steigen aus den Verträgen auch nicht aus; doch es ist keine Kraft in dem Wort Wiedervereinigung, Selbstbestimmungsrecht. Man sucht die Koexistenz auf dem Boden des Status quo.

78. Rundfunk- und Fernsehansprache Adenauers

Die Kuba-Krise: „In diesen gefahrvollen Tagen – gefahrvoll für die ganze freie Welt – wird das deutsche Volk zu seinen Verbündeten stehen.“

Bulletin, Nr. 202 vom 30. 10. 1962, S. 1701.

26. Oktober 1962

Die Krise in Kuba ist die gefährlichste Bedrohung des Weltfriedens seit 1945. Man kann nicht davon ausgehen, daß eine Entspannung bereits eingetreten sei. Man kann nur erwarten und mit daran arbeiten, daß eines Tages doch eine Entspannung kommen wird. Die Vereinigten Staaten von Amerika konnten und durften nicht zulassen, daß in ihrer fast unmittelbaren Nähe der Diktator Castro sein Herrschaftsgebiet auf Verlangen der Sowjetunion zur Errichtung von Raketenbasen hergab, durch die der Panama-Kanal, Teile von Südamerika und entscheidend wichtige Teile der Vereinigten Staaten aufs schwerste gefährdet wurden.

Die Ursache der verhältnismäßigen Zurückhaltung der Sowjetunion seit einiger Zeit wurde plötzlich durch die Entdeckung dieser Raketenbasen offenbar. Sowjetrußland wollte mit großer Heimlichkeit und Schnelligkeit diese Basen errichten, um dadurch die Vereinigten Staaten bei Verhandlungen gefügig zu machen.

Präsident Kennedy mußte den völligen Ausbau der Basen durch den Quarantäne-Gürtel von amerikanischen Kriegsschiffen, den er um die Insel legte, verhindern. Die Vereinigten Staaten waren das ihrer eigenen Freiheit und der Freiheit ihrer Partner schuldig.

Präsident Kennedy hat mir, ehe er seine große Rede[1] am Montag, dem 22. Oktober, hielt, durch seinen Botschafter die von Flugzeugen aufgenommenen Fotografien der Raketenbasen zeigen lassen. Es kann gar keinem Zweifel unterliegen, daß der Anschlag Sowjetrußlands und seines Werkzeugs, des kubanischen Diktators, kurz vor seiner Vollendung stand. Die Amerikaner haben schnell und gut gehandelt. Ihr Präsident hat – ich betone es noch einmal – mit vollem Recht verlangt, daß der Ausbau der Stellungen eingestellt und die schon nach Kuba gebrachten nuklearen Raketen unschädlich gemacht und weggebracht würden.

Bisher hat sich kein Anzeichen dafür gezeigt, daß die Freiheit Berlins durch diese Vorgänge gefährdet ist. Die drei Westmächte und wir sind auf alle Fälle zum Schutze der Freiheit Berlins bereit.

In diesen gefahrvollen Tagen – gefahrvoll für die ganze freie Welt – wird das deutsche Volk zu seinen Verbündeten stehen. Die Bundesregierung un-

[1] Für ihren Wortlaut vgl. DzD, IV. Reihe, Bd. 8, 2, S. 1344–1349.

terrichtet die Vorsitzenden der drei Bundestagsfraktionen laufend über den Stand der Dinge. Bei besonderen Entwicklungen wird die deutsche Öffentlichkeit durch Presse, Rundfunk und Fernsehen unterrichtet werden.

Ich bitte das deutsche Volk, seine Ruhe auch in der nächsten Zeit zu bewahren. Alles – darauf kann es sich verlassen –, was in unserer Macht steht, werden wir für seine Sicherheit tun und einsetzen, um den Frieden zu erhalten.[2]

79. Verlautbarung über deutsche Beteiligung an der MLF (Auszug)

Die multilaterale Atomstreitmacht: „Die Bundesregierung – und das hat der Bundeskanzler dem amerikanischen Unterstaatssekretär zugesagt – wird an dieser Bildung einer multilateralen Atomstreitmacht mitarbeiten."

Bulletin, Nr. 9 vom 16. 1. 1963, S. 69.

14. Januar 1963

Am 14. Januar 1963 hat der amerikanische Unterstaatssekretär Ball in Fortführung der Diskussion über das Ergebnis der Bahama-Konferenz[1] zwischen Präsident Kennedy und Premierminister Macmillan nach der Unterrichtung des Nato-Rats in Paris die Bundesregierung eingehend durch einen Besuch in Bonn unterrichtet. Wie der Leiter des Presse- und Informationsamtes der Bundesregierung, Staatssekretär von Hase, vor der Presse mitteilte, ist ein zweistündiges Gespräch im Bundeskanzleramt geführt worden. [...]

Im Mittelpunkt unseres Interesses an der Bahama-Konferenz steht, wie Staatssekretär von Hase weiter erklärte, die Errichtung einer multilateralen Atomstreitmacht der NATO. Die Bundesregierung – und das hat der Bundeskanzler dem amerikanischen Unterstaatssekretär zugesagt – wird an dieser Bildung einer multilateralen Atomstreitmacht mitarbeiten. Der deutsche NATO-Botschafter wird die entsprechende Anweisung dazu von der Bundesregierung bekommen. Wir glauben, daß die Gespräche uns in Richtung auf eine gemeinsame schnelle Zusammenarbeit mit den anderen Bundesgenossen der NATO zum Zwecke einer wirksamen Verteidigung und Abwehr im Rahmen des Verteidigungsbündnisses wesentlich weitergebracht haben. Die Bundesregierung beurteilt diese Gespräche heute außerordentlich positiv.

[2] Für den Wortlaut der Korrespondenz zur Beilegung der Krise vgl. Department of State Bulletin 47 (1962), pp. 741–746.

[1] 18.–21. Dezember 1962: Begegnung zwischen Präsident Kennedy und Premierminister Macmillan in Nassau. Für den Wortlaut ihrer gemeinsamen Erklärung vgl. Europa-Archiv 18 (1963), S. D 30–32.

Erläuternd erklärte Staatssekretär von Hase auf Fragen u. a.: Der Sinn der multilateralen Atomstreitmacht ist eine gleichmäßige Zusammenarbeit aller Mitglieder des Verteidigungsbündnisses. Es ist selbstverständlich, daß gerade im Rahmen dieser multilateralen Raketenstreitmacht innerhalb der NATO eine gleichmäßige Zusammenarbeit aller Mitglieder mit denselben Rechten und Pflichten, selbstverständlich gestaffelt nach dem Vermögen, erfolgt und daß die Bundesregierung hieran mit ihrer ganzen Kraft mitarbeiten wird. Die Frage der Ausgewogenheit der Rüstung hat, wie bei allen diesen Gesprächen, auch eine Rolle gespielt. Die Absicht der Bildung eines atomaren Dreierbündnisses hat auf seiten unserer amerikanischen Verbündeten nicht bestanden. Die Tatsache, daß die Bundesregierung sich so positiv zu der Zusammenarbeit innerhalb der multilateralen Atomstreitmacht äußert, mag Beweis dafür sein, daß wir diese Sorge nicht mehr teilen. Gerade durch dieses Projekt einer multilateralen Atomstreitmacht wird sozusagen ein guter Weg nach vorn beschritten, um eine Klassifizierung innerhalb des Bündnisses zu vermeiden.

80. Rede Kennedys (Auszüge)

Amerika und Westeuropa: „Die Zukunft des Westens beruht auf der Atlantischen Partnerschaft."

Europa-Archiv 18 (1963), D 352–359.

Frankfurt, 25. Juni 1963

Vor 115 Jahren hat in diesem historischen Saal ein Parlament der erlauchtesten Geister Deutschlands getagt.[1] Sein Ziel war ein geeinter deutscher Bundesstaat. Dieses Parlament bestand aus Dichtern und Professoren, aus Rechtsgelehrten und Philosophen, aus Ärzten und Geistlichen, die in allen Teilen des Landes frei gewählt worden waren.[2] Und keine Nation spendete seiner Arbeit wärmeren Beifall als meine.[3] Keine parlamentarische Versammlung hat jemals größere Anstrengungen unternommen, etwas Vollkommenes ins Werk zu setzen. Und obwohl ihre Bemühungen letzten Endes scheiterten, kann kein anderes Gebäude in Deutschland begründeteren Anspruch auf den Ehrentitel der 'Wiege der deutschen Demokratie' erheben.

[1] 18. Mai 1848: Eröffnung der Deutschen Nationalversammlung in Frankfurt am Main (Paulskirche).

[2] „Honoratiorenparlament".

[3] Amerika sah in einem liberalen deutschen Nationalstaat eine starke Annäherung an amerikanische Ideale. Die amerikanische Regierung akkreditierte ihren Berliner Gesandten Andrew J. Donelson zugleich in Frankfurt.

Aber wie steht es überhaupt mit der Berechtigung eines solchen Titels? In meiner eigenen Heimatstadt Boston ist die Faneuil Hall, in der einst die Urheber unserer Revolution zusammenkamen, seit langem als ‚Wiege der amerikanischen Freiheit' bekannt. Als jedoch im Jahre 1852 der ungarische Patriot Kossuth dort eine Ansprach hielt, übte er an dieser Bezeichnung Kritik. ‚Das ist ein schöner Name', sagte er, ‚obgleich daran etwas auszusetzen ist, was mein Herz betrübt. Man sollte nicht von der 'amerikanischen Freiheit' sprechen. Man sollte vielmehr von der 'Freiheit Amerikas' sprechen. Die Freiheit darf weder amerikanisch noch europäisch, sondern sie muß schlicht und einfach 'die Freiheit' sein.' [...]

Die Zukunft des Westens beruht auf der Atlantischen Partnerschaft – einem System der Zusammenarbeit, der wechselseitigen Abhängigkeit und der Übereinstimmung zwischen Völkern, die ihre Lasten gemeinsam tragen und ihre Chancen in aller Welt gemeinsam nutzen können. Mancher mag sagen, das sei lediglich ein Traum, doch ich bin anderer Meinung. Eine ganze Kette großer Leistungen – Marshallplan[4], NATO[5], Schumanplan[6] und Gemeinsamer Markt[7] – drängt uns auf dem Weg zu größerer Einheit immer weiter voran. [...]

Die erste Aufgabe der Atlantischen Gemeinschaft bestand in der Sicherung der gemeinsamen Verteidigung. Diese Verteidigung ist nach wie vor unteilbar. Amerika setzt seine Städte aufs Spiel, um Ihre Städte zu verteidigen, weil wir Ihrer Freiheit bedürfen, um unsere Freiheit schützen zu können. Hunderttausende unserer Soldaten dienen gemeinsam mit den Ihrigen auf diesem Kontinent als konkretes Unterpfand jener Verpflichtung. Wer diese unsere Verpflichtung in Zweifel zieht oder ihre Unteilbarkeit leugnet – wer einen Keil zwischen Europa und Amerika treiben oder die Verbündeten einander entfremden möchte –, der unterstützt und stärkt damit nur jene Leute, die sich selbst als unsere Gegner betrachten und denen jede Verwirrung des Westens willkommen ist. [...]

Zweitens ist unsere Partnerschaft nicht nur militärischer Art. Die wirtschaftliche Einheit – und zwar nicht nur zwischen den Nationen Europas, sondern auch über den Atlantik hinweg – ist eine ebenso gebieterische Notwendigkeit. [...]

Drittens und letztens beruht die Atlantische Partnerschaft auf einer gemeinsamen politischen Zielsetzung. Gegen die Gefahren der Spaltung und Erschlaffung ist mit geringeren Kräften nichts auszurichten. Die Geschichte lehrt, daß Uneinigkeit und Ermüdung die großen Gefahren sind, die einem

[4] Verkündet am 5. Juni 1947.
[5] Gegründet am 4. April 1949.
[6] Vorschlag zur Gründung einer Montan-Union am 9. Mai 1950.
[7] Unterzeichnung der Römischen Verträge am 25. März 1957.

Bündnis drohen. Thukydides berichtet, die Peloponnesier und ihre Verbündeten seien mächtig in der Schlacht, doch gehemmt durch eine politische Führung gewesen, in der 'jeder seine eigenen Absichten verfolgt (...), was im allgemeinen dazu führt, daß jede Aktion unterbleibt. (...) Sie verwenden mehr Zeit auf die Besorgung ihrer eigenen Geschäfte als auf die Sorge für das Gemeinwohl. (...) Jeder glaubt, daß aus seinen eigenen Versäumnissen kein Schaden erwachse und daß es die Aufgabe anderer sei, dies oder jenes zu tun – und da somit jeder für sich die gleiche Illusion hegt, gerät die gemeinsame Sache unmerklich immer mehr in Verfall.' [...]

Kurzum, die Worte des Thukydides sind eine Warnung, keine Voraussage. Wie die letzten 18 Jahre beweisen, sind wir sehr wohl imstande, unsere Verteidigungssysteme auszubauen, unsere Volkswirtschaften zu festigen und unsere politischen Bindungen in guten wie in schlechten Tagen noch enger zu gestalten. Wir können mit jener Zuversicht weiter voranschreiten, die aus dem Erfolg erwächst, gepaart mit jenem Können, das die Erfahrung verleiht. Und auf unserem Weg wollen wir Mut aus der Gewißheit schöpfen, daß nicht nur Gefahr und Notwendigkeit, sondern ebenso auch Hoffnung und Zielstrebigkeit uns einen.

81. Verlautbarung über Kennedys Besuch in Berlin (Auszüge)

Rede des Präsidenten: „Ich bin ein Berliner!"

Bulletin, Nr. 110 vom 27. 6. 1963, S. 181–183.

26. Juni 1963

Der vierte und letzte Tag des Deutschland-Besuchs von Präsident Kennedy[1] brachte mit der persönlichen Repräsentanz des ersten Mannes der Vereinigten Staaten von Amerika in der geteilten Hauptstadt Berlin den Höhepunkt und zugleich den Ausklang des ebenso umfangreichen wie gedrängten Besuchsprogramms. [...] Als am Morgen des 26. Juni pünktlich um 9.45 Uhr die Sondermaschine Präsident Kennedys auf dem Flugplatz Tegel aufsetzte, war fast die gesamte Bevölkerung Westberlins auf den Beinen, um dem hohen Gast nicht nur ihre herzliche Sympathie, sondern ihre Dankbarkeit und ihr Vertrauen in einem gewaltigen Jubel zu bekunden. [...] Als Präsident Kennedy kurz vor 14 Uhr vor dem Schöneberger Rathaus ankam, füllte eine unübersehbare, nach Hunderttausenden zählende Menschenmenge den Rudolf-Wilde-Platz und alle angrenzenden Straßen. In dem Augenblick, als der amerikanische Präsident das Podium vor den Mikrophonen betrat, setzte ein solcher Jubel ein, daß alles andere minutenlang

[1] 23. – 26. Juni 1963: Staatsbesuch Kennedys in der Bundesrepublik und Berlin.

darin unterging. Sprechchöre riefen immer wieder den Namen des Präsidenten, der sich lächelnd und grüßend bedankte. Auch die Reden wurden immer wieder von begeisterten Zustimmungsrufen unterbrochen, besonders, als Präsident Kennedy den neben ihm stehenden General Clay lobte und in deutscher Sprache ins Mikrophon rief: ‚Ich bin ein Berliner!'[2]

82. Leitartikel der ›Frankfurter Allgemeinen Zeitung‹

Die Zukunft der Allianz: „Was nun bedeutet atlantische Partnerschaft nach Kennedys Vorstellung?"

FAZ, Nr. 145.

27. Juni 1963

Kennedy hat wahrgemacht, was Mitarbeiter als seine Absicht vorher gelegentlich wissen ließen: In der Frankfurter Paulskirche hat er eine ausgezeichnete, politisch bedeutungsvolle, über den flüchtigen Tag hinaus auf lange Zeit wirkende Rede gehalten.[1] Und sie trägt, mögen andere in sorgfältiger Vorbereitung manches beigetragen haben, die unverkennbare Handschrift dieses dynamischen Politikers, der den Zustand der Welt zu ändern und zu bessern trachtet. Das ist keine Festansprache, deren Wirkung mit dem Händeklatschen endet. Von dieser Darlegung weltpolitischer Ziele der amerikanischen Regierung kann vielmehr eine bewegende Kraft ausgehen. Hoffentlich, so sei hinzugefügt, wird das der Fall sein.

Der leitende Gedanke ist, die NATO nicht nur als militärische Allianz stärker zu machen, als sie ist, sondern sie auszubauen zu einer atlantischen Partnerschaft, in der Amerika und Europa eine gemeinsame Zukunft ansteuern und in der sie zusammen Freiheit und Freizügigkeit weitergeben an eine Umwelt neuer Staaten, die zu ihrer Entwicklung der Hilfe der großen Industrienationen noch lange bedürfen. Es ist ein zusammenhängender großer Plan, der Kennedys Gedankengängen zugrunde liegt – ein Plan, der die Phantasie der Mitwelt zu beflügeln vermag, der die Politik des westlichen Lagers über den Alltag des Pragmatismus, der bloßen Abwehrreaktionen und des Dahinwurstelns erhebt, der allerdings auch noch auf grobe Widerstände und sehr viele Schwierigkeiten stoßen wird. Das Konzept in seinen großen Zügen verdient dennoch die aufrichtige, beständige Unterstützung der mit Washington verbündeten Regierungen. Der Appell Kennedys, nicht in Selbstgefälligkeit zu verharren, die bestehenden Zustände vielmehr zum Besseren zu wenden und den Horizont der Zukunft auszuweiten, sie nach

[2] Für den Wortlaut seiner Rede vgl. DzD, IV. Reihe, Bd. 9, 1, S. 460f.

[1] Vgl. Dok. Nr. 80.

einem von freiheitlichen Ordnungsvorstellungen bestimmten Leitbild zu formen – diese Aufforderung kommt nicht von ungefähr. Der Gedanke einer in die Welt hineinwirkenden atlantischen Partnerschaft, die selbst die Koexistenz mit dem kommunistischen Gegenlager zu vernünftigen, dem atomaren Zusammenstoß vorbeugenden, Raketenerpressungen ausschließenden Bedingungen herbeizuführen helfen soll, hat sich vorgeformt in der Regierungspraxis der jungen Präsidenten, der seine Erfahrungen machen mußte, und in früheren Reden. Dazu gehörte jene, die die wechselseitige Abhängigkeit, die 'Interdependenz', der atlantischen Bündnispartner verkündete und zum Allianz-Programm seiner Regierung erhob.

Der damaligen Rede ist außerhalb der USA vielleicht zu wenig Bedeutung beigemessen worden, da man in ihr allzu einseitig einen schöngeistigen oder ideologischen 'Überbau' amerikanischer Weltpolitik und amerikanischen Übergewichts zu erkennen meinte. Das in der Paulskirche verkündete Ziel der atlantischen Partnerschaft ist gewiß auch von amerikanischen Interessen eingegeben; es widerspricht zumindest nicht amerikanischer Staatsräson. Dennoch muß es ernst, als aufrichtige Bereitschaft genommen werden. Wer der Paulskirchen-Rede ausschließlich mit Skepsis begegnet, geht in die Irre. Wenn man in ihr nur amerikanischen Konservenbüchsen-Idealismus erkennen wollte, würde man wohl die harten Kinnladen dieses Akteurs übersehen. Zugegeben, Skepsis kann sich leicht einstellen; unverkennbar ist, daß man es bei John F. Kennedy mit einem hartgesottenen, völlig unsentimentalen, viele Register beherrschenden Politiker zu tun hat.

Doch jedem, der ihn in der Paulskirche anhören konnte, muß es auch erkennbar geworden sein, daß dieser dynamische Staatsmann die Macht seines Landes und die Kraft seines Willens einzusetzen gewillt ist, um die Idee der atlantischen Partnerschaft zur politischen Wirklichkeit zu machen. Freilich bedarf es dazu entschlossener Mitwirkung der verbündeten europäischen Regierungen. Wieviel unendliche Schwierigkeiten sich dabei ergeben mögen, ob die Verbündeten in Halbheiten ausweichen werden, das muß sich erst erweisen. Kennedy ist sich der zu erwartenden Widrigkeiten bewußt. Das Zitat des Thukydides über den Peloponnesischen Krieg[2] war mehr als literarische Spielerei.

Und die nachdrückliche, mit Untertönen von Ungeduld hervorgestoßene Bekräftigung der amerikanischen Verpflichtung, auch das letzte, äußerste Risiko mit den europäischen Partnern zu teilen, war nicht allein an die deutschen Zuhörer, sondern an alle, die es angeht, gerichtet: ‚Wer diese unsere Verpflichtung in Zweifel zieht oder ihre Unteilbarkeit leugnet, wer einen Keil zwischen Europa und Amerika treiben oder die Verbündeten einander

[2] Auseinandersetzung Athens und des Attisch-Delischen Seebundes mit Sparta (431–404 v. Chr.).

entfremden möchte, der unterstützt und stärkt damit nur jene Leute, die sich selbst als unsere Gegner betrachten und denen jede Verwirrung des Westens willkommen ist.' Man darf wohl annehmen, daß der Präsident auch in den Bonner Gesprächen an der richtigen Stelle den ihn allmählich irritierenden Zweifeln entgegentrat, etwa in dem Sinne: 'Was um alles in der Welt soll ich noch sagen und tun, um glaubhaft zu machen, daß wir unsere Verbündeten und deren Interessen nicht verkaufen und sie nicht sitzenlassen werden?'

Was nun bedeutet atlantische Partnerschaft nach Kennedys Vorstellung? Erstens militärisch: Die NATO soll stärker werden, nach Möglichkeit auch durch eine gemeinsame atomare Abschreckungsmacht. Zweitens ökonomisch: ‚Die wirtschaftliche Einheit – und zwar nicht nur zwischen den Nationen Europas, sondern auch über den Atlantik hinweg – ist eine ebenso gebieterische Notwendigkeit.' Zollsenkung, Ausweitung des Handels durch Liberalisierung, Förderung des Wachstumsprozesses, Export der Prosperität in die Entwicklungsländer, Unterstützung ihrer Sozialreformen, Verminderung des Gefälles zwischen hoch- und minderentwickelten Ländern sind ganz reale Aufgaben und nicht schöne Phrasen. Das Motto ist: Die steigende Flut macht alle Boote flott. Drittens politisch: Gemeinsame Zielsetzung und bessere Konsultation, auch mit dem Blick auf den 'noch nicht angebrochenen' Tag, da Koexistenz möglich wäre, und vor allem die Vollendung der europäischen Einigung, um bessere Voraussetzungen für die Gleichgewichtigkeit zwischen Amerika und Europa zu schaffen.

Kennedy jagt keinen Utopien nach. Er weiß auch, daß der Tag noch ganz fern ist, da sich ein atlantischer Überstaat abzeichnen könnte. Ließe sich aber die atlantische Partnerschaft als der Prozeß, der ihm vorschwebt, in politische Wirklichkeit umsetzen, so wäre viel gewonnen: ein großes Ziel, ein gemeinsamer Weg, eine Dynamik, die, aus freiheitlichen Ordnungsvorstellungen genährt, sich als stärker erwiese als der Expansionswille des kommunistischen Lagers. Die bedeutendste Schwierigkeit liegt vorerst in der Frage, ob de Gaulle für solch ein Konzept der Partnerschaft zu gewinnen wäre.[3] Diese Chance mag gering erscheinen; und Frankreich braucht man. Aber sicher ist auch: Sicherheit und Wohlfahrt des freien Europas hängen davon ab, daß aus der NATO eine atlantische Partnerschaft erwächst. Ein dynamischer Prozeß muß in Gang kommen.

[3] Vgl. AAPD 1963, Bd. I, Nr. 37–39.

83. Brief Schröders an Rusk (Auszug)

Fragen zum Moskauer Abkommen: „Warum die Bundesregierung [...] nicht [...] frühzeitiger [...] konsultiert worden sei".

AAPD 1963, Bd. II, Nr. 308.

Bonn, 17. August 1963

Lieber Dean,

zu meiner Freude kann ich Ihnen mitteilen, daß die Bundesregierung einstimmig beschlossen hat, das Moskauer Abkommen über die Einstellung von Kernwaffenversuchen am kommenden Montag in Washington, London und Moskau zu unterzeichnen.

Nach einer ausführlichen Diskussion, die wir am Freitag mit den Auswärtigen Ausschüssen des Bundestages und des Bundesrates veranstaltet haben, sehe ich es als sicher an, daß der Deutsche Bundestag und der Deutsche Bundesrat mit großer Mehrheit dem Vertrag ihre Zustimmung geben werden.

Allerdings darf ich Ihnen nicht verschweigen, daß bei der Diskussion im Kabinett und in den Ausschüssen immer wieder die Frage gestellt wurde, warum die Bundesregierung von der amerikanischen Regierung nicht frühzeitiger über die sich aus dem Beitritt der sogenannten DDR zum Vertrag ergebenden Fragen unterrichtet und konsultiert worden sei.

Wir haben auf diese Frage keine wirklich befriedigende Antwort geben können. Um so dringender ist meine Bitte, bei den nunmehr beginnenden Gesprächen über die anderen mit den Sowjets erörterten Komplexe, insbesondere über ein Nichtangriffsarrangement und über die Errichtung von Kontrollposten zur Verhinderung von Überraschungsangriffen, dafür zu sorgen, daß wir so schnell und so umfassend wie möglich unterrichtet und konsultiert werden.

Die Beteiligung der Bundesregierung an dem in Genf verhandelten Abrüstungskomplex ist meiner Meinung nach noch nicht gut gelöst. Darüber hinaus scheint es mir aber notwendig zu sein, daß nicht nur die Bundesregierung, sondern daß alle NATO-Regierungen frühzeitig mit diesen Fragen vertraut gemacht werden. Ich habe daher unseren NATO-Botschafter beauftragt, auf eine gründliche Erörterung sowohl des sowjetischen Vorschlags über einen Nichtangriffspakt wie auch des Projekts zur Errichtung von Kontrollposten zur Verhinderung von Überraschungsangriffen im NATO-Rat zu dringen.

Unser Vertreter wird dabei den Bedenken Ausdruck geben, die bei uns gegen jede Art eines Nichtangriffsarrangements laut geworden sind. Das Bundeskabinett befürchtet vor allem, daß sich aus einer solchen Maßnahme eine Schwächung der Abwehrkraft des Westens und ein Nachlassen der NATO-Partner in ihren Verteidigungsanstrengungen ergeben könnten.

Auch die Errichtung von Kontrollposten zur Verhinderung von Überraschungsangriffen wirft für uns schwierige Fragen auf, wenn derartige Posten auch in Deutschland errichtet werden. Wie soll in diesem Falle die Zone in das Abkommen einbezogen werden?

Ich sehe dankbar auf die guten und freundschaftlichen Unterhaltungen zurück, die wir zuletzt in Bonn miteinander geführt haben.

84. Erklärung der Bundesregierung zum Teststopp-Abkommen

Folgen der Unterzeichnung: „keine vertraglichen Beziehungen mit der sowjetischen Besatzungszone oder mit den dort eingesetzten Stellen“.

Bulletin, Nr. 147 vom 20. 8. 1963, S. 1289.

19. August 1963

1. Die Bundesregierung begrüßt das Ziel dieses Vertrages[1], der weitere radioaktive Niederschläge verhindern und damit dem Wohl der Menschheit dienen soll. Die Bundesregierung hofft, daß der Vertrag einen ersten Schritt in Richtung auf eine allgemeine weltweite Abrüstung darstellt und daß er die Bereitwilligkeit erhöht, auch die Ursachen der politischen Spannungen zu beseitigen, die die Völker und vor allem das Deutsche Volk beunruhigen. Damit gibt die Bundesregierung, die als einzige frei gewählte und rechtmäßig gebildete deutsche Regierung berechtigt ist, für das ganze Deutschland zu sprechen, auch den Wünschen des gesamten deutschen Volkes Ausdruck. Dieses hat nach über 18 Jahren der Spaltung, die zu den wesentlichsten Ursachen der internationalen Spannung gehört, ein Recht auf seine Wiedervereinigung.

2. Die Bundesregierung, verpflichtet, die Belange des gesamten deutschen Volkes wahrzunehmen, erklärt, daß die Bundesrepublik Deutschland im Zusammenhang mit der Unterzeichnung, Ratifizierung und Durchführung dieses Vertrages kein Gebiet als Staat und kein Regime als Regierung anerkennt, die sich nicht bereits anerkannt hat. Damit bringt die Bundesrepublik Deutschland zum Ausdruck, daß sie auch weiterhin die sowjetische Besatzungszone nicht als Staat und die dort eingesetzten Stellen nicht als Regierung anerkennt. Für die Bundesregierung werden daher im Rahmen dieses Vertrages keine vertraglichen Beziehungen mit der sowjetischen Besatzungszone oder mit den dort eingesetzten Stellen entstehen.

3. Die Bundesregierung weiß sich in ihren Grundauffassungen einig mit

[1] Die Bundesrepublik Deutschland trat dem Teststopp-Abkommen vom 5. August 1963 am 19. August 1963 bei. Für den Wortlaut des Abkommens vgl. Documents on Disarmament 1963, pp. 291–293.

den Staaten und Regierungen, mit denen sie freundschaftliche Beziehungen unterhält. Sie dankt bei dieser Gelegenheit für die Unterstützung, die sie von diesen Staaten und Regierungen erfahren hat.

85. Artikel der ›Frankfurter Allgemeinen Zeitung‹

Nachruf auf Kennedy: „Niemals zuvor, sagte Gerstenmaier, sei einem Sohn Amerikas in Deutschland ein solcher Erfolg zuteil geworden wie John F. Kennedy bei seinem Besuch."

FAZ, Nr. 727

23. November 1963

Bundeskanzler Erhard wird seine Reise in die Vereinigten Staaten, die er am Sonntag antreten wollte, verschieben. Erhard wurde am Freitagabend auf der Rückfahrt von seinem Besuch in Paris im Sonderzug über die Ermordung Kennedys informiert. In Bonn griff am Abend tiefe Bestürzung und Ratlosigkeit um sich. Minister Mende, der den Bundeskanzler in dessen Abwesenheit vertritt, gab nach dem Bekanntwerden der schrecklichen Nachricht folgende Erklärung ab: „Die Nachricht vom Tod des amerikanischen Präsidenten Kennedy erfüllt das deutsche Volk mit tiefer Erschütterung. Alle, die Präsident Kennedy bei seinem Besuch in Deutschland[1] persönlich begegnet sind, insbesondere die Berliner, sind in dieser Stunde von tiefer Trauer erfüllt. Der Tod Präsident Kennedys ist ein Unglück für die ganze freie Welt."

Der frühere Bundeskanzler Adenauer wollte am Freitagabend von niemandem in Rhöndorf angerufen werden. Es hieß, er sei aufs äußerste betroffen und habe die Meldung zunächst nicht glauben wollen. Im zweiten Fernsehen gab der CDU-Fraktionsvorsitzende von Brentano seiner tiefen Trauer Ausdruck. Bereits vorher hatte er erklärt, daß die Menschen wahrscheinlich erst in den kommenden Jahren ermessen würden, was der Tod Kennedys bedeute. Er bezeichnete die Ermordung Kennedys als eine ungeheure menschliche und politische Tragödie. Mit großer Sorge müsse man nun der Zukunft entgegensehen. [...]

In einer Ansprache über die Fernsehsender der Bundesrepublik würdigte Bundestagspräsident Dr. Gerstenmaier Präsident Kennedy als den großen Hüter amerikanischer freiheitlicher Tradition im Geiste Lincolns. Es sei keine Silbe zu viel gesagt, wenn man behaupte, das deutsche Volk stehe mit Erschütterung vor dem Tod Kennedys, der als strahlender junger Mann der Hoffnung erst vor wenigen Monaten unter uns gewesen sei. Niemals zuvor,

[1] 23. – 26. Juni 1963.

sagte Gerstenmeier, sei einem Sohn Amerikas in Deutschland ein solcher Erfolg zuteil geworden wie John F. Kennedy bei seinem Besuch. Die Liebe und der Dank und das Gefühl der großen und aufrichtigen Trauer des deutschen Volkes über das Grab hinaus gelte jetzt seiner tapferen jungen Frau, seinen Kindern, allen, die ihm lieb gewesen seien, und seinem ganzen Volke.

86. Runderlaß Carstens' (Auszug)

Besuch Erhards bei Johnson: „Die Frage der Entspannung in den Ost-West-Beziehungen wird die amerikanische Regierung weiterhin stark beschäftigen."

AAPD 1963, Bd. III, Nr. 492.

30. Dezember 1963

Der Besuch des Bundeskanzlers bei Präsident Johnson auf seiner Ranch in Texas[1] hat in einer ausgesprochen freundschaftlichen und aufgeschlossenen Atmosphäre stattgefunden. Die Vorteile des besonders intimen Charakters, den der Besuch durch Zeitpunkt und Ort erhielt, sind voll zur Auswirkung gekommen. Zwischen Bundeskanzler und Präsident bildete sich ein enges persönliches Verhältnis, daß in Zukunft wahrscheinlich ein starker Faktor in den deutsch-amerikanischen Beziehungen sein wird.

Der persönliche Eindruck hat bestätigt, daß Johnson in seine neue Aufgabe ungewöhnlich schnell hineingewachsen ist. Das Bild der amerikanischen Politik wird künftig von seiner Persönlichkeit bestimmt sein. Das schließt nicht aus, daß – zunächst wenigstens – in außenpolitischen Fragen mit einem starken Einfluß des State Department und insbesondere Rusks zu rechnen sein wird.

Die Gespräche vermittelten den Eindruck, daß Präsident Johnson die Probleme, die sich ihm im Innern stellen, im Hinblick auf den Wahlkampf besonders ernst nimmt. Auch die außenpolitischen Fragen werden unter dem Gesichtspunkt ihrer innenpolitischen Konsequenzen betrachtet werden. Man kann die Möglichkeit nicht ausschließen, daß angesichts der Schwierigkeiten bei der Aufstellung des Budgets auch die Frage der Stationierung amerikanischer Streitkräfte in Europa im Wahlkampf wieder aufkommen wird. Es war deshalb für uns besonders wertvoll, daß der Präsident die Entschlossenheit seiner Regierung, auch weiterhin 6 Divisionen in Deutschland zu belassen, erneut bekräftigt hat.

Über den Inhalt der Gespräche unterrichtet das veröffentlichte Kommuniqué[2] eingehend. Ergänzend ist folgendes zu bemerken:

[1] 28./29. Dezember 1963.

[2] Vgl. Bulletin, Nr. 1 vom 3. Januar 1964, S. 5 f.

Die Frage der Entspannung in den Ost-West-Beziehungen wird die amerikanische Regierung weiterhin stark beschäftigen. Die Konsultation in den sich hieraus ergebenden Fragen ist nach den Gesprächen in Texas noch mehr als bisher gesichert. Konkrete Pläne für die Fortführung der Entspannungspolitik sind nicht erörtert worden. Der durch einzelne Organe der amerikanischen Presse vermittelte Eindruck, der Bundeskanzler habe sich hinsichtlich der Entspannungsmöglichkeiten skeptischer gezeigt als Präsident Johnson, beruht auf falscher Interpretation seiner Äußerungen. Beide Gesprächspartner waren zwar ohne Illusionen über die derzeitige Bereitschaft der Sowjetunion zu einer echten Entspannung, sie waren sich jedoch darin einig, daß man nicht nachlassen dürfe, die Möglichkeit einer Verbesserung der Ost-West-Beziehungen zu prüfen und gegebenenfalls auszunützen.

Präsident Johnson wurde eingehend über die Brüsseler Verhandlungen[3] und unsere Gedanken über die Fortführung der Europa-Politik unterrichtet. In diesem Zusammenhang wurden auch die möglichen Auswirkungen der Brüsseler Beschlüsse auf die Kennedy-Runde[4] erörtert. Unser Eintreten für eine weltoffene Handelspolitik der EWG wurde von amerikanischer Seite besonders dankbar anerkannt. In der Pressekonferenz vor dem Abflug des Bundeskanzlers wurde aufgrund des Kommuniqués die Frage gestellt, ob an eine ständige Zusammenarbeit in Form einer deutsch-amerikanischen Kommission zur Vorbereitung der Kennedy-Runde unter Ausschluß der übrigen EWG-Partner gedacht sei. Diese Frage ist entschieden zu verneinen. Es ist lediglich beabsichtigt, die Auswirkungen der Brüsseler Beschlüsse auf die bilateralen Handelsbeziehungen zu erörtern, sobald das Brüsseler Ergebnis in allen Einzelheiten feststeht.

Dem im Kommuniqué angekündigten engeren Gedankenaustausch zwischen beiden Regierungen und insbesondere zwischen Bundeskanzler und Präsident sowie zwischen den beiden Außenministern messen wir große Bedeutung bei.

[3] Vom 16. bis zum 23. Dezember 1963 tagte in Brüssel der Ministerrat der EWG. Vgl. Bulletin, Nr. 4 vom 8. Januar 1964, S. 39.

[4] Verhandlungen der GATT-Vertragsparteien von 1964 bis 1967.

PERSONENREGISTER

SACHREGISTER

Die Stichworte *USA, Amerika, Deutsches Reich, Amerikaner, Deutsche* wurden nicht in das Register aufgenommen. Verweise, zeitgenössisches Vokabular sowie zeitgenössische Schlagwörter und Schreibweisen sind kursiv gesetzt.